# 형법주해

## [IV]

### 각 칙 (1)

[제 87 조 ~ 제 121 조]

편집대표 조 균 석
편집위원 이 상 원
　　　　　김 성 돈
　　　　　강 수 진

박영사

# 머리말

「형법주해」는 법서 출판의 명가인 박영사의 창업 70주년을 기념하기 위하여 출간되는 형법의 코멘타르(Kommentar)로서, 1992년 출간된 「민법주해」에 이어 30년 만에 이어지는 기본법 주해 시리즈의 제2탄에 해당한다.

그런 점에서 「민법주해」의 편집대표인 곽윤직 교수께서 '머리말'에서 강조하신 아래와 같은 「민법주해」의 내용과 목적은 세월은 흘렀지만 「형법주해」에도 여전히 타당하다고 생각된다.

> "이 주해서는 각 조문마다 관련되는 중요한 판결을 인용해 가면서 확정
> 된 판례이론을 밝혀주고, 한편으로는 이론 내지 학설을 모두 그 출전을
> 정확하게 표시하고, 또한 논거를 객관적으로 서술하여 민법 각 조항의
> 구체적인 내용을 밝히려는 것이므로, (중략) 그 목적하는 바는, 위와 같
> 은 서술을 통해서 우리의 민법학의 현재수준을 부각시키고, 아울러 우리
> 민법 아래에서 생기는 법적 분쟁에 대한 올바른 해답을 찾을 수 있게 하
> 려는 데 있다."

이처럼 법률 주해(또는 주석)의 기능은 법률을 해석·운용함에 있어 도움이 되는 정보를 제공함으로써 구체적 사건을 해결하는 실무의 법적 판단에 봉사하는 데 있다고 할 수 있다. 주해서를 통해서 제공되어야 할 정보는 1차적으로 개별 조문에 대한 문리해석이다. 이러한 문리해석에 더하여, 주해서에는 각 규정들의 체계적 연관관계나 흠결된 부분을 메우는 보충적 법이론은 물론, 법률의 연혁과 외국 입법례 및 그 해석에 대한 정보가 담겨 있어야 하고, 때로는 사회문제를 해결할 수 있는 입법론이 제시되어야 한다.

그러나 무엇보다도 실무에서 중요한 역할을 하는 것은 판례이므로, 판례의 법리를 분석하고 그 의미를 체계적으로 정리하는 일은 주해서에서 빠뜨릴 수 없는 중요한 과제이다. 다만 성문법주의 법제에서 판례는 당해 사건에서의 기속력을 넘어 공식적인 법원(法源)으로 인정되지는 않으며, 판례 자체가 변경되기도 한다. 이러한 점에서 주해서는 단

순한 판례의 정리를 넘어 판례에 대한 비판을 통해 판례를 보충하고 대안을 제시함으로써 장래 법원(法院)의 판단에 동원될 수 있는 법적 지식의 저장고 역할도 하여야 한다.

그런데 형사판결도 결국 형법률에 근거하여 내려진다. 형법률에 대한 법관의 해석으로 내려진 판결 및 그 속에서 선광(選鑛)되어 나오는 판례법리는 구체적인 사안과 접촉된 법률이 만들어 낸 개별적 결과이다. 그러므로 또 다른 사안을 마주하는 법관은 개별 법리의 원천으로 돌아갈 필요가 있다. 법관이 형법률을 적용함에 있어, 개별 사안에 나타난 기존의 판결이나 판례를 넘어 그러한 판례를 만들어 내는 형법률의 체계인 형법을 발견할 때 비로소 개별 법리의 원천으로 돌아가는 광맥을 찾은 것이다. 「형법주해」는 이러한 광맥을 찾는 작업에도 도움이 되고자 하였다. 즉, 「형법주해」는 판례의 눈을 통해서 형법을 바라보는 것을 넘어 형법원리 및 형법이론의 눈을 통해서도 형법을 관찰하려고 하였다.

이러한 작업은 이론만으로 이룰 수 있는 것도 아니고, 실무만으로 이룰 수 있는 것도 아니다. 이 때문에 형사법 교수, 판사, 검사, 변호사 등 62명이 뜻을 함께하여, 오랜 기간 각자의 직역에서 형법을 연구·해석하고 또 실무에 적용해 오면서 얻은 소중한 지식과 경험, 그리고 지혜를 집약함으로써, 이론과 실무의 조화와 융합을 꾀하였다.

우리의 소망은 「형법주해」가 올바른 판결과 결정을 지향하는 실무가들에게 의미 있는 이정표가 되고, 형법의 원점을 찾아가는 형법학자들에게는 새로운 생각의 장을 떠올리게 하는 단초가 되며, 형법의 숲 앞에 막 도착한 예비법률가들에는 그 숲의 전체를 바라볼 수 있는 안목을 키울 수 있도록 도와주는 안내자가 되는 것이다.

「형법주해」가 이러한 역할을 다할 수 있도록 최선의 노력을 다하였지만 부족한 부분이나 흠도 있으리라 생각된다. 모자란 부분은 개정판을 거듭하면서 시정·보충할 예정이다. 또한, 장래에는 「형법주해」가 형법의 실무적 활용에 봉사하고 기여하는 데에서 한 걸음 더 나아가 보다 높은 학문적인 차원에서의 형법 이해, 예컨대 형법의 정당성의 문제까지도 포섭할 수 있는 방안을 모색해 나갈 것을 다짐해 본다.

「형법주해」는 많은 분들의 헌신과 지원으로 출간하게 되었다. 먼저, 충실한 옥고를 집필하고 오랜 기간 정성을 다해 다듬어 주신 집필자들에게 감사드린다. 그리고 책 전체의 통일과 완성도를 높이기 위하여 각칙의 일부 조문에 한정된 것이기는 하지만, 독일과 일본의 중요 판례를 함께 검토해 주신 김성규 한국외국어대학 교수(독일)와 안성훈 한국형사·법무정책연구원 선임연구위원(일본)에게도 고마움을 전한다. 그리고 창업 70

주년 기념으로 「형법주해」의 출간을 허락해 주신 안종만 회장님과 안상준 대표님, 오랜 기간 편집위원들과 협의하면서 시종일관 열정을 보여주신 조성호 이사님과 편집부 여러 분께도 깊은 감사의 말씀을 드린다.

2022년 12월

편집대표  조 균 석
위원  이 상 원
위원  김 성 돈
위원  강 수 진

# 범 례

## I. 조 문

- 본문의 조문 인용은 '제○조 제○항 제○호'로 하고, 괄호 안에 조문을 표시할 때는 아래 (예)와 같이 한다. 달리 법령의 명칭 없이 인용하는 조문은 형법의 조문이고, 부칙의 경우 조문 앞에 '부칙'을 덧붙여 인용한다.

  | 예 | §49②(iii) | ← | 형법 제49조 제2항 제3호 |
  |---|---|---|---|
  | | §12의2 | ← | 형법 제12조의2 |
  | | 부칙 §10 | ← | 형법 부칙 제10조 |

## II. 일 자

- 본문의 년, 월, 일은 그대로 표시함을 원칙으로 한다. 다만, 판례의 판시내용이나 인용문을 그대로 인용할 경우 및 (  )안에 법령을 표시하는 등 필요한 경우에는 년, 월, 일을 생략한다.

  | 예 | (본문) | 1990년 1월 1일 |
  |---|---|---|
  | | | 1953년 9월 18일 법령 제177호 |
  | 예 | (판시 또는 괄호) | "피고인이 1991. 1. 1. 어디에서 … 하였다." |
  | | | 기본법(1953. 9. 18. 법령 제177호) |

## III. 재판례

### 1. 우리나라

대판 2013. 6. 27, 2013도4279

　　← 대법원 2013년 6월 27일 선고 2013도4279 판결

대판 2013. 2. 21, 2010도10500(전)

　　← 대법원 2013년 2월 21일 선고 2010도10500 전원합의체판결

대결 2016. 3. 16, 2015모2898

    ← 대법원 2016년 3월 16일 자 2015모2898 결정

대결 2015. 7. 16, 2011모1839(전)

    ← 대법원 2015 7월 16일 자 2011모1839 전원합의체결정

헌재 2005. 2. 3, 2001헌가9

    ← 헌법재판소 2005년 2월 3일 선고 2001헌가9 결정

서울고판 1979. 12. 19, 72노1208

    ← 서울고등법원 1979년 12월 19일 선고 72노1208 판결

\* 재판례의 인용은 헌재, 대판(또는 대결), 하급심 순으로 하고, 같은 심급 재판례가 여럿인 경우 연도 순으로 인용하되, 가급적 최초 판결, 주요 판결, 최종 판결 등으로 개수를 제한한다.

## 2. 외 국

- 외국의 재판례는 그 나라의 인용방식에 따른다. 다만, 일본 판례의 경우에는 '연호'를 서기연도로 바꾸는 등 다음과 같이 인용한다.

最判 平成 20(2008). 4. 25. 刑集 62·5·1559

    ← 最判平成20. 4. 25刑集62卷5号1559頁

- 판례집: 刑錄(대심원형사판결록), 刑集(대심원형사판례집, 최고재판소형사판례집), 裁判集(刑事)(최고재판소재판집형사), 高刑集(고등재판소형사판례집), 特報(고등재판소형사판결특보), 裁特(高等裁判所刑事裁判特報), 下刑集(하급심재판소형사재판례집), 刑月(형사재판월보), 高刑速(고등재판소형사재판속보집), 判時(判例時報), 判夕(판례타임즈), LEX/DB(TKC Law Library) 등

## Ⅳ. 문헌 약어 및 인용방식

  \* 같은 집필자라고 하여도 각주 번호는 조문별로 새로 붙인다.

## 1. 형법총칙/각칙 교과서

- 교과서 등 문헌은 가능한 한 최신의 판으로 인용한다.
- 각 조항의 주해마다 처음으로 인용하는 개소에서 판을 포함하는 서지사항을 밝히고, 그 후에 이를 다시 인용하는 경우에는 '저자, 면수'와 같은 형태로 한다.

[형법총칙]

> 김성돈, 형법총론(8판), 10
>
> 이재상·장영민·강동범, 형법총론(11판), §31/2
>
> 김성돈, 10(재인용인 경우)

[형법각칙]

> 이재상·장영민·강동범, 형법각론(12판), §31/2
>
> 이재상·장영민·강동범, §31/12(재인용인 경우)

## 2. 교과서 외 단행본

- 교과서 외 단행본은 각 조항마다 처음 인용하는 개소에서 제목, 판, 출판사, 연도를 포함하는 서지사항을 밝히고, 그 후에 이를 다시 인용하는 경우에는 '저자, 제목, 면수'와 같은 형태로 한다.

> 김성돈, 기업 처벌과 미래의 형법, 성균관대학교 출판부(2018), 259
>
> 양형위원회, 2022 양형기준(2022), 100
>
> 김성돈, 기업 처벌과 미래의 형법, 300(재인용인 경우)

## 3. 논 문

- 각 조항의 주해마다 처음으로 인용하는 개소에서 정기간행물 등의 권·호수 및 간행연도를 포함하는 서지사항을 밝히고, 그 후에 이를 다시 인용하는 경우에는 "필자(주 ○), 인용면수"와 같은 형태로 한다.

> 신양균, "과실범에 있어서 의무위반과 결과의 관련", 형사판례연구 〔1〕, 한국 형사판례연구회, 박영사(1993), 62
>
> 천진호, "금지착오사례의 논증과 정당한 이유의 구체적 판단", 비교형사법연 구 2-2, 한국비교형사법학회(2000), 305

- 각 대학의 법학연구소 등에서 발간하는 정기간행물은 학교명의 약칭과 함께 인용하지만, 이미 학교명 내지 이에 준하는 표기를 포함하고 있는 경우에는 간행물 이름만으로 인용한다.

## 4. 정기간행물 약어

| 사논 | 사법논집 |
|------|----------|
| 사연 | 사법연구자료 |

자료          재판자료
해설          대법원판례해설

## 5. 주석서

예    **주석형법 〔각칙(1)〕(5판), 104(민철기)**

## 6. 외국문헌

- 외국 문헌 등은 각국에서 통용되는 방식으로 인용하는 것을 원칙으로 한다.
- 외국 문헌의 경우 최초로 인용할 때에 간행연도 및 판수〔논문의 경우는, 정기간행물 및 그 권호수 등〕를 표시하고, 이후 같은 조항에서 인용할 때는 "저자〔또는 필자〕, 인용면수"의 방법으로 인용하되〔같은 필자의 문헌을 여럿 인용하는 경우에는 '(주 ○)'를 필자 이름 아래 붙인다〕, 저자의 경우는 성만 표기하는 것을 원칙으로 한다.
- 자주 인용되는 문헌은 별도로 다음과 같이 인용한다.

  **大塚 外, 大コン(3版)(9), 113(河村 博) ← 大塚 外, 大コンメンタール 第3版 第9卷, 인용면수(집필자)**

## 7. 학위논문 인용방식

예    **이은모, "약물범죄에 관한 연구", 연세대학교 박사학위논문(1991), 2**
      **이은모, "약물범죄에 관한 연구", 10(재인용인 경우)**

## 8. 다수 문헌의 기재 순서

- 교과서 등 같은 종류인 경우 '가, 나, 다' 순으로, 다른 종류인 경우 '교과서, 주석서, 교과서 외 단행본, 논문' 순으로 각 기재한다.

# V. 법령 약어 및 인용방법

## 1. 법 률

### (1) 본문

- 조항별로 처음 인용 시에는 법령의 제목 전체를 기재한다. 재차 인용 시에는 법제처 법령에 약칭이 있는 경우는 그 약칭을 인용하되, 처음 인용 법령을 아

래와 같이 한다.

\* 현재 효력을 가지는 법률을 기준으로 작성하고, 폐지된 법률의 경우 법률명 다음에 '(폐지)'를, 조문만 변경된 경우에는 법률명 앞에 '구'를 붙인다.

예  교통사고 처리특례법(이하, 교통사고처리법이라 한다.)

(2) 괄호

- 일반법령(예: 의료법)을 쓰되, 약어(예시)의 경우 약어만을 인용한다.

약어(예시)

| | |
|---|---|
| 가폭 | 가정폭력범죄의 처벌 등에 관한 법률 |
| 경범 | 경범죄 처벌법 |
| 경직 | 경찰관 직무집행법 |
| 공선 | 공직선거법 |
| 교특 | 교통사고처리 특례법 |
| 군형 | 군형법 |
| 국보 | 국가보안법 |
| 도교 | 도로교통법 |
| 독점 | 독점규제 및 공정거래에 관한 법률 |
| 마약관리 | 마약류 관리에 관한 법률 |
| 마약거래방지 | 마약류 불법거래 방지에 관한 특례법 |
| 민 | 민법 |
| 민소 | 민사소송법 |
| 민집 | 민사집행법 |
| 범죄수익 | 범죄수익은닉의 규제 및 처벌에 관한 법률 |
| 법조 | 법원조직법 |
| 변 | 변호사법 |
| 보호소년 | 보호소년 등의 처우에 관한 법률 |
| 부경 | 부정경쟁방지 및 영업비밀보호에 관한 법률 |
| 부등 | 부동산등기법 |
| 부수 | 부정수표 단속법 |
| 부실명 | 부동산 실권리자명의 등기에 관한 법률 |
| 부재특조 | 부재선고 등에 관한 특별조치법 |
| 사면 | 사면법 |

| | |
|---|---|
| 사법경찰직무 | 사법경찰관리의 직무를 수행할 자와 그 직무범위에 관한 법률 |
| 상 | 상법 |
| 성폭방지 | 성폭력방지 및 피해자보호 등에 관한 법률 |
| 성폭처벌 | 성폭력범죄의 처벌 등에 관한 법률 |
| 소년 | 소년법 |
| 아청 | 아동·청소년의 성보호에 관한 법률 |
| 아학 | 아동학대범죄의 처벌 등에 관한 특례법 |
| 여전 | 여신전문금융업법 |
| 정통망 | 정보통신망 이용촉진 및 정보보호 등에 관한 법률 |
| 집시 | 집회 및 시회에 관한 법률 |
| 출관 | 출입국관리법 |
| 통비 | 통신비밀보호법 |
| 특가 | 특정범죄 가중처벌 등에 관한 법률 |
| 특경 | 특정경제범죄 가중처벌 등에 관한 법률 |
| 폭처 | 폭력행위 등 처벌에 관한 법률 |
| 헌 | 헌법 |
| 헌재 | 헌법재판소법 |
| 형소 | 형사소송법 |
| 형집 | 형의 집행 및 수용자의 처우 등에 관한 법률 |

2. 시행령 및 시행규칙은 법률의 예를 따르고, 괄호의 경우 일반법령(예: 의료법 시행령)을 쓰되, 법률약어의 경우 '령' 또는 '규'를 붙인다.

3. 부칙 및 별표는 법률명 뒤에 약칭 없이 '부칙', '별표'로 인용한다.

4. 외국법령의 조항 인용도 우리 법령의 인용과 같은 방식으로 한다.

   예   (괄호) 독형 § 312-b①(iii)   ←   독일형법 제312조의b 제1항 제3호

# 참고문헌

## 1 형법총론(총론·각론 통합 포함) 교과서

| 저자 | 서명 | 출판사 | 출판연도 |
|---|---|---|---|
| 강동욱 | 강의 형법총론 | 박영사 | 2020 |
| | 강의 형법총론(제2판) | 박영사 | 2021 |
| 김성돈 | 형법총론(제5판) | 성균관대학교 출판부 | 2017 |
| | 형법총론(제6판) | 성균관대학교 출판부 | 2020 |
| | 형법총론(제7판) | 성균관대학교 출판부 | 2021 |
| | 형법총론(제8판) | 성균관대학교 출판부 | 2022 |
| 김성천 | 형법총론(제9판) | 소진 | 2020 |
| 김성천·김형준 | 형법총론(제6판) | 소진 | 2014 |
| 김신규 | 형법총론 강의 | 박영사 | 2018 |
| 김일수·서보학 | 새로쓴 형법총론(제11판) | 박영사 | 2008 |
| | 새로쓴 형법총론(제12판) | 박영사 | 2014 |
| | 새로쓴 형법총론(제13판) | 박영사 | 2018 |
| 김태명 | 판례형법총론(제2판) | 피앤씨미디어 | 2016 |
| 김형만 | 형법총론 | 박영사 | 2015 |
| 김혜정·박미숙·안경옥·원혜욱·이인영 | 형법총론(제2판) | 정독 | 2019 |
| | 형법총론(제3판) | 정독 | 2020 |
| 류전철 | 형법입문 총론편(제3판) | 준커뮤니케이션즈 | 2020 |
| 박상기 | 형법강의 | 법문사 | 2010 |
| | 형법총론(제9판) | 박영사 | 2012 |
| | 형법학(총론·각론 강의)(제3판) | 집현재 | 2018 |
| 박상기·전지연 | 형법학(총론·각론 강의)(제4판) | 집현재 | 2018 |
| | 형법학(총론·각론)(제5판) | 집현재 | 2021 |
| 배종대 | 형법총론(제12판) | 홍문사 | 2016 |
| | 형법총론(제13판) | 홍문사 | 2017 |
| | 형법총론(제14판) | 홍문사 | 2020 |
| | 형법총론(제15판) | 홍문사 | 2021 |
| 성낙현 | 형법총론(제3판) | 박영사 | 2020 |
| 손동권·김재윤 | 형법총론 | 율곡출판사 | 2011 |

| 저자 | 서명 | 출판사 | 출판연도 |
|---|---|---|---|
| 손해목 | 형법총론 | 법문사 | 1996 |
| 신동운 | 형법총론(제10판) | 법문사 | 2017 |
| | 형법총론(제12판) | 법문사 | 2020 |
| | 형법총론(제13판) | 법문사 | 2021 |
| 안동준 | 형법총론 | 학현사 | 1998 |
| 오영근 | 형법총론(제4판) | 박영사 | 2018 |
| | 형법총론(제5판) | 박영사 | 2019 |
| | 형법총론(제6판) | 박성사 | 2021 |
| 원형식 | 판례중심 형법총론 | 진원사 | 2014 |
| 유기천 | 형법학 총론강의(개정판) | 일조각 | 1980 |
| 이상돈 | 형법강의 | 법문사 | 2010 |
| | 형법강론(제2판) | 박영사 | 2017 |
| | 형법강론(제3판) | 박영사 | 2020 |
| 이영란 | 형법학 총론강의 | 형설출판사 | 2008 |
| 이용식 | 형법총론 | 박영사 | 2018 |
| 이재상·장영민·강동범 | 형법총론(제10판) | 박영사 | 2019 |
| | 형법총론(제11판) | 박영사 | 2022 |
| 이정원 | 형법총론 | 신론사 | 2012 |
| 이주원 | 형법총론 | 박영사 | 2022 |
| 이형국 | 형법총론 | 법문사 | 2007 |
| 이형국·김혜경 | 형법총론(제6판) | 법문사 | 2021 |
| 임웅 | 형법총론(제10정판) | 법문사 | 2018 |
| | 형법총론(제12정판) | 법문사 | 2021 |
| | 형법총론(제13정판) | 법문사 | 2022 |
| 정성근·박광민 | 형법총론(전정판) | 성균관대학교 출판부 | 2012 |
| | 형법총론(전정2판) | 성균관대학교 출판부 | 2015 |
| | 형법총론(전정3판) | 성균관대학교 출판부 | 2020 |
| 정성근·정준섭 | 형법강의 총론(제2판) | 박영사 | 2019 |
| 정영석 | 형법총론(제5전정판) | 법문사 | 1987 |
| 정영일 | 형법총론(제3판) | 박영사 | 2010 |
| | 형법강의 총론(제3판) | 학림 | 2017 |
| | 신형법총론 | 학림 | 2018 |
| | 형법총론(제2판) | 학림 | 2020 |
| | 형법총론 강의(제3판) | 학림 | 2020 |
| | 형법총론(신3판) | 학림 | 2022 |
| 정웅석·최창호 | 형법총론 | 대명출판사 | 2019 |
| 조준현 | 형법총론(제4정판) | 법문사 | 2012 |

참고문헌

| 저자 | 서명 | 출판사 | 출판연도 |
|---|---|---|---|
| 주호노 | 형법총론 | 법문사 | 2019 |
| 진계호 | 형법총론(제7판) | 대왕사 | 2003 |
| 진계호·이존걸 | 형법총론(제8판) | 대왕사 | 2007 |
| 천진호 | 형법총론 | 준커뮤니케이션즈 | 2016 |
| 최병천 | 판례중심 형법총론 | 피앤씨미디어 | 2017 |
| 최호진 | 형법총론 | 박영사 | 2022 |
| 하태훈 | 판례중심 형법총·각론 | 법문사 | 2006 |
| | 사례판례중심 형법강의 | 법원사 | 2021 |
| 한상훈·안성조 | 형법입문 | 피앤씨미디어 | 2018 |
| | 형법개론(제3판) | 정독 | 2022 |
| 한정환 | 형법총론(제1권) | 한국학술정보 | 2010 |
| 홍영기 | 형법(총론과 각론) | 박영사 | 2022 |
| 황산덕 | 형법총론(제7정판) | 방문사 | 1982 |

## ② 형법각론 교과서

| 저자 | 서명 | 출판사 | 출판연도 |
|---|---|---|---|
| 강구진 | 형법강의 각론 I | 박영사 | 1983 |
| | 형법강의 각론 I (중판) | 박영사 | 1984 |
| 권오걸 | 형법각론 | 형설출판사 | 2009 |
| | 스마트 형법각론 | 형설출판사 | 2011 |
| 김선복 | 신형법각론 | 세종출판사 | 2016 |
| 김성돈 | 형법각론(제5판) | 성균관대학교 출판부 | 2018 |
| | 형법각론(제6판) | 성균관대학교 출판부 | 2020 |
| | 형법각론(제7판) | 성균관대학교 출판부 | 2021 |
| | 형법각론(제8판) | 성균관대학교 출판부 | 2022 |
| 김성천·김형준 | 형법각론(제4판) | 소진 | 2014 |
| | 형법각론(제6판) | 소진 | 2017 |
| 김신규 | 형법각론 | 청목출판사 | 2015 |
| | 형법각론 강의 | 박영사 | 2020 |
| 김일수 | 새로쓴 형법각론 | 박영사 | 1999 |
| 김일수·서보학 | 새로쓴 형법각론(제8판 증보판) | 박영사 | 2016 |
| | 새로쓴 형법각론(제9판) | 박영사 | 2018 |
| 김종원 | 형법각론 상 | 법문사 | 1973 |
| | 형법각론 상(제3정판) | 법문사 | 1978 |

| 저자 | 서명 | 출판사 | 출판연도 |
|---|---|---|---|
| 김태명 | 판례형법각론(제2판) | 피앤씨미디어 | 2016 |
| 김혜정·박미숙·안경옥·원혜욱·이인영 | 형법각론(제2판) | 정독 | 2021 |
| 남흥우 | 형법강의(각론) | 고려대학교 출판부 | 1965 |
| 도중진·박광섭·정대관 | 형법각론 | 충남대학교 출판문화원 | 2014 |
| 류전철 | 형법각론(각론편) | 준커뮤니케이션즈 | 2012 |
| 빅강우 | 로스쿨 형법각론(제2판) | 진원사 | 2014 |
| 박동률·임상규 | 판례중심 형법각론 | 경북대학교출판부 | 2015 |
| 박상기 | 형법각론(전정판) | 박영사 | 1999 |
| | 형법각론(제8판) | 박영사 | 2011 |
| 박찬걸 | 형법각론 | 박영사 | 2018 |
| | 형법각론(제2판) | 박영사 | 2022 |
| 배종대 | 형법각론(제10전정판) | 홍문사 | 2018 |
| | 형법각론(제11전정판) | 홍문사 | 2020 |
| | 형법각론(제12판) | 홍문사 | 2021 |
| | 형법각론(제13판) | 홍문사 | 2022 |
| 백형구 | 형법각론 | 청림출판 | 1999 |
| | 형법각론(개정판) | 청림출판 | 2002 |
| 서일교 | 형법각론 | 박영사 | 1982 |
| 손동권 | 형법각론(제3개정판) | 율곡출판사 | 2010 |
| 손동권·김재윤 | 새로운 형법각론 | 율곡출판사 | 2013 |
| | 새로운 형법각론(제2판) | 율록출판사 | 2022 |
| 신동운 | 형법각론(제2판) | 법문사 | 2018 |
| | 판례백선 형법각론 1 | 경세원 | 1999 |
| | 판례분석 형법각론(증보판) | 법문사 | 2014 |
| 심재무 | 형법각론강의 I | 신지서원 | 2009 |
| 오영근 | 형법각론(제3판) | 박영사 | 2014 |
| | 형법각론(제4판) | 박영사 | 2017 |
| | 형법각론(제5판) | 박영사 | 2019 |
| | 형법각론(제6판) | 박영사 | 2021 |
| | 형법각론(제7판) | 박영사 | 2022 |
| 원형식 | 형법각론(상) | 청목출판사 | 2011 |
| | 판례중심 형법각론 | 동방문화사 | 2016 |
| 원혜욱 | 형법각론 | 피데스 | 2017 |
| 유기천 | 형법학(각론강의 상·하) (전정신판) | 일조각 | 1982 |

참고문헌

| 저자 | 서명 | 출판사 | 출판연도 |
|---|---|---|---|
| 이건호 | 형법학개론 | 고려대학교 출판부 | 1977 |
| | 신고형법각론 | 일신사 | 1976 |
| | 형법각론 | 일신사 | 1980 |
| 이영란 | 형법학 각론강의 | 형설출판사 | 2008 |
| | 형법학 각론강의(제3판) | 형설출판사 | 2013 |
| 이용식 | 형법각론 | 박영사 | 2019 |
| 이재상·장영민·강동범 | 형법각론(제11판) | 박영사 | 2019 |
| | 형법각론(제12판) | 박영사 | 2021 |
| 이정원 | 형법각론(보정판) | 법지사 | 1999 |
| | 형법각론 | 법지사 | 2003 |
| | 형법각론 | 신론사 | 2012 |
| 이정원·류석준 | 형법각론 | 법영사 | 2019 |
| 이형국 | 형법각론 | 법문사 | 2007 |
| 이형국·김혜경 | 형법각론(제2판) | 법문사 | 2019 |
| 임웅 | 형법각론(제9정판) | 법문사 | 2018 |
| | 형법각론(제10정판) | 법문사 | 2019 |
| | 형법각론(제11정판) | 법문사 | 2020 |
| | 형법각론(제12정판) | 법문사 | 2021 |
| 정성근·박광민 | 형법각론(제4판) | 삼영사 | 2011 |
| | 형법각론(전정2판) | 성균관대학교 출판부 | 2015 |
| | 형법각론(전정3판) | 성균관대학교 출판부 | 2019 |
| 정성근·정준섭 | 형법강의 각론 | 박영사 | 2017 |
| | 형법강의 각론(제2판) | 박영사 | 2022 |
| 정영석 | 형법각론(제4전정판) | 법문사 | 1980 |
| | 형법각론(제5전정판) | 법문사 | 1992 |
| 정영일 | 형법각론(제3판) | 박영사 | 2011 |
| | 형법강의 각론(제3판) | 학림 | 2017 |
| | 형법각론 | 학림 | 2019 |
| 정웅석·최창호 | 형법각론 | 대명출판사 | 2018 |
| 정창운 | 형법학각론 | 정연사 | 1960 |
| 조준현 | 형법각론 | 법원사 | 2002 |
| | 형법각론(개정판) | 법원사 | 2005 |
| | 형법각론(3판) | 법원사 | 2012 |
| 조현욱 | 형법각론강의 (Ⅰ) | 진원사 | 2008 |
| 진계호 | 신고 형법각론 | 대왕사 | 1985 |
| | 형법각론(제5판) | 대왕사 | 2003 |

| 저자 | 서명 | 출판사 | 출판연도 |
|---|---|---|---|
| 진계호 · 이존걸 | 형법각론(제6판) | 대왕사 | 2008 |
| 최관식 | 형법각론(개정판) | 삼우사 | 2017 |
| 최호진 | 형법각론 | 준커뮤니케이션즈 | 2014 |
| | 형법각론 강의 | 준커뮤니케이션즈 | 2015 |
| | 형법각론 | 박영사 | 2022 |
| 한남현 | 형법각론 | 율곡출판사 | 2014 |
| 한정환 | 형법각론 | 법영사 | 2018 |
| 황산덕 | 형법각론(제6정판) | 방문사 | 1986 |

## ③ 특별형법

| 저자(편자) | 서명 | 출판사 | 출판연도 |
|---|---|---|---|
| 김정환 · 김슬기 | 형사특별법 | 박영사 | 2021 |
| | 형사특별법(제2판) | 박영사 | 2022 |
| 박상기 · 신동운 · 손동권 · 신양균 · 오영근 · 전지연 | 형사특별법론(개정판) | 한국형사정책연구원 | 2012 |
| 박상기 · 전지연 · 한상훈 | 형사특별법(제2판) | 집현재 | 2016 |
| | 형사특별법(제3판) | 집현재 | 2020 |
| 이동희 · 류부곤 | 특별형법(제5판) | 박영사 | 2021 |
| 이주원 | 특별형법(제5판) | 홍문사 | 2018 |
| | 특별형법(제6판) | 홍문사 | 2020 |
| | 특별형법(제7판) | 홍문사 | 2021 |
| | 특별형법(제8판) | 홍문사 | 2022 |

## ④ 주석서 · 실무서 등

| 저자(편자) | 서명 | 출판사 | 출판연도 |
|---|---|---|---|
| 김종원 | 주석형법 총칙(상 · 하) | 한국사법행정학회 | 1988, 1990 |
| 박재윤 | 주석형법 총칙(제2판) | 한국사법행정학회 | 2011 |
| 김대휘 · 박상옥 | 주석형법 총칙(제3판) | 한국사법행정학회 | 2019 |
| 김윤행 | 주석형법 각칙(상 · 하) | 한국사법행정학회 | 1982 |
| 박재윤 | 주석형법 각칙(제4판) | 한국사법행정학회 | 2006 |
| 김신 · 김대휘 | 주석형법 각칙(제5판) | 한국사법행정학회 | 2017 |
| 한국형사판례연구회 | 형사판례연구 (1) – (29) | 박영사 | 1993 – 2021 |
| 법원행정처 | 법원실무제요 형사 [ I ] · [ II ] | | 2014 |

## 5 외국 문헌

| 저자(편자) | 서명 | 출판사 | 출판연도 |
|---|---|---|---|
| 大塚 仁 外 | 大コンメンタール刑法<br>(第2版) (1) ‐ (13) | 青林書院 | 1999 ‐ 2006 |
| | 大コンメンタール刑法<br>(第3版) (1) ‐ (13) | 青林書院 | 2013 ‐ 2021 |
| 西田典之 外 | 注釈刑法 (1), (2), (4) | 有斐閣 | 2010 ‐ 2021 |

# 목 차

## 제 2 편 각 칙

## 제 1 장 내란의 죄

## 제 2 장 외환의 죄

# 제 3 장 국기에 관한 죄

# 제 4 장 국교에 관한 죄

# 제 5 장 공안을 해하는 죄

# 제 6 장 폭발물에 관한 죄

# 제2편 각칙

# 〔총 설〕

〔오 영 근〕

# 제 1 절  각칙의 연혁

## Ⅰ. 제정형법과 현행형법의 비교

1        1953년의 제정형법 제2편 각칙(§§ 87-372)은 42개의 장(章), 286개의 조문으로 이루어졌으나 현행형법 각칙은 42개의 장과 304개의 조문으로 이루어져 있다. 그 이유는 현재까지 22차에 걸쳐 개정이 되면서, 제104조의2(국가모독등), 제140조의2(부동산강제집행효용침해), 제172조의2(가스·전기등 방류), 제173조의2(과실폭발성물건파열등), 제227조의2(공전자기록위작·변작), 제232조의2(사전자기록위작·변작), 제237조의2(복사문서등), 제258조의2(특수상해), 제295조의2(형의 감경), 제296조의2(세계주의), 제297조의2(유사강간), 제301조의2(강간등 살인·치사), 제305조의2(상습범), 제305조의3(강간등 예비·음모), 제324조의2(인질강요), 제324조의3(인질상해·치상), 제324조의4(인질살해·치사), 제324조의5(미수범), 제324조의6(형의 감경), 제331조의2(자동차등 불법사용), 제347조의2(컴퓨터등 사용사기), 제348조의2(편의시설부정이용),

제350조의2(특수공갈) 등 23개 조문이 추가되었고, 제104조의2(국가모독등), 제241
조(간통), 제293조(상습범), 제304조(혼인빙자등에 의한 간음), 제306조(친고죄) 등 5개
조문이 삭제되었기 때문이다.

제정형법에 비해 현행형법에서는 범죄규정의 수가 많아지고 형벌도 강화되
었다. 22차에 걸친 개정에서 먼저 헌법재판소의 위헌결정[1]이 있고 이에 따른 개
정으로 범죄규정이 삭제된 적은 있지만, 입법부 스스로 비범죄화를 한 것은 국가
모독죄(§104의2)뿐인데, 그것도 매우 늦게 이루어졌다. 입법부가 스스로 삭제한 조
문이 있지만 그것조차 성폭력범죄에 대한 친고죄 규정으로서 이것 역시 형벌강화
를 의미한다. 여기에 형사특별법까지 포함하면 우리 형법은 계속적인 신범죄화와
형벌강화로 인해 제정형법 당시에 비해 매우 비대화·강경화되었다고 할 수 있다.

형법의 비대화란 가정으로 비교하면 부모가 대화와 설득이 아니라 욕과 매질,
힘으로 가정을 유지하려는 것과 마찬가지이다. 이러한 가정을 교양 없고 무지한
가정이라고 한다면 우리나라가 그러한 지경에 처해 있다고 할 수 있다. 현재에도
범죄자들에 대한 분노에서 유래하는 복수감정과 강력한 형벌의 범죄예방효과에 대
한 맹신이 우리 형법을 만산창이로 만들고 있다. 분명한 것은 이와 같은 분노형법,
강경일변도의 형법은 억울한 피해자를 만들어 낼 수밖에 없다는 것이다. 그리고
일반국민들의 생각과 달리 피해자는 거의 예외없이 사회적 약자라는 것이다.

형벌을 강화한다고 하더라도 법정형을 강화할 것이 아니다. 오히려 법정형
은 완화하고 형벌의 일반예방효과를 높일 수 있도록 형벌의 확실성, 신속성, 공
평성을 증진시키기 위한 저변제도를 강화하는 노력을 해야 한다. 법정형에서 숫
자만 바꿔 형벌을 강화하는 것은 매우 쉬운 반면, 저변제도를 강화하는 것은 매
우 어렵고 비용도 많이 드는 작업이다. 법정형만을 강화하는 것은 국가가 무언
가 범죄에 대한 대책을 세웠다고 국민을 속이거나 범죄대책을 세웠다고 스스로
속아 넘어가는 것이다. 이제는 이러한 악습과 반드시 결별해야 한다. 몸집은 크

2

3

4

---

1 헌재 2009. 11. 26, 2008헌바58 및 2009헌바191에서 혼인빙자간음죄가 위헌으로 결정된 후,
  2012년 12월 18일 제10차 개정형법에서 혼인빙자와 위계에 의한 간음을 규정한 제304조가 삭제
  되었다. 헌재 2015. 2. 26, 2009헌바17 등에서 간통죄가 위헌으로 결정된 후, 2016년 1월 6일 제
  14차 개정형법에서 간통죄가 삭제되었다. 다만, 헌재 2019. 4. 17, 2017헌바127에서 자(自)낙태
  (§269①) 및 업무상동의낙태죄(§270①) 등이 헌법불합치결정을 받았으나 2020년 12월 31일까
  지 법률개정이 되지 않아 현재에는 효력이 상실되었다.

지만 제대로 된 범인검거 장비를 갖지 못한 형사보다는 몸집이 작더라도 좋은
장비를 지닌 형사가 범인을 더 잘 잡는다는 것은 삼척동자라도 알 수 있는 사실
이다. 우리의 형사정책이 삼척동자 수준에는 이르러야 할 때이다.


## II. 1980년대까지의 상황

5        제정형법은 22년 후인 1975년 3월 25일 처음으로 개정되었는데, 그 개정내
용은 제104조의2에서 국가모독등죄[2]를 신설하는 것이었다. 신설이유는 '국가모
독 등 사대행위를 처단함으로써 일부 고질적 사대풍조를 뿌리뽑고 자주독립국
가 국민으로서의 자각과 긍지를 드높여 국민윤리와 도의를 앙양함과 아울러 국
가의 안전과 이익 그리고 위신을 보전하려는 것'이었다. 그러나 사실은 해외에
서 박정희 당시 대통령과 유신독재체제를 비판하는 사람들을 처벌하기 위한 것
이었다. 불순한 동기로 만들어진 이 규정은 유신독재체제가 붕괴된 지 거의 10
년이 지난 1988년의 제2차 개정형법에서야 삭제되었다.[3]

6        결국 제정형법은 1988년에 원래의 모습을 회복하여 이때까지 형법제정 이
후 형법개정은 없었던 것과 마찬가지로 되었고, 나름대로 의미 있는 형법개정은
1995년에야 이루어졌다. 그 대신 이 기간 동안 그때 그때의 필요에 따라 수많은
형사특별법들이 생겨나게 되었다. 1957년 마약법, 1961년 반공법, 폭력행위 등
처벌에 관한 법률(이하, '폭력행위처벌법'이라 한다.), 윤락행위등방지법, 부정수표 단
속법 및 복표발행·현상 기타 사행행위 단속법, 1962년 군형법, 1963년 집회 및
시위에 관한 법률, 1966년 특정범죄 가중처벌 등에 관한 법률(이하, '특정범죄가중
법'이라 한다.), 1977년 반국가행위자의 처벌에 관한 특별조치법, 1980년 사회보

---

2 제104조의2(국가모독등) ① 내국인이 국외에서 대한민국 또는 헌법에 의하여 설치된 국가기관
  을 모욕 또는 비방하거나 그에 관한 사실을 왜곡 또는 허위사실을 유포하거나 기타 방법으로 대
  한민국의 안전·이익 또는 위신을 해하거나, 해할 우려가 있게 한 때에는 7년 이하의 징역이나
  금고에 처한다.
  ② 내국인이 외국인이나 외국단체 등을 이용하여 국내에서 전항의 행위를 한 때에도 전항의 형
  과 같다.
  ③ 제2항의 경우에는 10년 이하의 자격정지를 병과할 수 있다.
3 2015년 헌법재판소는 이 규정의 진정한 입법목적이 의심되고, 수단의 적합성, 처벌규정의 명확
  성, 침해의 최소성 원칙에 어긋나 위헌이라고 결정하였다(헌재 2015. 10. 21, 2013헌가20).

호법, 1982년 교통사고처리 특례법, 1973년 모자보건법, 1983년 특정경제범죄
가중처벌 등에 관한 법률, 1991년 특정강력범죄의 처벌에 관한 특례법, 환경범
죄의 처벌에 관한 특별조치법, 1994년 성폭력범죄의 처벌 및 피해자보호 등에
관한 법률[2010년 4월 15일 성폭력방지 및 피해자보호 등에 관한 법률과 성폭력범죄의 처벌
등에 관한 특례법(이하, 성폭력처벌법이라 한다.)으로 분리되면서 폐지] 등이 제정되었다.[4]

　　여기에 벌칙규정을 둔 수많은 행정법률 등이 제정되어 실질적 의미의 형법　　7
이 폭발적으로 증가하였다.

## Ⅲ. 1990년대까지의 상황

　　형사특별법의 범람으로 인해 대부분의 형사사건에서 원칙법·영구법적 성　　8
격의 형법각칙 규정보다는 예외법·임시법적 성격의 형사특별법이나 행정형법
의 규정이 우선 적용되는 원칙과 예외의 전도현상, 형법체계의 복잡화로 인한
법률적용의 어려움, 과잉범죄화(overcriminalization), 과잉형벌화(overpenalization) 등
의 문제가 발생하였다. 형법개정을 통해 이를 해결하고자 1985년 법무부에서 형
사법개정특별심의위원회를 구성하였다. 동 위원회는 형법개정의 기본방향으로
① 기본권보장에 관한 헌법정신의 구현, ② 신형법이론에 따른 범죄론의 재정
비, ③ 사회여건 변화에 따른 범죄화 또는 비범죄화 현상의 반영, ④ 형사정책
적 요청에 따른 형벌과 보안처분제도의 개선, ⑤ 형사특별법의 형법에의 흡수
통합, ⑥ 형법편제와 용어의 개선·정비 등을 제시하였다.

　　동 위원회는 7년간의 작업 끝에 형법의 전면개정안인 '1992년 형법개정법　　9
률안'을 마련하였고, 이것이 국무회의의 심의를 거쳐 국회에 제출되었다. 이 법
률안은 동년 11월 국회 본회의에 상정되었으나 1995년 12월 국회 본회의에서
폐기되고, 그 대안인 형법일부개정법률안이 국회를 통과하여 제3차 형법개정이
이루어졌다.[5] 제3차 개정형법은 1992년의 형법개정법률안에서 마련한 각칙 규
정들 중 일부를 형법에 편입하였다.[6]

---

4 국가보안법은 형법제정 이전인 1948년에 제정되었다.
5 http://likms.assembly.go.kr/bill/billDetail.do?billId=012118.
6 추가된 조문으로, 제140조의2(부동산강제집행효용침해), 제172조의2(가스·전기등 방류), 제173

10      제3차 개정 이후 2018년까지 제4차에서 제22차 개정까지 총 19회에 걸친 부분개정이 있었지만, 개정된 조항들은 그리 많지 않았다.[7]

## Ⅳ. 2000년대의 상황

11      한편 1990년대 이후에도 새로운 형사특별법들이 계속 제정되었는데, 2000년 청소년의 성보호에 관한 법률[2009년 아동·청소년의 성보호에 관한 법률(이하, '청소년성보호법'이라 한다.)로 확대 개편], 2001년 범죄수익 은닉의 규제 및 처벌 등에 관한 법률(이하, '범죄수익은닉규제법'이라 한다.), 2008년 특정 성범죄자에 대한 위치추적 전자장치 부착에 관한 법률(2009년 특정 범죄자에 대한 위치추적 전자장치 부착에 관한 법률, 2019년 특정 범죄자에 대한 보호관찰 및 전자장치 부착 등에 관한 법률로 확대 개편) 등을 대표적 예로 들 수 있다. 또한 앞에서 언급한 형사특별법들 중 일부 규정들이 형법개정을 통해 형법전에 도입되었지만, 형사특별법들이 완전히 폐지된 것은 없고, 여전히 개정을 반복하며 널리 시행되고 있다.

12      따라서 1985년 형법의 전면개정작업을 시작할 때와 같은 심각한 문제 상황은 나아진 것이 없고 오히려 더 악화되었다고 할 수 있다. 이에 2000년대에 들어서 형법학계에서 형법의 전면개정의 필요성을 지적하였고, 법무부에서도 2007년 6월 형사법개정특별분과위원회의 위원들을 새로 임명하였다. 동 위원회는 1985년의 개정위원회와 거의 같은 형법개정의 기본방향을 설정하고 본격적으로 형법의 전면개정작업을 시작하였다. 동 위원회는 2010년 형법총칙만을 전면개정한 형법개정법률안을 마련하였고, 2011년 3월 정부가 이 법률안을 국회에 제출하였지만, 제18대 국회의 임기만료로 동 법률안은 자동폐기되었다.[8]

---

조의2(과실폭발성물건파열등), 제227조의2(공전자기록위작·변작), 제232조의2(사전자기록위작·변작), 제237조의2(복사문서등), 제301조의2(강간등 살인·치사), 제324조의2(인질강요), 제324조의3(인질상해·치상), 제324조의4(인질살해·치사), 제324조의5(미수범), 제324조의6(형의 감경), 제331조의2(자동차등 불법사용), 제347조의2(컴퓨터등 사용사기), 제348조의2(편의시설부정이용) 등이 있다.

7 그러나 개정된 조문의 수가 적을 뿐, 개정의 효과는 매우 강력하다고 할 수 있다. 예를 들어 2010년의 제9차 개정으로 유기징역형과 유기금고형의 상한이 2배 늘어났고, 2018년의 제19차 개정으로 심신미약자의 형벌이 필요적 감경에서 임의적 감경으로 강화되었다. 이와 같은 형법의 개정은 실제로 양형기준의 상향 조정, 선고형의 인상 등과 같은 효과를 가져왔다.

8 http://likms.assembly.go.kr/bill/billDetail.do?billId=ARC_Z1J1G0J3C2J5B1K7G3T3I3S1J9P3E9.

**6**                                                          〔오 영 근〕

이후 2010년 유기자유형의 형기를 이전보다 2배까지 높이는 입법쿠데타적    13
인 개정이 있었고, 제22차 개정에 이르기까지 주로 범죄의 성립범위를 확대하고
형벌강화를 위한 개정이 반복되었다.


## 제 2 절  제정형법의 내용과 특징

## I. 제정의 경과

### 1. 법전기초위원회 및 법전편찬위원회의 설립

해방 약 2년 후인 1947년 6월 30일 남조선과도정부 행정명령 제3호로 법전    14
기초(起草)위원회('법제편찬위원회'라고도 한다.)가 설립되었다.[9] 동 위원회는 조선의
관습법과 전통 및 민주주의적 원리와 건전하고 현대적인 경향이 있도록 독립국
가에 걸맞는 법전을 편찬하기 위한 목적으로 설립된 것이었다.

이후 대한민국 정부 수립 한 달 후인 1948년 9월 15일 법전편찬위원회의 직    15
제와 위원을 규정한 대통령령 제4호가 공포되었고, 동 위원회가 위의 법제편찬
위원회의 사업을 계승하였다. 법전편찬위원회는 대통령의 감독하에 속하고, 위원
장 1인 부위원장 2인 및 50인 이내의 위원으로 구성하는 것으로 규정되었다.[10]

법전편찬위원회가 구성된 지 1년여 만인 1949년 11월 위원회 초안과 정부    16
초안이 최종 결정되었지만, 1950년 6·25 전쟁이 발발함에 따라 1951년 4월 3일
에야 정부안이 국회에 제출되었다. 국회에서는 약 2년 5개월간의 심의를 거쳐
법률안을 통과시켜 1953년 8월 31일 정부로 이송하였다. 1953년 9월 18일 정부

---

9 동 행정명령에는 위원장 김용무(대법원장)를 포함하여 김병로(사법부장), 이인(대검찰청장) 등
   3인의 위원이 명기되어 있었고, 기타 위원은 필요에 따라 수시로 임명하는 것으로 규정되어 있었
   다. 이후 1947년 말에 10개 분과위원회와 그 위원들이 구성되어 활동을 개시한 것으로 보인다.
   엄상섭은 1948년 4월에 발표된 글에서 "거년 겨울에 우리 법제편찬위원회의 발족이 있었던 것은
   경하스러운 일"이라고 하였는데, 여기에서 '거년'(去年)이란 1947년, 법제편찬위원회는 법전기초
   위원회를 말하는 것으로 보인다[신동운 편, 형법 제·개정자료집, 한국형사정책연구원(2009), 8;
   신동운·허일태 편, 효당 엄상섭 형법논집, 서울대학교출판부(2003) 등 참조].
10 최초의 위원회는 위원장 김병로, 부위원장 이인 외 50인의 위원으로 구성되었다(신동운 편, 형법
   제·개정자료집, 33).

는 법률 제293호로 형법을 공포하여, 같은 해 10월 3일부터 형법이 시행되었다.

## 2. 위원회의 형법제정 요강

17    법전기초위원회와 법전편찬위원회는 형법 총칙과 각칙에 모두 적용되는 총
괄적 요강과 각칙적 요강 두 가지를 제시하였는데, 먼저 총괄적 요강의 내용은
다음 12가지였다.[11]

1. 용어는 언문일치체제로 하며 일본색이 농후한 직역어와 일상적으로 사
   용되지 않는 한자나 이상한 용어의 사용을 피할 것.
2. 각 조문의 내용에서 일본색을 일소하고 한국 고유의 미풍양속을 순화앙
   양하도록 할 것.
3. 각 조문의 내용이 세계의 대세에 역행하지 않도록 유의할 것.
4. 형의 경중은 민족의 존엄성과 복리증진상 미치는 영향의 강약에 상응하
   도록 할 것.
5. 범죄로 인한 실해(實害) 발생을 미연에 방지하고 범죄적발을 용이하게
   하는 조건이 될 수 있는 사전자수(事前自首)에 대해 형의 감경 또는 면제
   의 특전을 주도록 할 것.
6. 상습범에 대하여 형을 가중하는 범위를 확대할 것.
7. 치안에 미치는 영향을 고려하여 교사죄를 독립범죄로 하는 범위를 확대
   할 것.
8. 사형 및 무기형을 법정형으로 하는 범위를 가급적 축소할 것.
9. 단행법에 규정된 형벌법규 중 자연범(형사범)적 성질을 가지는 것은 형법
   에 흡수할 것.
10. 각칙의 장(章)은 공익적 죄질의 범죄에서 사익적 죄질의 범죄의 순서로
    하되, 불분명한 경우에는 그 정도에 따라서 순서를 정할 것.
11. 각칙의 장(章)의 구분은 이론적 근거에 의하여 적절하게 통합 또는 분
    할할 것.
12. 각칙의 장(章)의 명칭도 위 원칙 11.에 의하여 변경할 것.

---

11 신동운 편, 형법 제·개정자료집, 14. 다만, 여기에서는 원래의 표현들을 좀 더 이해하기 쉽게 수
정하였다.

위원회가 설정한 각론적 요강은 다음과 같은 내용으로 구성되어 있었다.[12]    18

1. 국기(國旗)모독을 범죄로 하는 조문을 신설하여 제1장으로 할 것.

2. '내란의 죄'와 '외환의 죄'의 장을 통합하여서 '반역죄'의 장을 만들 것.

3. '공무원의 직무에 관한 죄'라는 장을 신설하여 여기에 뇌물죄 및 공무원 의 직무에 관한 죄, 공무원의 횡령죄 및 배임죄 등을 규정할 것.

4. '선거방해죄'의 장(章)을 신설하여 선거사범을 형법에 규정할 것.

5. '공무집행방해죄'의 장을 정비할 것.

6. 성격이 유사한 도주죄와 범인은닉죄, 위증죄와 증거인멸죄를 각각 통합 하여서 장을 만들 것.

7. '안녕질서에 대한 죄'의 장의 명칭을 '공안을 해하는 죄'로 고치고, 그 내 용을 정비할 것.

8. '폭발물에 관한 죄'의 장을 신설하고 여기에 '폭발물취체벌칙'의 조문을 정비하여 흡수하고 동 벌칙은 폐지할 것.

9. '왕래를 방해하는 죄'[13]의 명칭을 '교통방해죄'로 변경할 것.

10. '통화위조죄'를 '통화 등에 관한 죄'로 명칭을 변경하고 그 내용을 정비 하고, 관련 단행법률들의 내용을 흡수하고 동법률들을 폐지할 것.

11. '우표 및 수입인지에 관한 죄'의 장을 신설하여 관련 단행법률들의 내 용을 흡수하고 동 법률들은 개정 내지 폐지할 것.

12. '유가증권위조죄'를 '유가증권에 관한 죄'로 명칭을 변경하고 관련 단행 법률들의 내용을 흡수하고 동 법률들은 개정 내지 폐지할 것.

13. '문서위조죄'를 '문서에 관한 죄'로 '인장위조죄'를 '인장 등에 관한 죄'로 각각 명칭을 변경할 것.

14. '외설간음 및 중혼죄'의 장을 '풍속을 해하는 죄' 및 '간음죄' 두 장으로 나누고, 일반외설행위, 간통 및 중혼 등은 전자의 장에, 강간을 위시하 여 피해부녀의 의사에 반하는 음행행위는 후자의 장에 규정하여 전자는

---

12 각론적 요강에 대해서도 이해하기 쉽게 수정하고 또한 축약하였다. 각론적 요강에 대한 엄상섭 선생의 자세한 해설은, 신동운 편, 형법 제·개정자료집, 24-31; 신동운·허일태 편, 효당 엄상섭 형법논집, 45-66.

13 일본 형법각칙 제11장의 명칭이다.

공익, 후자는 사익을 각각 죄질로 할 것.

15. 간통죄의 경우 남녀평등의 이념에 비추어 남녀를 동등하게 처벌하되 친고죄로 할 것.

16. 단순 또는 업무상 과실치사상죄에 대한 벌금액을 올릴 것.

17. '결투죄'의 장을 신설하고 관련 법률의 내용을 흡수하고 동 법률은 폐지할 것.

18. 폭행죄를 비친고죄로 하되 반의사불벌죄로 할 것.

19. '간음죄'의 장에 업무상 위력에 의한 간음, 혼인빙자간음죄 등을 신설할 것.

20. '협박죄'의 장에 면담강요, 강담계속(强談繼續) 등을 처벌하는 조문을 신설할 것.

21. '명예에 한 죄'를 합리적으로 정비하여 허위사실적시 명예훼손죄의 형벌을 높일 것.

22. '신용 및 업무에 한 죄'의 장을 '신용, 업무 및 경매에 관한 죄'로 고치고 여기에 경매 및 입찰방해죄를 신설할 것.

23. '절도 및 강도죄'의 장을 '절도, 강도 및 해적죄'로 명칭을 고치고, 여기에 관련 단행법률의 내용을 흡수하고 동 법률을 폐지하고, 해적죄를 신설할 것.

24. 배임죄를 '횡령죄'의 장으로 옮길 것.

25. '횡령 및 배임죄'의 장에 배임수·증재죄를 신설할 것.

26. '장물(贓物)에 관한 죄'의 장에 업무상중과실 장물취득죄를 신설할 것.

27. '훼기 및 은닉죄'의 장의 명칭을 '손괴죄'로 고치고 여기에 경계침범죄를 신설하고 비친고죄로 할 것.

28. '권리행사를 방해하는 죄'의 장을 신설하고 여기에 권리행사방해죄 및 강제집행면탈죄 등을 규정할 것.

29. '폭력행위 처벌에 관한 법률'을 폐지하고 동 법률에 규정되었던 사항은 폭행, 상해, 협박, 손괴 등 각 장에 정비, 배열할 것.

## 3. 법전편찬위원회 및 정부 초안

법전편찬위원회는 위와 같은 총괄적, 각론적 요강을 따르면서 위원회의 형                                    19
법분과위원회의 회의와 총회를 거쳐서 45개의 장으로 이루어진 각칙제정안을
제시하였다.

위원회의 초안은 다음과 같은 사항을 근본원칙으로 하여서 입안하였다.                                    20

1. 세계 각국의 현행법, 형법개정초안, 특히 독일형법 및 독일 1930년 형법
   초안을 많이 참고로 하였고, 제정역사가 새롭고 국정(國情)이 우리나라와
   유사한 중국형법을 참작하였다.
2. 모든 독재적인 정치요소를 배격하고 국민의 기본권을 옹호하여 자유와
   평화의 완전실현을 지향하는 세계적 추세에 적응케 하였다.
3. 신생국가로서의 발랄생신(潑剌生新)하고 용왕매진(勇往邁進)적인 국풍(國風)
   과 그러한 국민으로서의 창의력과 진취성을 풍부케 함에 적당하도록 하
   였다.
4. 목하(目下) 우리가 당면하고 있는 위기의 극복, 즉 민족적 분열에서 통일
   에의 추진방도에 있어서 유감됨이 없도록 하기에 노력하였다.
5. 우리 민족 고유의 미풍양속의 유지향상에 유의하였다.
6. 약자를 보호하여 그들의 낙오성에서 배태(胚胎)되는 사회의 불건전화를
   방지함으로써 국가의 기초를 공고히 할 것을 기도하였다.
7. 형법학설의 화려기발(華麗奇拔)함에 편파됨을 피하고 그 건전중정(健全中
   正)함을 택하여서 현실에 적합하도록 하였다. 따라서 세계 각국의 입법
   례와 특히 새로운 형법초안을 광범위로 참고하였다.
8. 용어는 법으로서의 명확성과 존엄성을 해하지 아니하는 한 될 수 있는
   대로 평이하도록 하였다.

위원회는 법전기초위원회의 각칙적 요강을 준수하면서 각칙의 내용을 정하                                    21
였는데, 입안자들이 설명하는 전반적인 내용은 다음과 같다.

1. 장의 순서는 공익적 범죄로부터 사익적 범죄에 이르는 순서로 배열하여
   종래의 면목을 일신하였다.
2. 종래의 해석상 의문이 있던 점은 전부 입법적으로 해결하기에 노력하였다.

〔오 영 근〕                                                        **11**

3. 죄형법정주의의 인권보장기능을 발휘하기 위하여 말과 글의 간명화에 유의하였다.

4. 사회의 복잡화에 적응키 위하여 조문수가 대폭적으로 증가되었다.

5. 범죄의 상습화 경향을 반영하여 상습범 엄벌주의를 취하였다.

6. 자기 또는 배우자의 존속친에 대한 범죄의 형을 중하게 하였다.

7. 다중 또는 지흉기(持凶器: 흉기소지)에 의한 범죄의 형을 중하게 하였다.

8. 중한 범죄는 그 예비와 음모를 처벌하기로 하였으나 그 사전방지에 도움되게 하기 위하여 자수자에 대한 특전을 주기로 하다.

9. 사형은 중한 범죄에만 과하기로 하였다.

10. 금고형은 정치적 성질을 가진 범죄 또는 특히 경벌(輕罰: 가볍게 벌)할 범죄에 선택형으로 과하였다.

11. 과실범에 한 체형(體刑: 자유형)은 금고형에 한하였다.

12. 자격정지는 상당한 자격을 가진 자가 아니면 범하기 어려운 것으로 예상되는 범죄에 하여는 선택형으로 과하고, 중한 파렴치죄에 대하여는 병과하기로 하였다.

13. 사리(射利)적인 범죄에 하여는 벌금형을 병과하기로 하였다.

14. 범인이 당해 범죄로 인하여 획득한 금품을 소유케 함이 현저하게 부당한 범죄에 대하여는 반드시 그를 몰수할 것으로 하였다.

22    구 형법과 비교할 때 위원회 및 정부 초안 각칙에는 다음과 같은 내용의 변화가 있었는데 그 대강을 보면 다음과 같다.

23    1. 국기에 관한 죄의 신설(제3장), 2. 범죄단체조직등에 관한 죄의 신설(§118), 3. 종래의 소요죄를 공안을 해하는 죄의 장에 편입, 4. 폭발물에 관한 죄의 신설(제6장) 및 종래의 폭발물취체벌칙의 규정 정비, 5. 공무원의 직무포기행위의 처벌(§133), 6. 인권유린행위의 법정형 인상, 7. 공무원의 비밀누설죄의 신설(§137), 8. 공무원의 지위이용에 의한 수뢰행위의 처벌(알선수뢰죄, §141), 9. 공무원범죄의 법정형 가중(§144), 10. 도주와 범인은닉(제9장), 위증과 증거인멸(제10장)의 행위를 각 동일 장에 편입, 11. 위증죄의 형을 모해 목적의 유무에 따라서 구별(§163), 12. 우표 및 인지에 관한 범행을 유가증권의 장에 규정, 13. 영아살해죄의 법정

형의 인하, 14. 상해죄에 있어서 상해 정도에 의한 법정형의 합리화, 15. 과실
치사, 업무상과실치사상에 대한 법정형의 인상, 16. 낙태죄의 법정형의 인하,
17. 소년보호를 위한 새로운 범죄유형의 규정(§ 309 이하), 18. 감독자의 지위 이
용에 의한 부녀정조유린행위 및 사기결혼에 대한 처벌규정의 신설(§ 326 및 § 327),
19. 명예훼손죄에 있어서 사실 유무에 의한 법정형의 합리화, 20. 부정담합에 의
한 경매행위의 처벌규정 신설(§ 338), 21. 권리행사를 방해하는 죄의 신설(제37장),
22. 배임죄를 횡령죄의 장으로 이전, 23. 장물에 관한 죄의 조문정리 등이다.

　　정부초안은 위원회의 초안에 간통죄 쌍벌규정(§ 257)만을 추가하여 완성되었    24
다. 정부초안의 각칙은 제90조(내란죄)에서 제397조까지 총 308개 조문, 42개의
장으로 이루어져, 제정형법보다 22개 조문이 더 많았다.

## 4. 제정형법의 탄생

　　1951년 4월 13일 정부안이 국회에 제출되자, 국회에서는 약 2년 5개월간의    25
심의와 수정을 거쳐 제정형법을 통과시켰다.

　　정부초안과 제정형법의 차이 중 중요한 것들을 정리하여 보면 다음과 같은    26
것들이 있다.

1. 정부초안에서는 각 조문에 죄명을 규정하지 않았지만, 제정형법에서는
   죄명을 규정하였다.
2. 정부초안에서는 국헌문란의 정의규정, 피의사실공표죄, 선거방해죄, 변사
   자검시방해죄, 부동의낙태죄 등을 규정하지 않았지만, 제정형법에서는
   국헌문란의 정의규정(§ 91), 피의사실공표죄(§ 126), 선거방해죄(§ 128), 변사
   자검시방해죄(§ 163), 부동의낙태죄(§ 270②) 등을 추가하였다.
3. 정부초안에는 내란목적(§ 94), 외환목적(§ 108), 공안을 해할 목적(§ 128),
   폭발물사용목적(§ 132), 공무방해목적(§ 155), 방화목적(§ 186), 교통방해목적
   (§ 203), 통화위조목적(§ 226). 유가증권위조목적(§ 238), 살인목적(§ 274), 체
   포ㆍ감금목적(§ 302), 협박목적(§ 308), 약취ㆍ유인목적(§ 319), 절ㆍ강도목적
   (§ 370), 사기ㆍ공갈목적(§ 379) 단체조직등죄를 규정하였지만, 제정형법에
   서는 이것을 삭제하였다.
4. 정부초안에는 범죄 및 병역ㆍ납세거부 선동ㆍ선전죄(§ 119), 민심혼란 또

는 경제혼란 유발목적 허위사실유포죄(§ 123), 전쟁 또는 사변시 매점·매석죄(§ 124), 재판·검찰 위신손상목적 허위사실유포죄 및 재판·검찰비방죄(§ 148), 중혼죄(§ 258), 긴급구조의무위반죄(§ 293), 면회강청죄등(§ 306), 강도강간치사상죄(§ 362) 등의 규정을 두었지만, 제정형법에서는 이것을 모두 삭제하였다.

5. 정부초안에서는 공인등위조죄와 공무소기호위조죄 및 이에 대한 자격정지 병과를 3개 조문으로 분리하여 규정하였지만(§§ 252-254), 제정형법에서는 이것을 한 조문으로 통합하였다(§ 238).

6. 정부초안에서는 증뢰물전달죄에 대한 자수감면규정(§ 142)을 두었으나, 제정형법에서는 이것을 삭제하였다.

## II. 제정형법의 특징

27      주로 법률실무가로 구성된 법전편찬위원회가 활동한 지 불과 1년여 만에 위원회 형법초안을 완성하였으므로 당시의 사회현실에 잘 맞고 미래에도 적용될 수 있는 형법을 만들 수 있는 능력이나 시간적 여유가 없었다.[14] 위원회는 무엇보다 독립주권국가로서의 체면을 세우기 위해 하루바삐 일본형법이 시행되고 있는 현실을 벗어나는 데에 중점이 있었다고 할 수 있다. 또한, 어느 위원회나 그렇듯 대부분의 위원들은 적극적으로 활동하지 않아서 소수의 위원들이 위원회의 초안을 만들었다고 추정할 수 있을 것이다.

28      따라서 정부초안 이유설명서에서는 세계 각국의 현행법, 형법개정초안, 특히 독일형법 및 독일 1930년 형법초안과 중국형법(대만형법)을 참작하였다고 하지만,[15] 결국 어느 나라의 형법이나 형법개정안을 집중적으로 참고하여 형법초안을 만들었다고 짐작해볼 수 있다. 아래에서는 제정형법과 중화민국형법, 만주

---

14 엄상섭 선생도, "법제(전)편찬위원의 대부분은 법률실무가이고 순전한 학자도 없다. 학자가 있다고 하여도 왜제의 억압 때문에 마음 놓고 연구할 기회를 가지지 못하였던 것은 긍정 아니할 수 없다. 우리의 법학수준으로서 무모한 개혁을 주장한다는 것은 지식인답지 못한 경거이거나 외세추종의 비난을 면치 못할 것이다."라고 하고 "법전편찬의 중점을 한마디로 '왜색(倭色)의 일소'에 둘 것"을 주장하였다[효당학인, "법전편찬에 대하여", 법정(法政) 3-6(통권 20), 법정사(1948. 6), 10; 신동운 편, 형법 제·개정자료집, 9; 신동운·허일태 편, 효당 엄상섭 형법논집, 53].
15 형법초안이유설명서(신동운 편, 형법 제·개정자료집, 35).

형법, 일본개정형법가안 등과 제정형법을 비교하여 보기로 한다.

각국의 형법을 비교할 때, 특별히 어떤 이념이나 그때그때의 사회적 상황이 ²⁹ 달라지지 않는 한 크게 변하지 않는 범죄규정들을 비교해보면 어느 입법례가 유사한지를 좀더 분명히 알 수 있다. 따라서 절도, 강도, 사기, 공갈, 횡령, 배임죄와 같이 대표적인 재산범죄에 대해 일본개정형법가안과 제정형법을 비교해보면, 제정형법이 어느 정도 일본개정형법가안의 영향을 받았는지 짐작할 수 있을 것이다.

재산범죄의 편제방식은 재산범죄의 해석에 큰 영향을 미칠 수 있다. 예컨 ³⁰ 대 점유이탈물을 타인이 점유하는 재물로 오인하고 영득한 경우, 사실의 착오에 대한 죄질부합설에 따를 때 이것을 구체적 사실의 착오와 추상적 사실의 착오 중 어디에 해당한다고 볼 것인지 문제될 수 있다. 사실의 착오에 관한 학설들이나 죄질부합설의 논리적 타당성을 논외로 하고, 절도죄와 점유이탈물횡령죄를 같은 죄질의 범죄로 본다면 이 경우 구체적 사실의 착오의 문제로 다루어 발생사실의 기수, 즉 점유이탈물횡령죄의 기수범의 죄책을 인정해야 할 것이다. 그러나 두 죄를 같은 죄질의 범죄가 아니라고 본다면, 추상적 사실의 착오로 다루어 인식사실의 불능미수와 발생사실에 대한 과실로서 절도죄의 불능미수의 죄책을 인정해야 할 것이다.

여기에서 만약 독일형법과 같이 절도죄와 점유이탈물횡령죄가 같은 장에 ³¹ 규정되어 있다면, 절도죄와 점유이탈물횡령죄를 같은 죄질의 범죄라고 하기가 용이하다. 그러나 우리 형법과 같이 절도죄와 점유이탈물횡령죄가 다른 장에 규정되어 있는 경우에는, 두 죄를 서로 다른 죄질의 범죄로 보아야 하거나 같은 죄질의 범죄라고 하기 위해서는 무언가 추가적인 근거가 필요하게 될 것이다.

## Ⅲ. 중화민국형법과의 비교

구형법(현행 일본형법) 총칙은 형벌을 먼저 규정하고(§ 34) 범죄에 관한 규정 ³² 을 두고 있는데(§§ 35-65), 중화민국(대만)형법¹⁶은 범죄에 관한 규정을 먼저 두고

---

16 엄상섭 선생은 중화민국(대만)의 법전이 우리 법전편찬상의 많은 참고가 될 것이라고 믿는다고 하였다[효당학인(주 14), 10]. 현행 중화민국형법은 세계법제정보센터(http://world.moleg.go.kr/

(§§ 12-31) 형벌에 관한 규정을 나중에 두었다(§ 32 이하). 제정형법은 범죄에 관한 규정을 먼저 두고 형벌에 관한 규정을 두었는데, 이것은 구 형법보다는 중화민국형법의 체제와 같다. 그러나 중화민국형법에서는 형법에서 매우 중요한 개념인 고의와 과실을 제정형법과는 다르게 규정하고(§ 13 및 § 14),[17] 법률의 부지에 대해 언급하는(§ 16)[18] 등 제정형법과는 다른 규정들을 두고 있다.

33      또한 각칙의 재산범죄 규정들의 경우 중화민국형법은 절도죄(제29장), 창탈, 강도 및 해적죄(搶奪強盜及海盜罪: 제30장), 횡령죄(侵占罪: 제31장), 사기·배임 및 부당이득죄(詐欺背信及重利罪: 제32장), 공갈 및 인질강매죄(恐嚇及擄人勒贖罪) 등으로 구분하고 있다. 이것은 절도죄와 강도죄, 사기죄와 공갈죄, 횡령죄와 배임죄를 각각 같은 장에서 구별하고 있는 제정형법과는 크게 다르다고 할 수 있다.

34      재산범죄의 구성요건에서도 중화민국형법은 불법영득의사(意圖爲自己或第三人不法之所有) 또는 불법이득의사(意圖爲自己或第三人不法之利益)[19]를 명문으로 규정하고 있고, 재물죄의 객체도 단순히 재물이 아니라, 물, 동산 및 부동산을 나누어 규정하고 있다. 예를 들어, 제320조(동산 및 부동산절도죄)는 "불법영득의사로 타인의 동산을 절취한 자는 …, 불법이득의사로 타인의 부동산을 무단점유한 자 …"라고 규정하고 있다. 이것은 절도죄의 객체를 재물로 규정하는 제정형법 제329조와는 매우 다르다고 할 수 있다.[20]

---

web/main/index.do)에서 한자와 영어로 된 원문을 pdf파일과 word파일로 볼 수 있다.

17  제13조는 "행위자가 범죄사실에 대해 명지(明知)하며 또 이를 발생시킬 의도를 가진 때에는 고의라 한다.", 제14조는 "행위자가 고의로서가 아닐지라도 그 정황에 따라서 주의할 것이며 또 주의할 수 있었음에도 주의하지 아니한 때에는 과실로 한다. 행위자가 범죄구성사실에 대하여 그 발생할 것을 예견하였지만 발생하지 않으리라고 확신하였을 때에는 과실로서 논한다."고 규정하고 있다〔법무부 조사국, 중국형법전, 만주형법전, 소련형법전 및 일본개정형법가안, 법무자료 5(1948), 4〕.

18  제16조 "법률을 모른다는 것으로 형사책임을 면제할 수 없다. 단, 그 정황에 따라서 형을 감경할 수 있다. 만약 그 행위가 법률이 허용하는 것이라는 것을 믿고 정당한 이유가 있었을 때에는 형을 면제한다."〔법무부 조사국, 법무자료 5(1948), 4〕.

19  제342조 "타인을 위하여 사무를 처리하는 자가 자기 또는 제3자의 불법의 이익으로 하며 또는 본인의 이익을 손해할 의도로써 그 임무에 위배하는 행위를 하여 본인의 재산 그 밖의 이익에 손해를 일으킨 자는 5년 이하의 유기징역 또는 구류에 처하며 또는 천원 이하의 벌금을 과하며 혹은 병과할 수 있다."〔법무부 조사국, 법무자료 5(1948), 75〕.

20  第三百二十條 (普通竊盜罪、竊佔罪) ① 意圖爲自己或第三人不法之所有, 而竊取他人之動産者, 爲竊盜罪, 處五年以下有期徒刑、拘役或五百元以下罰金。 ② 意圖爲自己或第三人不法之利益, 而竊佔他人之不動産者, 依前項之規定處斷。 ③ 前二項之未遂犯罰之。

〔오 영 근〕

이와 같이 중화민국형법과 제정형법은 구성이나 내용에서 커다란 차이가    35
나므로 법전편찬위원회에서 중화민국형법을 참고는 하였을지 모르지만, 제정의
중요모델로 삼은 것이라고 보기는 어렵다.


## Ⅳ. 만주국형법과의 비교

### 1. 만주국형법의 특징

만주국은 1932년 일본이 괴뢰국으로 건국한 국가로서 1945년 일본의 패전    36
과 함께 멸망하였다.[21] 만주국은 처음에는 중화민국형법을 원용하고 있었으나
건국 이래 현안이었던 영사재판권을 철폐하기 위하여 형법전편찬이 요구되었다
고 한다. 만주국형법은 일본이 제정하였다고 할 수 있으므로[22] 일본형법과 당시
일본의 형법개정작업에서 제시된 내용들이 만주국형법에 반영되었으리라는 것
은 어렵지 않게 짐작할 수 있을 것이다.[23]

만주국형법의 전반적인 특징은 다음과 같다.    37

첫째, 전체적으로 보아 법전의 체제는 일본형법전 및 중화민국형법전과 대    38
체로 같다. 그러나 두 형법전 모두에 규정되어 있는 아편에 관한 죄는 규정하지
않았는데, 그 이유는 행정범적 성격의 죄이고, 만주국의 실정에 비추어 단행법
률로 미루었기 때문이다.

둘째, 법정형의 폭을 일반적으로 넓게 하였다. 그 이유는 법문을 간략히 하    39
는 동시에 많은 탄력성을 갖도록 하기 위함이다. 또한, 국내의 치안을 확립하기
위해 형벌을 일반적으로 준엄하게 규정하였다.

셋째, ① 양형상의 유의사항을 명시하고,[24] ② 단일정범개념을 택하면서도    40

---

21  https://ko.wikipedia.org/wiki/%EB%A7%8C%EC%A3%BC%EA%B5%AD.
22  형법전편찬 이유와 편찬과정에 대해서는 법무부 조사국, 법무자료 5(만주형법전), 1-2.
23  https://ko.wikipedia.org/wiki/%ED%99%8D%EC%88%9C%EB%B4%89. 일제 강점기 일본의 경
    찰로 근무하다가 1935년부터 만주국 경찰간부로 근무하며 해방 후 우리나라 제6대 치안국장을
    지낸 홍순봉이 '만주국 형법총론'이라는 책을 집필한 것에서도 만주국형법이 일본형법의 절대적
    영향을 받았다는 것을 알 수 있다. 홍순봉의 행적에 대해서는 친일반민족행위진상규명위원회,
    친일반민족행위진상규명 보고서 Ⅳ(2009), 508-520.
24  만주국형법 제55조는 "형의 적용에 대하여는 범죄의 목적, 동기, 수단, 결과, 범인과 피해자 사
    이의 관계, 범인의 연령, 성행, 지능, 환경, 경력 및 기타 범죄 후의 정황을 참작한다.", 일본개정

제25조(타인에게 대하여 범죄를 교사하고 피교사자가 죄를 범함에 이르지 않을 때에는 예비범에 준한다)와 같은 획기적 규정을 두고,[25] ③ 종래의 가족주의적 미풍양속을 유지·조장하고자 유기죄의 규정을 서구제국과 전혀 다르게 규정하고, 경로사상을 참작하여 70세 이상의 노령자에 대해 형을 감경할 수 있는 규정을 두고, ④ 보안처분 규정이 사문화되었던 실정을 고려하여 보안처분 규정을 두지 않았다는 특징이 있다.[26]

## 2. 만주국형법과 제정형법의 재산범죄 비교

41    만주국형법의 재산범죄는 제34장 절도의 죄, 제35장 강도 및 늑속(勒贖)[27]의 죄, 제36장 사기 및 공갈의 죄, 제37장 횡령 및 배임의 죄, 제38장 장물에 관한 죄, 제39장 손괴의 죄로 구성되어 있다. 사기죄와 공갈죄, 횡령죄와 배임죄를 같은 장에서 규정하는 등 제정형법과 유사한 편제로 되어 있지만, 절도죄와 강도죄를 별개의 장으로 구분하고 강도의 장에서 점유강취죄까지 규정하고 있다는 점에서 제정형법과 구별된다.

42    구체적인 조문 비교는 아래 [표 1]과 같다.

---

형법 제57조는 "형의 적용에 있어서는 범인의 성격, 연령 및 환경과 아울러 범죄의 정황 및 범죄 후의 정황을 고려하고 특히 다음의 사항을 참작하여야 한다. 1. 범인의 경력, 습관 및 유전, 2. 범죄의 결의의 강약, 3. 범죄의 동기가 충효 기타 도덕상 또는 공익상 비난할만한 것이었느냐의 여부, 4. 범죄가 공포, 경악, 낭패, 도발, 위박(威迫), 군집, 암시 기타 이에 유사한 사유에 기하느냐의 여부, 5. 친족, 후견, 사제, 고용, 기타 이에 유사한 관계를 남용 또는 멸시하여 죄를 범하거나 또는 죄를 범케 한 것이냐의 여부, 6. 범죄의 수단이 잔혹한가 여부 및 교활한가 여부, 7. 범죄계획의 대소 및 범죄로 인하여 발생한 위험 또는 실해(實害)의 경중, 8. 죄를 범한 후 회오(悔悟: 후회)하였느냐의 여부 및 실해를 배상하고 기타 실해를 경감하기 위해 노력하였느냐의 여부"라고 규정하였다. 우리 형법 제51조는 일본개정형법가안과 같은 형식을 취하면서 만주형법과 같은 내용으로 되어있는데, 일본개정형법가안보다는 만주형법에 더 가깝다고 할 수 있다.

25 형법 제31조 제2, 3항과 관련하여 제정형법이 일본개정형법가안뿐만 아니라 만주국형법의 영향도 받았다는 분석으로, 이진수, "형법 제31조 제2항 및 제3항에 대한 연혁적 고찰", 형사법연구 29-1, 한국형사법학회(2017), 3 이하, 22 등.

26 법무부 조사국, 법무자료 5(만주형법전), 3-4.

27 만주국형법 제249조는 "타인이 점유하는 자기의 재물을 강취한 자는 3년 이상 10년 이하의 도형에 처한다."고 규정하고 있다. 이것이 늑속죄인데, 우리 형법상 점유강취죄(§ 325)와 같다.

## [표 1] 만주국형법과 제정형법의 주요 재산범죄 규정 비교

| 죄 명 | 만주국형법 | 제정형법 |
|---|---|---|
| 절도죄 | **제34장 절도의 죄**<br>§ 242 타인의 재물을 절취한 자는 7년 이하의 도형(徒刑)28에 처한다. | **제38장 절도와 강도의 죄**<br>§ 329(절도) 타인의 재물을 절취한 자는 6년 이하의 징역 또는 5만환 이하의 벌금에 처한다. |
| 강도죄 | **제35장 강도 및 늑속의 죄**<br>§ 247 폭행, 협박, 기타의 방법으로써 사람의 저항을 억제하여 타인의 재물을 강취하거나 재산상 불법이익을 얻은 자는 5년 이상의 유기도형에 처한다.<br>전항의 방법으로 제3자에게 재물 또는 재산상의 이익을 얻게 한 자 또한 같다. | § 333(강도) 폭행 또는 협박으로 타인의 재물을 강취하거나 기타 재산상의 이익을 취득하거나 제삼자로 하여금 이를 취득하게 한 자는 3년 이상의 유기징역에 처한다. |
| 사기죄<br><br><br><br>공갈죄 | **제36장 사기 및 공갈의 죄**<br>§ 255 사람을 기망하여 재물을 편취하거나 재산상 불법이익을 얻은 자는 10년 이하의 도형에 처한다.<br>전항의 방법으로 제3자에게 재물 또는 불법이익을 얻게 한 자 또한 같다.<br><br>§ 256 사람을 협박하여 재물을 하취(嚇取)하거나 재산상 불법이익을 얻은 자는 제10년 이하의 도형에 처한다.<br>전항의 방법으로 제3자에게 재물 또는 불법이익을 얻게 한 자 또한 같다. | **제39장 사기와 공갈의 죄**<br>§ 347(사기) ① 사람을 기망하여 재물의 교부를 받거나 재산상의 이익을 취득한 자는 10년 이하의 징역 또는 5만환 이하의 벌금에 처한다.<br>② 전항의 방법으로 제삼자로 하여금 재물의 교부를 받게 하거나 재산상의 이익을 취득하게 한 때에도 전항의 형과 같다.<br>§ 350(공갈) ① 사람을 공갈하여 재물의 교부를 받거나 재산상의 이익을 취득한 자는 10년 이하의 징역 또는 5만환 이하의 벌금에 처한다.<br>② 전항의 방법으로 제삼자로 하여금 재물의 교부를 받게 하거나 재산상의 이익을 취득하게 한 때에도 전항의 형과 같다. |
| 횡령죄<br><br>배임죄 | **제37장 횡령 및 배임의 죄**<br>§ 260 자기가 점유하는 타인의 재물 또는 재산상 이익을 횡령한 자는 5년 이하의 도형 또는 2천원 이하의 벌금에 처한다.<br>§ 262 타인의 사무를 처리하는 자가 전혀 본인의 이익을 도모하는 것이 아니고 그 임무에 배반한 행위를 하여 본인에게 재산상 손해를 가한 때에는 10년 이하의 도형 또는 5천원 이하의 벌금에 처한다. | **제40장 횡령과 배임의 죄**<br>§ 355(횡령, 배임) ① 타인의 재물을 보관하는 자가 그 재물을 횡령하거나 그 반환을 거부한 때에는 5년 이하의 징역 또는 5만환 이하의 벌금에 처한다.<br>② 타인의 사무를 처리하는 자가 그 임무에 위배하는 행위로써 재산상의 이익을 취득하거나 제삼자로 하여금 이를 취득하게 하여 본인에게 손해를 가한 때에도 전항의 형과 같다. |

---

28 만주국형법에서의 도형이란 도형감에 구치하고 정역에 복무하게 하는 형벌로서(§ 33), 징역형이라고 할 수 있다.

# V. 일본개정형법가안과 제정형법의 비교

43      일본개정형법가안은 절도죄와 강도죄(제41장), 사기죄와 공갈죄(제42장), 횡령죄와 배임죄(제43장)를 각각 같은 장에 규정하고, 장물죄(제44장)를 나중에 규정하고 있다. 즉, 일본개정형법가안과 제정형법은 7개의 주요 재산범죄에 대해 동일한 편제방식을 취하고 있다. 일본개정형법가안이 1940년에 만들어졌고, 법전편찬위원회의 법률안이 1949년에 만들어졌으므로 결국 제정형법은 일본개정형법가안을 모방하거나 대폭 참고하였다고 할 수 있다.[29]

44      일본개정형법가안과 제정형법의 재산범죄 구성요건도 매우 비슷하다. 예를 들어, 가안 제420조(절도죄)는 "타인의 재물을 절취한 자는 7년 이하의 징역에 처한다.",[30] 제423조(강도죄)는 "폭행 또는 협박으로 타인의 재물을 강취하거나 기타 재산상 불법이익을 취득하거나 제3자로 하여금 취득하게 한 자는 3년 이상의 징역에 처한다.",[31] 제435조(사기죄)는 "사람을 기망하여 재물을 편취하거나 기타 재산상 불법이익을 취득하거나 제3자로 하여금 취득하게 한 자는 10년 이하의 징역에 처한다.",[32] 제439조(공갈죄)는 "사람을 공갈하여 재물을 교부받거나 기타 재산상 불법이익을 취득하거나 제3자로 하여금 취득하게 한 자는 10년 이하의 징역에 처한다.",[33] 제442조(횡령죄 및 배임죄)는 "타인의 재물을 보관하는 자가 그 물건을 횡령하거나 상당한 이유없이 반환을 거부하여 본인에게 재산상 손해를 가한 때에는 5년 이하의 징역 또는 5천원 이하의 벌금에 처한다.[34] 타인

---

29 이러한 전제에서 현행형법의 해석론을 제시한 논문들로서, 신동운, "형법상 외환의 죄에 관한 연혁적 고찰", 법학 56-4, 서울대 법학연구소(2015), 27-69; 이진수, "방화죄에서 「소훼(燒毁)」의 개념에 대한 연혁적 고찰", 형사법연구 30-3, 한국형사법학회(2018), 97-125; 조인현, "피해자의 승낙 규정의 입안(立案) 경위 – 일본개정형법가안의 심의와 관련하여 –", 형사법연구 31-2, 한국형사법학회(2019), 39-76 등.

30 第420條 他人ノ財物ヲ竊取シタル者ハ竊盜ノ罪ト爲シ7年以下ノ懲役ニ處ス。

31 第423條 暴行又ハ脅迫ヲ以テ他人ノ財物ヲ强取シ其ノ他財産上不法ノ利益得又ハ第3者ヲシテ之ヲ得シメタル者ハ强盜ノ罪ト爲シ3年以上ノ懲役ニ處ス。

32 第435條 人ヲ欺罔シテ財物ヲ騙取シ其ノ他財産上不法ノ利益得又ハ第3者ヲシテ之ヲ得シメタル者ハ10年以下ノ懲役ニ處ス。

33 第439條 人ヲ恐喝シテ財物ヲ交付セシ其ノ他財産上不法ノ利益得又ハ第3者ヲシテ之ヲ得シメタル者ハ10年以下ノ懲役ニ處ス。

34 第442條 他人ノ財物ヲ保管スル者其ノ物ヲ橫領シタルトキ又ハ相當ノ理由ナク其ノ物ノ返還ヲ拒ミ本人ニ財産上ノ損害ヲ加ヘタルトキハ5年以下ノ懲役又ハ5千圓以下ノ罰金ニ處ス。

의 사무를 처리하는 자가 자기 또는 제3자의 이익을 위해 임무에 위배되는 행
위를 함으로써 본인에게 손해를 가하고 재산상 불법이익을 취득하거나 제3자로
하여금 취득하게 한 때에도 전항과 동일하다."[35]라고 규정하고 있다.

　　　주요 재산범죄에 대한 일본개정형법가안과 제정형법의 내용을 비교하면,                45
아래 [표 2]와 같다.

[표 2] 일본개정형법가안과 제정형법의 주요 재산범죄 규정 비교

| 죄 명 | 일본개정형법가안 | 제정형법 |
|---|---|---|
| 절도죄 | **제41장 절도 및 강도의 죄**<br>§420 타인의 재물을 절취한 자는 7년 이하의 징역에 처한다. | **제38장 절도와 강도의 죄**<br>§329(절도) 타인의 재물을 절취한 자는 6년 이하의 징역 또는 5만환 이하의 벌금에 처한다. |
| 강도죄 | §423 폭행 또는 협박으로 타인의 재물을 강취하거나 기타 재산상 불법이익을 취득하거나 제3자로 하여금 취득하게 한 자는 3년 이상의 징역에 처한다. | §333(강도) 폭행 또는 협박으로 타인의 재물을 강취하거나 기타 재산상의 이익을 취득하거나 제삼자로 하여금 이를 취득하게 한 자는 3년 이상의 유기징역에 처한다. |
| 사기죄 | **제42장 사기 및 공갈의 죄**<br>§435 사람을 기망하여 재물을 편취하거나 기타 재산상 불법이익을 취득하거나 제3자로 하여금 취득하게 한 자는 10년 이하의 징역에 처한다. | **제39장 사기와 공갈의 죄**<br>§347(사기) ① 사람을 기망하여 재물의 교부를 받거나 재산상의 이익을 취득한 자는 10년 이하의 징역 또는 5만환 이하의 벌금에 처한다.<br>② 전항의 방법으로 제삼자로 하여금 재물의 교부를 받게 하거나 재산상의 이익을 취득하게 한 때에도 전항의 형과 같다. |
| 공갈죄 | §439 사람을 공갈하여 재물을 교부받거나 기타 재산상 불법이익을 취득하거나 제3자로 하여금 취득하게 한 자는 10년 이하의 징역에 처한다. | §350(공갈) ① 사람을 공갈하여 재물의 교부를 받거나 재산상의 이익을 취득한 자는 10년 이하의 징역 또는 5만환 이하의 벌금에 처한다.<br>② 전항의 방법으로 제삼자로 하여금 재물의 교부를 받게 하거나 재산상의 이익을 취득하게 한 때에도 전항의 형과 같다. |
| 횡령죄 | **제43장 횡령 및 배임의 죄**<br>§442 타인의 재물을 보관하는 자가 그 물건을 횡령하거나 상당한 이유없이 반환을 거부하여 본인에게 재산상 손해를 가한 때에는 5년 이하의 징역 또는 5천원 이하의 벌금에 처한다. | **제40장 횡령과 배임의 죄**<br>§355(횡령, 배임) ① 타인의 재물을 보관하는 자가 그 재물을 횡령하거나 그 반환을 거부한 때에는 5년 이하의 징역 또는 5만환 이하의 벌금에 처한다. |
| 배임죄 | §442 타인의 사무를 처리하는 자가 자기 또는 제3자의 이익을 위해 임무에 위배되는 | §355(횡령, 배임) ② 타인의 사무를 처리하는 자가 그 임무에 위배하는 행위로써 재산 |

---

35 第442條　他人ノ事務ヲ處理スル者自己又ハ第3者ノ利益ヲ圖リテ其ノ任務ニ背タル行爲ヲ爲シ本人
　　ニ損害ヲ加ヘテ財産上不法ノ利益ヲ得又ハ第3者ヲシテ之ヲ得シメタルトキ亦前項ニ同ジ。

| 죄 명 | 일본개정형법가안 | 제정형법 |
|---|---|---|
|  | 행위를 함으로써 본인에게 손해를 가하고 재산상 불법이익을 취득하거나 제3자로 하여금 취득하게 한 때에도 전항과 동일하다. | 상의 이익을 취득하거나 제삼자로 하여금 이를 취득하게 하여 본인에게 손해를 가한 때에도 전항의 형과 같다. |
| 권리행사 방해죄 | **제46장 권리의 행사를 방해하는 죄**<br>§ 458 타인의 점유에 속하거나 물권을 부담한 자기의 물건을 취거, 은닉 또는 손괴하여 그 권리의 행사를 방해한 자는 3년 이하의 징역 또는 금고 또는 천원 이하의 벌금에 처한다. | **제37장 권리행사를 방해하는 죄**<br>§ 323 타인의 점유 또는 권리의 목적이 된 자기의 물건을 취거, 은닉 또는 손괴하여 타인의 권리행사를 방해한 자는 5년 이하의 징역 또는 1만5천환 이하의 벌금에 처한다. |

46          이와 같이 형법개정가안과 제정형법의 내용이 매우 비슷하기는 하지만, 약
간 차이가 나는 - 거의 표현상의 차이에 불과하지만 - 경우도 있다. 절도죄의 경
우 개정형법가안은 7년 이하의 징역으로 규정하고 있는 데에 비해, 제정형법은
6년 이하로 규정하고 있다.[36] 사기죄나 공갈죄의 경우 일본개정형법가안은 항
을 나누지 않고 규정하였지만, 제정형법에서는 제1항과 제2항으로 나누어 규정
하고 있다. 일본개정형법가안에는 횡령죄와 배임죄를 제외하고 벌금형이 규정
되어 있지 않지만, 정부초안과 제정형법에서는 강도죄를 제외하고 모두 벌금형
을 규정하였다.[37] 법전편찬위원회에서 일본개정형법가안을 참조하여 위원회초
안을 만들었다고 하더라도, 이렇게 차이를 둔 것은 동 규정들의 해석에 있어서
중요한 참고사항이 될 수도 있다. 그러나 위와 같은 차이를 둔 이유는 아직 명
확하게 규명되어 있지 않은 상태이다.

---

36 이 때문에 국회의 심의과정에서도 변진갑 의원이 "이 형법초안 전체를 통해 볼 적에 6년이라고
　하는 형기는 하나도 없습니다. 1년, 2년, 3년, 5년, 7년, 10년, 그리고 유기 15년입니다. 그렇게
　되는데, 절도죄에 한해서만이 6년을 인정할 필요가 어디에 있는가?"하는 의문을 제기하기도 하
　였다(신동운 편, 형법 제·개정자료집, 332). 그리고 1992년의 형법개정법률안에서도 절도죄의
　법정 징역형을 6년 이하에서 7년 이하로 인상하였다. 여기에서도 6년 이하의 징역이 형법이 규
　정하고 있는 유일한 법정형이라는 우스꽝스러운 근거도 제시되었다[법무부, 1992년도 형법개정
　법률안 제안이유서(1992), 173].
37 정부초안과 제정형법은 벌금형에서 차이가 있지만, 그것은 사용화폐의 변경 등으로 인한 표현상
　의 차이인 것으로 보인다. 예를 들어 정부초안의 절도죄(§ 352)와 사기죄(§ 371)에는 각각 10만
　원 이하의 벌금이 규정되어 있지만, 제정형법의 절도죄(§ 329)와 사기죄(§ 347)에는 액수가 2분
　의 1이 되고 원이 환으로 바뀌어서 각각 5만환 이하의 벌금이 규정되어 있다. 이것은 다른 범죄
　들에서도 마찬가지이다.

## VI. 일본개정형법가안과 현행형법의 해석론

체제나 구성 및 구성요건에 사용된 용어들을 볼 때에 법전편찬위원들이 주 47
로 중화민국형법이나 만주국형법보다는 일본개정형법가안을 중점적으로 참고하
였고, 나아가 그것을 대부분 그대로 제정형법에 반영하였다고 할 수 있다.

제정형법은 절도죄와 강도죄(제38장), 사기죄와 공갈죄(제39장), 횡령죄와 배 48
임죄(제40장)를 각각 같은 장에서 규정하고, 장물죄(제41장)를 이후에 규정하고 있
다. 이것은 일본형법이 제37장 사기 및 공갈의 죄에 장에 사기죄(§ 246), 배임죄
(§ 247), 공갈죄(§ 249)의 순으로 규정하고, 제38장 횡령의 죄의 장에 횡령죄(§ 252)와
업무상횡령죄(§ 253), 점유이탈물횡령죄(§ 254) 등을 규정한 것과 큰 차이가 있다.

그런데 제정형법의 방식은 앞에서 언급한 중화민국형법과 다를 뿐만 아니 49
라 1930년대의 독일 구 형법과도 큰 차이가 난다. 독일 구 형법의 경우, 절도죄
와 횡령죄(제19장), 강도죄와 공갈죄(제20장), 범인비호죄와 장물죄(제21장), 사기죄
와 배임죄(제22장)를 각각 같은 장에 규정하고 있기 때문이다.[38] 즉 독일형법은
행위의 객체에 착안하여 절도죄는 타인이 점유하는 타인 소유의 재물을 영득하
는 것이고, 횡령죄는 자기가 점유하는 타인소유의 재물을 영득하는 것이라는 점
을 중시하였다고 할 수 있다. 이에 비해 제정형법은 절도죄와 강도죄 모두 탈
취, 즉 점유자에 의사에 반하여 점유를 취득하는 행위라는 점을 중시하여 재산
범죄를 편제하였다고 할 수 있다.

또한 독일형법은 사기죄와 배임죄의 경우 타인에게 손해를 가한다는 점에 50
서, 강도죄와 공갈죄는 폭행·협박을 수단으로 한다는 점에서 공통점을 지닌다
는 것을 중시한 것이라고 할 수 있다. 반면에 제정형법은 사기죄와 공갈죄는 상
대방의 하자있는 의사표시에 기해 재물 또는 재산상의 이익을 취득하는 편취죄
라는 공통점과 횡령죄와 배임죄는 신뢰관계에 의해 타인의 재물을 보관하거나
타인의 사무를 처리한다는 공통점을 중요시한 것이라고 할 수 있다.[39]

제정형법이 일본개정형법가안의 영향을 크게 받았고, 현재까지도 제정형법 51

---

38 Thomas Fuchs(편), Strafgesetzbuch für das Deutsche Reich vom 15. Mai 1871 - Historisch-
   synoptische Edition 1871-2009, lexetius.com, Mannheim 2010, 15-16 및 1071-1199.
39 이에 대한 자세한 논의는, 오영근, "재산범죄의 체계에 대한 한·독 형법의 비교연구", 형사법연
   구 11, 한국형사법학회(1999), 187-208.

에 대한 전면개정이 이루어지고 있지 않으므로 현행 형법각칙을 해석할 때에도
일본개정형법가안의 입법취지는 중요한 참고사항이 될 것이다. 법해석에서 법
자체에서 보여지는 객관적 목적을 중시해야 하지만, 입법자의 의사를 정확히 알
수 있다면 좀더 풍부한 해석이 가능하기 때문이다.

52      예컨대, 앞에서 보았듯이 일본형법은 사기죄, 배임죄, 공갈죄를 같은 장에
서 규정하고 횡령죄를 독립된 장에서 규정하고 있다. 이에 비해 일본개정형법가
안은 이것을 따르지 않고 배임죄를 사기죄 및 공갈죄와 분리시켜, 횡령죄와 함
께 편제시켰는데, 이것은 중대한 개정이라고 할 수 있다. 만약 그 개정취지가
무엇인지 좀 더 잘 알 수 있다면, 우리 형법의 횡령죄와 배임죄의 해석에서 일
본형법의 해석론이나 횡령죄와 절도죄, 배임죄와 사기죄를 함께 규정하고 있는
독일형법의 해석론에서 벗어나 좀 더 우리 형법의 체제와 문언에 맞는 합리적
인 해석론을 전개할 수 있을 것이다.[40]

# 제 3 절  현행형법까지의 개정 내용

## I. 개정의 개요

53      앞에서 보았듯이 제정형법 이후 현행형법에 이르기까지 22차례에 걸친 개
정이 있었다. 개정의 대강을 도표로 보면, 아래 [표 3]과 같다.

---

40 예컨대 우리 형법상 횡령죄의 성격에 대해 월권행위설과 영득행위설 및 결합설이, 배임죄의 성
격에 대해 권한남용설과 배신설이 대립한다. 그러나 횡령죄와 배임죄가 한 조문에 규정되어 있
고, 일본형법 내지 독일형법과의 문언도 다르다는 점을 고려한다면, 월권행위설이나 권한남용설
은 우리 형법의 해석론으로서는 언급할 가치가 없고, 횡령죄나 배임죄 모두 간명하게 배신설에
따르되 그 객체가 다르다는 점을 지적하면 족할 것이다. 이에 대해서는, 오영근, 형법각론(7판),
354 이하 및 382 이하.

## [표 3] 형법의 개정 연혁

| 구분 | 법률번호 | 제·개정일 | 시행일 | 주요내용 |
|---|---|---|---|---|
| 제1차 개정 | 제2745호 | 1975. 3. 25. | 1975. 3. 25. | 국헌문란등죄(§104의2) 도입 |
| 제2차 개정 | 제4040호 | 1988. 12. 31 | 1988. 12. 31. | 국헌문란등죄(§104의2) 삭제 |
| 제3차 개정 | 제5057호 | 1995. 12. 29. | 1996. 7. 1. | 각칙 15개 조문 도입, §304(혼빙간)삭제 |
| 제4차 개정 | 제5454호 | 1997. 12. 31. | 1998. 1. 1. | §317(업무상비밀누설)<br>(계리사 → 공인회계사) |
| 제5차 개정 | 제6543호 | 2001. 12. 29. | 2002. 6. 30. | §347의2(컴퓨터등사용사기)에 '권한없이' 추가 |
| 제6차 개정 | 제7077호 | 2004. 1. 20. | 2004. 1. 20. | §37 '금고 이상의 판결'로 변경 |
| 제7차 개정 | 제7427호 | 2005. 3. 31. | 2008. 1. 1. | §151②, §155④, §323① 등의 친족 규정 개정 |
| 제8차 개정 | 제7623호 | 2005. 7. 29. | 2005. 7. 29. | §39 등 총칙규정 개정 |
| 제9차 개정 | 제10259호 | 2010. 4. 15. | 2010. 10. 16. | §42, §55, §72 개정<br>§305의2(상습범) 신설 |
| 제10차 개정 | 제11574호 | 2012. 12. 18. | 2013. 6. 19. | §297 등(부녀 → 사람)<br>§297의2(유사강간) 신설 |
| 제11차 개정 | 제11731호 | 2013. 4. 5. | 2013. 4. 5. | §114(범죄단체조직), §246①(도박) 등 죄, §287(약취·유인·인신매매) 개정 |
| 제12차 개정 | 제12575호 | 2014. 5. 14. | 2014. 5. 14. | §70(노역장유치), §79(시효) 개정 |
| 제13차 개정 | 제12898호 | 2014. 12. 30. | 2014. 12. 30. | §10(심신장애인), §57(미결구금일수산입), §58(판결의 공시) 개정 |
| 제14차 개정 | 제13719호 | 2016. 1. 6. | 2016. 1. 6. | §43, §62 개정<br>§241(간통) 삭제, §258의2(특수상해) 신설 |
| 제15차 개정 | 제14178호 | 2016. 5. 29. | 2016. 5. 29. | §357(배임수증재) 개정 |
| 제16차 개정 | 제14415호 | 2016. 12. 20. | 2016. 12. 20. | §7(외국집행형 산입) 개정 |
| 제17차 개정 | 제15163호 | 2017. 12. 12. | 2017. 12. 12. | §78(형의시효) 개정 |
| 제18차 개정 | 제15793호 | 2018. 10. 16. | 2018. 10. 16. | §303(업무상위력간음등) 개정 |
| 제19차 개정 | 제15982호 | 2018. 12. 18. | 2018. 12. 18. | §10②(심신미약) 개정 |
| 제20차 개정 | 제17265호 | 2020. 5. 19. | 2020. 5. 19. | §305②(미성년자의제강간) 신설<br>§305의3(강간등 예비·음모) 신설 |
| 제21차 개정 | 제17511호 | 2020. 10. 20. | 2020. 10. 20. | 부칙 §2① 개정 |
| 제22차 개정 | 제17571호 | 2020. 12. 8. | 2021. 12. 9. | 알기 쉬운 우리말로의 개정 |

〔오 영 근〕

## II. 제1차 개정

54      1975년 3월 25일 법률 제2745호에 의한 제1차 개정과 1988년 12월 31일 법률 제4040호에 의한 제2차 개정은 각칙 제2장 외환의 죄 중에 제104조의2의 국가모독등죄를 신설[41]하였다가 폐지하는 개정이었다. 1953년 형법 제정 이후 22년 만에야 일부개정이 이루어진 것은 형법개정 대신 형사특별법을 만들어 그때그때의 필요에 대처하는 바람직하지 못한 입법관행 때문이었다. 이로 인해 우리의 형법체계는 '땜질형법' 혹은 '누더기형법'이라고 할 수 있는 상태로 전락하였다는 우려와 한탄의 목소리가 커졌다.

55      이러한 상황에서 형법개정이 이루어졌는데, 바람직한 못한 상태를 해결하기 위한 개정이 아니라 난데없는 국가모독등죄의 신설을 위한 개정이었다. 제104조의2의 국가모독등죄의 내용은 다음과 같다.

> **제104조의2(국가모독등)** ① 내국인이 국외에서 대한민국 또는 헌법에 의하여 설치된 국가기관을 모욕 또는 비방하거나 그에 관한 사실을 왜곡 또는 허위사실을 유포하거나 기타 방법으로 대한민국의 안전·이익 또는 위신을 해하거나, 해할 우려가 있게 한 때에는 7년 이하의 징역이나 금고에 처한다.
> ② 내국인이 외국인이나 외국단체등을 이용하여 국내에서 전항의 행위를 한 때에도 전항의 형과 같다.
> ③ 제2항의 경우에는 10년이하의 자격정지를 병과할 수 있다.

56      국가모독등죄를 신설한 표면적 이유는 "국가모독등 사대행위를 처단함으로써 일부 고질적 사대풍조를 뿌리뽑고 자주독립국가 국민으로서의 자각과 긍지를 드높여 국민윤리와 도의를 앙양함과 아울러 국가의 안전과 이익 그리고 위신을 보전하려는 것"이었다.

57      그러나 실제로는 해외에 거주하는 국민들이 직접 또는 외국인이나 외국단체를 통해 유신체제 및 박정희 독재정권을 비판하는 행위를 처벌하기 위한 것

---

41 법률안제안자는 국회의원 권일(1911. 8. 22. – 2001. 4. 3.)이었다. 1975년 당시 그는 박정희 유신정권이 독재연장을 위해 비례대표제를 없애고 대통령의 추천으로 임명된 국회의원들로 구성된 유신정우회(유정회) 소속이었다. 그는 일제강점기에 일본에 유학하고 고등문관시험 사법과에 합격하여 법조인이 된 후 만주국 사법관료로도 활동했다.

이었다.[42] 따라서 이 규정이 정치권이나 수사기관이 '대한민국의 안전·이익 또
는 위신을 해한다'는 것은 정권의 안전·이익 또는 위신을 해하는 것이라고 해
석·적용함으로써[43] 국민의 인권과 대한민국의 위신을 해하거나 해할 우려가 있
으므로, 사법부로서는 이 규정이 남용되지 않도록 형법해석의 엄격성원칙을 더
욱 강조해야 한다.

　　그러나 과거 대법원은 "형법 제104조의2의 국가모독죄는 위태범이므로 그
행위가 '교사 또는 방조' 가 아닌 범죄구성요소적 행위의 완수라면 그 행위 시에
이미 범죄는 기수가 되며 따라서 형법 제104조의2의 국가모독죄에 미수범처벌
규정을 마련하지 않은 것은 바로 이와 같은 이유에 연유하는 것이라고 풀이된
다. … 형법 제104조의2는 그 명문상 용어에 불구하고 외국인, 외국단체 등을
상대로 한 위와 같은 행위를 처벌하려는 취의임이 또한 분명하다. 따라서 이 형
법 제104조의2의 규정은 그 제1항의 내국인의 국외에서의 행위와 그 제2항의
내국인의 국내에서의 외국인 또는 외국단체등에 대한 행위로 나누어 규정하였
으나 이는 어디까지나 대한민국의 안전 이익 또는 위신의 대외적 보호를 위한
규정일 뿐 그 장소적 의미를 따로 해석할 아무런 이유가 없다. … 형법 제104조
의2의 제2항의 죄가 성립하려면 내국인이 외국인을 이용하는 행위와 이용당한
그 외국인이 국외에서 대한민국 및 그 헌법기관을 비방하는 등의 행위가 있어
야 성립된다는 전제 아래 피고인에게 무죄를 선고한 원심조치에는 판결에 영향
을 미친 법리오해가 있다."고 하였다.[44]

58

---

42　이 규정은 입법기술상으로도 허점이 있다. 즉, 제1항은 내국인이 국외에서 행하는 행위를 처벌
　　하고, 제2항은 내국인이 외국인이나 외국단체를 이용하여 국내에서 행하는 행위를 처벌하고 있
　　다. 그렇다면 내국인이 국내에서 행하는 행위, 내국인이 내국인이나 내국인단체를 이용하여 국
　　내에서 행하는 행위를 처벌할 수 있을지 당장 문제될 수 있다. 이 문제를 해석으로 해결할 수도
　　있지만, 현명한 입법자라면 아예 이러한 문제의 소지를 남기지 않을 것이다. 따라서 국가모독죄
　　의 신설이 정당하다면 단순히 "대한민국 또는 헌법에 의하여 설치된 국가기관을 모욕 또는 비방
　　하거나 그에 관한 사실을 왜곡 또는 허위사실을 유포하거나 기타 방법으로 대한민국의 안전·이
　　익 또는 위신을 해하거나, 해할 우려가 있게 한 때"라고 하였을 것이다. 정당한 목적을 갖지 못
　　한 사람의 말과 행동은 복잡해짐을 알 수 있다.
43　실제로 전두환 군사정권시절인 1987년 통일민주당 창당대회에서 김영삼 총재의 취임사 중 당시
　　대통령선거를 북한의 선거에, 88올림픽을 나치의 베를린올림픽에 비유한 발언에 대해 총리와 검
　　찰이 국가모독죄를 적용할 의사를 밝히기도 하였다고 한다[남궁호경, "국가모독죄에 대한 고찰",
　　법학 33-2, 서울대 법학연구소(1992), 181].
44　대판 1983. 6. 14, 83도515(전). 이 판결은 피고인이 '콘트롤 데이타 사태에 대한 우리의 입장'이

59        그러나 제104조의2의 명문규정에도 불구하고 장소적 의미를 따로 해석할
필요가 없다고 하고 외국인 또는 외국인단체'를 이용하여'를 외국인 또는 외국
단체'에 대하여'라고 해석하는 것은 문언의 가능한 의미를 넘어서는 해석이고,
나아가 형법해석이라고 하기에도 낯뜨거운 해석이다.[45] 제104조의2 제2항의 문
언상 외국인이나 외국단체를 이용하는 행위가 있어야 하고 외국인이나 외국단
체의 국가모독행위가 있어야 함은 너무나 명백하기 때문이다.[46] 결국 이 판결은
대법원이 독재정권의 하수인 역할에 충실했음을 만천하에 보여준 판결이라고
할 수 있다.

## Ⅲ. 제2차 개정

60        제2차 형법개정은 제104조의2 국가모독등죄를 폐지하는 것을 내용으로 하
고 있다. 폐지이유는 1975년 3월 25일 개정·신설된 형법 중 국가모독등죄 조항
은 국가발전을 위한 건전한 비판의 자유를 억제하거나 자의적으로 해석·운용되
어 반정부 인사를 탄압하는 기능을 할 우려가 있으므로 국민의 건전한 비판을
통한 민주사회 발전에 이바지하고자 하는 것이었다.

61        제104조의2가 1988년 제2차 형법개정에서 삭제되었지만, 2015년에 이르러
는 헌법재판소가 위헌결정을 내렸다.

62        제정신청인은 국가모독죄 및 대통령긴급조치위반죄로 기소되어 1978년 유
죄의 확정판결을 선고받았으나 2012년 재심을 신청하였고, 법원은 재심개시결
정을 하였다. 재심계속 중인 2013년 제정신청인은 국가모독등죄를 규정한 구
형법 제104조의2에 대하여 위헌법률심판제청신청을 하였고, 이에 따라 서울중

---

라는 정부비판적인 내용의 유인물을 내·외신기자 10여 명에게 배포한 사실까지는 인정되지만,
기자들이 그 내용을 보도한 사실은 인정되지 않는 사건에 관한 것이었다.

45 다수의견은 간접정범에 대해 언급하고 있는데, 이 사건에서는 간접정범을 논할 필요가 전혀 없
다. 제104조의2 제2항의 '이용하여'라는 문언에는 생명없는 도구로 이용하는 경우뿐만 아니라 교
사 나아가 강요도 포함될 수 있기 때문이다. 다만, 방조의 경우 이용이라는 문언에 포함될 수
있을지 의문이다.

46 다수의견에 대해 2명의 대법관(당시에는 대법원판사라고 하였음)의 반대의견이 있었는데, 이일
규 대법관은 원심과 같은 입장이고, 이회창 대법관은 외국인이나 외국단체의 국가모독행위가 있
어야 하지만, 그것이 반드시 해외에서 이루어질 필요는 없다고 한다. '이용하여'에 방조도 포함
된다고 해석하는 것을 제외한다면, 후자의 의견이 가장 타당하다고 생각된다.

앙지방법원은 위헌법률심판을 제청하였다. 헌법재판소는 재판관 전원일치로 구 형법 제104조의2가 헌법에 위반된다고 하였다.

[헌재 2015. 10. 21, 2013헌가20] 심판대상조항의 신설 당시 제안이유에서는 '국가의 안전과 이익, 위신 보전'을 그 입법목적으로 밝히고 있으나, 언론이 통제되고 있던 당시 상황과 위 조항의 삭제 경위 등에 비추어 볼 때 이를 진정한 입법목적으로 볼 수 있는지 의문이고, 일률적인 형사처벌을 통해 국가의 안전과 이익, 위신 등을 보전할 수 있다고 볼 수도 없으므로 수단의 적합성을 인정할 수 없다.

심판대상조항에서 규정하고 있는 "기타 방법", 대한민국의 "이익"이나 "위신" 등과 같은 개념은 불명확하고 적용범위가 지나치게 광범위하며, 이미 형법, 국가보안법, 군사기밀보호법에서 대한민국의 안전과 독립을 지키기 위한 처벌규정을 두고 있는 점, 국가의 "위신"을 훼손한다는 이유로 표현행위를 형사처벌하는 것은 자유로운 비판과 참여를 보장하는 민주주의 정신에 위배되는 점, 형사처벌조항에 의하지 않더라도 국가는 보유하고 있는 방대한 정보를 활용해 스스로 국정을 홍보할 수 있고, 허위사실 유포나 악의적인 왜곡 등에 적극적으로 대응할 수도 있는 점 등을 고려하면 심판대상조항은 침해의 최소성 원칙에도 어긋난다.

나아가 민주주의 사회에서 국민의 표현의 자유가 갖는 가치에 비추어 볼 때, 기본권 제한의 정도가 매우 중대하여 법익의 균형성 요건도 갖추지 못하였으므로, 심판대상조항은 과잉금지원칙에 위배되어 표현의 자유를 침해한다.

## IV. 제3차 개정

### 1. 개정의 경과

형법제정 이후 최대의 개정인 제3차 개정형법은 1995년 12월 31일 법률 제 5057호에 의해 성립되었다. 법무부는 1985년부터 7년간 형법의 전면개정작업을 통해 완성한 형법의 전면개정법률안을 1992년 7월 6일 국회에 제출하였다. 동 형법개정법률안은 같은 해 10월 2일 법제사법위원회에 회부되었다. 법제사법위원회는 11월 3일 형법안심사소위원회를 구성하였고, 동 소위원회는 8회에 걸친 회의에서 축조심사를 하고, 2번의 공청회를 개최하였다. 63

1995년 12월 1일 제2차 형법안심사소위원회는 정부가 제출한 형법개정법률 안은 전부개정으로 신중한 심사가 요청되지만, 시간적 제약으로 제14대 국회의 원의 임기만료에 따라 자동폐기될 우려가 있으므로 우선 시급히 개정해야 할 부 64

분을 엄격히 발췌·정리하여 형법중개정법률안(대안)을 제안하기로 합의하였다.

65		1995년 12월 1일 법제사법위원회는 정부가 제출한 법률안은 본회의에 부의하지 않기로 하고, 제2차 형법안심사소위원회에서 제안한 형법중개정법률안(대안)을 위원회안으로 채택하기로 하였다. 1992년 12월 2일 제177회 국회(정기회) 제16차 본회의에서는 아무런 토론 없이 위원회안을 통과시켰고,[47] 12월 16일 국회는 형법개정법률을 정부에 이송하였고, 12월 29일 개정형법이 공포되었다.

## 2. 개정내용

66		제3차 개정형법에서는 총칙에 성인범에 대한 보호관찰제도, 사회봉사명령제도, 수강명령제도(§ 59의2, § 62의2, § 73의2), 전자기록등 특수매체기록에 대한 몰수(§ 48③) 등에 대한 규정이 신설되기도 하였지만, 거의 대부분은 각칙에 대한 개정이었다. 각칙의 개정내용은 다음과 같다.

### (1) 처벌규정의 신설(신범죄화)

67		제3차 개정형법은 새로운 범죄현상에 대응하기 위해 처벌규정을 신설하였다. 그 내용은 다음과 같다.

68		① 컴퓨터등사용사기죄(§ 347의2), 컴퓨터업무방해죄(§ 314②), 비밀침해죄(§ 316②), 공·사전자기록의 위작·변작 및 동행사죄(§ 227의2, § 229, § 232의2, § 234) 등 컴퓨터관련 범죄를 신설하고, 재물손괴죄등(§ 366)에 전자기록등 특수매체기록을 행위의 객체로 추가하였다.

69		② 약취강도죄를 인질강도죄로 바꾸어 체포·감금, 유인도 행위유형에 포함시키고(§ 336), 인질강요죄(§§ 324의2-324의5) 및 인질을 안전하게 풀어준 경우 형의 감경 규정(§ 324의6)을 신설하는 등 민생치안관련 범죄들을 신설하였다.

70		③ 기타 부동산강제집행효용침해죄(§ 140의2), 가스·전기등방류죄(§ 172의2) 및 과실폭발성물건파열등죄(§ 173의2), 자동차등불법사용죄(§ 331의2), 편의시설부정이용죄(§ 348의2) 등을 신설하고, 인지·우표위조죄등에 우편요금을 표시하는 증표를 행위의 객체로 추가하고(§ 218), 전자복사기, 모사전송기 등을 이용하여 복사한 문서 또는 사본도 문서 또는 도화로 보는 규정을 두었다(§ 237의2).

---

47 제177회 국회(정기회) 제16차 본회의 회의록, 31.

## (2) 법정형의 조정

제3차 개정형법은 이전 형법의 법정형을 조정하였는데, 그 내용은 다음과   71
같다.

① 직권남용죄(§ 123), 공무집행방해죄 및 위계에 의한 공무집행방해죄(§ 136   72
및 § 137), 무고죄(§ 156), 위조통화등취득죄(§ 208), 허위유가증권작성죄(§ 216), 위조
인지·우표등의 취득죄(§ 219), 허위공문서등작성죄(§ 227), 사문서등위조·변조죄
(§ 231), 자격모용에 의한 사문서작성죄(§ 232), 존속상해죄(§ 257②), 존속폭행죄(§
260②), 유기죄 및 존속유기죄(§ 271①, ②), 존속학대죄(§ 273②), 체포·감금죄 및
존속체포·감금죄(§ 276), 허위사실 적시 명예훼손죄(§ 307②) 및 출판물 등에 의한
명예훼손죄(§ 309②) 등에 벌금형을 추가하였다.

② 결과적 가중범인 '○○치사죄'와 '○○치상죄'의 형량에 차등을 두었다.   73
예컨대, 이전 형법 제275조는 유기치사상죄를 규정하면서 "제271조 내지 제273
조의 죄를 범하여 사람을 사상에 이르게 한 때에는 상해죄와 비교하여 중한 형
으로 처단한다."고 규정하고 있었다. 개정형법 제275조는 이것을 "① 제271조
내지 제273조의 죄를 범하여 사람을 상해에 이르게 한 때에는 7년 이하의 징역
에 처한다. 사망에 이르게 한 때에는 3년 이상의 유기징역에 처한다. ② 자기
또는 배우자의 직계존속에 대하여 제271조 또는 제273조의 죄를 범하여 상해에
이르게 한 때에는 3년 이상의 유기징역에 처한다. 사망에 이르게 한 때에는 무
기 또는 5년 이상의 징역에 처한다."라고 하여 존속에 대한 범죄 여부 및 상해
와 사망의 결과를 발생시킨 경우를 나누어 규정하였다. 그 밖에 체포·감금치사
상죄(§ 281), 강간등치사상죄(§ 301 및 § 301의2),[48] 건조물파괴치사상죄(§ 368②), 가

---

48 이전 형법은 제301조(강간등에 의한 치사상) "제297조 내지 전조의 죄를 범하여 사람을 사상에
  이르게 한 자는 무기 또는 5년 이상의 징역에 처한다."고 하여, 상해나 사망의 결과를 발생시킨
  경우 및 상해나 사망에 대해 고의가 있는 경우와 과실이 있는 경우를 모두 구별하지 않았다. 이
  에 비해 개정형법은 제301조(강간 등 상해·치상) "제297조, 제297조의2 및 제298조부터 제300
  조까지의 죄를 범한 자가 사람을 상해하거나 상해에 이르게 한 때에는 무기 또는 5년 이상의 징
  역에 처한다." 제301조의2(강간등 살인·치사) "제297조, 제297조의2 및 제298조부터 제300조까
  지의 죄를 범한 자가 사람을 살해한 때에는 사형 또는 무기징역에 처한다. 사망에 이르게 한 때
  에는 무기 또는 10년 이상의 징역에 처한다."고 규정하였다. 즉 사망의 결과와 상해의 결과를
  발생시킨 경우를 구별하고, 사망의 결과를 발생시킨 경우에는 결과발생에 고의가 있는 경우와
  과실이 있는 경우를 구별하고 있다. 그러나 상해의 결과를 발생시킨 경우에는 결과발생에 고의
  나 과실이 있는지를 구별하지 않고 있다. 이것은 현행법에도 그대로 유지되고 있는데, 양자를

스·전기등공급방해치사상죄(§173③), 현주건조물등방화치사상죄(§164②), 교통방해치사상죄(§188), 음용수혼독치사상죄(§194), 특수공무방해치사상등죄(§144②) 등에서도 '치상죄'와 '치사죄'로 구분하여 법정형에 차등을 두었다.

74        ③ 사형 등 법정형을 일부 조정하였다. 존속살해죄에 '7년 이상의 유기징역'을 선택형으로 추가하고(§250②), 현주건조물등일수죄(§177), 교통방해치사상죄(§188), 음용수혼독치사상죄(§194)의 죄에서 사형을 삭제하였다. 반면 강간등살해죄(§301의2)에 사형을 추가하고, 가스·전기등공급방해치사상죄(§173②)에 무기징역을 추가하였다. 또한 허위공문서작성등죄(§277)등의 징역형기를 10년 이하에서 7년 이하로 완화하고, 특수공무방해치사죄(§144①)의 징역형기를 3년 이상에서 5년 이상으로 상향 조정하였다.

### (3) 과실범 처벌규정의 신설

75        제3차 개정형법은 역시 새로운 사회현상에 대응하기 위해 과실범의 처벌규정도 신설하였다. 즉 업무상과실 또는 중과실로 폭발성물건파열죄, 가스·전기등방류죄, 가스·전기등공급방해죄 등을 범한 경우를 처벌하는 규정을 신설하였다(§173의2).

### (4) 알기쉬운 용어나 편제로의 대체

76        제3차 개정형법에서는 용어나 편제를 바꾸기도 하였는데, 그 내용은 다음과 같다.

77        첫째, 구법의 화폐단위인 환(圜)을 원으로 환산하여 규정하였고,[49] 기존의 용어들을 알기 쉬운 용어로 대체하기도 하였다. 예를 들어 '비기한'을 '비방한'(§106)으로, '국회의장'을 '국회회의장'으로(§138), '개피'를 '개봉'으로(§140②, §317), '간수하는'을 '관리하는'으로(§142, §319, §334), '공술'을 '진술'로(§152), '장식, 제전'을 '장례식, 제사'로(§158), '공공의 공용에 공하는 깨스'를 '공공용의 가스'로(§173), '면허장, 감찰'을 '면허증, 허가증, 등록증'으로(§228), '한의사(漢醫師)' 및 '조산원(助産員)'을 '한의사(韓醫師)' 및 '조산사(助産師)'로(§233, §270 등), '치상한'을 '상해에

---

구별하지 않는 것은 책임원칙의 기본에도 반하는 것이라고 할 수 있다.

49 예를 들어 이전 형법에서 절도죄의 벌금형은 5만 환 이하였는데, 당시의 벌금 등 임시조치법 제4조 제1항 "형법 중 벌금에 관한 규정을 적용할 때에는 그 규정에 정하여진 화폐단위 환을 원으로 본 액의 40배에 상당한 액으로 한다."에 따라 200만 원 이하의 벌금을 적용하였다. 제3차 개정형법은 환을 원으로 조정하고, 그 동안의 물가상승을 반영하여 1천만 원 이하의 벌금으로 하였다.

이르게 한'으로(§ 269②, § 270③, § 337), '치사한'을 '사망에 이르게 한'으로(§ 259, § 267, § 269③, § 270③, § 338 등), '양여'를 '양도'로(§ 362), '계표'를 '경계표'(§ 370) 등으로 좀 더 알기 쉽게 바꿨다.

둘째, 종래의 죄명도 변경하였다. '타인의 권리행사방해'를 '직권남용'으로 (§ 123), '증뢰물전달'을 '뇌물공여등'으로(§ 133), '법정 또는 국회의장모욕'을 '법정 또는 국회회의장모욕'으로(§ 138), '개쓰등의 공작물손괴'를 '가스·전기등 공급방해'로(§ 173), '우표, 인지의 위조등'을 '인지·우표의 위조등'으로(§ 218), '위조우표, 인지등의 취득'을 '위조인지·우표등의 취득'으로(§ 219), '우표등의 유사물의 제조등'을 '인지·우표유사물의 제조등'으로(§ 222), '공문서등의 위조, 변조'를 '공문서등의 위조·변조'(§ 225), '사문서의 위조, 변조'를 '사문서등의 위조·변조'로(§ 231), '풍속을 해하는 죄'를 '성풍속에 관한 죄'로(제22장), '음화등의 제조등'을 '음화제조등'으로(§ 244), '과실사상의 죄'를 '과실치사상의 죄'로(제26장), '과실상해'를 '과실치상'으로(§ 266), '업무상 과실, 중과실'을 '업무상과실·중과실 치사상'으로 (§ 268), '유기의 죄'를 '유기와 학대의 죄'로(제28장), '정조에 관한 죄'를 '강간과 추행의 죄'로(제32장), '주거수색'을 '주거·신체 수색'으로(§ 321), '폭력에 의한 권리행사방해'를 '강요'로(§ 324), '재물 또는 문서의 손괴'를 '재물손괴등'으로(§ 366) 바꿨다. 이것 역시 법규정의 내용을 좀더 명확하게 하기 위한 것이다.

셋째, 법규정의 의미내용을 명확하게 하기 위해 조문의 위치나 용어를 변경하기도 하였다. 예를 들어 이전 형법 제163조는 "검시를 받지 아니한 변사자의 사체에 변경을 가한 자는 1만5천환 이하의 벌금 또는 과료에 처한다."고 규정하였는데, 개정형법은 "변사자의 사체 또는 변사의 의심있는 사체를 은닉 또는 변경하거나 기타 방법으로 검시를 방해한 자는 700만원 이하의 벌금에 처한다."고 규정하였다. 1992년도 형법개정법률안은 변사체검시방해죄를 사회적 법익에 대한 죄인 신앙에 관한 죄의 장이 아니라 국가적 법익에 관한 죄인 공무방해의 죄의 장으로 이전하여 규정하였다. 제3차 개정형법도 조문의 위치는 변화시키지 않았지만, 1992년도 형법개정안과 같은 입장을 따른 것이라고 할 수 있다. 이전 형법의 문언에 의하면 변경을 하지 않은 경우에는 동죄가 성립할 수 없는 데에 비해, 개정형법에서는 '기타 방법으로 검시를 방해한 자'라고 함으로써 동 규정이 공무방해죄의 성격을 가진 것이라는 점을 분명히 한 것이라고 할 수 있다.

78

79

〔오 영 근〕

80    또한, 주거침입죄(§ 319①)의 구성요건을 "사람의 주거, 간수하는 저택, 건조물이나 선박 또는 점유하는 방실에 침입한 자"에서 "사람의 주거, 관리하는 건조물, 선박이나 항공기 또는 점유하는 방실에 침입한 자"라고 변경하였다. 제330조 야간주거침입절도죄의 구성요건은 이전 형법과 동일하게 규정하였으나, 제334조 제1항 야간주거침입강도죄(특수강도죄)의 구성요건은 "야간에 사람의 주거, 간수하는 저택, 건조물이나 선박 또는 점유하는 방실에 침입하여 전조의 죄를 범한 자"에서 "야간에 사람의 주거, 관리하는 건조물, 선박이나 항공기 또는 점유하는 방실에 침입하여 제333조의 죄를 범한 자"로 변경하였다. 그 내용은 아래 [표 4]와 같다.

[표 4] 주거침입·야간주거침입강도(특수강도) 규정 개정내용

| 구성요건 | 이전 형법 | 제3차 개정형법 |
|---|---|---|
| 주거침입 (§ 319①) | 사람의 주거, 간수하는 저택, 건조물이나 선박 또는 점유하는 방실에 침입한 자 | 사람의 주거, 관리하는 건조물, 선박이나 항공기 또는 점유하는 방실에 침입한 자 |
| 야간주거침입절도(§ 330) | 야간에 사람의 주거, 간수하는 저택, 건조물이나 선박 또는 점유하는 방실에 침입하여 타인의 재물을 절취한 자 | 야간에 사람의 주거, 간수하는 저택, 건조물이나 선박 또는 점유하는 방실에 침입하여 타인의 재물을 절취한 자 |
| 야간주거침입강도(특수강도: § 334①) | 야간에 사람의 주거, 간수하는 저택, 건조물이나 선박 또는 점유하는 방실에 침입하여 전조의 죄를 범한 자 | 야간에 사람의 주거, 관리하는 건조물, 선박이나 항공기 또는 점유하는 방실에 침입하여 제333조의 죄를 범한 자 |

81    주거침입죄에서 간수하는 저택 또는 건조물을 관리하는 건조물로 개정한 이유는, '간수하는 저택'에서 저택이란 주거에 사용할 목적으로 건축되었지만 주거에 사용하지 않는 건물을 의미한다고 해석하였는데, 이러한 해석이 무의미하고 저택도 건조물이므로 '관리하는 건조물'이라고 하면 충분하기 때문이다. 그리고 항공기도 선박과 유사하므로 개정형법에서는 항공기를 추가하였다.[50] 그리고 야간주거침입강도죄에서도 주거침입죄와 동일하게 개정하였으나,[51] 야간주거침입절도죄에서는 이전의 주거침입죄의 규정을 그대로 두었다.

82    따라서 야간에 항공기에 침입하는 경우 주거침입죄에 해당하고, 야간에 항공기에 침입하여 강도를 한 경우에는 야간주거침입강도죄에 해당된다. 그러나

50 법무부, 형법개정법률안 제안이유서(1992), 162-163.
51 1992년도 형법개정법률안은 야간주거침입강도죄의 형벌을 5년 이상의 징역으로 하여 무기징역을 삭제하였는데, 제3차 개정형법은 무기징역을 삭제하지 않았다.

야간에 항공기에 침입하여 절도를 한 경우에는 주거침입죄와 절도죄의 실체적 혹은 상상적 경합범이라고 할 수밖에 없다. 이것은 균형에 맞는 않는 것이라고 할 수 있는데, 개정상의 실수에 기인한 것이라고 할 수 있다.[52] 그러나 제3차 개정 이후 25년이 거의 다 된 지금까지도 이것이 바로 잡히지 않고 있다.

넷째, 친고죄나 반의사불벌죄에 대해 '논할 수 없다'를 '공소를 제기할 수 없다'로 변경하였다. 이것은 1992년 형법개정법률안을 그대로 따른 것인데, 고소나 처벌불원의 의사표시가 소추조건임을 분명히 한 것이라고 할 수 있다.[53] 이러한 실수는 제3차 개정 이후 25년이 지난 2020년 12월 제22차 개정에서야 바로 잡혔다.    83

## V. 제4차 개정

제4차 개정은 1997년 12월 13일 법률 제5454호에 이루어졌고, 개정형법은 1998년 1월 1일부터 시행되었다.    84

개정내용은 제317조(업무상비밀누설죄)의 주체 중 '계리사'를 '공인회계사'로 변경하는 것이었다.    85

## VI. 제5차 개정

### 1. 개정의 경과 및 내용

제5차 개정은 2001년 12월 29일 법률 제6543호에 의해 이루어졌으며, 개정형법은 2002년 6월 30일부터 시행되었다.    86

개정내용은 제347조의2(컴퓨터사용사기죄)에 대한 것이었다. 제3차 개정형법은 제347조의2(컴퓨터등 사용사기)에서 "컴퓨터등 정보처리장치에 허위의 정보 또는 부정한 명령을 입력하여 정보처리를 하게 함으로써 재산상의 이익을 취득하거나 제3자로 하여금 취득하게 한 자는 10년 이하의 징역 또는 2천만원 이하의    87

---

52 1992년도 형법개정법률안 제196조는 야간주거침입절도죄의 주거침입죄 부분을 주거침입죄, 야간주거침입강도죄와 동일하게 규정하고 있다. 그럼에도 불구하고 제3차 개정형법이 야간주거침입절도죄에서만 주거침입죄 부분을 이전 형법과 동일하게 하고 있는 이유는 찾을 수 없다. 결국 입법상의 과오라고 하는 것이 맞을 것이다.

53 법무부, 형법개정법률안 제안이유서(1992), 128.

벌금에 처한다."고 규정하고 있었다. 이것은 1992년도 형법개정법률안 제211조
와 동일하다. 동 규정은 컴퓨터를 이용하여 예금구좌의 이동이나 대체송금을 통
하여 재산상의 이익을 취득하는 경우, 사람을 기망하는 행위가 없으므로 사기죄
로 처벌할 수 없다는 점을 고려하여 신설한 규정이다.[54]

88        그런데 동 규정에는 독일형법 제263조a와 같이 '권한없는 정보의 입력·변경'
을 규정하지 않았다. 이 때문에 타인의 신용카드나 현금카드로 현금자동지급기
에서 현금을 인출한 경우, 동 규정으로 처벌할 수 있을지에 대해 논란이 일었다.

89        아래에서는 먼저 제4차 개정과 제5차 개정 사이에 존재했던 견해의 대립을
살펴보고, 이어 제5차 개정형법 이후의 상황에 대해서 언급하기로 한다.

## 2. 타인 신용카드의 부정사용과 관련된 논란

### (1) 문제점

90        1992년 형법개정법률안의 입안자들과 1995년의 제3차 개정형법의 입안자
들은 타인의 신용카드나 현금카드로 현금자동지급기(ATM)에서 현금을 인출한
경우, 컴퓨터등사용사기죄에 해당하는지에 대해 명확하게 언급하고 있지 않았
다. 즉, 앞에서 본 것과 같이 형법개정법률안 제안이유서에는 이 규정이 예금구
좌의 이동이나 대체송금을 처벌하기 위한 것이라고 할 뿐, 현금을 인출한 경우
를 언급하고 있지 않았다. 다만, 진실한 자료를 부정하게 사용하는 것도 부정한
명령의 입력에 해당된다고 하였다.[55]

91        전자를 강조하면, 현금을 인출한 경우는 컴퓨터등사용사기죄가 아니라 절
도죄[56]나 기타 신용카드업법상의 범죄에 해당되는 것으로 해결하려고 했다고 할
수도 있다. 그러나 후자를 강조한다면, 위의 행위를 컴퓨터등사용사기죄로 처벌
할 수 있다고 생각하였다고 할 수도 있다. 여기에 동 규정에 재산상 이익만이
객체로 규정되어 있고 재물은 객체로 규정되어 있지 않기 때문에 위의 행위들

---

54  법무부, 형법개정법률안 제안이유서(1992), 181.
55  법무부, 형법개정법률안 제안이유서(1992), 182.
56  1992년 형법개정법률안의 제안자들은 타인의 신용카드로 현금을 무단인출한 경우 절도죄로 처
    벌하기 위해 컴퓨터등사용사기죄에서 재물을 제외하였다고 하는 분석으로는, 이정훈, "최근 형법
    개정조문(컴퓨터등사용사기죄)의 해석론과 문제점", 형사법연구 17, 한국형사법학회(2002), 135
    주 6) 참조.

을 동 규정으로 처벌할 수 있는지에 대한 논란까지 추가되었다.

### (2) 학설의 대립

학계에서는 타인의 신용카드나 현금카드로 현금자동지급기에서 현금을 인    92
출한 경우 컴퓨터등사용사기죄가 성립하는가에 대해 긍정설과 부정설이 대립하
였다. 부정설에는 절도죄가 성립한다는 견해와 절도죄나 컴퓨터등사용사기죄
어느 것도 성립할 수 없다는 견해 등이 제시되었다. 이것은 결국 부정한 명령의
입력에 권한없는 정보의 입력·변경도 포함될 수 있느냐와 재물을 취득한 경우
재산상 이익의 취득을 긍정하느냐의 여부에 따라 달라진다.

### (가) 컴퓨터등사용사기죄 긍정설

이 견해는 타인의 신용카드로 현금자동지급기에서 현금을 무단인출한 경    93
우, 허위의 정보를 입력한 것은 아니지만 부정한 명령을 입력한 것에 해당한다
고 한다.[57] 제5차 형법개정 이후 판례는 "권한없이 진실한 정보를 입력·변경한
경우 권한 없는 자에 의한 명령 입력행위를 '명령을 부정하게 입력하는 행위' 또
는 '부정한 명령을 입력하는 행위'에 포함된다고 해석하는 것이 그 문언의 통상
적인 의미를 벗어나는 것이라고 할 수도 없고, 그렇다면 그 문언의 해석을 둘러
싸고 학설상 일부 논란이 있었고, 이러한 논란을 종식시키기 위해 그와 같이 권
한 없이 정보를 입력, 변경하여 정보처리를 하게 하는 행위를 따로 규정하는 내
용의 개정을 하게 되었다고 하더라도, 구 형법상으로는 그와 같은 권한 없는 자
가 명령을 입력하는 방법에 의한 재산상 이익 취득행위가 처벌대상에서 제외되
어 있었다고 볼 수는 없는 바, 이러한 해석이 죄형법정주의에 의하여 금지되는
유추적용에 해당한다고 할 수도 없다."고[58] 한다.[59]

### (나) 컴퓨터사용사기죄 부정설

이 견해는 타인의 신용카드로 현금을 무단인출하는 행위는 권한없는 정보    94
의 입력일 뿐 허위정보나 부정한 명령을 입력한 것으로 볼 수 없어서 동 조항으

---

57 김일수, 새로쓴 형법각론, 376; 박상기, 형법각론(전정판), 313; 이정원, 형법각론(보정판), 391; 이
   형국, 형법각론연구 I, 법문사(1997), 462 등.

58 대판 2003. 1. 10, 2002도2363.

59 같은 입장으로, 곽병선·윤상민, "신용카드 사용과 관련된 범죄의 형사적 제재, 법학연구 2, 한국
   법학회(1998), 114. 다만, 이 견해와 판례도 후술하는 바와 같이 현금은 재물인데 컴퓨터등사용사
   기죄의 객체에 재산상 이익만 규정되어 있을 뿐 재물은 규정되어 있지 않기 때문에 컴퓨터등사
   용사기죄는 성립할 수 없고 절도죄가 성립한다고 한다.

로 처벌할 수 없다고 한다.[60]

95       이 견해는 독일형법 제263조a 제1항의 문언을 근거로 제시한다. 즉, 독일형법 제263조a 제1항은 "불법이득의사로 프로그램을 허위로 구성하거나, 부정확하거나 불충분한 정보를 사용하거나, 권한없이 정보를 사용하거나, 기타 권한없이 (정보처리)과정에 영향을 끼쳐 정보처리 결과에 영향을 줌으로써 타인에게 재산상 손해를 가한 자는 5년 이하의 자유형 또는 벌금형에 처한다."[61]고 규정하고 있다. 그런데 우리 형법 제347조의2에는 허위의 정보나 부정한 명령의 입력은 규정되어 있지만 독일형법에 규정되어 있는 '권한없는 정보의 입력·변경'은 규정되어 있지 않기 때문에 유추해석금지의 원칙상 위와 같은 행위를 컴퓨터등 사용사기죄로 처벌할 수 없다는 것이었다.

96       이 견해들 중에는 절도죄를 인정하는 입장과 절도죄도 인정하지 않는 입장이 있다. 판례는 "피고인이 피해자 명의의 신용카드를 부정사용하여 현금자동인출기에서 현금을 인출하고 그 현금을 취득까지 한 행위는 신용카드업법 제25조 제1항의 부정사용죄에 해당할 뿐 아니라 그 현금을 취득함으로써 현금자동인출기 관리자의 의사에 반하여 그의 지배를 배제하고 그 현금을 자기의 지배하에 옮겨 놓는 것이 되므로 별도로 절도죄를 구성한다 할 것이고, 위 양 죄의 관계는 그 보호법익이나 행위태양이 전혀 달라 실체적경합 관계에 있는 것으로 보아야 할 것이다."라고 하여[62] 절도죄긍정설을 따랐고, 현재에도 같은 입장이다.[63]

---

60 이러한 입장으로, 강동범, "신용카드범죄에 대한 형사법적·제도적 대책", 서울시립대 논문집 30(1996), 26; 임웅, "신용카드 부정사용행위의 형사책임", 저스티스 34-2, 한국법학원(2001), 129-120; 하태훈, "현금인출기 부정사용에 대한 형법적 평가", 형사판례연구 [4], 한국형사판례연구회, 박영사(1995), 335.

61 (1) Wer in der Absicht, sich oder einem Dritten einen rechtswidrigen Vermögensvorteil zu verschaffen, das Vermögen eines anderen dadurch beschädigt, daß er das Ergebnis eines Datenverarbeitungsvorgangs durch unrichtige Gestaltung des Programms, durch Verwendung unrichtiger oder unvollständiger Daten, durch unbefugte Verwendung von Daten oder sonst durch unbefugte Einwirkung auf den Ablauf beeinflußt, wird mit Freiheitsstrafe bis zu fünf Jahren oder mit Geldstrafe bestraft.

62 대판 1995. 7. 28, 95도997.

63 절도죄를 인정하는 학설로, 노용우, "신용카드범죄의 법적 문제점", 법률행정논총 18, 전남대 법학연구소(1998), 145; 오경식, "한국과 독일의 신용카드범죄의 실태와 대책에 관한 비교 연구", 형사정책 8, 한국형사정책학회(1996), 161; 이정훈(주 56), 134 주 5); 정웅석, "형법상의 신용카드범죄", 연세법학연구 5-2(1998), 99; 천종철, "신용카드범죄의 실태와 그 대처방안", 사회과학연구 12, 서원대 미래창조연구원(1992), 330 참조.

이에 대해 절도죄부정설[64]에서는 다음과 같은 근거를 든다.                        97

첫째, 현금자동지급기 관리자는 신용(현금)카드의 소지와 비밀번호를 입력하       98
여 현금을 인출하게 함으로써 현금의 부정인출을 방지하고 있다. 즉, 현금자동
지급기 자체가 인출에 필요한 정보를 입력하면 누구든 현금을 인출해가라는 기
능을 가진 것이므로 설사 현금자동지급기 관리자의 점유에 속한다고 하더라도
그것을 가져가는 것이 현금자동지급기 관리자의 의사에 반한 절취행위라고 볼
수 없다. 현금자동지급기 관리자의 의사가 정당한 권한을 가진 사람만이 인출해
가라는 의사라고 해석하는 것은 현실에도 맞지 않고 형법해석의 엄격성원칙에
도 맞지 않는다. 편의시설부정사용죄의 경우 편의시설 관리자의 의사가 정당한
권한이 있는 사람이 정당한 대가만을 제공하고 사용하는 것이라고 한다면, 만약
절취한 현금으로 음료자동판매기에서 음료를 인출한 경우에도 절도죄를 인정해
야 할 것이다.

둘째, 현금이 현금자동지급기 관리자의 점유에 속한다고 하더라도 현금인       99
출자의 점유가 상위의 점유라고 해야 하므로 상위점유자가 하위점유자의 의사
에 반하여 현금을 가져간 경우에도 절취행위라고 할 수 없다.

셋째, 현금자동지급기에서 인출된 현금의 소유가 현금자동지급기 관리자나       100
신용카드 혹은 현금카드의 소유자에게 있다고 하기 어렵다. 왜냐하면 은행에 예
금되어 있는 금액은 재산상 이익인 예금채권인데, 이것의 소유권은 은행이나 계
좌명의인이라고 할 수 있다. 그런데 재산상 이익이 재물인 현금으로 인출된 경
우 '현금의 소유는 소지인에게 있다'는 원리를 따른다면, 인출된 현금의 소유권
은 인출자에게 속한다고 해야 한다.

## 3. 개정 후의 상황

### (1) 문제점

제5차 개정형법의 제안이유는 "1995년 형법의 부분개정으로 컴퓨터범죄에       101
관한 규정이 신설되는 과정에서 '컴퓨터의 권한 없는 사용'에 대한 규정이 미비
하여 실무에서 문제가 되고 있음. 즉, 형법 제347조의2 '컴퓨터등 사용사기죄'는

---

64 김영환, "신용카드부정사용에 관한 형법해석론의 난점", 형사판례연구 〔3〕, 한국형사판례연구회,
　　박영사(1995), 318; 임웅(주 60), 121; 하태훈(주 60), 330.

독일형법 제263a조에서 착상된 것인데, 이 조항의 도입과정에서 '허위의 정보 또는 부정한 명령을 입력'하는 행위만을 규정하고 '데이터의 무권한 사용이나 기타 무권한의 영향력 행사'를 구성요건에서 누락시켰음. 그 결과 최근 들어 타인의 신용카드와 비밀번호를 무권한자가 사용하여 현금을 인출하는 범법행위가 급증하고 있는데도, 모처럼 도입한 본조를 적용하지 못하고 부득이하게 논란의 여지가 많은 절도죄로 다스리고 있는데,[65] 이는 죄형법정주의의 관점에서 볼 때 완전한 해결방법이 아니므로 이를 입법적으로 해결하고자 하는 것"[66]이었다. 이와 같이 제5차 개정은 타인의 신용카드로 현금을 인출한 경우 컴퓨터등사용사기죄로 처벌하기 위함이었다.

102      그러나 제5차 개정 이후에도 판례와 다수설은 위와 같은 행위들을 컴퓨터등사용사기죄로 처벌할 수 없고, 절도죄로 처벌해야 한다고 한다. 그 이유는 컴퓨터등사용사기죄가 행위의 객체를 재산상 이익만으로 규정하고 있는데, 현금은 재물이고 재산상 이익이 아니어서 현금취득을 재산상 이익의 취득으로 볼 수 없다는 것이다.

### (2) 판례의 입장

103      대법원은 제5차 형법개정 직후에 선고한 판결에서 "피고인이 타인의 명의를 모용하여 발급받은 신용카드를 사용하여 현금자동지급기에서 현금대출을 받는 행위는 카드회사에 의하여 미리 포괄적으로 허용된 행위가 아니라, 현금자동지급기의 관리자의 의사에 반하여 그의 지배를 배제한 채 그 현금을 자기의 지배하에 옮겨 놓는 행위로서 절도죄에 해당한다고 봄이 상당하다. (중략) 형법 제347조의2에서 규정하는 컴퓨터등사용사기죄의 객체는 재물이 아닌 재산상의 이익에 한정되어 있으므로, 타인의 명의를 모용하여 발급받은 신용카드로 현금자동지급기에서 현금을 인출하는 행위를 이 법조항을 적용하여 처벌할 수는 없다."고 하였다.[67]

104      이어 "우리 형법은 재산범죄의 객체가 재물인지 재산상의 이익인지에 따라

---

65 대판 1995. 7. 28, 95도997; 대판 1998. 2. 27, 97도2974; 대판 1998. 11. 10, 98도2642; 대판 1999. 7. 9, 99도857 참조.
66 http://likms.assembly.go.kr/bill/billDetail.do?billId=017227.
67 대판 2002. 7. 12, 2002도2134.

이를 재물죄와 이득죄로 명시하여 규정하고 있는데, 형법 제347조가 일반 사기죄를 재물죄 겸 이득죄로 규정한 것과 달리 형법 제347조의2는 컴퓨터등사용사기죄의 객체를 재물이 아닌 재산상의 이익으로만 한정하여 규정하고 있으므로, 절취한 타인의 신용카드로 현금자동지급기에서 현금을 인출하는 행위가 재물에 관한 범죄임이 분명한 이상 이를 위 컴퓨터등사용사기죄로 처벌할 수는 없다고 할 것이고, 입법자의 의도가 이와 달리 이를 위 죄로 처벌하고자 하는 데 있었다거나 유사한 사례와 비교하여 처벌상의 불균형이 발생할 우려가 있다는 이유만으로 그와 달리 볼 수는 없다."고도 하였다.[68]

한편, 대법원은 "권한없이 진실한 정보를 입력·변경한 경우 권한 없는 자에 의한 명령 입력행위를 '명령을 부정하게 입력하는 행위' 또는 '부정한 명령을 입력하는 행위'에 포함된다고 해석하는 것이 그 문언의 통상적인 의미를 벗어나는 것이라고 할 수도 없다."고 하였다.[69]

105

이와 같은 판례의 입장을 종합하면, 제5차 개정형법이 타인의 신용카드로 현금을 무단인출하는 행위가 컴퓨터등사용사기죄의 행위태양에는 해당하므로 타인의 신용카드로 무단 계좌이체를 한 경우 컴퓨터등사용사기죄가 성립한다는 것을 분명히 하였다.[70] 그러나 다른 한편으로는 현금 무단인출행위와 관련하여서는 불필요한 개정이라는 의미도 포함하고 있다. 즉, 현금 무단인출행위를 컴퓨터등사용사기죄로 처벌하기 위해서는 행위태양에 권한없는 정보의 입력·변경을 추가할 것이 아니라 행위객체에 재물을 추가했어야 한다는 의미라고 할 수 있다.

106

### (3) 학설의 입장

현재의 학설은 컴퓨터등사용사기죄설과 절도죄설로 나뉘어진다.

107

다수설인 컴퓨터등사용사기죄설에 의하면 재물과 재산상의 이익은 택일관

108

68 대판 2003. 5. 13, 2003도1178.
69 대판 2003. 1. 10, 2002도2363.
70 대판 2008. 6. 12, 2008도2440. 「절취한 타인의 신용카드를 이용하여 현금지급기에서 계좌이체를 한 행위는 컴퓨터등사용사기죄에서 컴퓨터 등 정보처리장치에 권한없이 정보를 입력하여 정보처리를 하게 한 행위에 해당함은 별론으로 하고 이를 절취행위라고 볼 수는 없고, 한편 위 계좌이체 후 현금지급기에서 현금을 인출한 행위는 자신의 신용카드나 현금카드를 이용한 것이어서 이러한 현금인출이 현금지급기 관리자의 의사에 반한다고 볼 수 없어 절취행위에 해당하지 않으므로 절도죄를 구성하지 않는다.」

계가 아니라 특별 대 일반의 관계이므로 재산상 이익을 취득하였다고 하여 재물을 취득하였다고 할 수는 없지만, 재물을 취득한 경우에는 재산상 이익을 취득하였다고 할 수 있기 때문에 컴퓨터등사용사기죄가 성립한다.[71]

109    소수설인 절도죄설에 의하면 컴퓨터등사용사기죄에 권한없는 정보의 입력·변경이 추가됨에 따라 타인의 신용카드로 현금을 무단인출한 경우 컴퓨터등사용사기죄의 행위태양을 충족하기는 한다. 그러나 개정 컴퓨터등사용사기죄에서도 행위객체에 재물이 규정되어 있지 않기 때문에 컴퓨터등사용사기죄는 성립할 수 없으므로 절도죄를 인정해야 한다.[72]

110    컴퓨터등사용사기죄의 객체가 재산상 이익으로 국한되어 있기 때문에 컴퓨터등사용사기죄의 성립을 부정하면서 절도죄의 성립도 부정하는 입장이 있을 수 있지만, 제5차 개정형법 이후에는 찾기가 어렵다.

### (4) 결어

### (가) 판례의 문제점

111    절도죄설을 따르는 대법원 입장의 가장 큰 약점은 "예금주인 현금카드 소유자로부터 일정한 금액의 현금을 인출해 오라는 부탁을 받으면서 이와 함께 현금카드를 건네받은 것을 기화로 그 위임을 받은 금액을 초과하여 현금을 인출하는 방법으로 그 차액 상당을 위법하게 이득할 의사로 현금자동지급기에 그

---

71 이러한 입장으로, 김선복, "재산상의 이익은 재산죄 객체인가?", 비교형사법연구 6-1, 한국비교형사법학회(2004), 105-106; 서보학, "절취한 타인의 신용카드로 현금을 인출한 경우의 죄책" 법률신문, 제3211호(2003. 10. 16) 중 판례평석; 오영근, "재물과 재산상 이익에 대한 합리적 해석론", 법학논총 31-4, 한양대 법학연구소(2014), 210-211. 재산상 이익에 재물은 포함되지 않지만 인출된 현금은 재산상 이익으로 볼 수 있다는 견해로, 김재윤, "컴퓨터등사용사기죄 관련 판례 분석: 불법취득한 타인명의 신용(현금)카드를 이용한 현금인출행위의 형사책임을 중심으로", 저스티스 107, 한국법학원(2008), 260-261. 이익이 재산상 가치가 없는 물건에 관련된 경우에는 재산상 이익이라고 할 수 없지만 재물에 관련된 경우에는 재산상 이익이라고 할 수 있다는 견해〔문채규, "재산범죄 일반의 기본쟁점", 비교형사법연구 15-2, 한국비교형사법학회(2013), 320-322〕도 결국은 택일관계설에 반대하는 입장이다.

72 신동운, "횡령죄와 배임죄의 관계", 한국형사법학의 새로운 지평(유일당 오선주 교수 정년기념논문집); 형설출판사(2001), 315-336; 조현욱, "위임받은 금액을 초과한 현금인출과 컴퓨터등사용사기죄", 비교형사법연구 8-1, 한국비교형사법학회(2006), 422. 입법론상으로 컴퓨터등사용사기죄에 재물을 추가해야 한다는 견해도 같은 입장이라 할 수 있다〔곽병선·윤상민(주 59), 114; 김태명, "재물과 재산상 이익의 개념과 양자의 교착", 형사법연구 26-2, 한국형사법학회(2014), 90; 조국, "위임범위를 초과한 타인의 현금카드 사용 현금인출의 형사적 죄책", 법률신문 제3550호(2007. 4. 30) 중 판례평석〕.

초과된 금액이 인출되도록 입력하여 그 초과된 금액의 현금을 인출한 경우에는, 그 인출된 현금에 대한 점유를 취득함으로써 이 때에 그 인출한 현금 총액 중 인출을 위임받은 금액을 넘는 부분의 비율에 상당하는 재산상 이익을 취득한 것으로 볼 수 있으므로, 이러한 행위는 그 차액 상당액에 관하여 제347조의2(컴퓨터등사용사기)에 규정된 '컴퓨터 등 정보처리장치에 권한 없이 정보를 입력하여 정보처리를 하게 함으로써 재산상의 이익을 취득'하는 행위로서 컴퓨터등사용사기죄에 해당된다."고 한 판결이다.[73]

이 판례에서 초과인출한 현금이 재물인지 재산상 이익인지가 가장 중요한 쟁점이다. 그런데 대법원은 초과인출한 현금이 재산상 이익이 된다고만 하지 그 정확한 이유는 제시하지 않아 결론에 이르는 과정에서 치명적인 논리적 비약을 하고 있다.[74]    **112**

절도죄를 인정하는 판결과 컴퓨터등사용사기죄를 인정하는 판결은 논리적으로 양립할 수 없다고 생각되므로 어느 하나는 폐기되어야 한다. 재물을 취득하면 재산상 이익을 취득한 것이 아니라고 하는 전자의 판결이 부당하므로 폐기대상 판결은 전자라고 해야 할 것이다.    **113**

(나) 절도죄설의 문제점

절도죄설은 재물과 재산상 이익을 특별 대 일반의 관계가 아니라 택일관계로 파악하고 있는데, 이것은 부당하다. 횡령죄와 배임죄의 관계에 대해 통설, 판례는 특별 대 일반의 관계로 파악하는데, 그 이유는 횡령죄는 재물을, 배임죄는 재산상 이익을 객체로 하기 때문이라고 한다.[75]    **114**

재물과 재산상 이익을 택일관계로 파악하면 부당이득죄(§349)를 설명하는 데에도 문제가 있다. 부당이득죄는 현저하게 부당한 이득을 취득한 자라고 규정하고 있다. 따라서 상대방의 궁박한 상태를 이용하여 부당하게 싼 가격에 타인의    **115**

---

73 대판 2006. 3. 24, 2005도3516.
74 두 판례의 입장을 조화시키려는 견해로, 조국(주 72), 위의 판례평석. 이 판결에 대해 좀 더 상세하게 분석한 것으로, 안성조, "'법문의 가능한 의미'의 실재론적 의의", 법철학연구 12-2, 한국법철학회(2009), 119-123.
75 횡령죄와 배임죄의 관계에 대한 학설을 정리한 것으로, 강수진, "타인의 사무처리자의 횡령죄 성립에 관한 최근 대법원 판례의 검토 – 대법원 2015. 12. 10. 선고 2013도13444 판결에 대한 분석을 중심으로", 고려법학 90(2018), 88 이하; 이석배, "횡령죄와 배임죄의 관계", 동아법학 46(2010), 370-379.

부동산을 매수한 경우, 재산상 이익의 취득(이득)이 아니라 재물을 취득한 것이므로 부당이득죄가 성립하지 않는다고 해야 할 것이다. 이것이 부당함은 물론이고, 학설이건 판례이건 이러한 경우 부당이득죄의 성립에 의문을 품은 적은 없다.

116 　　절도죄설은 우리 형법이 재물과 재산상 이익을 엄격하게 구별하고 있다는 것을 근거로 든다. 그러나 재산상 이익이나 그 취득 여부는 가시적·감각적으로 결정될 때도 있지만 대부분 관념상의 계산을 통해 결정된다.[76] 따라서 형법이 컴퓨터등사용사기죄, 부당이득죄, 배임죄 등에서 재산상 이익을 객체로 규정하고 있다고 하더라도 이는 재물을 취득한 경우 동 범죄들의 성립을 부정한다는 취지가 아니라, 이러한 범죄에서는 재물취득의 경우에는 이익과 손해의 계산이라는 단계를 하나 더 거치라는 의미로 해석해야 할 것이다. 예컨대, 채무의 면제를 해 준 경우에는 채무자가 재산상 이익을 취득한 것이라고 할 수 있다. 그러나 재물과 재물로 거래한 경우 재물이 객체가 되지만, 재산상 이익과 손해의 발생 여부는 그 재물들의 가액을 관념적으로 비교하는 과정을 거쳐야 한다.

　　(다) 결어

117 　　이러한 의미에서 재물과 재산상 이익은 택일관계가 아닌 특별 대 일반의 관계로 보아야 하고, 타인의 신용카드로 현금자동지급기에서 현금을 무단인출한 경우에는 컴퓨터등사용사기죄에 해당된다고 해야 할 것이다.

　　**(5) 입법론**

118 　　위와 같이 불필요한 해석상의 논란을 피하기 위해 제347조의2의 객체에 재산상 이익뿐만 아니라 재물도 규정해야 한다는 데에 견해가 일치한다.


## VII. 제7차 개정

119 　　제6차 개정은 총칙상의 사후적 경합범에 관한 개정이므로 여기에서는 언급하지 않는다.

120 　　제7차 개정은 2005년 3월 31일 법률 제7427호에 의해 이루어졌고, 개정형법은 2008년 1월 1일부터 시행되었다. 제7차 개정은 민법개정에 의해 호주제가

---

76 이러한 의미에서 재산상 이익은 재산범죄의 객체가 될 수 없다는 견해(김선복, 주 71)도 타당성을 지닌다.

폐지됨에 따라 형법에 규정되어 있는 호주라는 용어를 삭제하는 개정이었다. 즉, 범인은닉과 친족간의 특례(§ 151②) 및 증거인멸과 친족간의 특례(§ 155④), 친족간의 재산범죄규정(§ 328①)에 규정되어 있던 호주라는 용어가 제7차 개정에 의해 삭제되었다.

## Ⅷ. 제9차 개정

제8차 개정은 총칙상 사후적 경합범, 집행유예에 관한 규정의 개정이므로 여기에서는 언급하지 않는다.

### 1. 개정 이유 및 경과

형법개정이라기보다는 형법개악이라고 불러야 마땅한 제9차 형법개정은 2010년 4월 15일 법률 제10259호에 의해 이루어졌고, 개정형법은 2010년 10월 16일부터 시행되었다.

국민에게 큰 충격을 준 2008년 12월의 조두순 사건[77]과 2010년 2월의 김길태 사건[78] 등 강력범죄 사건[79]의 발생을 전후하여 성폭행범들을 비롯한 범죄 전반에 대한 강경대응을 요구하는 여론이 생겨났다.[80] 이에 성폭력범죄자들에 대한 위치추적전자장치 부착명령, 성충동 치료명령, 신상공개 등과 같은 강경책을 담은 형사특별법의 제·개정안과 함께, 형법상 유기징역·유기금고의 상한을 높이는 많은 법률안이 발의되었다.[81]

121

122

123

---

77  2008년 12월 경기 안산시에서 조두순이 8세 여아를 강간상해한 사건을 말한다. 조두순은 음주로 인한 심신미약이라는 사정이 참작돼 12년형의 확정판결을 선고받고 2020년 12월 출소하였다. 형 선고 당시 범죄의 잔혹성에 비해 형량이 미약하다는 거센 비판이 있었고, 출소예정 2년 전인 2018년 11월에 청와대 국민청원 게시판에 조두순의 출소를 반대하는 청원이 20만 건을 넘어섰다.

78  2010년 2월 발생한 사건으로 성폭력 전과자인 김길태가 여중생을 납치해 성폭행하고 살해·유기한 사건이다. 김길태는 무기징역의 확정판결을 선고받았다.

79  두 사건 이외에 2009년 1월에는 2006년부터 2008년까지 여성을 연쇄 납치하여 살해한 강호순이 검거되었고, 2010년 6월에는 8세의 초등생을 납치성폭행한 김수철 사건이 발생하였다.

80  이러한 중형주의 경향은 언론의 선정적 보도도 중요한 요인이 되었다. 고비환, "선정적 범죄보도가 중형주의에 미치는 영향과 그 완화책으로서 사회적 관용의 필요성", 법학논총 32-2, 전남대 법학연구소(2012), 399-424.

81  박선영 의원안(2009. 10. 6. 발의, 30년/50년), 이주영 의원안(2009. 10. 22. 발의, 25년/50년), 안상수 의원안(2009. 11. 17. 발의, 20년/30년), 박민식 의원안(2009. 12. 15. 발의, 30년/50년)

124       2010년 3월 31일 국회 법제사법위원회는 국회에 제출되어 논의된 형법개정
안을 모두 통합하여 위원회 대안으로 제출하였다. 그 내용은 유기징역의 상한을
15년에서 30년, 가중 또는 감경할 경우 25년에서 50년으로 이전 형법보다 각 2
배씩 인상하는 것이었다. 그리고 같은 날 개최된 국회 본회의에서는 위원회의
개정안에 대한 표결을 실시하여 가결하였다.[82]

## 2. 개정내용

125       제9차 개정형법의 주요내용은 징역형과 금고형의 상한을 높이는 것이라고
할 수 있다. 개정이유는 "이전 형법은 유기징역의 상한을 15년으로 제한하고 있
어, 무기징역과 유기징역 간 형벌 효과가 지나치게 차이가 나고 중대한 범죄를
저지른 경우에 그에 따른 형벌을 선고하는 데 제한이 있으므로, 유기징역의 상
한을 상향조정하여 행위자의 책임에 따라 탄력적으로 형 선고를 가능하게 하고,
강간 등 성폭력범죄를 범하는 경향이 있는 자는 다시 성폭력범죄를 저지를 가
능성이 대단히 높으므로 성폭력범죄를 억제하고 잠재적 피해자를 보호하기 위
하여 성폭력범죄의 상습범을 가중처벌하려는 것이었다."

126       제9차 개정형법의 개정내용은 다음과 같다.
첫째, 유기징역·유기금고의 상한을 15년 이하에서 30년 이하로 높이고, 가
중할 때의 상한도 25년까지에서 50년까지로 조정한다(§ 42).
둘째, 사형에 대한 감경을 10년 이상에서 20년 이상 50년 이하로 상향 조정
한다(§ 55①(i)).
셋째, 무기징역·무기금고에 대한 감경을 7년 이상에서 10년 이상 50년 이
하로 상향 조정한다(§ 55①(ii)).
넷째, 무기징역의 가석방요건을 10년에서 20년으로 상향 조정한다(§ 72①).
다섯째, 강간·추행죄 등 성폭력범죄의 상습범에 대한 가중처벌 규정을 신
설한다(§ 305의2 신설).

---

등이 있다. 처벌강화를 위한 법률안 발의추세를 분석한 것으로, 심영주, "합리적인 형사입법을
위한 방향", 한양법학 29-3(2018), 185-188.
82 개정경과에 대한 자세한 설명과 평가로, 이원유, "국회 형사입법의 문제점 및 개선방안에 관한
연구", 한양대학교 박사학위논문(2012), 147-151 참조.

## 3. 평 가

　　제9차 개정형법은 입법쿠데타라고 할 수 있을 정도로 기존 형법질서를 심　127
각하게 교란시키고, 형법이론에 충실하기보다는 국민의 맹목적인 법감정에 영
합한 포퓰리즘 형법의 전형을 보여주었다고 할 수 있다. 법정형의 상한을 인상
한다고 하더라도 2배까지 인상하는 것은 문명국가에서는 상상하기 어려운 일이
다. 이러한 형기 개정으로 인해 우리나라는 대륙법계 국가에서는 보기드문 야만
적 자유형제도를 갖게 되었다.

　　즉, 독일의 유기자유형은 1개월 이상 15년 이하이고(§ 38), 가중할 때에도 장　128
기는 같다(§ 54②). 오스트리아의 유기자유형은 1월 이상 20년 이하이고(§ 18), 가
중할 때에도 장기는 같다(§ 28, § 39 등). 스위스의 유기자유형은 6개월 이상 20년
이하이고(§ 40), 가중할 때에도 장기는 같다(§ 49). 일본의 유기징역[83]은 1개월 이
상 20년 이하이고(§ 12①), 가중할 때에는 30년까지이다(§ 14②). 중국의 유기징역
의 형기는 6개월 이상 15년 이하(§ 45), 가중할 경우 20년 이하이다(§ 69). 프랑스
의 유기자유형의 상한은 30년, 스페인의 유기자유형의 상한은 40년이지만 사형
과 무기자유형이 폐지되었다.

　　이전 형법은 무기징역을 감경할 때 7년 이상의 징역이라고 규정하였기 때　129
문에 무기징역을 감경할 때 25년까지 선고할 수 있느냐가 문제되었다. 이에 대
해 판례는 "무기징역형을 선택한 후 형법 제56조 제6호의 규정에 의하여 작량감
경을 하는 경우에는 같은 법 제55조 제1항 제2호의 규정에 의하여 7년 이상의
징역으로 감형되는 한편, 같은 법 제42조의 규정에 의하여 유기징역형의 상한은
15년이므로 15년을 초과한 징역형을 선고할 수 없다."고 하였다.[84] 유기징역을
가중할 때 25년까지 할 수 있지만, 무기징역을 감형할 때 15년까지 밖에 할 수

---

83 2022년 6월 17일 일본형법 개정(법률 제67호)으로 징역형과 금고형이 '구금형'으로 단일화되어
　형법전의 '징역', '구금', '징역 또는 구금'은 모두 '구금형'으로 개정되었다. 위 개정으로 제12조
　제1항은 "구금형은 무기 또는 유기로 하고, 유기구금형은 1월 이상 20년 이하로 한다."로 개정되
　고, 제14조 제1항은 "유기구금형을 가중하는 경우에는 30년까지 높일 수 있고, 이를 경감하는
　경우에는 1월 미만으로 낮출 수 있다."로 개정되었다. 그런데 부칙에 의하여 공포일로부터 3년
　이내에 정령으로 정하는 날에 시행 예정이다. 그러나 현재 정령이 제정되지 않아 시행일은 미정
　이므로, 총설 부분에서 일본형법 조문을 인용할 때는 현행 조문의 '징역' 등의 용어를 그대로 사
　용한다.
84 대판 1992. 10. 13, 92도1428(전).

없는 것은 문제가 있다. 따라서 제9차 개정형법이 무기징역을 감경할 때 10년 이상 50년 이하의 유기징역으로 하도록 한 것은 이전의 문제점을 해결한 것이기는 하지만, 유기징역의 상한은 이전과 같이 25년으로 하였어야 할 것이다.[85]

130　　　설사 우리나라의 유기징역·금고형의 상한을 높일 필요가 없고, 높인다고 하더라도 과학적 근거에 기초하여 적절한 정도만을 높여야 한다.[86] 제9차 개정 형법이 상한을 2배까지 가중한 것은 너무나 무모하고 야만적이라고 하지 않을 수 없다. 비록 우리나라가 사형을 30여 년 집행하지 않아 사실상 사형폐지국가가 되기는 하였지만, 아직도 사형이 제도적으로 폐지되지는 않았다. 여기에 유기자유형의 상한이 20세기 초에 제정된 일본형법이나 중국형법보다 높게 되었다. 이로 인해 우리나라의 형벌제도는 아직도 야만적이라고 평가받을 수밖에 없을 것이다.

131　　　이러한 야만적 가중은 실효성도 없다. 입법취지대로 선고형이 두 배씩 높아진다면 교도관의 수와 교도소의 수도 2배 증가하여야 하는데, 이로 인한 막대한 재정지출을 감당할 여력도 없다. 개정의 실효성을 높이기 위한 아무런 준비나 생각조차 없이 유기형의 상한만을 높여 놓았다. IMF사태에서 보듯이 경제가 나쁘면 부자들은 살기 좋아지는 반면 중산층이 빈곤층으로 전락하고 빈곤층은 더 빈곤해져 이른바 양극화현상이 나타난다. 악법의 피해도 똑같다. 무모한 악법이 만들어지면 악법으로 인한 피해는 고스란히 사회적 약자들에게 돌아가기 마련이다.

132　　　이렇게 야만적 가중은 죄형법정주의의 명확성원칙에도 반한다. 명확성원칙은 범죄구성요건뿐만 아니라 법정형에도 요구된다. 예를 들어 이전 형법에서 강도죄는 3년 이상 15년 이하의 징역에 처해졌지만, 개정형법에서는 3년 이상 30년 이하의 징역에 처해지게 된다. 비록 하한과 상한이 정해져 있지만, 3년에서 30년이란 범위는 없는 것과 마찬가지이고 절대적 부정기형에 가깝다고 할 수 있다.

133　　　야만적 가중은 과잉금지원칙에도 반한다. 특수강도도 아니고 상해나 사망의 결과를 초래하지도 않은 단순강도 중 30년 징역에 처해질 수 있는 강도를 상정할 수 있는지 의문이다. 대법원 양형위원회가 만든 양형기준에 의하면 일반강

---

85 오영근, "법정형상의 징역형기 조정방안", 형사법연구 22(특집호), 한국형사법학회(2004), 415.
86 유기형 상한 인상 여부 및 정도에 대한 논쟁을 소개한 것으로, 이인석·임정엽, "개정형법상 유기징역형의 상한조정에 관한 고찰", 형사법연구 22-3, 한국형사법학회(2010), 37-40.

도(단순강도)의 양형기준은 기본 2년~4년, 감경 1년 6개월~3년, 가중 3년~6년이다.[87] 여기에서도 6년 초과 30년을 선고할 수 있는 단순강도죄는 상정하기 어렵다는 것을 알 수 있다. 그렇다면 이전 형법상 강도죄의 상한 15년도 과잉법정형이라고 할 수 있는데, 제9차 개정형법에 의한 강도죄의 상한은 초과잉법정형이라고 할 수 있다.[88] 하한만을 정한 법정형들은 모두 이러한 문제점이 있다.[89] 특히 1년 이상의 징역(금고)이 규정되어 있는 범죄[90]의 경우에는, 문제점이 더욱 심각하다.

# IX. 제10차 개정

## 1. 개정이유

제10차 개정형법은 2012년 12월 18일 법률 제11574호로 성립하고, 2013년

134

---

[87] https://www.scourt.go.kr/sc/krsc/criterion/criterion_04/robber_01.jsp.

[88] 무분별한 법정형 상한 인상의 문제점과 개선방안을 제시한 것으로, 박경규, "법정형의 적정성 판단기준의 상세화 및 입법환경의 개선을 통한 고강도형벌정책 경향의 감소방안", 형사정책 31-1, 한국형사정책학회(2019), 194 이하. 성범죄에 대한 법정형강화로 인한 양형의 과부화와 무력화를 지적한 것으로, 윤동호, "성형법의 경향과 문제", 형사법연구 26-1, 한국형사법학회(2014), 74-81; 윤영철, "한국형법의 최근 형벌강화 입법경향에 대한 비판적 고찰", 법학논총 21-3, 조선대 법학연구원(2014), 713 이하; 오영근, "형법각칙상 징역형의 문제점과 개선방안", 형사법연구 24-4, 한국형사법학회(2012), 157 이하; 임정호, "형사법의 개정과 그 최근 동향", 연세법학 22(2013), 144-145.

[89] 현행형법 중 5년 이상의 징역(금고)이 규정되어 있는 범죄에는 내란모의 참여 및 중요임무종사자(§ 87(ii)), 특수공무방해치사죄(§ 14②), 인질상해·치상죄(§ 324의3), 3년 이상의 징역(금고)이 규정되어 있는 범죄에는 내란 및 내란목적 살인의 예비·음모·선동·선전죄(§ 90), 특수공무방해치상죄(§ 144②), 폭발성물건파열치상죄(§ 172②), 상해치사죄(§ 259①), 유기치사죄(§ 275①), 학대치사죄(§ 275①), 존속유기치상죄(§ 275②), 존속학대치상죄(§ 275②), 존속특수중체포감금죄(§ 278), 존속상습중체포감금죄(§ 279), (중)체포감금치사죄(§ 281①), 강간죄(§ 297), 준강간죄(§ 299), 미성년자의제강간죄(§ 305), 인질강요죄(§ 324의2), 단순강도죄(§ 333), 준강도죄(§ 335), 인질강도죄(§ 336), 중손괴등치사죄(§ 368②) 등이 있다. 2년 이상의 징역(금고)이 규정되어 있는 범죄에는 외환의 예비·음모·선동·선전죄(§ 101), 폭발물사용의 예비·음모·선동죄(§ 120), 일반건조물방화죄(§ 166①), 가스·전기등공급방해치상죄(§ 173③), 존속중유기죄(§ 271④), 존속중체포·중감금죄(§ 277②), 존속(중)체포감금치상죄(§ 281②), 유사강간죄(§ 297의2), 준유사강간죄(§ 299), 13세미만자유사강간죄(§ 305) 등이 있다.

[90] 1년 이상의 징역(금고)이 규정되어 있는 범죄에는 외국에 대한 사전죄(§ 111①), 수뢰후부정처사죄(§ 131①), 폭발성물건파열죄(§ 172①), 기차선박등교통방해죄(§ 186), 세관공무원의 아편등수입죄(§ 200), 내국유통 외국통화 위조·변조죄(§ 207②), (중)체포감금치상죄(§ 281① 1문), 중손괴등치상죄(§ 368② 1문), 특수공익건조물파괴죄(§ 369②) 등이 있다.

6월 19일부터 시행되었다. 제10차 개정법률안의 제안이유는 다음과 같다.[91]

135
　　"사회가 다층화되고 복잡하게 발달함에 따라 성범죄도 역시 다양한 양상을 띠고 변화하고 있으나 현행 형법에서는 이러한 변화의 양상을 미처 담아내지 못하고 있다. 유사성교행위만 하더라도 독일, 프랑스 등 선진 외국에서는 강간의 기준을 '신체에의 삽입'에 두고 강간죄에 포섭하여 엄하게 처벌하고 있는 것에 반하여 우리나라는 '성기간의 삽입'만을 강간죄로 처벌하고 이와 유사한 성교행위는 강제추행죄로 처벌하고 있고, 게다가 강간죄의 객체를 '부녀'로 한정하는 문제점이 있다.

136
　　또한 피해자의 사생활과 인격을 보호한다는 명분을 가지고 추행·간음 목적 약취·유인·수수·은닉죄 및 강간죄 등 성범죄를 친고죄로 규정하고 있으나, 피해자의 고소 취하를 얻어내기 위하여 가해자 측이 피해자를 협박하거나 명예훼손으로 역고소하는 경우가 많아 문제로 지적되고 있다. 형법 체계가 성폭력을 중대한 범죄로 규정하고 있음에도 친고죄로 규정하고 있는 것은 형법 체계에도 맞지 아니하며, 혼인빙자간음죄의 경우 기소되거나 처벌받는 경우가 거의 없어 법적 실효성이 낮을 뿐 아니라, 혼인빙자간음죄의 대상을 '음행의 상습 없는 부녀'로 한정하는 것 자체가 여성의 성적 주체성을 훼손하는 규정이므로 이 규정들은 폐지되어야 할 것이다.

137
　　따라서 변화된 시대상황을 반영하여 다양화된 성범죄에 효과적으로 대처하기 위하여 유사강간죄를 신설하고, 성범죄의 객체를 '부녀'에서 '사람'으로 확대하며, 친고죄 및 혼인빙자간음죄를 폐지해야 한다."

## 2. 주요 개정내용

138
　　제10차 개정형법에 의한 주요 개정내용은 다음과 같다.

　　첫째, 성범죄(§242) 또는 성폭력범죄(§288②, §297, §303①·②, §305, §339 및 §340③)의 객체를 '부녀'에서 '사람'으로 변경하였다.

　　둘째, 추행·간음 목적의 약취·유인·수수·은닉죄 및 강간죄 등 성범죄에 대한 친고죄 규정(§296 및 §306)을 삭제하였다.

---

91 http://likms.assembly.go.kr/bill/billDetail.do?billId=PRC_R1W2F1S1B2C2F1A2Q4U8I0D9H4I7B7.

**[총설]**

제2편 각 칙

셋째, 유사강간죄(§297의2)를 신설하고 관련 조문(§§299-301, §301의2, §305 및 §305의2)을 정비하였다.

넷째, 혼인빙자등간음죄(§304)를 폐지하였다.

## 3. 평 가

첫째, 이전 형법 제242조는 "영리의 목적으로 미성년 또는 음행의 상습없는 부녀를 매개하여 간음하게 한 자는"이라고 규정하고 있었는데, 개정형법 제242조는 "영리의 목적으로 사람을 매개하여 간음하게 한 자"라고 규정하였다. 종래 '음행의 상습없는 부녀'라는 개념이 모호하고, 음행의 상습있는 부녀와 음행의 상습없는 부녀를 차별하는 것은 문제가 있고, 행위의 객체에 부녀만 있고 남자는 없는 것 역시 성차별이라는 비판이 있었다.

개정형법은 이러한 문제점을 해결하기 위해 음행매개죄와 성폭력범죄의 행위의 객체를 사람이라고 변경하였고, 이것은 바람직한 개정이라고 할 수 있다. 다만, 사람을 매개하여 유사간음을 하게 한 경우 이 조항을 적용할 수 있는지 문제될 수 있다. 개정형법에서 유사강간죄가 신설되어 강간과 유사강간이 엄격히 구별되므로 간음과 유사간음도 엄격히 구별된다는 점에서 본다면 적용부정설이 타당할 것이다. 그러나 입법취지가 유사간음은 제외하는 것이었는지, 제외한다면 그 이유는 무엇인지에 대해 좀더 신중한 검토가 필요했을 것이다.

이러한 문제점은 위계·위력에 의한 미성년자간음죄(§302), 업무상 위계·위력에 의한 간음죄(§303)에서도 나타난다. 이 조항들에서는 간음 또는 추행만을 규정하고 유사간음은 규정하고 있지 않기 때문에 유사간음은 결국 추행으로 처벌되게 된다. 이 조항들을 개정하지 않은 것은 특별한 이유가 있다기보다는 입법상의 부주의에 기인한 것이라고 할 수 있다.[92]

둘째, 성폭력범죄에서 친고죄규정 폐지는 여성단체와 학계의 주장 및 세계적 추세를 받아들인 것이라고 할 수 있다. 다만, 이전 형법에서도 강간상해죄·

139

140

141

142

---

92 대판 2019. 6. 13, 2019도3341도 화장실에서 샤워를 하고 있던 피해자에게 다가가 피해자의 항문에 손가락을 넣고, 샤워기 호스의 헤드를 분리하여 그 호스를 피해자의 항문에 꽂아 넣은 후 물을 주입한 사건에서 위력에 의한 미성년자추행죄(§302)를 인정하였다. 이와 같이 유사간음행위와 추행행위를 구별하지 않는 것은 입법의 불비라고 할 수 있다.

〔오 영 근〕

**51**

치상죄는 비친고죄였고, 강간죄의 폭행·협박을 항거를 불가능하게 하거나 현저히 곤란하게 하는 정도의 폭행·협박이라는 입장을 따르는 한 상해 없는 강간이란 사실상 불가능하기 때문에 강간죄는 비친고죄나 다름없었다. 또한, 은밀하게 행해지는 성폭력범죄의 성격상 피해자의 신고나 고소가 없음에도 불구하고 성폭력범죄가 문제되는 경우는 거의 없을 것이다. 따라서 피해자의 지위를 강화하기 위한 것이라면 단순한 친고죄 폐지 이외에 문제의 핵심을 찌르는 다른 조치들이 더 필요했을 것이다.

143      셋째, 이전 형법 제304조는 "혼인을 빙자하거나 기타 위계로써 음행의 상습 없는 부녀를 기망하여 간음한 자"라고 규정하였었다. 개정형법은 헌법재판소의 위헌결정을 반영하기 위한 개정이었다. 그런데 헌법재판소는 위 제304조 중 '혼인을 빙자하여 음행의 상습없는 부녀를 기망하여 간음한 자' 부분에 대해서만 위헌결정을 하였다.[93] 따라서 '기타 위계로 사람을 기망하여 간음이나 유사간음을 한 행위'는 비범죄화한 것인지, 아니면 다른 규정에 의해 처벌이 가능하므로 제304조 전부를 삭제한 것인지 의문이다.

144      예를 들어, 이전 형법에서는 혼인빙자가 아니라 간음의 대가로 돈을 주거나 승진시켜 줄 생각 없이 돈을 주거나 승진시켜 주겠다고 기망하고 간음한 경우에 위계간음죄가 성립하는지에 대해 견해가 대립되었다. 통설은 이 경우 위계간음죄가 성립하지 않는다고 하였다. 그러나 간음행위 자체에 대한 오인, 착각, 부지를 이용하여 간음한 경우 등에서는 위계간음죄가 성립한다는 데에 별 이견이 없었다. 후자의 경우, 심신상실 또는 항거불능의 상태를 이용한 것이라고 보기 어려워 준강간죄가 성립할 수는 없다.[94] 또한, 항거불능 상태를 이용하는 경우와 위계를 사용하는 것을 동일하게 취급하는 것도 타당하다고 할 수 없다. 그렇다면 위계간음죄를 비범죄화한 것인지, 비범죄화하였다면 그 이유가 무엇인지 분명히 밝혔어야 할 것이다.

145      판례 역시 통설과 같은 입장이었다가,[95] 이후 아동·청소년에 대한 위계간

---

[93] 헌재 2009. 11. 26, 2008헌바58, 2009헌바191.

[94] 대판 2004. 5. 27, 2004도1449 참고.

[95] 판례는 "형법 제302조의 위계에 의한 미성년자간음죄에 있어서 위계라 함은 행위자가 간음의 목적으로 상대방에게 오인, 착각, 부지를 일으키고는 상대방의 그러한 심적 상태를 이용하여 간음의 목적을 달성하는 것을 말하는 것이고, 여기에서 오인, 착각, 부지란 간음행위 자체에 대한 오

음죄(아청 §7⑤)의 경우 "피해자가 오인, 착각, 부지에 빠지게 되는 대상은 간음행위 자체일 수도 있고, 간음행위에 이르게 된 동기이거나 간음행위와 결부된 금전적·비금전적 대가와 같은 요소일 수도 있다."라고 하였다.[96] 이 판결은 청소년에 대한 위계간음죄에 대한 것이지만, 이 판결의 논리는 성인에 대한 업무상위계간음죄(§303)에도 적용될 수 있을 것이다. 그렇다면 제304조 중 혼인빙자간음 이외에 위계간음 부분까지 삭제한 것은 성급했던 것이라고 할 수 있다.

## X. 제11차 개정

### 1. 개정이유

형법 제11차 개정은 2013년 4월 5일 법률 제11731호로 이루어지고 개정형법은 같은 날부터 시행되었다.    146

개정이유는 "2000년 12월 13일 우리나라가 서명한 「국제연합 국제조직범죄방지협약」(United Nations Convention against Transnational Organized Crime) 및 「인신매매방지의정서」의 국내적 이행을 위한 입법으로서, 협약 및 의정서상의 입법의무 사항을 반영하여 ① 범죄단체 및 범죄집단의 존속과 유지를 위한 행위의 처벌규정을 마련하는 한편, ② 범죄단체나 집단의 수입원으로 흔히 사용되는 도박장소의 개설이나 복표발매에 대한 처벌규정의 법정형을 상향하고, ③ 각종 착취목적의 인신매매죄를 신설하여 인신매매의 처벌범위를 확대함으로써 국제조직범    147

---

인, 착각, 부지를 말하는 것이지, 간음행위와 불가분적 관련성이 인정되지 않는 다른 조건에 관한 오인, 착각, 부지를 가리키는 것은 아니다."라고 한다(대판 2001. 12. 24, 2001도5074; 대판 2002. 7. 12, 2002도2029; 대판 2014. 9. 4, 2014도8423). 이에 의하면 성년자를 대상으로 한 경우에도 제304조의 위계간음죄가 성립하지는 않을 것이다.

96 대판 2020. 8. 27, 2015도9436(전). 「다만, 행위자의 위계적 언동이 존재하였다는 사정만으로 위계에 의한 간음죄가 성립하는 것은 아니므로 위계적 언동의 내용 중에 피해자가 성행위를 결심하게 된 중요한 동기를 이룰 만한 사정이 포함되어 있어 피해자의 자발적인 성적 자기결정권의 행사가 없었다고 평가할 수 있어야 한다. 이와 같은 인과관계를 판단할 때에는 피해자의 연령 및 행위자와의 관계, 범행에 이르게 된 경위, 범행 당시와 전후의 상황 등 여러 사정을 종합적으로 고려하여야 한다.」

이 판결 평석은 장성운, "위계 간음죄에서의 위계의 대상과 인과관계", 형사판례연구 〔29〕, 한국형사판례연구회, 박영사(2021), 301-342; 허황, "아동·청소년 위계간음죄", 형사판례연구 〔29〕, 한국형사판례연구회, 박영사(2021), 343-379.

죄를 효율적으로 방지·척결하는 동시에 국제협력을 강화하려는 것"이었다.

## 2. 주요 개정내용

148    제11차 개정형법의 주요 개정내용은 다음과 같다.

149    첫째, 범죄단체조직죄(§ 114)의 개선이다. 그 내용은 아래 [표 5]와 같다.

[표 5] 범죄단체 등의 조직 규정 개정내용

| 제10차 개정형법 | 제11차 개정형법 |
| --- | --- |
| 제114조(범죄단체의 조직) ① 범죄를 목적으로 하는 단체를 조직하거나 이에 가입한 자는 그 목적한 죄에 정한 형으로 처단한다. 단, 형을 감경할 수 있다.<br>② 병역 또는 납세의 의무를 거부할 목적으로 단체를 조직하거나 이에 가입한 자는 10년 이하의 징역이나 금고 또는 1천500만원 이하의 벌금에 처한다.<br>③ 전 2항의 죄를 범하여 유기의 징역이나 금고 또는 벌금에 처한 자에 대하여는 10년 이하의 자격정지를 병과할 수 있다 | 제114조(범죄단체 등의 조직) 사형, 무기 또는 장기 4년 이상의 징역에 해당하는 범죄를 목적으로 하는 단체 또는 집단을 조직하거나 이에 가입 또는 그 구성원으로 활동한 사람은 그 목적한 죄에 정한 형으로 처벌한다. 다만, 형을 감경할 수 있다 |

150    이전 형법 제114조에 대해서는 법정형의 제한 없이 범죄를 목적으로 단체를 조직하기만 하면 구성요건에 해당하게 되어 그 처벌범위가 너무 넓은 한편, 범죄단체에는 이르지 못하였으나 그 위험성이 큰 범죄집단[97]을 조직한 경우에 관한 처벌이 미비하다는 비판이 제기되었다. 이에 제11차 개정형법은 '사형, 무기 또는 장기 4년 이상의 징역'에 해당하는 범죄를 목적으로 하는 단체의 조직행위를 처벌하도록 하여 그 범위를 제한함으로써 「국제연합 국제조직범죄 방지협약」의 내용과 조화를 이루게 하는 한편, 범죄단체뿐만 아니라 이에 이르지 못한 범죄집단을 조직한 경우에도 처벌하도록 하였다.

151    둘째, 도박과 복표에 관한 죄의 개정이다. 그 주요 내용은 아래 [표 6]과 같다.

---

97 범죄단체라 함은 특정한 범죄를 행한다는 공동목적 아래 특정 다수인에 의하여 이루어진 계속적이고 최소한 통솔체제를 갖춘 조직체를 의미하고, 또 범죄집단이라 함은 범죄단체와 같이 계속적일 필요는 없으나 다수자가 동시에 동일 장소에 집합되어 있고 그 조직의 형태가 위 법에서 정한 수괴, 간부, 가입자를 구분할 수 있는 정도의 결합체를 의미한다(대판 1991. 12. 24, 91도2397).

### [표 6] 도박·도박장소 등 개설 규정 개정내용

| 제10차 개정형법 | 제11차 개정형법 |
|---|---|
| 제246조(도박, 상습도박) ① <u>재물로써</u> 도박한 자는 <u>500만원</u> 이하의 벌금 또는 과료에 처한다. 단, 일시오락 정도에 불과한 때에는 예외로 한다. | 제246조(도박, 상습도박) ① 도박을 한 사람은 <u>1천만원</u> 이하의 벌금에 처한다. 다만, 일시오락 정도에 불과한 경우에는 예외로 한다. |
| 제247조(도박개장) 영리의 목적으로 도박을 개장한 자는 <u>3년 이하의 징역 또는 2천만원 이하의 벌</u>금에 처한다. | 제247조(도박장소 등 개설) 영리의 목적으로 도박을 하는 장소나 공간을 개설한 사람은 <u>5년 이하의 징역 또는 3천만원 이하의 벌금</u>에 처한다. |

제246조 도박죄의 경우 재물뿐만 아니라 재산상 이익으로 도박하는 경우도 당연히 도박의 개념에 포함되지만, 이전 형법은 '재물로써 도박한 자'라고 규정하고 있기 때문에 재산상 이익으로 도박한 자를 도박죄로 처벌하는 것은 유추해석금지의 원칙에 반할 위험이 있었다. 이 때문에 개정형법은 '재물로써'를 삭제하고 '도박한 사람'으로 단순화하였다.                                                          152

제247조의 경우 이전 형법은 '도박을 개장'으로 규정하여 인터넷 도박사이트를 개장한 경우 제247조로 처벌할 수 있는지 문제되었다. 판례는 처벌을 긍정하였지만,[98] 이것이 피고인에게 불리한 유추해석이라는 비판이 있을 수 있었다. 그리하여 도박하는 장소뿐만 아니라 도박하는 공간을 개설한 경우도 처벌할 수 있도록 규정을 명확화하였다. 또한, 도박장소의 개설과 복표발매죄가 「국제연합 국제조직범죄 방지협약」의 대상범죄가 될 수 있도록 법정형을 3년 이하의 징역 또는 2천만 원 이하의 벌금에서 5년 이하의 징역 또는 3천만 원 이하의 벌금으로 상향하였다. 그 밖에 복표발매중개 및 복표취득죄도 물가 인상률 등을 고려하여 법정형을 현실화하였다.                                         153

셋째, 약취와 유인죄의 개선이다. 그 주요내용은 ① 「국제연합 인신매매방지의정서」의 이행입법으로 장(章)의 명칭을 '약취와 유인의 죄'에서 '약취, 유인 및 인신매매의 죄'로 변경하고, ② 인신매매 관련 처벌조항을 신설하고, ③ 목적범 형태의 약취, 유인 등의 죄에 '추행, 간음, 결혼, 영리, 국외이송 목적' 외에도 '노동력 착취, 성매매와 성적 착취, 장기적출' 등 신종범죄를 목적으로 하는 경우를 추가하고, ④ 결과적 가중범을 신설하되 상해와 치상, 살인과 치사 등의                                    154

---

98 대판 2009. 12. 10, 2008도5282.

법정형을 구분하여 책임주의에 부합하도록 하고, ⑤ 종래 방조범 형태로 인정되던 약취, 유인, 인신매매 등을 위하여 사람을 모집, 운송, 전달하는 행위를 독자적인 구성요건으로 처벌하도록 하고, ⑥ 인류에 대한 공통적인 범죄인 약취, 유인과 인신매매죄의 규정이 대한민국 영역 밖에서 죄를 범한 외국인에게도 적용될 수 있도록 세계주의 규정을 도입한 것 등이다.

## 3. 평  가

155      우선 범죄단체조직죄와 관련하여, 국제법적 의무를 이행하기 위해 형법을 개정하는 것은 필요하고도 또 타당한 일이다. 다만, 형법을 개정하면서 군이 형벌을 높이는 것은 문제라고 할 수 있다. 이전 형법에 비해 '사형, 무기 또는 장기 4년 이상의 징역에 해당하는 죄'로 범위를 좁히기는 하였지만, 결국 장기 3년 이하의 징역에 해당하는 죄를 목적으로 한 단체나 집단 등을 조직하는 행위들만이 처벌대상에서 제외되었다. 그러나 형법상 3년 이하의 징역에 해당되는 범죄들 중 단체나 집단으로 범하는 성격의 범죄가 드물고, 설사 단체나 집단으로 범한다고 하더라도 그 위험성이 별로 높지 않다.

156      반면에 이전부터 지적되던 범죄단체조직죄의 문제점, 즉 범죄의 예비·음모로서의 성격만을 가진 행위에 대해 비록 형의 감경이 가능하다고 하더라도 그 목적한 형으로까지 처벌할 수 있도록 한 문제점은 시정되지 않았다. 독일형법의 경우 범죄단체조직죄의 형벌은 5년 이하의 자유형 또는 벌금(§ 129①), 살인이나 인종학살을 목적으로 한 테러단체조직죄의 형벌은 1년 이상 10년 이하의 자유형(§ 129a)이고, 오스트리아형법의 경우 범죄단체조직죄의 형벌이 3년 이하의 징역인 것 등과 비교하면 우리 형법의 형벌이 지나치게 높다는 것을 알 수 있다.

# XI. 제14차 개정

## 1. 개정이유

157      제12차 개정은 이른바 '황제노역'을 방지하기 위한 총칙상의 노역장유치기간 규정에 대한 개정이다. 제13차 개정은 심신장애자를 심신장애인으로 변경하

는 제10조의 개정, 헌법재판소의 위헌결정을 반영하여 판결선고전 구금일수의 전부산입으로 변경한 제57조의 개정, 무죄판결의 공시에 관한 제58조의 개정 등 모두 총칙규정의 개정이다.

형법 제14차 개정은 2016년 1월 6일 법률 제13719호로 이루어지고, 개정형법은 같은 날부터 시행되었다. 제14차 개정에는 헌법재판소의 헌법불합치결정에 따라 총칙상의 자격정지에 관한 제43조 제2항, 벌금형의 집행유예를 인정하는 제62조 등 총칙상의 개정과 함께 다음과 같은 각칙의 개정도 있었다. **158**

첫째, 헌법재판소의 위헌결정에 따라 간통죄를 규정한 제241조를 삭제하였다. **159**

둘째, 헌법재판소의 위헌결정을 반영하여 폭력행위처벌법상의 일부 규정을 정비하면서 특수상해죄(§258의2), 특수강요죄(§324②) 및 특수공갈죄(§350의2) 등의 규정을 신설하고, 존속중상해죄와 이들 관련 규정들의 법정형을 정비하였다. **160**

## 2. 개정의 주요내용

### (1) 존속중상해죄의 법정형 정비

이전 형법상 존속중상해죄(§258③)의 법정형은 2년 이상의 징역이었다. 따라서 2010년 제9차 개정형법 이전의 법정형은 2년 이상 15년 이하의 징역이었지만, 제9차 개정형법이 유기징역형의 상한을 30년으로 인상함으로써 이때부터는 2년 이상 30년 이하의 징역으로 되었다. 이렇게 징역형기의 범위가 넓은 것은 명확성원칙에 반한다고 할 수 있기 때문에 상한을 15년으로 제한한 것이다. **161**

### (2) 특수상해죄, 특수공갈죄 및 특수강요죄의 신설

헌법재판소는 "구 특가법 제5조의4 제1항 중 심판대상조항은 별도의 가중적 구성요건표지를 규정하지 않은 채 형법 조항과 똑같은 구성요건을 규정하면서 법정형만 상향 조정하여 어느 조항으로 기소하는지에 따라 벌금형의 선고여부가 결정되고, 선고형에 있어서도 심각한 형의 불균형을 초래하게 함으로써 형사특별법으로서 갖추어야 할 형벌체계상의 정당성과 균형을 잃어 인간의 존엄성과 가치를 보장하는 헌법의 기본원리에 위배될 뿐만 아니라 그 내용에 있어서도 평등원칙에 위반되어 위헌이다."라고 하였다.[99] 이어 구 폭력행위처벌법 **162**

---

99 헌재 2015. 2. 26, 2014헌가16 등.

제3조 제1항 및 다른 조항에도 같은 문제점이 있다고 하고, 폭력행위처벌법 제2
조 제1항, 제2항, 제3조 제1항 및 제3항을 형법에 흡수할 것을 권고하였다.[100]

163      이에 따라 폭력행위처벌법상의 단체 또는 다중의 위력을 보이거나 위험한
물건을 휴대하여 상해죄 또는 존속상해죄를 범하는 특수상해죄를 제258조의2를
신설하여 편입하였고, 이에 따라 상습범(§264)과 자격정지 병과(§265) 등 관련
규정들을 정비하였다.

164      또한 폭력행위처벌법상의 단체 또는 다중의 위력을 보이거나 위험한 물건을
휴대하여 공갈죄 및 강요죄를 범하는 특수공갈죄(§350의2) 및 특수강요죄(§324②)
를 신설하였다.

## 3. 평 가

165      첫째, 제9차 개정형법에 의해 유기징역형의 상한이 종전 15년에서 30년으로
인상됨에 따라 '- 년 이상'과 같이 징역형의 하한만 규정되어 있는 범죄들의 징역
형기의 범위가 지나치게 넓어진 문제점이 있다. 이러한 의미에서 제14차 개정형
법이 존속중상해죄의 징역형의 상한을 제한한 것은 매우 타당하다고 할 수 있다.
다만 징역형의 하한만 규정되어 있는 범죄들이 매우 많은데, 이러한 범죄들에 대
한 징역형기의 상한을 조정하지 않은 것은 아쉬움이 있다고 할 수 있다.

166      둘째, 특수상해죄와 관련하여 특수폭행치상죄의 경우 상해죄로 처벌할 것
인지 아니면 특수상해죄로 처벌할 것인지 문제되었다. 제262조가 "제262조(폭행
치사상) 전2조의 죄를 범하여 사람을 사상에 이르게 한 때에는 제257조 내지 제
259조의 예에 의한다."고 규정하고 있기 때문이다. 단순폭행으로 단순상해의 결
과를 발생시킨 경우 제257조 제1항에 의해 처벌하는 것은 분명하다. 그러나 특
수폭행으로 단순상해의 결과를 발생시킨 경우에는 제257조 제1항(7년 이하의 징
역 등)에 의할 것인지 아니면 신설된 제258조의2 제1항(1년 이상 10년 이하의 징역)
에 의할 것인지 견해가 대립할 수 있다.

167      판례는 "2016. 1. 6. 형법 개정으로 특수상해죄가 형법 제258조의2로 신설
됨에 따라 문언상으로 형법 제262조의 '제257조 내지 제259조의 예에 의한다'는

---

100 헌재 2015. 9. 24, 2014헌바154 등.

규정에 형법 제258조의2가 포함되어 특수폭행치상의 경우 특수상해인 형법 제258조의2 제1항의 예에 의하여 처벌하여야 하는 것으로 해석될 여지가 생기게 되었다. 이러한 해석을 따를 경우 특수폭행치상죄의 법정형이 형법 제258조의2 제1항이 정한 '1년 이상 10년 이하의 징역'이 되어 종래와 같이 형법 제257조 제1항의 예에 의하는 것보다 상향되는 결과가 발생하게 된다. 그러나 형벌규정 해석에 관한 법리와 폭력행위 등 처벌에 관한 법률의 개정 경과 및 형법 제258조의2의 신설 경위와 내용, 그 목적, 형법 제262조의 연혁, 문언과 체계 등을 고려할 때, 특수폭행치상의 경우 형법 제258조의2의 신설에도 불구하고 종전과 같이 형법 제257조 제1항의 예에 의하여 처벌하는 것으로 해석함이 타당하다."고 한다.[101]

결과적 가중범의 경우 행위태양보다는 결과를 무겁게 여겨야 하므로 제257조 제1항을 적용해야 한다는 판례의 입장이 타당하다. 문제는 이것이 입법자의 의사에 맞는지 혹은 입법자는 당연히 특수상해죄로 처벌될 것을 생각하였는데, 해석상 단순상해죄로 처벌되는 것인지이다. 만약 후자라면, 입법상 세심한 주의를 기울이지 못한 것이다. 설사 전자라고 하더라도 최선의 입법은 해석상의 논쟁을 남기지 않아야 한다는 원칙에 어긋나는 것이다.

168

물론 법률의 추상적인 성격으로 인해 해석상의 논쟁은 불가피하다. 문제는 어느 정도로 해석상의 논쟁을 남기는 것이냐이다. 특수상해죄를 신설할 때에 이러한 해석상의 논쟁은 충분히 예상할 수 있었고, 예상했어야 한다. 이러한 세련되지 못한 개정이 이루어진 것은 전문가들의 참여가 부족하다는 것을 의미한다. 지금까지의 개정과정에서 보듯이 형법개정을 위해서는 다수인에 의한 다각도의 검토가 필요한데, 이러한 과정이 생략되고 주먹구구식의 개정이 너무 많이 이루어졌고, 이러한 현상은 현재에도 반복되고 있다.

169

---

101 대판 2018. 7. 24, 2018도3443. 이 판결에 대한 평석으로, 오영근, "2018년도 형법판례회고", 형사판례연구 [27], 한국형사판례연구회, 박영사(2019), 525 이하; 정승환, "2018년 형법 중요관례 평석", 인권과 정의 480, 대한변호사협회(2018), 86-88.

## XII. 제15차 개정

### 1. 개정이유

170      제15차 개정형법은 2016년 5월 29일 법률 제14178호로 성립하고, 개정형법은 같은 날부터 시행되었다.

171      제15차 개정은 「UN 부패방지협약」 등 국제적 기준에 부합하도록 배임수재죄의 성립범위를 넓히는 것으로서 본인이 재물 또는 재산상 이익을 취득한 경우뿐만 아니라 제3자로 하여금 취득하게 한 경우도 배임수재죄에 해당되도록 하고, 재물 또는 재산상 이익에 대한 필요적 몰수, 추징을 규정하였다.

### 2. 개정내용

172      개정 전후 배임수재죄의 규정을 비교하면 아래 [표 7]과 같다.

#### [표 7] 배임수증재 규정 개정내용

| 제14차 개정형법 | 제15차 개정형법 |
|---|---|
| 제357조(배임수증재) ① 타인의 사무를 처리하는 자가 그 임무에 관하여 부정한 청탁을 받고 재물 또는 재산상의 이익을 취득한 자는 5년 이하의 징역 또는 1천만원 이하의 벌금에 처한다. 〈개정 1995. 12. 29.〉<br>② 생략<br>③ 범인이 취득한 제1항의 재물은 몰수한다. 그 재물을 몰수하기 불능하거나 재산상의 이익을 취득한 때에는 그 가액을 추징한다. | 제357조(배임수증재) ① 타인의 사무를 처리하는 자가 그 임무에 관하여 부정한 청탁을 받고 재물 또는 재산상의 이익을 취득하거나 제3자로 하여금 이를 취득하게 한 때에는 5년 이하의 징역 또는 1천만원 이하의 벌금에 처한다. 〈개정 2016. 5. 29.〉<br>② 생략<br>③ 범인 또는 정(情)을 아는 제3자가 취득한 제1항의 재물은 몰수한다. 그 재물을 몰수하기 불가능하거나 재산상의 이익을 취득한 때에는 그 가액을 추징한다. |

## XIII. 제18차 개정

173      제16차 및 제17차 개정에서 각칙의 개정은 없었다.

174      제16차 개정은 헌법재판소에 의해 헌법불합치결정[102]을 받은 제7조(외국에서 집행된 형의 산입)를 헌법재판소의 결정취지에 맞도록 임의적 산입에서 필요적

---

102 헌재 2015. 5. 28, 2013헌바129.

산입을 내용으로 한 것이었다.[103]

제17차 개정은 총칙상의 형의 시효를 연장하는 개정이었다.                           175

제18차 개정은 2018년 10월 16일 법률 제15793호로 이루어지고, 개정형법             176
은 같은 날부터 시행되었다.

## 1. 개정이유

제18차 개정은 제303조에 대한 개정인데, 공직사회, 문화예술계 등에서 지          177
속적으로 발생하는 권력형 성폭력을 고려하여 업무상위계·위력간음죄의 형벌
을 가중하기 위한 것이었다. 즉, 간음죄임에도 불구하고 5년 이하의 징역으로서
강제추행죄의 징역형 10년 이하에 비해 형량이 낮은 문제점을 해결하기 위한
것이었다. 그 구체적인 내용은 아래 [표 8]과 같다.

[표 8] 업무상위력 등에 의한 간음 규정 개정내용

| 제14차 개정형법 | 제15차 개정형법 |
| --- | --- |
| 제303조(업무상위력 등에 의한 간음) ① 업무, 고용 기타 관계로 인하여 자기의 보호 또는 감독을 받는 사람에 대하여 위계 또는 위력으로써 간음한 자는 5년 이하의 징역 또는 1천500만원 이하의 벌금에 처한다.<br>② 법률에 의하여 구금된 사람을 감호하는 자가 그 사람을 간음한 때에는 7년 이하의 징역에 처한다.〈개정 2012. 12. 18.〉 | 제303조(업무상위력 등에 의한 간음) ① 업무, 고용 기타 관계로 인하여 자기의 보호 또는 감독을 받는 사람에 대하여 위계 또는 위력으로써 간음한 자는 7년 이하의 징역 또는 3천만원 이하의 벌금에 처한다.<br>② 법률에 의하여 구금된 사람을 감호하는 자가 그 사람을 간음한 때에는 10년 이하의 징역에 처한다.〈개정 2018. 10. 16.〉 |

---

103 이후 대법원 전원합의체는 외국에서 받은 미결구금 기간은 제7조의 산입대상이 아니라고 하였다
[대판 2017. 8. 24, 2017도5977(전)]. 이 판결에 대하여, ① 찬성하는 견해도 있고[조성용, "외국
에서의 미결구금일수를 국내 선고형에 산입해야 하는지 여부", 법조 67-1, 법조협회(2018), 826],
② 반대하는 견해도 있다[최석윤, "외국에서 집행된 형의 산입", 법조 66-6, 법조협회(2017), 489].
그러나 미결구금일수를 어떤 형태든 반영해야 한다는 데에 견해가 일치한다[권성국, "외국에서
집행된 미결구금일수의 선고형 산입에 관한 고찰 - 대상판결: 대법원 2017. 8. 24. 선고 2017도
5977 전원합의체 판결 -", 인권과 정의 474, 대한변호사협회(2018), 78-79; 류화진, "외국에서 받
은 미결구금일수의 국내 형벌 산입 문제 - 2017도5977 전원합의체 판결을 계기로 -", 법학연구
26-3, 경상대 법학연구소(2018), 84; 오영근, "2017년도 형법판례회고, 형사판례연구 [26], 한국형
사판례연구회, 박영사(2018), 564; 전지연, "외국에서 행해진 미결구금의 국내형에 산입여부와
개정방안", 형사법연구 30-2, 한국형사법학회(2018), 145 이하; 조현욱, "외국에서 무죄판결을 받
기 전 미결구금일수의 국내선고형 산입 여부 - 대법원 2017. 8. 24. 선고 2017도5977 전원합의
체 판결 -", 영남법학 46(2018), 16-18]. 그렇다면 제7조를 개정하면서 외국에서 집행된 미결구
금일수 산입 여부에 대해서도 규정하는 것이 바람직했을 것이다.

〔오 영 근〕                                                         **61**

## 2. 평 가

178    이 개정 역시 국민 법감정에 영합하기 위한 불합리한 개정이라고 할 수 있
다. 업무상간음죄가 강제추행죄보다 형량이 낮아 범죄예방 효과가 높지 않다는
것이 개정이유로 제시되었는데, 개정이유에 대한 아무런 실증적 근거가 없기 때
문이다. 또한, 업무상간음죄의 형벌이 강제추행죄의 형벌보다 낮은 것이 반드시
부당하다고 할 수는 없다. 강제추행죄는 폭행·협박을 수단으로 하지만, 업무상
간음죄는 업무상 위계 또는 위력을 수단으로 하기 때문이다.

179    앞에서 언급한 대로 업무상간음죄를 개정하려면 업무상유사간음을 추가하
는 것이 좀더 바람직할 것이다. 업무상유사간음을 한 경우 업무상추행이라고 할
수밖에 없는데, 이에 대한 처벌규정은 성폭력처벌법 제10조에는 있지만 형법에
는 없기 때문이다.

## XIV. 제20차 개정

180    제19차 개정의 내용은 총칙 규정인 제10조 제2항 심신미약자에 대한 필요
적 형감경을 임의적 형감경으로 하여 역시 형벌을 강화하는 것이었다. 이 역시
국민의 법감정에 영합하기 위한 불합리한 개정이라고 할 수 있다.

181    제20차 개정형법은 2020년 5월 19일 법률 제17265호로 성립하였고, 같은
날부터 시행되었다.

182    개정의 내용은 19세 이상의 성년자에 의한 13세 이상 16세 미만 미성년자
의제강간등죄(§305②) 및 강간등죄의 예비·음모죄(§305의3) 등을 신설하는 것이
었다.

183    개정이유는 "텔레그램을 이용한 성착취 사건 등 사이버 성범죄로 인한 피해
가 날로 증가하고 있는바, 미성년자 의제강간 연령기준을 높이고 강간 등의 예
비·음모에 대한 처벌규정을 신설하는 등 관련 규정을 정비함으로써 성범죄로
인한 피해 발생을 미연에 방지하여 국민의 성적 자기결정권 등 기본권을 보호
하고 범죄로부터 안전한 사회를 조성하려는 것"이었다.

184    강도죄의 예비·음모를 처벌하므로 강간죄나 준강간죄의 예비·음모 처벌규
정을 신설하는 것은 나름대로 이해할 수 있다. 그러나 강간상해죄의 예비·음모

처벌규정은 불필요한 것이고, 미성년자의제추행죄의 예비·음모까지 처벌하는 것은 과잉처벌이라고 할 수 있다.

## XV. 제22차 개정

제21차 개정은 헌법재판소에서 위헌결정을 받은 노역장유치 관련 부칙 제2조 제1항을 형법불소급원칙에 맞도록 규정한 것이다.                                    185

제22차 개정형법은 2020년 12월 8일 법률 제17571호로 성립하였고, 2021년    186
12월 9일부터 시행되었다. 개정이유는 현행 형법에 어려운 한자어, 일본식 표현, 어법에 맞지 않는 문장 등이 그대로 사용되어 국민들이 그 내용을 이해하기 어렵고, 기본법인 형법에서 사용되는 문장은 형사 관련 다른 법령 문장의 모범이 되어야 하고, 국민들의 올바른 언어 생활을 도모할 수 있어야 한다는 것이었다. 그리하여 일본식 표현이나 어려운 한자어 등을 쉬운 우리말로 변경하고, 법률문장의 내용을 정확히 전달할 수 있도록 어순구조를 재배열 하는 등 알기 쉬운 문장으로 바꾸는 개정이 이루어졌다.

각칙에서는 제87조(내란), 제88조(내란목적 살인)에서부터 제349조(부당이득),    187
제357조(배임수·증재) 등에 이르기까지 33개 조문에 대해 개정작업이 이루어졌다. 거의 대부분의 개정내용은 예를 들어, '국토를 참절하거나'를 '대한민국 영토의 전부 또는 일부에서 국가권력을 배제하거나'(§§ 87-88), '제방을 결궤하거나'를 '둑을 무너뜨리거나'(§ 184) 등과 같이 알기 쉬운 용어로 개정한 것이었다.

그러나 제170조 제2항의 "과실로 인하여 자기의 소유에 속하는 제166조 또    188
는 제167조에 기재한 물건"을 "과실로 자기 소유인 제166조의 물건 또는 제167조에 기재한 물건"이라고 개정하였는데, 이것은 쉬운 용어로 개정한 것이라기보다는 제170조 제2항의 의미를 명확히 한 것이라고 할 수 있다. 즉 개정 전 형법은 '자기 소유인 제166조 또는 제167조에 기재한 물건'이라고 규정하여, 타인의 소유에 속하는 제167조에 기재한 물건을 여기에 포함된다고 해석할 수 있는지에 대해 논란이 있었다.[104]

---

104 대결 1994. 12. 20, 94모32(전).

189    대법원 전원합의체 결정의 반대의견은 우리말의 표현방법으로는 타인의 소
유에 속하는 제167조에 기재한 물건을 포함시킬 수 없다고 하고, 포함시킬 수
있다는 해석은 피고인에게 불리한 유추해석이라고 하였다. 이에 대해 다수의견
은 관련조문을 종합적·체계적으로 고려할 때 '자기의 소유에 속하는 제166조에
기재한 물건 또는 자기의 소유에 속하든, 타인의 소유에 속하든 불문하고 제167
조에 기재한 물건'을 의미하는 것이고, 이것이 피고인에게 불리한 유추해석은
아니라고 하였다.[105]

190    그러나 해석론상으로는 위와 같은 견해의 대립이 있었지만, 입법론상으로
는 타인 소유의 물건도 포함시켜야 한다는 데에 이의가 없었다. 제22차 개정형
법의 "과실로 자기 소유인 제166조의 물건 또는 제167조에 기재한 물건"이라는
표현은 단순히 표현만을 바꾼 것이 아니라 그 동안 제기되었던 해석론상의 문
제점을 입법적으로 정리한 것이라고 할 수 있다.

191    한편, 1995년 개정형법은 주거침입죄(§319①)나 특수강도죄(§334①)에서 주
거침입의 객체를 '사람의 주거, 관리하는 건조물, 선박이나 항공기 또는 점유하
는 방실'로 개정하였다. 그러나 야간주거침입절도죄(§330)에서 주거침입의 객체
는 '사람의 주거, 간수하는 저택, 건조물이나 선박 또는 점유하는 방실'이라고
하여 개정 이전 형법의 규정을 그대로 유지하고 있다. 따라서 항공기는 주거침
입죄나 특수강도죄의 객체는 되지만, 야간주침입절도죄의 객체에는 포함되지
않았다. 제22차 개정형법은 야간주거침입절도죄에서 주거침입의 객체를 주거침
입죄나 특수강도죄와 통일하게 하였다. 이것은 단순히 쉬운 언어로 개정한 것이
아니라 내용을 개정한 것이라고 할 수 있다.

## XVI. 개정에 대한 평가와 차후 과제

192    앞에서도 언급한 것과 같이 1953년 형법이 제정된 이후 22차의 개정이 있

---

[105] 이 결정에 대한 평가로, 김영환, "허용된 해석과 금지된 유추", 형법판례 150선, 박영사(2019),
6-7; 김영환, "형법해석의 한계 : 허용된 해석과 금지된 유추와의 상관관계", 형사판례연구 〔4〕, 한
국형사판례연구회, 박영사(1996), 1-18; 신동운, "형벌법규의 흠결과 해석에 의한 보정의 한계",
판례월보 294(1995), 21-29.

었지만, 각칙에 대한 개정은 압도적으로 신범죄화와 형벌가중을 내용으로 하였다고 할 수 있다. 형벌가중이 정당화되기 위해서는 형벌가중으로 인한 범죄예방 효과가 어느 정도 실증적으로 검증되어야 하지만, 이러한 과학적 근거는 한 번도 제시된 적이 없다. 개정의 근거로 제시된 이유는 대부분 국민의 법감정을 고려한다는 것이다. 그런데 국민의 법감정이란 '엄격한 형벌이 범죄를 예방한다'는 원시적 믿음에서 유래한 것이다.

오늘날 우리나라의 형법은 국민의 맹목적 복수감정, 범죄의 실태·원인·대책에 대한 언론의 선정적인 보도, 이에 편승하는 정치권과 정부의 무책임한 법정형 강화로 인해 만신창이가 되어 있다. 전체적인 체계를 무시하고 신범죄화와 형벌강화를 내용으로 한 개정이 이루어진 결과 형법의 홍수 내지 범람현상이 나타나고 있고, 형사특별법을 포함한 우리 형법체계는 누더기형법, 분노형법, 야만형법으로 전락하고 말았다. '오늘날 범죄가 급증하고 있다'는 것도 합리적 근거가 없는 무책임한 주장이지만, 설사 급증하였다고 하더라도 21세기의 우리 사회의 안녕과 질서가 6·25 전쟁 때보다 더 악화되었다고 할 수 없다. 그럼에도 불구하고 사회의 안녕과 질서유지를 위해 형벌을 강화한다는 것은 비합리적이고 나아가 야만적이라고 할 수 있다. 형법의 확대는 국민의 자유의 축소를 의미하기 때문이다. 193

제정형법은 당시의 상황에서 비교법적으로 볼 때 선진적이라고는 할 수 없어도 후진적이라고 할 수도 없었다. 그러나 현행형법은 대륙법계 국가에서는 찾아보기 힘들 정도로 야만적인 형벌을 규정하고 있다. 형벌을 강화하더라도 법정형을 통한 형벌의 강화가 아니라 범죄의 적발과 형벌의 확실한 집행을 통한 형벌강화가 필요하다. 그런 법정형의 강화는 수없이 많았지만 일반예방효과를 높일 수 있는 치밀하고 과학적인 제도보완은 별로 없었다고 할 수 있다. 194

작량감경이나 임의적 감경과 같이 형벌을 완화할 수 있는 법원의 재량을 인정하는 규정들이 많이 있지만, 이것은 형법의 보장적 기능과 공평성이라는 관점에서는 매우 바람직하지 않다고 할 수 있다. 법원의 재량에 의한 형벌완화의 혜택은 사회적 강자들에게만 인정되고, 사회적 약자들은 강화된 형벌의 위협에서 자신들을 방어할 수단들을 별로 갖추지 못하고 있기 때문이다. 195

이와 같이 야만적 형법에서는 해석학이 보완적인 역할을 해야 할 것이다. 형 196

법해석의 한계를 일탈하지 않으면서 될 수 있는 한 피고인에게 유리한 해석이 필요한 때이다. 그러나 이러한 해석은 해석의 한계를 일탈하지는 않더라도 자연스러운 해석이라고 할 수는 없다. 자연스러운 해석을 위해서는 내용 자체가 합리적인 형법이 전제되어야 한다. 이 때문에 앞으로도 구성요건의 명확화와 함께 법정형의 완화를 위한 입법이 필요하고, 이러한 입법의 필요성을 계속적으로 강조해야 한다.

## 제 4 절 판례의 검토

### I. 총 설

197      앞에서 언급한 것과 같이 제정형법에서 현행형법 및 수많은 특별법들은 무거운 형벌규정을 가진 것들이 많다. 형법은 그 자체로 엄격하게 해석해야 하지만 우리 형법이나 형사특별법들의 해석에서는 구성요건이나 형벌규정을 좀 더 엄격하게 해석해야 한다. 이러한 관점에서 제정형법 이후 오늘에 이르기까지 우리의 판례들을 살펴보면, 오히려 범죄성립범위를 넓힘으로써 형벌의 강화를 가져오는 해석을 한 것들이 지나치게 많다.

198      그 유형을 보면 크게 다음과 같이 나눌 수 있다.

199      첫째, 지나치게 너그럽게 형법을 해석해서 헌법적 원리까지 무시하는 판례들이 있다. 그 대표적인 것이 새로운 형사제재들이 등장할 때마다 그것을 보안처분이라고 하고, 보안처분에는 소급금지나 이중처벌금지의 원칙이 적용되지 않는다고 한 판례들이다.

200      둘째, 문언의 가능한 의미를 넘어서서 피고인에게 불리한 해석을 하는 판례들이 있다. 그 대표적인 것이 제263조의 상해죄의 동시범 특례를 상해치사죄에도 유추적용하는 판례 등을 들 수 있다.

201      셋째, 유추해석에 이르지는 않더라도 범죄의 성립범위를 무리하게 넓게 해석하는 판례들이 있다. 그 대표적인 것으로 공동의사주체설에 따른 공모공동정범을 인정하는 판례, 목적을 신분으로 보는 판례 등을 들 수 있다.

202      넷째, 범죄의 성립범위를 무리하게 넓히지는 않지만, 자연스러운 해석보다

는 부자연스러운 해석을 통해 범죄의 성립범위를 넓히는 판례들이 있다. 대표적인 것으로 공동정범에 관한 행위공동설을 따르는 판례, 협박죄를 침해범이 아니라 위험범으로 파악하는 판례, 주거침입죄의 기수시기에 대해 일부침입설을 따르는 판례 등을 들 수 있다.

다섯째, 사회적 약자에게는 가혹하면서 사회적 강자에게는 관대한 입장을 　203 취하는 판례들이 있다. 차용금사기나 자기신용카드부정사용에 대해 사기죄를 인정하는 판례들이 전자의 예라면, 뇌물죄의 성립에 직무관련성 이외에 직무와의 대가관계까지 요한다고 하는 판례들을 들 수 있다.

여섯째, 시류에 영합하는 것으로 보이는 판례들이 있다. 성수대교 붕괴 사 　204 건, 보라매병원 사건, 세월호 사건 등에 대한 판례 등이 그것이다.

일곱째, 형법적 전문성이 떨어져 보이는 판례들이 있다. 타인의 신용카드로 　205 현금자동지급기에서 현금을 인출한 사례에 대한 판례, 사망자 상대의 소송사기를 부정하는 판례, 법률적 재산개념과 사실상 재산개념을 명확하게 정리하지 못하고 있는 판례 등을 예로 들 수 있다.

이처럼 위법, 부당한 판례들이 시정되지 않고 반복되는 이유가 무엇인지 정 　206 확하게 밝혀지지는 않았다. 대법원은 사법기관이기 때문에 범죄인필벌보다는 억울하게 처벌받는 사람이 없도록 범죄인을 보호하는 역할을 해야 한다. 대법원은 최고법원이기 때문에 구체적 타당성보다는 법적 안정성을 강조해야 한다. 그런데 현실에서는 대법원이 범죄인필벌을 강조하고, 법적 안정성보다는 구체적 타당성을 우선하는 사고를 갖고 있기 때문이 아닌가 생각된다.[106] 이와 같이 대법원이 자신의 정체성을 정확히 파악하지 못하는 원인과 개선방안 또한 차후 연구과제라고 할 수 있다.

아래에서는 각칙에 관한 판례들 가운데 그 타당성이 의심되어 변경을 요하 　207 는 판례들을 소개하기로 한다. 먼저, 보안처분에 관한 판례들을 소개하기로 한다. 그 이유는 이러한 판례들이 각칙과도 관련되어 있고, 보안처분이 형사제재의 일종임에도 불구하고 대법원이 소급금지나 이중처벌 금지 등과 같은 헌법상 원리가 적용되지 않는다고 하기 때문이다.

---

106 이재상, "1996년의 형사판례 회고", 형사판례연구 [5], 한국형사판례연구회, 박영사(1997), 516.

## II. 보안처분에 관한 판례

### 1. 보안처분과 새로운 형사제재

208        1953년 형법제정 이후 지난 60여 년간 신범죄화와 형벌강화를 위한 입법이 계속되었다. 대법원은 이러한 입법부의 난폭운전에 대해 제동을 걸어야 함에도 불구하고 오히려 형벌권의 완화보다는 강화를 위한 해석과 적용을 계속해 오고 있다. 보호감호에 대한 판례는 제외하더라도 1990년대 중반 이후 최근까지 도입된 보호관찰, 사회봉사명령, 수강명령, 신상공개명령, 신상등록명령, 전자장치 부착명령, 성충동 약물치료명령 등에 관한 판례들이 그것이다.

209        보안처분에 관한 판례는 총칙적 주제이지만, 굳이 여기에서 언급을 하는 것은 여러 일정한 범죄에 대해 개별적 구성요건과 형벌 및 새로운 제재를 규정한 형사특별법들이 양산되고 있기 때문이다.

### 2. 새로운 형사제재에 대한 판례의 입장

210        판례는 1990년대 중반 이래 새로 도입된 새로운 형사제재에 대해 형벌이 아니라 보안처분이라는 입장을 취하고 있다. 즉, 판례는 형법상의 보호관찰,[107] 가정폭력범죄의 처벌 등에 관한 특례법(이하, '가정폭력처벌법'이라 한다.)상의 사회봉사명령,[108] 특정 성폭력범죄자에 대한 전자장치 부착명령,[109] 청소년성보호법상의 신상공개명령,[110] 성충동 약물치료명령[111]을 모두 보안처분이라고 한다.

211        판례가 새로운 형사제재들을 보안처분이라고 하는 것은 소급금지원칙, 일사부재리원칙 등 형벌에 적용되는 인권보장의 원칙들을 보안처분에는 적용되지 않는다고 하기 위함이라고 해도 과언이 아니다.

212        즉, 판례는 "보호관찰은 형벌이 아니라 보안처분의 성격을 갖는 것으로서,

---

107 대판 1997. 6. 13, 97도703. 이 판결에 대한 평석으로, 김병운, "개정 형법 시행 이전에 죄를 범한 자에 대하여 개정 형법에 따른 보호관찰을 명할 수 있는지 여부", 형사재판의 제문제(3권), 박영사(2000), 25-33; 이재홍, "보호관찰과 형벌불소급의 원칙", 형사판례연구 [7], 한국형사판례연구회, 박영사(1999), 18-37.
108 대결 2008. 7. 24, 2008어4.
109 대판 2009. 5. 14, 2009도1947; 대판 2009. 9. 10, 2009도6061.
110 대판 2011. 3. 24, 2010도14393.
111 대판 2014. 2. 27, 2013도12301.

과거의 불법에 대한 책임에 기초하고 있는 제재가 아니라 장래의 위험성으로부터 행위자를 보호하고 사회를 방위하기 위한 합목적적인 조치이므로, 그에 관하여 반드시 행위 이전에 규정되어 있어야 하는 것은 아니며, 재판 시의 규정에 의하여 보호관찰을 받을 것을 명할 수 있다고 보아야 할 것이고, 이와 같은 해석이 형벌불소급의 원칙 내지 죄형법정주의에 위배되는 것이라고 볼 수 없다.",[112] "(청소년성보호법상) 공개명령 제도는 범죄행위를 한 자에 대한 응보 등을 목적으로 그 책임을 추궁하는 사후적 처분인 형벌과 구별되어 그 본질을 달리하는 것으로서 형벌에 관한 소급입법금지의 원칙이 그대로 적용되지 않으므로"라고 한다.[113]

또한, "전자감시제도가 보안처분으로서 형벌과는 그 목적이나 심사대상 등을 달리하므로 이를 징역형의 대체수단으로 취급하여 함부로 형량을 감경하여서는 아니 된다는 당연한 법리를 주의적·선언적으로 규정한 것에 불과한 것이어서, 위 조항이 평등원칙, 과잉금지의 원칙, 일사부재리의 원칙 등에 위배된다고 볼 수는 없다."고도 한다.[114]

213

성폭력처벌법상 신상공개명령에 대해서도 판례는, "신상정보의 공개명령 및 고지명령 제도는 성범죄자에 대한 응보 목적의 형벌과 달리 성범죄의 사전예방을 위한 보안처분적 성격이 강한 점 등에 비추어 보면, 특례법 제32조 제1항에 규정된 등록대상 성폭력범죄를 범한 자에 대해서는 특례법 제37조, 제41조의 시행 전에 그 범죄를 범하고 그에 대한 공소제기가 이루어졌더라도 특례법 제37조, 제41조의 시행 당시 공개명령 또는 고지명령이 선고되지 아니한 이상 특례법 제37조, 제41조에 의한 공개명령 또는 고지명령의 대상이 된다고 보아야 한다."고 하여 소급효를 인정하고 있다.[115]

214

형사소송법상 불이익변경금지원칙과 관련하여서도 판례는, 형법상 형의 경중을 기준으로 하되 이를 개별적·형식적으로 고찰할 것이 아니라 주문 전체를

215

---

112 대판 1997. 6. 13, 97도703.
113 대판 2011. 3. 24, 2010도14393. 다만, 유일한 예외로 대결 2008. 7. 24, 2008어4는 "(가정폭력 처벌법상) 사회봉사명령은 (중략) 형벌 그 자체가 아니라 보안처분의 성격을 가지는 것이 사실이다. 그러나 (중략) 실질적으로는 신체적 자유를 제한하게 되므로, 이에 대하여는 원칙적으로 형벌불소급의 원칙에 따라 행위시법을 적용함이 상당하다."고 한다.
114 대판 2009. 5. 14, 2009도1947; 대판 2009. 9. 10, 2009도6061.
115 대판 2011. 9. 29, 2011도9253.

고려하여 피고인에게 실질적으로 불이익한지 아닌지를 보아 판단하여야 한다고
한다. 그러면서 징역 장기 7년, 단기 5년 및 5년 동안의 위치추적 전자장치 부
착명령을 징역 장기 5년, 단기 3년 및 20년 동안의 위치추적 전자장치 부착명령
으로 변경한 것,[116] 징역 15년 및 5년 동안의 위치추적 전자장치 부착명령을 징
역 9년, 5년 동안의 공개명령 및 6년 동안의 위치추적 전자장치 부착명령으로
변경한 것[117]은 불이익변경금지원칙에 반하지 않는다고 한다.

### 3. 비 판

216      위와 같은 판례에는 다음과 같은 문제점이 있다.

217      첫째, 판례는 새로운 형사제재을 보안처분이라고 하는 근거를 전혀 제시하
지 않고 있다. 예를 들어 형법상의 보호관찰의 경우, 판례는 그것이 당연히 보안
처분이라고 단정하고 있다. 그러나 학계에서는 보호관찰의 법적 성격에 대해서
는 형벌집행방법의 변형이라고 하거나 제3의 형사제재라는 견해가 우세하다.[118]
현행 치료감호 등에 관한 법률상의 보호관찰이나 과거 사회보호법상의 보호관
찰은 보안처분이라고 할 수 있었다. 왜냐하면 여기에서의 보호관찰은 치료감호
나 보호감호와 같은 보안처분과 관련된 처분이기 때문이다.[119] 그러나 형법상의
보호관찰은 형벌의 선고유예나 집행유예에 부가되는 처분이므로 형벌과 무관할
수 없다.[120]

218      그리고 판례와 같이 형벌과 보안처분을 일도양단식(一刀兩斷式)으로 구별할
수는 없다. 판례가 말하는대로 형벌은 불법에 대한 책임에 기초하고 있는 제재
이고 보안처분은 장래의 위험성으로부터 행위자를 보호하고 사회를 방위하기

---

116 대판 2010. 11. 11, 2010도7955.
117 대판 2011. 4. 14, 2010도16939.
118 박상진, "개정 형법상의 선고유예·집행유예시의 보호관찰 및 수강명령·봉사명령의 법적 성격",
　　중앙법학 2(2000), 389-391; 장연화, "위치추적 전자장치 부착제도의 법적 성격과 소급효금지원
　　칙의 적용에 관한 연구", 보호관찰 10-2, 한국보호관찰학회(2010), 150.
119 독일형법도 형벌과 보안처분을 구별하고 있으므로 보호관찰부 집행유예의 성격에 대해 학계에
　　서는 개선처분, 특별예방적 재사회화처분, 자유형과 구별되는 독자적 제재 등 여러 가지 견해들
　　이 있으나, 단순히 형벌목적이나 예방목적 어느 하나로 설명할 수는 없다고 한다(Lackner/Kühl,
　　StGB, §56 Rn.3).
120 신상공개명령도 형벌로 파악해야 한다는 견해로, 송영지, "신상정보 공개·고지명령 제도의 소급
　　효", 형사정책연구 88, 한국형사정책연구원(2011), 224.

위한 합목적적인 조치인 것은 사실이지만, 오늘날 형벌의 목적도 응보나 일반예
방보다는 수형자의 교정교화와 건전한 사회복귀이다(형집 §1). 따라서 형벌과 보
안처분이 명확하게 구분되고 형벌에 적용되는 원리를 보안처분에는 적용되지
않는다고 하는 것은 과거 보호감호의 예에서와 같이 일종의 '간판사기' 내지 '명
칭사기'라고 할 수 있다.

또한 어떤 국가적 처분의 법적 성격은, 단순히 그 처분의 목적이 아니라 그 **219**
처분이 지니고 있는 내용도 고려하여 파악해야 한다. 아무리 특별예방의 목적을
지니고 있더라도 그것이 자유박탈이나 자유제한적 요소를 가지고 있다면 형벌
이라고 할 수 있고, 그 처분에 대해서는 형벌에 적용되는 원리가 적용되어야 한
다.[121] 나아가 좀더 큰 안목으로 본다면 형벌과 보안처분의 이원적 형사제재라
는 사고 자체가 19세기 말이나 20세기 초에나 통할 수 있었던 낡은 것이라고
할 수 있다. 지난 수십년 동안 그 문제점을 충분히 실감하였기 때문이다. 따라
서 이제는 형벌이든 보안처분이든 명칭이 무엇이든 일원적으로 구성하는 노력
을 해야 할 시점이 되었다.

둘째, 설사 새로운 제재들을 보안처분이라고 하더라도 이러한 제재들이 소 **220**
급금지원칙의 적용을 받지 않는다고 할 근거가 전혀 없다.[122] 자유박탈·제한의
성격을 갖고 있다면 그 명칭이 형벌이든 보안처분이든 그 성격에 맞는 헌법적,
법률적 제한을 받아야 한다. 헌법 제12조 제1항이 "법률과 적법한 절차에 의하
지 아니하고는 처벌·보안처분 또는 강제노역을 받지 아니한다."고 규정하고 있
는 것은 자유박탈·제한적 성격의 처분이라면 그 명칭이 처벌, 보안처분, 강제노
역 등 어떤 명칭으로 불리든 법률과 적법절차 원칙에 따라야 한다는 것을 선언
한 것이라고 할 수 있다. 따라서 보안처분도 어떠한 목적이나 명칭을 가지고 있
든 자유박탈·제한적 요소를 지니고 있다면, 적법절차원칙의 하나인 소급금지원

---

121 예를 들어 잘못한 학생에게 매를 두 대 때리면서 한 대는 잘못해서 때린 것이고, 한 대는 앞으
　　로 잘하라고 때린 것이니 벌은 매 두 대가 아니라 한 대라고 한다면 그것은 황당한 주장이라고
　　할 수밖에 없다.
122 통설은 보안처분도 형벌에 못지 않은 자유제한을 포함하므로 보안처분에 소급금지원칙이 적용
　　된다고 한다[오영근, 형법총론(6판), 33 참조]. 보안처분에는 형벌과 같은 정도로 소급효금지원
　　칙이 적용될 필요는 없다는 견해로, 김혜정, "성폭력범죄에 대한 법적 통제 현황과 개선방안",
　　보호관찰 10-2, 한국보호관찰학회(2010), 25.

칙의 적용을 받는다고 해야 한다. 통설도 마찬가지 입장이다.[123]

221　　셋째, 불이익변경금지원칙과 관련하여, '징역 장기 7년, 단기 5년 및 5년 동안의 위치추적 전자장치 부착명령'을 '징역 장기 5년, 단기 3년 및 20년 동안의 위치추적 전자장치 부착명령'으로 변경한 것이 불이익변경금지원칙에 반하지 않는다고 한 판결[124]이 결론적으로는 맞을지 모른다. 그러나 전자장치 부착명령의 기간을 늘리거나, 신상공개명령을 새로 부과하였음에도 불구하고 그것이 보안처분이라는 이유로 실질적 불이익 여부를 세밀하게 따지지 않은 채 불이익변경금지원칙에 반하지 않는다고 한 것에는 논리적 비약이 있다고 할 수 있다.

222　　판례는 "(성폭력처벌법상) 수강명령 또는 이수명령은 이른바 범죄인에 대한 사회내 처우의 한 유형으로서 형벌 자체가 아니라 보안처분의 성격을 가지는 것이지만, 의무적 강의 수강 또는 성폭력 치료프로그램의 의무적 이수를 받도록 함으로써 실질적으로는 신체적 자유를 제한하는 것이 되므로, 원심이 제1심판결에서 정한 형과 동일한 형을 선고하면서 새로 수강명령 또는 이수명령을 병과하는 것은 전체적·실질적으로 볼 때 피고인에게 불이익하게 변경한 것이므로 허용되지 않는다."고 한다.[125] 이와 같이 보안처분이 실질적으로는 신체적 자유를 제한한다는 것을 인정한다면, 대판 2010. 11. 11, 2010도7955에서 징역형의 장·단기를 2년 단축하는 대신 전자장치 부착기간을 15년 연장한 것이 불이익변경이 아닌 이유를 좀 더 자세하게 설명할 필요가 있다고 할 수 있다.

## III. 변경을 요하는 각칙 판례

223　　아래에서는 개인적 법익에 대한 죄에서부터 사회적, 국가적 법익에 대한 죄의 순서로 정당성이나 논리적 타당성이 의심되는 판례들을 소개하고, 그 개선방안을 살펴보기로 한다.

---

123 전자장치 부착명령의 성격을 형벌, 보안처분, 제3의 제재 어떤 것으로 파악하든 소급효금지원칙이 적용되어야 한다는 견해로, 장연화(주 118), 155-159; 박찬걸, "위치추적 전자감시제도의 소급적용에 대한 비판적 고찰", 헌법논총 24, 헌법재판소(2013), 347-392. 신상공개명령에도 소급효금지원칙이 적용되어야 한다는 견해로, 송영지(주 120), 230 이하.
124 대판 2010. 11. 11, 2010도7955; 대판 2011. 4. 14, 2010도16939.
125 대판 2018. 10. 4, 2016도15961.

## 1. 살인고의의 인정방법

**[대판 2015. 11. 12, 2015도6809(전)](세월호 사건)**

작위의무자에게 이러한 고의가 있었는지는 작위의무자의 진술에만 의존할 것이 아니라, 작위의무의 발생근거, 법익침해의 태양과 위험성, 작위의무자의 법익침해에 대한 사태지배의 정도, 요구되는 작위의무의 내용과 이행의 용이성, 부작위에 이르게 된 동기와 경위, 부작위의 형태와 결과발생 사이의 상관관계 등을 종합적으로 고려하여 작위의무자의 심리상태를 추인하여야 한다.

이 사건에서 제1심인 광주지방법원은 피고인(세월호 선장)에게 살인죄의 고의를 부정하였으나, 항소심인 광주고등법원은 피고인에게 부작위에 의한 살인죄의 고의가 있다고 하였다. 피고인은 부작위의 동가치성 및 살인의 미필적 고의가 인정되지 않는다는 등의 이유로 상고하였으나, 대법관 전원일치로 피고인에 대해 부작위에 의한 살인죄를 인정하고 무기징역을 선고한 항소심판결을 확정하였다. 이 판결의 경우 고의나 고의의 인정방법에 관한 법리적 문제점은 없지만, 이러한 법리에 따를 때 이 사건에서 피고인에게 고의를 인정하는 것이 타당한지 의문이 든다.                                                       224

세월호 사건과 같은 국민에게 커다란 충격을 사건들에서만큼 사법기관인 법원의 역할이 중요할 때는 없다고 할 수 있다. 이러한 사건에서 국민적 분노는 자칫하면 피고인에 대해 그 책임을 넘어서는 비난을 하고 책임범위를 넘어서는 무거운 형벌을 요구한다. 법원이 책임원리에 충실하여 국민의 감정적 요구에 미치지 못하는 형벌을 선고하면 여론의 비난은 법원을 향한다. 따라서 이러한 사건에서 법원은 책임범위를 벗어나는 형벌을 선고하여 모든 비난을 피고인에게 돌릴 것인지, 아니면 피고인의 책임에 상응한 형벌을 선고하고 국민적 비난은 스스로 감당할 것인지를 결정해야 한다. 이것은 정치권력자나 경제적 강자인 피고인에 유리하게 판결하여[126] 받게 되는 비난과는 본질적으로 다르다.   225

---

[126] 예를 들어, 대판 2017. 12. 21, 2015도8335(전)은 소위 '땅콩회항 사건'에서 지상에서의 이동경로는 항로에 포함하지 않는다고 하여 피고인에게 지나치게 유리한 해석을 하였다. 공항 안내판에도 항공기의 착륙(landed)과 도착(arrived)을 구분하고 있다. 항로는 출발에서 도착까지의 경로

226      사법기관은 후자의 비난은 피해야 하지만, 전자의 비난을 받는 것은 사법기
관의 운명이고 임무라고 할 수 있다. 그럼에도 불구하고 법원은 자신을 향하는
국민적 비난을 피하기 위해 피고인의 책임 자체를 무겁게 인정하고,[127] 무거운
형벌을 선고한다. 이 판결에 대해서도 살인의 고의를 인정할 때에 피고인에게
유리한 사정은 별로 고려하지 않고 불리한 사정은 너무 많이 고려하였다는 느
낌을 지울 수 없다.

227      이 판결은 선장, 간부직원, 하급직원 순으로 무거운 형벌을 선고하는 매우
상식적인 결론을 내리고 있다. 그리고 이러한 과정에서 무리한 논리전개가 많이
있다. 간부선원에 대해 살인의 미필적 고의를 인정하지 않거나 공동정범의 죄책
을 인정하지 않는 것 등이 그것이다.[128]

228      이 사건에서 피고인은 – 비록 자신은 선박에서 탈출하였다고 하더라도 – 퇴
선명령을 내리는 것과 승객들이 선박에 머물도록 하는 것 중 어느 것이 승객에
게 덜 위험한지 판단하지 못하였거나, 나아가 승객들을 선박에 머물며 구조를
기다리게 하는 것이 조금은 더 안전할지 모른다고 판단했을 수도 있다. 왜냐하
면, 퇴선명령을 하였다고 하더라도 퇴선과정에서 많은 승객들의 사망이나 상해
가 예견되고 이를 인용해야 했기 때문이다. 퇴선명령과 같이 말로만 해도 되는
행위를 하지 않는 것이 이러한 피고인의 내심상태를 짐작케 해준다.

229      객관적으로 보아도 당시 퇴선명령을 내리는 것이 더 나았으리라고 하는 것
은 사후에야 밝혀진 일이다. 피고인이 탈출한 이후라도 구조가 제대로 이루어졌

---

이므로 공중뿐만 아니라 지상의 이동경로도 포함된다고 해야 할 것이다. 신주의 저가발행과 배
임죄에 관한 대판 2009. 5. 29, 2007도4949(전)(에버랜드 전환사채 사건)도 논리적으로 빈약하
지만 피고인에게 지나치게 유리하다. 앞의 판결을 포함한 세 판결이 모두 대법원의 모든 역량을
경주한 전원합의체 판결이라는 점에서 더욱 실망스럽다.

127 제1심은 피고인에게 살인의 고의를 인정하지 않았지만 징역 36년을 선고하였다. 유리한 양형요
소로서 피고인이 대리선장이라는 점과 건강이 좋지 않았다는 것을 들고 있다. 그러나 이 사건에
서는 부작위의 동가치성, 인과관계에서 누적적 경합의 문제 등 여러 가지 불법이 조각되거나 감
경될 수 있는 요소들이 많았다. 이러한 점들은 양형에 어떻게 반영되었는지 의문이다. 제1심은
인정된 범죄사실만으로는 피고인에게 무기징역을 선고할 수는 없다고 판단한 것으로 보인다.
이 사건에서도 2010년의 형벌가중이 어떻게 악영향을 끼치는지 분명하게 보여주고 있다.

128 이러한 비판으로, 김태명, "부작위에 의한 살인죄의 공동정범의 성립요건", 형사판례연구 [24],
한국형사판례연구회, 박영사(2016), 91; 박경규, "세월호 판결의 논증상의 문제점", 법학논고 53,
경북대 법학연구원(2016), 174 이하; 최호진, "세월호 선장과 간부선원의 형사책임에 대한 대법
원 판결 법리분석과 비판", 아주법학 9-4(2016), 103 이하.

                                        〔오 영 근〕

더라면 승객들에게 퇴선명령을 하지 않은 것이 오히려 현명하였다고 평가될 수도 있었을 것이다. 이와 같이 사후적으로 평가가 이루어지는 경우는 고의가 아니라 과실이 문제되는 전형적인 경우이다. 이 판결에서 대법원은 다른 승무원들에 대해서는 살인의 고의를 부정하고 있다. 그러나 피고인에게 적용되는 논리를 이들에게도 적용하였다면 얼마든지 고의를 인정할 수 있었을 것이다.

결국 대상판결은 피고인을 국민적 충격이 큰 사건을 짊어지고 갈 희생양으로 삼은 것이라고 할 수 있다. 이것은 정부와 언론이 국민적 분노를 해소하기 위해 세월호의 실질적 소유주인 유병언을 세월호 참사의 희생양으로 삼은 것과 마찬가지라고 할 수 있다. 희생양이라는 원시적 방법을 통해 문제를 해결하게 되면 문제의 진정한 해결은 불가능하다. 세월호 사건 이후에도 비슷한 어처구니없는 사고들이 계속 발생하는 것이 이를 말해준다.

230

## 2. 살인죄의 정범과 공범

### [대판 2004. 6. 24, 2002도995](보라매병원 사건)

보호자가 의학적 권고에도 불구하고 치료를 요하는 환자의 퇴원을 간청하여 담당 전문의와 주치의가 치료중단 및 퇴원을 허용하는 조치를 취함으로써 환자를 사망에 이르게 한 행위에 대하여 보호자, 담당 전문의 및 주치의가 부작위에 의한 살인죄의 공동정범으로 기소된 사안에서, 담당 전문의와 주치의에게 환자의 사망이라는 결과 발생에 대한 정범의 고의는 인정되나 환자의 사망이라는 결과나 그에 이르는 사태의 핵심적 경과를 계획적으로 조종하거나 저지·촉진하는 등으로 지배하고 있었다고 보기는 어려워 공동정범의 객관적 요건인 이른바 기능적 행위지배가 흠결되어 있다는 이유로 작위에 의한 살인방조죄만 성립한다고 한 사례.

이 판결은 소위 '보라매병원 사건'에 대한 판결이다.[129] 이 판결은 환자의

231

129 이 판결에 대한 평석으로, 김병찬, "환자의 치료중단과 의사의 법적 책임", 판례와 실무 2004 (2004), 310-339; 김성룡, "치료행위중단에 있어서 작위와 부작위의 구별", 형사판례연구 [13], 한국형사판례연구회, 박영사(2005), 138-168; 김충원, "치료중단과 의사의 형사책임", 판례연구 18, 서울지방변호사회(2005), 208-225; 손동권, "정범과 공범, 작위범과 부작위범의 구별", 인권과 정의 346, 대한변호사협회(2005), 101-113; 심희기, "의사의 치료중단행위와 살인방조죄의 성

처가 치료를 요하는 환자의 퇴원을 간청하여 담당 전문의와 주치의가 치료중단 및 퇴원을 허용하는 조치를 취함으로써 환자를 사망에 이르게 한 행위에 대하여 보호자, 담당 전문의 및 주치의가 부작위에 의한 살인죄의 공동정범으로 기소된 사건에 대한 것이다. 환자의 처는 항소심에서 부작위에 의한 살인죄로 유죄판결을 받고[130] 상고하지 않아 항소심판결이 그대로 확정되었다. 대법원은 전담의사인 피고인 甲, 전공의(레지던트)인 피고인 乙에 대해서는 작위살인죄의 방조범을 인정하고, 환자를 집까지 데려다주고 그곳에서 인공호흡장치를 제거한 수련의(인턴) 丙에 대해서는 무죄를 인정하였다.

232       대법원은 "담당 전문의와 주치의에게 환자의 사망이라는 결과 발생에 대한 정범의 고의는 인정되나 환자의 사망이라는 결과나 그에 이르는 사태의 핵심적 경과를 계획적으로 조종하거나 저지·촉진하는 등으로 지배하고 있었다고 보기는 어려워 공동정범의 객관적 요건인 이른바 기능적 행위지배가 흠결되어 있으므로 작위에 의한 살인방조죄만 성립한다."고 한다. 그러나 피고인 甲, 乙이 범행을 지배하지 못해 종범이라고 한다면, 그들의 고의도 정범의 고의가 아니라 종범의 고의라고 하는 것이 논리적일 것이다.

233       제1심부터 대법원까지의 가장 큰 문제점은 환자의 처가 범행을 지배하였고, 의사들은 방조만 하였다고 하는 것이다. 병원 중환자실에 입원해있는 환자의 연명장치를 제거하느냐의 여부를 지배하는 것은 의사이지 환자의 처가 아니다. 만약 환자의 처가 범행지배를 할 수 있었다면 굳이 의사들에게 퇴원을 강하게 요청할 필요가 없었을 것이다. 따라서 이 사건에서 범행지배를 한 것은 환자의 처

부", 고시연구 31-11, 고시연구사(2004), 202-214; 이상돈, "의학적 충고에 반한 퇴원에서 의사의 형사책임", 판례실무연구 Ⅶ, 비교법실무연구회, 박영사(2004), 133-163; 이정원, "의학적 권고에 반한 퇴원으로 사망한 환자에 대한 형사책임", 비교형사법연구 6-2, 한국비교형사법학회(2004), 361-388; 한상훈, "치료중단과 작위, 부작위의 구별", 법학연구 15-1·2, 연세대 법학연구소(2005), 249-274; 허일태, "(의학적 충고에 반한 퇴원에서 의사의 형사책임) 중환자에 대한 의사의 퇴원조치 및 산소호흡장치제거조치가 살인죄 등에 해당될 수 있는지 여부: 이른바 보라매병원 사건", 판례실무연구 Ⅶ, 비교법실무연구회, 박영사(2004), 164-183.
130 항소심은 환자의 처가 퇴원요구를 한 것은 치료중단이라는 부작위를 한 정범이고, 의사들은 방조범이라고 하였다(서울고판 2002. 2. 7, 98노1310). 그러나 대법원은 의사들의 행위에 대해 치료중단의 부작위가 아니라 연명장치의 제거라는 작위로 파악해야 한다고 하였다. 이에 의하면 처의 행위도 부작위가 아니라 작위로 파악해야 하고, 퇴원요구는 의사들의 작위범행을 교사한 것이라고 할 수 있다.

가 아니라 의사들이라고 해야 할 것이고, 환자의 처는 교사범에 불과하다고 해야 할 것이다.

수련의(인턴)에게 무죄를 인정한 것도 그 근거가 박약하다. 항소심은 "(수련  234
의가) 퇴원절차를 밟기 위한 과정을 도와 인공호흡기 또는 인공호흡보조장치를 제거하였더라도 인공호흡기 등의 제거는 퇴원조치에 따르는 일부 과정에 지나지 않을 뿐 아니라, 피해자의 퇴원결정에 관여한 바 없으며, 전담의사가 회생가능성이 있는 피해자의 인공호흡기를 제거하여 살해하려 한다는 사정을 인식하였다고 보기는 어려우므로 결국 살인죄의 정범으로서의 고의뿐만 아니라 방조범으로서의 고의도 인정할 수 없다."고 한다.

그러나 수련의는 인공호흡장치를 제거하면 환자가 사망한다는 것을 분명히  235
알았고, 그것을 환자의 처에게 고지한 후 인공호흡장치를 제거하였으므로 정범의 행위와 정범의 고의가 모두 인정된다고 할 수 있다. 그리고 수련의가 전담의사와 전공의의 지시에 따랐다고 하여 그것을 강요된 행위라고 할 수도 없다.

이 사건에서 의사들은 물론이고 가정폭력에 시달리던 환자의 처까지 모두  236
억울한 점이 있고, 일반적인 살인범에 비해서는 불법이나 비난가능성이 훨씬 작다는 것은 두말할 필요도 없다. 그리하여 매우 상식적으로 전담의사와 전공의에게는 살인죄의 방조범, 수련의(인턴)에게는 무죄를 인정하고 있다. 이것이 일반인들의 법감정에 맞고 구체적 타당성이 있다고 할 수도 있다. 그러나 대법원의 판결이 일반인들의 법감정에만 의존하는 '경로당판결'과 구별이 되기 위해서는 논리적 정당성을 갖춰야 한다. 이 판결도 결론에서는 정당할지 모르지만, 그 결론에 이르는 과정에서는 논리적 비약이나 모순이 너무 많다고 할 수 있다.

## 3. 자동차를 이용한 범행과 특수폭행

[대판 2008. 2. 28, 2008도3]
위험한 물건을 '휴대하여'라는 말은 소지뿐만 아니라 널리 이용한다는 뜻도 포함하고 있다.

이 판결은 자동차로 사람의 신체에 대해 폭행을 가한 사건에 대한 것이다.  237
판례는 일관하여 "'휴대하여'라는 말은 소지뿐만 아니라 널리 이용한다는 뜻도 포함하고 있다."고 한다.[131] 그런데 '휴대'의 사전적 의미는 '손에 들거나 몸에 지니고 다님'이므로 과연 자동차가 휴대품 즉 손에 들거나 몸에 지니고 다니는 물건이라고 할 수 있을지 의문이다.

238 　　이와 같은 대법원의 입장은 법적 안정성보다는 구체적 타당성을 강조한 것으로서 대법원이 취할 입장은 아니다. 현실적으로도 대부분의 사람들은 위험한 물건을 소지하고 있는데(예를 들어, 등산객이 폭행한 경우) 그것을 범행에 사용하려는 의도에서 휴대한 것인지 아니면 우연히 휴대하였는지를 구별하는 것이 매우 어렵다. 이것은 법적 안정성의 관점에서 매우 심각한 문제라고 할 수 있다. 따라서 대법원은 '휴대하여'보다는 '사용하여'라고 개정할 필요가 있다는 점을 지적하고,[132] 개정이 되기 이전에는 휴대의 개념을 엄격하게 해석하여 특수폭행이 아닌 단순폭행으로 처벌해야 할 것이다.[133] 이 사건을 단순폭행으로 처벌한다고 하여 우리 사회가 무너지지는 않는다. 나아가 이렇게 하는 것이 오히려 대법원의 존재이유이고, 이를 통해 입법부의 나태를 꾸짖어 문제를 올바르게 해결하는 길이다.

## 4. 제263조의 적용범위

### [대판 2000. 7. 28, 2000도2466]
시간적 차이가 있는 독립된 상해행위나 폭행행위가 경합하여 사망의 결과가 일어나고 그 사망의 원인된 행위가 판명되지 않은 경우에는 공동정범의 예에 의하여 처벌할 것이다

239 　　판례는 일관하여 폭행치사죄나 상해치사죄에도 상해의 동시범에 관한 제263조를 적용해야 한다는 입장을 취한다.[134]

---

131 대판 1997. 5. 30, 97도597; 대판 2003. 1. 24, 2002도5783; 대판 2010. 11. 11, 2010도10256 등.
132 헌재 2015. 9. 24, 2014헌가1, 2015헌가3 등의 보충의견도 법개정의 필요성을 지적하고 있다. 그 밖에 박찬걸, "'흉기 기타 위험한 물건을 휴대하여'의 개정방안", 법학논총 17-2, 조선대 법학연구원(2010), 300.
133 '휴대하여'를 '이용하여'로 해석하는 것은 죄형법정주의에 위반된다는 점을 자세히 설명한 것으로, 강용현, "자동차를 이용한 폭행과 「위험한 물건의 휴대」", 저스티스 31-4, 한국법학원(1998), 119-125. 또한 이러한 해석이 문리해석으로는 불가능하다는 견해로, 김성룡, "좋은 법적 논증의 조건", 형사법연구 23-2, 한국형사법학회(2011), 8.
134 대판 1981. 3. 10, 80도3321; 대판 1985. 5. 14, 84도2118.

제263조는 그 입법이나 문언 기타 모든 면에서 정당성이 없다. 제19조(독립 240
행위의 경합)가 '의심스러울 때는 피고인에게 유리하게'라는 원칙에 따른 것이라
면 제263조는 '의심스러울 때는 피고인에게 불리하게'라는 원칙에 따른 것으로
서 헌법상 무죄추정원칙에 반한 위헌적 규정이라고 할 수 있다.[135] 조직적인 폭
력범죄에 대해서는 특단의 대책이 필요할지 모르지만, 범인들 상호 간 의사연락
이 없는 동시범의 경우 그것이 비록 폭력범죄라고 하더라도 '의심스러울 때는
피고인에게 유리하게'라는 형사법의 대원칙에 대한 예외를 인정할 필요도 없다.
'공동정범의 예에 의한다'는 문언도 다의적으로 해석될 수 있어 입법자로서는
사용해서는 안 되는 무책임한 용어이다.

제19조는 "각 행위를 미수범으로 처벌한다."라고 분명히 규정하고 있는 데 241
에 비해, 제263조는 "각 행위에 의해 결과가 발생한 것으로 본다."라고 분명히
하지 않고 "공동정범의 예에 의한다."라고 하고 있다. 전자와 같이 표현하면 그
위헌성이나 부당성이 너무나 분명히 나타나는 것을 의식한 것이라고 할 수 있
다. 이 때문에 예를 들어 甲은 특수상해, 乙은 단순상해 행위를 한 경우, 공동정
범의 예에 의하면 甲, 乙 모두 특수상해죄의 공동정범으로 처벌해야 한다는 주
장도 나올 수 있다. 공동정범의 성립범위는 학설에 따라 많이 다르다. 고의범의
공동정범만을 인정하는 범죄공동설에 의하면 폭행치사상죄나 상해치사죄의 공
동정범은 인정되지 않는다. 공동의사주체설이나 공동행위주체설에 의해도 공동
의사나 공동행위가 없기 때문에 공동정범의 예에 의할 수 없다. 행위공동설에
의해도 마찬가지이다. 만약 제263조가 동시범을 공동정범으로 간주한다는 의미

135 헌법재판소는 제263조가 합헌이라고 하였지만(헌재 2018. 3. 29, 2017헌가10), 위헌의견과 합헌
의견이 5 대 4로 위헌의견이 우세하였다. "신체에 대한 가해행위는 그 자체로 상해의 결과를 발
생시킬 위험을 내포하고 있으므로, 독립한 가행행위가 경합하여 상해가 발생한 경우 상해의 발
생 또는 악화에 전혀 기여하지 않은 가해행위의 존재라는 것은 상정하기 어렵고, 각 가해행위가
상해의 발생 또는 악화에 어느 정도 기여하였는지를 계량화할 수 있는 것도 아니다. 이에 입법
자는 피해자의 법익 보호와 일반예방적 효과를 높일 필요성을 고려하여 다른 독립행위가 경합하
는 경우와 구분하여 심판대상조항을 마련한 것이다."라고 하는 합헌의견의 논거는 황당하기까지
하다. 상해의 발생 또는 악화에 전혀 기여하지 않은 가해행위의 존재를 상정하기 어렵다면 입법
자는 왜 상해미수죄를 규정한 것인가? 각 행위가 상해에 어느 정도 기여하였는지 계량화할 수
없다는 것은 정상적인 형법전문가들에게는 오히려 위헌의 근거로 제시될 수 있는 것은 아닌지
궁금하다. 대법원도 헌법재판소도 전문화하여 형법의 대원칙을 뼛속까지 느끼는 전문가들로 하
여금 형법문제를 판단하게 해야 할 시대가 도래하였다.

라면 이것은 입법의 한계를 넘어선 것이다. 법률로도 동시범을 공동정범으로 볼
수는 없기 때문이다.

242        이렇게 위헌적이고 부당한 규정을 해석할 때에는 가능한 한 엄격하게 해석
해야 한다. 그럼에도 불구하고 판례는 '상해의 결과가 발생한 때'라는 문언의 가
능한 의미를 넘어서서 '사망의 결과가 발생한 때'까지로 피고인에게 불리한 유
추해석을 하고 있다.[136] 죄형법정주의에 반함은 물론이다. 아무런 문제의식이나
아픔이 없이 이러한 해석을 한다면 형법전문가로서의 자격을 갖췄다고 할 수
없을 것이다.

## 5. 과실범의 공동정범

### [대판 1997. 11. 28, 97도1740](성수대교 붕괴 사건)

성수대교와 같은 교량이 그 수명을 유지하기 위하여는 건설업자의 완벽한
시공, 감독공무원들의 철저한 제작시공상의 감독 및 유지·관리를 담당하고
있는 공무원들의 철저한 유지·관리라는 조건이 합치되어야 하는 것이므로,
위 각 단계에서의 과실 그것만으로 붕괴원인이 되지 못한다고 하더라도, 그
것이 합쳐지면 교량이 붕괴될 수 있다는 점은 쉽게 예상할 수 있고, 따라서
위 각 단계에 관여한 자는 전혀 과실이 없다거나 과실이 있다고 하여도 교
량붕괴의 원인이 되지 않았다는 등의 특별한 사정이 있는 경우를 제외하고
는 붕괴에 대한 공동책임을 면할 수 없다.[137]

243        공동정범을 가장 넓게 인정하는 행위공동설에 의하더라도 공동정범을 인정
하기 위해서는 주관적으로 의사연락이 있어야 하고 객관적으로 자연적인 행위
라도 공동으로 해야 한다. 예컨대 甲과 乙이 함께 사냥을 하다가 사람을 멧돼지

---

136 같은 입장으로, 김신규, "상해의 동시범 특례규정에 대한 검토", 형사법연구 22(특집호), 한국형
    사법학회(2004), 656. 나아가 중상해의 경우도 제263조를 적용할 수 없다는 견해로, 손동권, "독
    립행위가 경합하는 동시범에서 결과귀속의 문제", 안암법학 36, 안암법학회 법학연구소(2011),
    190; 신이철, "상해죄의 동시범 특례규정의 올바른 해석과 입법론", 일감법학 33, 건국대 법학연
    구소(2016), 345.
137 이 판결에 대한 평석으로, 이용식, "과실범의 공동정범", 형사판례연구 [7], 한국형사판례연구회,
    박영사(1999), 81-108; 이진국, "과실범의 공동정범", 형법판례 150선, 박영사(2019), 114-115; 허
    일태, "과실범의 공동정범에 대한 판례연구", 인권과 정의 275, 대한변호사협회(1999), 143-156.

로 오인하고 함께 총을 쏘아 사람에게 상처를 입힌 경우, 甲과 乙은 동시에 총
을 쏘자는 의사연락에 따라 범죄행위는 아니지만 총을 쏘는 행위를 같이하였다
고 할 수 있다. 범죄공동설에서는 이 경우 범죄행위를 한다는 고의의 공동이 없
기 때문에 동시범이라고 한다. 행위공동설에서는 총을 쏘는 행위를 함께 한다는
의사연락과 공동행위가 있으므로 공동정범이 성립한다고 한다.

그런데 이 사건에서 성수대교의 시공자, 교량의 관리자 및 감독자 사이에      244
작위이든 부작위이든 어떤 행위를 공동으로 한다는 의사가 없었고, 자연적인 의
미라도 어떤 행위를 공동으로 한 것도 없다. 판례의 표현대로 한다면 이들은 모
두 각자의 의무를 위반하였고, 이러한 의무위반행위가 누적되어 결과가 발생하
였다. 이것은 인과관계 문제에서 전형적인 누적적 경합에 해당하는 경우여서 판
례가 따르는 상당인과관계설에 의하면 각 행위자들의 행위와 결과발생 사이에
인과관계를 인정할 수 없다. 조건설에 의하면 인과관계를 인정할 수 있겠지만,
객관적 귀속을 인정할 수 없을 것이다. 즉 피고인들에게 공동의 의무가 있다고
할 수 있더라도,[138] 의사연락이나 공동의 행위가 인정되지 않으므로 공동정범의
성립범위를 가장 넓게 인정하는 행위공동설에 의해서도 공동정범을 인정할 수
없다.[139]

이 판결 역시 대형사고가 발생한 경우 국민의 분노감정을 누그러뜨리기 위      245
한 희생양을 만들기 위해 대법원이 무리한 논리를 전개한 것으로서 피고인보호
라는 자신의 임무를 위배한 것이라고 할 수 있다.

## 6. 협박죄의 기수시기

### [대판 2007. 9. 28, 2007도606(전)]

협박죄가 성립하려면 고지된 해악의 내용이 (중략) 일반적으로 사람으로 하
여금 공포심을 일으키게 하기에 충분한 것이어야 하지만, 상대방이 그에 의
하여 현실적으로 공포심을 일으킬 것까지 요구하는 것은 아니며, 그와 같은
정도의 해악을 고지함으로써 상대방이 그 의미를 인식한 이상, 상대방이 현

---

138 이것 역시 설득력이 없다. 설사 교량의 관리자나 감독자 사이에는 공동의 의무를 인정할 수 있
    더라도 시공자와 관리자 또는 감독자와는 공동의 의무를 인정할 수 없다.
139 같은 견해로, 허일태, "과실범의 공동정범에 대한 대법원판례의 변천", 동아법학 25(1999), 187.

실적으로 공포심을 일으켰는지 여부와 관계없이 그로써 구성요건은 충족되어 협박죄의 기수에 이르는 것으로 해석하여야 한다.[140]

246     통설은 협박죄의 기수시기에 대해 상대방이 고지된 해악의 의미를 인식하여 현실적으로 공포심을 느낄 때라고 하였으나, 이 판결에서는 상대방이 고지된 해악의 의미를 인식하면 현실적으로 공포심을 느끼지 않아도 협박죄의 기수가 된다고 한다. 협박죄의 미수범 처벌규정이 있다고 해도 논리필연적으로 통설과 같은 입장을 따라야 하는 것은 아니고, 위 판결과 같은 입장도 논리적으로 불가능한 것은 아니다. 그러나 전자가 더 자연스러운 해석임은 부정할 수 없을 것이다.[141]

247     이 판결은 협박죄를 침해범으로 보았던 통설에 비해, 협박죄를 위험범으로 보고 그 기수시기를 앞당김으로써 형벌권의 범위를 확장한 것이라고 할 수 있다. 통설에 의해도 처벌의 공백이 없고, 이 판결의 사건에서도 피고인을 협박미수죄로 처벌할 수 있었다.[142] 그럼에도 불구하고 굳이 형벌권을 확장하는 해석을 하는 것은 형법해석에 임하는 기본자세에 문제가 있다고 할 수 있다. 따라서 종래의 통설과 반대의견과 같이 협박죄의 기수시기를 현실적으로 공포심을 느낀 시점이라고 변경해야 할 것이다.[143]

---

140 이 판결에 대한 해설로, 최동렬, "협박죄의 기수에 이르기 위하여 상대방이 현실적으로 공포심을 일으킬 것을 요하는지 여부", 해설 74, 법원도서관(2008), 412-431.

141 주거침입죄의 기수시기에 대해서도 비슷한 문제가 있다. 통설은 전부침입설을 따르지만, 대판 1995. 9. 15, 94도2561은 일부침입설을 따른다. 양자 모두 논리적으로 불가능한 해석은 아니지만, 주거침입죄의 미수범 처벌규정이 있다는 점을 감안하면 판례보다는 통설의 해석이 좀더 자연스럽다고 할 수 있다.

142 피고인이 채무변제를 독촉하였으므로 검사는 피고인을 협박죄가 아니라 공갈죄로 기소했어야 한다. 이 판결은 공갈죄의 성격과 기수 여부 문제에도 영향을 미칠 수 있다. 만약 이 사건에서 상대방이 공포심을 느끼지 않았지만 채무를 변제한 경우, 이 판결의 입장을 따르면 협박죄가 기수가 되었고, 채무변제도 있었기 때문에 공갈죄의 기수가 되는지 아니면 공포심을 느끼지 않고 채무변제를 하였으므로 공갈죄의 미수가 되는지 문제된다. 공갈죄가 성립하기 위해서는 협박행위와 채무변제 사이에 인과관계가 있어야 하는데, 이 경우 인과관계를 부정할 수도 있지만 긍정할 수도 있을 것이다. 협박행위가 없었다면 채무변제를 하지 않았을 것이기 때문이다. 이렇게 해석한다면 공갈죄는 편취죄가 될 필요가 없다. 이 판결에서 이러한 문제도 고려하였는지 궁금하다.

143 침해범설을 지지하는 견해로, 박달현, "협박죄의 성질과 기수시기에 관한 체계적 고찰", 저스티스 127, 한국법학원(2011), 384 이하; 허일태, "협박죄의 성질과 기수시기", 동아법학 41(2008), 285-286; 이주일, "협박죄의 기수시기에 대한 평론 – 대법원 2007. 9. 28. 선고 2007도606 전원합의체 판결", 외법논집 30(2008), 465. 이에 대해 위험범설을 지지하는 견해는, 이해윤, "화행이론에 의한 협박죄 분석", 텍스트언어학 41, 한국텍스트언어학회(2016), 242.

## 7. 강간죄 또는 강도죄와 감금죄의 관계

### [대판 1983. 4. 26, 83도323]

강간죄의 성립에 언제나 직접적으로 또 필요한 수단으로서 감금행위를 수
반하는 것은 아니므로 감금행위가 강간미수죄의 수단이 되었다 하여 감금
행위는 강간미수죄에 흡수되어 범죄를 구성하지 않는다고 할 수는 없는 것
이고, 그때에는 감금죄와 강간미수죄는 일개의 행위에 의하여 실현된 경우
로서 형법 제40조의 상상적 경합관계에 있다.[144]

### [대판 1997. 1. 21, 96도2715]

감금행위가 강간죄나 강도죄의 수단이 된 경우에도 감금죄는 강간죄나 강
도죄에 흡수되지 아니하고 별죄를 구성한다.

판례는 사람을 감금하고 강간하거나 재물을 강취한 경우, 즉 강간 또는 강
도의 수단으로 감금을 한 경우에도 강간죄 또는 강도죄와 감금죄는 상상적 경
합관계에 있다고 한다.[145]

통설, 판례는 폭행을 최광의, 광의, 협의, 최협의의 폭행으로 나누고, 협의
의 폭행은 사람의 신체에 대한 유형력행사, 최협의의 폭행은 상대방의 항거를
불가능하게 하거나 현저히 곤란하게 하는 정도의 유형력행사라고 한다. 그리고
강간죄나 강도죄에서의 폭행, 협박은 최협의의 폭행이라고 한다. 여기에서 주의
할 것은 강간죄나 강도죄의 폭행은 사람의 신체에 대한 것일 필요가 없고, 광의
의 폭행처럼 사람에 대한 것이면 족하다는 것이다. 예컨대 야구방망이로 가구
등을 마구 부숴 피해자를 항거불가능한 심리상태에 빠지게 하고 간음한 경우,
협박으로 강간한 것이라기보다는 폭행으로 강간한 것이라고 보는 것이 간명하
기 때문이다.

248

249

144 이 판결에 대한 평석으로, 최우찬, "감금죄와 강간죄의 관계", 형사판례연구 〔2〕, 한국형사판례연
구회; 박영사(1996), 134-150.
145 대판 1983. 4. 26, 83도323; 대판 1984. 8. 21, 84도1550. 나아가 판례는 "감금행위가 단순히 강
도상해 범행의 수단이 되는 데 그치지 아니하고 강도상해의 범행이 끝난 뒤에도 계속된 경우에
는 1개의 행위가 감금죄와 강도상해죄에 해당하는 경우라고 볼 수 없고, 이 경우 감금죄와 강도
상해죄는 형법 제37조의 경합범 관계에 있다."고 한다(대판 2003. 1. 10, 2002도4380).

250      강간이나 강도의 수단으로서의 감금행위는 사람의 신체에 대한 유형력의
행사라고 볼 수는 없더라도, 사람에 대한 유형력의 행사라고 하기에는 충분하
다. 강간죄나 강도죄에 언제나 감금행위가 수반되는 것은 아니지만, 강간죄나
강도죄에 언제나 사람에 대한 유형력의 행사는 수반된다. 따라서 강도죄나 강간
죄의 폭행을 사람에 대한 유형력의 행사이면 족하다고 한다면, 강간죄나 강도죄
의 수단으로서의 감금은 사람에 대한 유령력의 행사로서 강도죄나 강간죄의 폭
행에 속하는 것이라고 할 수 있다.

251      판례는 협의의 폭행이 사람의 신체에 대한 유형력의 행사이므로 강간죄나
강도죄의 최협의의 폭행도 사람의 신체에 대한 유형력의 행사만을 의미한다고
오해한 것으로 보인다. 그러나 감금행위를 강간죄나 강도죄의 폭행에 속하는 것
이라고 한다면, 강간죄 및 강도죄 이외에 감금죄는 별도로 성립하지 않는다고
해야 할 것이다.[146] 만약 위 판결들과 같은 입장을 취한다면, 강간죄는 언제나
체포죄와 상상적 경합이 된다고 해야 할 것이다.

## 8. 명예훼손죄의 공연성

### [대판 2018. 6. 15, 2018도4200]
명예훼손죄의 구성요건인 공연성은 불특정 또는 다수인이 인식할 수 있는
상태를 말한다. 비록 개별적으로 한 사람에 대하여 사실을 유포하였더라도
그로부터 불특정 또는 다수인에게 전파될 가능성이 있다면 공연성의 요건
을 충족하지만 이와 달리 전파될 가능성이 없다면 특정한 한 사람에 대한
사실의 유포는 공연성이 없다고 할 것이다.

252      명예훼손죄의 공연성에 대해 통설은 불특정 또는 다수인이 '직접' 인식할
수 있는 상태라고 하여 특정 소수인에게 사실을 적시한 경우에는 공연성이 없
다고 한다. 그러나 판례는 위와 같이, 특정 소수인에게 사실을 적시하더라도 그
사실이 전파될 가능성이 있는 경우 공연성이 인정된다고 하여 전파가능성설을

---

146 판례의 입장은 방 안에서 "도망가거나 반항하면 죽여버린다."고 협박하여 강도나 강간을 한 경
    우, 강도죄나 강간죄에 언제나 "도망가면 죽여버린다."는 협박이 수반되는 것은 아니므로 강도죄
    나 강간죄 이외에 별도로 감금죄가 성립한다고 하는 것과 마찬가지이다.

따르고 있다.[147]

그러나 판례의 전파가능성설은 다음과 같은 문제점이 있다.[148]    253

첫째, 전파가능성설은 표현의 자유를 본질적으로 침해하고 형법의 보충성    254
원칙에도 반한다. '임금님 귀는 당나귀 귀'라는 우화에서 보듯이 인간사회에서
전파가능성이 없는 사실적시는 사실상 존재할 수 없기 때문이다. 이것은 판례가
전파가능성이 없다는 이유로 명예훼손죄를 부정한 사건들도 대법원판결에 이르
기까지 불특정인과 다수인에게 모두 전파되었다는 것에서도 잘 나타난다.

둘째, 명예훼손죄의 성립 여부가 행위자가 아닌 사실적시 상대방의 의사와    255
태도에 의해 좌우된다. 전파가능성설을 따르게 되면, 사실의 전파과정에서 불특
정 또는 다수인이 알게 된 경우 누가 불특정 또는 다수인에게 사실을 적시하였
는가보다는 최초 발언자와 그 사실을 말한 사람 전부를 유죄로 인정하게 된다.

셋째, 다수의 판결을 분석해 보면 전파가능성 유무의 판단이 자의적이어서    256
법적 안정성을 해친다.[149]

넷째, 명예훼손죄와 모욕죄의 공연성 개념을 통일적으로 파악할 수 없다.    257
두 죄 모두 공연성을 요건으로 하고 있는데, 모욕죄에서는 불특정 또는 다수인
을 대상으로 하였느냐만이 문제되고 사실의 적시가 없으므로 사실의 전파가능
성도 문제되지 않기 때문이다.

다섯째, 전파되지 않고 전파가능성만이 있는 경우에도 처벌하는 것은 형법    258
의 보충성원칙이나 죄형법정주의에 반한다.[150]

---

147 대법원은 대판 1968. 12. 24, 68도1569 이래로 일관되게 전파가능성설을 따르고 있다[한제희,
   "모바일 단체대화방에서의 대화와 공연성", 형사판례연구 [25], 한국형사판례연구회, 박영사(2017),
   268].
148 전파가능성설을 지지하는 견해로, 김우진, "명예훼손죄에 있어서의 공연성", 형사판례연구 [9],
   한국형사판례연구회, 박영사(2001); 한제희(주 147), 272-276. 반대하는 견해로, 민영성, "명예훼
   손죄와 관련한 판례의 태도와 그 문제점", 언론과 정보 9-1, 부산대 언론정보연구소(2003), 5 이
   하; 이경재, "모욕죄의 쟁점사항과 관련 판례 고찰 – 대법원 2015. 12. 24. 선고 2015도6622 판
   결 –", 최신판례분석 65-8, 법조협회(2016), 641-642. 다수설도 공연성을 너무 넓게 인정하는 견
   해로, 안경옥, "명예훼손죄의 공연성 해석의 재검토", 법조 53-8, 법조협회(2004), 92.
149 대법원판결을 실증적으로 분석하여 통일적 기준이 없다는 지적으로, 이인호·이구현, "명예훼손
   죄의 공연성 구성요건에 관한 비판적 고찰", 언론과 법 12-2, 한국언론법학회(2013), 77 이하; 조
   현욱, "명예훼손죄에 있어서 공연성의 의미와 판단기준", 법학연구 32, 한국법학회(2008), 369.
150 사이버상의 명예훼손 등과 관련하여, 류부곤, "SNS상에서의 정보유통과 공연성 개념", 형사정책
   26-1, 한국형사정책학회(2014), 291-293; 류화진, "스마트폰 단체대화방내의 형법상 공연성의 인

## 9. 주거침입죄에서 침입의 판단방법

**[대판 2021. 9. 9, 2020도12630(전)]**

주거침입죄의 구성요건적 행위인 침입은 주거침입죄의 보호법익과의 관계에서 해석하여야 한다. 따라서 침입이란 '거주자가 주거에서 누리는 사실상의 평온상태를 해치는 행위태양으로 주거에 들어가는 것'을 의미하고, 침입에 해당하는지 여부는 출입 당시 객관적·외형적으로 드러난 행위태양을 기준으로 판단함이 원칙이다. 사실상의 평온상태를 해치는 행위태양으로 주거에 들어가는 것이라면 대체로 거주자의 의사에 반하는 것이겠지만, 단순히 주거에 들어가는 행위 자체가 거주자의 의사에 반한다는 거주자의 주관적 사정만으로 바로 침입에 해당한다고 볼 수는 없다. 외부인이 공동거주자 중 주거 내에 현재하는 거주자로부터 현실적인 승낙을 받아 통상적인 출입방법에 따라 주거에 들어간 경우라면, 특별한 사정이 없는 한 사실상의 평온상태를 해치는 행위태양으로 주거에 들어간 것이라고 볼 수 없으므로 주거침입죄에서 규정하고 있는 침입행위에 해당하지 않는다.

259    오늘날 주거침입죄의 보호법익으로는 크게 주거권설, 주거의 사실상 평온설 등이 대립한다. 주거권설에서 주거권이란 주거의 사실상 평온을 누릴 권리를 말하는 것이므로 주거권설은 권리의 보호를, 주거의 사실상 평온설은 사실상의 상태의 보호를 강조한다고 할 수 있다.

260    따라서 주거침입죄의 보호법익에 대한 논쟁은 주거의 평온을 누릴 수 있는 법적 권리인지 아니면 주거의 평온을 누리는 사실상의 상태인지의 논쟁이라고 할 수 있다. 그런데 이 문제의 해결은 그리 어렵지 않다. 실질적 범죄개념과 실질적 위법성론에서 범죄의 본질이나 위법성의 본질에 대해 통설, 판례는 권리침해설이 아니라 법익침해설을 따른다. 권리침해설은 범죄 및 위법성의 본질을 법적 권리침해에서 찾는다. 이에 비해 법익침해서는 법적 권리가 없더라도 사실상 법적으로 보호되는 이익 즉, 법익의 침해에서 범죄 및 위법성의 본질을 찾는다.

261    '보호권리'라는 말을 쓰지 않고 '보호법익'이라는 용어를 사용하는 데에서

---

정문제", 법학연구 25-2, 경상대 법학연구소(2017), 126; 최정일, "사이버명예훼손죄의 구성요건 분석 및 형사법적 규제 방안에 대한 소고", 법학연구 23-2, 경상대 법학연구소(2015), 216.

〔오 영 근〕

알 수 있듯이 형법이 보호하는 것은 법적 권리가 아니라 법익 즉 일정한 이익을 누리는 사실상의 상태이다. 따라서 주거권설 보다는 주거의 사실상 평온설이 타당함은 쉽게 알 수 있다.

판례는 주거의 사실상 평온설을 따른다. 그런데 이전의 판례는 남편의 부재 중 처와 간통할 목적으로 그 주거에 들어간 경우 주거침입죄를 인정하였다.[151] 그러나 이것은 주거침입죄의 보호법익을 주거의 사실상 평온이라고 하는 입장과는 모순되는 것이라고 할 수 있다.[152]

262

종래의 입장을 변경한 대상판결은 주거의 사실상 평온설에 충실한 판결이지만, 이 판결의 진정한 쟁점은 복수의 거주자가 있는 경우 보호법익의 침해 여부를 어떻게 결정할 것인가이다. 대상판결의 결론은 옳지만,[153] 주거침입죄의 구성요건적 행위인 '침입'의 판단방법에 대한 설명은 불필요하거나 오해의 소지가 있다.[154]

263

---

151 대판 1984. 6. 26, 83도685. 이 판결에 대해서는 비난의 중점이 간통에 있음에도 불구하고 주거침입죄로 처벌함로서 주거침입죄를 편법으로 이용한 것이라고 할 수 있다. 소위 '초원복집 사건'에서도 비난의 중점은 도청에 있었지만, 당시에는 도청을 처벌하는 규정이 없었으므로 대법원은 주거침입죄를 인정하였다(대판 1997. 3. 28, 95도2674), 이후 대법원은 입장을 변경하여 두 경우 모두에서 주거침입죄를 부정한다[대판 2021. 9. 9, 2020도12630(전)(간통 목적 주거침입 관련) 및 대판 2022. 3. 24, 2017도18272(전)(초원복집 사건 관련)].

152 같은 입장으로, 송문호, "주거침입죄의 성립범위", 형사정책연구 20-3, 한국형사정책연구원(2009), 301. 주거의 사실상 평온설과 모순되지 않는다는 견해로, 문채규, "주거침입죄의 보호법익 - 사실상 평온설의 정립을 위하여-", 비교형사법연구 12-2, 한국비교형사법학회(2010), 69-71. 한편 주거권설에 따라 이 판결에 찬성하는 견해로, 김경락, "주거침입죄의 침입의 의미: 보호법익과 '의사에 반하여'에 대한 해석을 중심으로", 법학논총 38-3, 전남대 법학연구소(2018), 158-159; 이정원, "주거침입죄의 구조와 문제점", 법학논총 21-1, 조선대 법학연구소(2014), 430.

153 대상판결은 배우자 있는 사람과의 혼외 성관계 목적으로 다른 배우자가 부재중인 주거에 출입하여 주거침입죄로 기소된 사건에서 주거침입죄를 부정하였지만, 이전의 판결 중에는 복수의 거주자 중 일부의 의사에 반하면 무조건 주거침입죄가 성립한다고 한 것도 있다(대판 2010. 3. 11, 2009도5008). 위 2009도5008 판결에 찬성하는 견해로, 류석준, "사용자에 대하여 정당한 노동쟁의에 있어 병존적 관리, 사용자인 제3자에 대한 주거침입죄의 성부", 형사법연구 22-3, 한국형사법학회(2010). 이 판결에 비판적 견해로, 박혜진, "주거침입죄의 제한적 해석을 위한 비판적 고찰", 고려법학 61(2011), 375; 우희숙, "사업장 점거와 형법상 주거침입죄의 관계 - 집합건물법상 공용부분 의 점거를 중심으로-", 홍익법학 15-2(2014), 333; 이수현, "공동관리 사용하는 공간에 대한 주거침입죄의 성립여부와 주거침입죄의 규범의 보호목적 - 대법원 2010. 3. 11. 선고 2009도5008 판결 -", 법학연구 32, 전북대 법학연구소(2011), 100-104.

154 대상판결은 복수의 거주자 중 일부의 의사에 반한 경우를 다룬 것이지만, 이후 대판 2022. 1. 27, 2021도15507은 복수의 거주자 중 전부의 의사에 반한 경우에도 이 표현을 그대로 사용하고 있기 때문이다. 그러나 후자에서는 이 표현을 사용할 필요가 없다.

264      구성요건적 행위태양은 보호법익을 고려해서 해석해야 하지만, 보호법익과
무관하게 구성요건적 행위태양을 해석해야 할 경우도 많기 때문이다. 예를 들
어, 망원경으로 남의 집을 들여다보거나 주거에 돌을 던지는 경우 또는 주거침
입죄의 예비 단계에서도 객관적·외형적으로 드러나는 행위만으로도 주거의 사
실상 평온이 침해되었다고 할 수 있다. 그러나 이 경우 주거침입죄는 성립할 수
없는데, 그 이유는 침입이라고 하기 위해서는 행위자의 신체가 주거 안에 들어
가는 행위가 있어야 하기 때문이다. 여기에서 신체가 주거 안에 들어가야 침입
이 된다는 것은 보호법익과는 무관하게 침입이라는 문언 그 자체에서 도출되는
것이다.

265      따라서 대상판결의 별개의견이나 반대의견처럼 침입은 거주자의 의사에 반
하여 들어가는 것이라고 하면 충분하다고 할 수 있다.

## 10. 재물과 경제적 가치

### [대판 1996. 5. 10, 95도3057]

재물은 반드시 객관적인 금전적 교환가치를 가질 필요는 없고 소유자, 점유
자가 주관적인 가치를 가지고 있음으로써 족하다고 할 것이고, 이 경우 주관
적·경제적 가치의 유무를 판별함에 있어서는 그것이 타인에 의하여 이용되
지 않는다고 하는 소극적 관계에 있어서 그 가치가 성립하더라도 관계없다.

### (1) 문제점

266      민법에는 물건이라는 용어는 있지만 재물이라는 용어는 없다. 이에 비해
형법에서는 물건이라는 용어와 재물이라는 용어가 모두 사용되고 있다. 이 때문
에 형법에서는 재물과 물건의 차이가 무엇인지 문제될 수 있다. 그리고 이것은
재물에 경제적 가치를 요하느냐의 문제로 나타난다. 물건은 경제적 가치를 요하
지 않는다고 해석할 수 있지만, 재물도 경제적 가치를 요하지 않는다고 해석할
수 있는지, 이 경우 경제적 가치가 무엇인지 문제된다.

### (2) 통설 및 판례의 입장

267      이에 대해 통설은 재물에 경제적 가치를 요하지 않는다고 한다. 이것은 재
물과 물건을 같은 개념으로 파악하는 것이다.

그런데 물건은 재산범죄 이외에서 많이 사용되고, 재물은 재산범죄에서만 **268**
사용되고 있다.[155] 재산범죄 중에서 물건이라는 용어는 권리행사방해죄(§ 323),
점유강취죄(§ 325), 중권리행사방해죄(§ 326), 특수공갈죄(§ 350의2), 특수손괴죄(§ 369)
등에서만 사용되고 있다. 앞의 세 범죄에서는 물건은 행위의 객체이므로 재산범
죄에서 어떤 의미를 갖느냐가 문제된다. 이에 비해 뒤의 두 범죄에서는 특수폭
행, 특수상해 등과 같이 '위험한 물건'은 행위의 태양으로 기능하므로 재산범죄
에서 특별한 의미를 갖는 것은 아니다.

형법에서 물건과 재물을 엄격히 구분하고 있으므로, 물건과 재물은 기본적 **269**
으로 서로 다른 개념이라고 해석하는 것이 원칙이다. 이 때문에 판례는 객관적
경제적 가치(금전적 교환가치)는 요하지 않지만 주관적 경제적 가치는 필요하고,
주관적 경제적 가치란 타인에게 이용되지 않는다고 하는 소극적 가치라고 한다.

재물에 경제적 가치를 요하지 않는다는 통설보다는 경제적 가치를 요한다 **270**
는 판례의 입장이 타당하다. 물건의 사전적 의미는 '일정한 형체를 갖춘 모든
물질적 대상'이고. 재물의 사전적 의미는 '돈이나 그 밖의 값나가는 모든 물건'
을 의미한다. 재물은 '물'(물건) 앞에 '재'라는 수식어가 붙어 있으므로 논리적으
로 물건보다는 좁은 개념이다. 물건에는 재물인 물건과 비재물인 물건이 있기
때문에 재물인 물건과 비재물인 물건이 구별될 수 있다면 재물과 물건도 구별
될 수 있다. 이러한 구별이 가능하다면, 재물을 물건과 동일하게 해석하는 것은
재물에 비재물인 물건도 포함된다고 하는 것으로서 문언의 가능한 의미를 넘어
가는 해석이다.[156] 이러한 해석이 피고인에게 불리한 때에는 유추해석금지원칙
에 반하게 되는데, 재산범죄에서 재물과 물건을 동일하게 해석하는 것은 거의
모두 피고인에게 불리하다. 따라서 재물과 물건을 동일하게 보는 통설은 유추해
석금지원칙에 반한다고 할 수 있다.

---

155 구 형법에서 사회적 법익에 대한 죄인 도박죄(§ 246)는 "재물로써 도박한 자"라고 규정되어 있었
   으나, 제11차 개정형법은 재물을 삭제하고 "도박을 한 사람"이라고 규정하였다. 따라서 현행형법
   상 재물이라는 용어는 재산범죄에서만 사용되고 있다.
156 물건의 사전적 의미가 유체물에 한정된다고 하더라도, 형법에서 민법을 따라 무체물도 물건에
   포함된다고 해석하는 것은 문언의 가능한 의미를 넘어서는 해석이라고 할 수 없다. 문언의 가능
   한 의미가 반드시 사전적 의미라고 할 필요는 없기 때문이다.

### (3) 재산상 이익과 비재산상 이익, 재물과 물건의 구별

271    이익에는 재산상 이익과 비재산상 이익이 있다. 재산상 이익이 뇌물죄의 객체가 된다는 데에는 견해가 일치한다. 비재산상 이익도 뇌물죄의 객체가 될 수 있는가는 문제가 될 수 있는데, 판례는 비재산상 이익도 뇌물죄의 객체가 된다고 한다.[157] 그러나 재산범죄 중 이득죄의 객체는 재산상 이익에 국한된다. 뇌물죄와 유사한 배임수재죄의 객체는 재물 또는 재산상 이익이므로 성적 욕망의 만족과 같은 이익은 그것이 예외적으로 재산상 이익으로 간주될 수 있을 때 이외에는 그 이익을 취득해도 배임수재죄가 성립할 수 없다.

272    마찬가지로 자가용운전사를 협박하여 일정한 거리를 가도록 한 경우, 재산상 이익의 취득이 있다고 할 수 없기 때문에 강요죄는 성립할 수 있어도 공갈죄나 강도죄는 성립할 수 없다. 그러나 만약 영업용택시 운전자를 협박하여 일정한 거리를 가도록 하고 요금을 내지 않은 경우에는, 강요죄가 아니라 공갈죄 또는 강도죄가 성립할 수 있다.

273    이와 같이 재산상 이익과 비재산상 이익이 엄격히 구별된다고 한다면, 재물과 물건도 엄격히 구별해야 한다. 재산상 이익에 상응하는 개념이 재물이라면, 비재산상 이익에 상응하는 개념은 물건이라고 할 수 있기 때문이다.[158]

274    이것은 권리행사방해죄(§ 323)의 객체가 재물이 아니라 물건이라고 규정된 것에서도 잘 나타난다. 권리행사방해죄에서는 물건을 취거함으로써 그 물건에 설정되어 있는 권리관계를 침해한다. 권리행사방해죄의 객체가 재물이 아니라 물건인 것은 재산상 가치가 없는 물건에 대해서도 점유나 권리는 인정되기 때문이다. 예컨대 시체는 원칙적으로 재물이 아니라 물건이라고 해야 하지만, 시체에 대한 보관비용 등을 내지 않기 위해 시체를 취거하는 것 역시 재산범죄에 속한다.

275    다른 예로, 시체를 영득하였을 때에는 횡령죄나 절도죄 등 재산범죄가 아니라 시체영득죄가 성립한다. 이것은 시체를 재물이라고 할 수 없기 때문이다. 시

---

157 뇌물은 사람의 수요·욕망을 만족시킬 수 있는 일체의 유형·무형의 이익이므로 성적 욕망의 만족과 같은 비재산상 이익도 뇌물죄의 객체가 될 수 있다(대판 2014. 1. 29, 2013도13937).
158 재물을 물건이라고 해석하면 재물과 재산상 이익은 특별 대 일반의 관계라는 말도 성립할 수 없다. 특별 대 일반의 관계에서 특별은 일반의 모든 요소를 갖춰야 한다. 그런데 물건도 재물이라고 한다면 재산적 가치가 없는 물건은 재산상 이익이 될 수 없으므로 재물이 재산상 이익의 요소를 모두 갖추고 있지 못하기 때문이다.

체에 대해 횡령죄나 절도죄 등 재산범죄가 성립할 수 있는 경우는 예외적으로
시체가 경제적 가치를 가진 물건, 즉 재물이 되는 경우에 국한된다.

### (4) 재산적 가치와 경제적 가치

재산적 가치는 경제적 가치라고 할 수 있다. 경제적 가치란 객관적으로 판       276
단해야 하기 때문에 주관적 가치만 있는 것은 경제적 가치가 있다고 할 수 없
다. 흔히 '친구가 재산이다. 인맥이 재산이다'라고 할 때 인맥의 가치를 객관적
으로 평가할 수 없기 때문에 그것을 재산범죄에서 말하는 재산이라고 할 수는
없을 것이다.

따라서 주관적 소극적 가치만 있어도 경제적 가치가 있다고 하는 판례의       277
입장은 타당하다고 할 수 없다. 예를 들어, 저장강박증 환자가 동네에서 주워다
모아놓는 쓰레기는 주관적 소극적 가치가 있겠지만 그 쓰레기를 재산적 가치가
있다고 할 수 있을지 의문이다. 주관적 소극적 가치만 있는 이익도 뇌물죄의 객
체는 될 수 있다. 그런데 이러한 이익을 재산적 가치가 있다고 한다면 그것은
재산상 이익이 되는데, 이렇게 되면 재산상 이익과 비재산상 이익의 구별은 사
실상 불가능하고, 뇌물죄의 객체인 이익과 배임수재죄의 객체인 재산상 이익의
구별도 불가능할 것이다. 따라서 재물과 물건을 구별하는 재산적 가치도 객관적
경제적 가치, 즉 객관적 금전적 교환가치라고 해야 할 것이다.[159]

## 11. 절도죄의 불법영득의사와 사용절도의 범죄체계론상 지위

[대판 2012. 7. 12, 2012도1132]

1. 절도죄의 성립에 필요한 불법영득의 의사란 권리자를 배제하고 타인의
물건을 자기의 소유물과 같이 이용·처분할 의사를 말하고, 영구적으로 물
건의 경제적 이익을 보유할 의사임은 요하지 않으며, 일시 사용의 목적으로
타인의 점유를 침탈한 경우에도 사용으로 인하여 물건 자체가 가지는 경제
적 가치가 상당한 정도로 소모되거나 또는 상당한 장시간 점유하고 있거나
본래의 장소와 다른 곳에 유기하는 경우에는 이를 일시 사용하는 경우라고
는 볼 수 없으므로 영득의 의사가 없다고 할 수 없다.

---

159 통설, 판례의 문제점을 좀더 구체적으로 지적한 것으로서, 오영근, "재물과 재산상 이익에 대한
    합리적 해석론", 법학논총 31-4, 한양대 법학연구소(2014), 196-199.

2. 피고인이 甲의 영업점 내에 있는 甲 소유의 휴대전화를 허락 없이 가지고 나와 이를 이용하여 통화를 하고 문자메시지를 주고받은 다음 약 1-2시간 후 甲에게 아무런 말을 하지 않고 위 영업점 정문 옆 화분에 놓아두고 간 경우, 피고인은 甲의 휴대전화를 자신의 소유물과 같이 경제적 용법에 따라 이용하다가 본래의 장소와 다른 곳에 유기한 것이므로 피고인에게 불법영득의사가 있었다.

### (1) 문제점

278    위 판결은 절도죄의 성립에 불법영득의사가 필요하다고 하고, 불법영득의사의 개념을 제시한다. 그리고 사용절도에서는 불법영득의사가 없지만 사용절도를 넘어선 경우에는 불법영득의사가 인정된다고 한다. 그리고 판례는 "절취란 타인이 점유하고 있는 재물을 점유자의 의사에 반하여 그 점유를 배제하고 자기 또는 제3자의 점유로 옮기는 것"이라고 하여 절취에 영득은 포함되어 있지 않다고 한다. 따라서 문서위조죄에서 행사처럼 영득은 고의의 대상이 아니라 고의와는 구별되는 초과주관적 구성요건요소인 (불법)영득의사의 대상이 된다.[160]

279    그런데 불법영득의사를 명문으로 규정하고 있지 않은 우리 형법에서 불법영득의사라는 개념을 인정하는 것이 타당한 해석인지 의문이 든다. 또한 사용절도의 경우, '불법영득'의사가 없는 것인지 불법'영득'의사가 없는 것인지 아니면 불법영득의사는 존재하지만 위법성이 조각되는 것인지도 문제될 수 있다. 이 견해들 중 불법영득의사에 대한 판례의 입장과 조화될 수 있는 것은 무엇인지 검토가 필요하다.

### (2) 불법영득의사 긍정설의 문제점

280    우리 형법에는 명문으로 규정되어 있지도 않은 불법영득의사나 불법이득의사가 영득죄 혹은 이득죄의 성립에 필요하다는 입장에는 다음과 같은 문제점이 있다.

---

160 대판 1999. 11. 12, 99도3801; 대판 2008. 7. 10, 2008도3252; 대판 2016. 12. 15, 2016도15492. 절도죄의 행위태양인 절취는 고의의 인식대상이다. 절취에 영득이 포함되어 있다면 영득은 고의의 대상이다. 그런데 절취가 판례와 같이 점유배제와 점유취득만으로 이루어진다고 할 경우 영득은 행위태양이 아니므로 고의의 대상이 될 수 없고, 영득의 의사는 고의와 구별되는 초과주관적 요소라고 해야 한다.

첫째, 불법영득의사에서 의사란 독일어의 Absicht를 번역한 것으로서 여기　281
에서의 Absicht는 우리 형법상의 용어로는 '목적'이라고 번역해야 한다. 만약 '불
법영득의 목적으로' 혹은 '불법이득의 목적으로'라고 번역했다면 절도죄, 강도죄
등이 문서위조죄 등과 같이 목적범이라고 해야 할텐데, 이러한 해석이 가능한지
의문이다.

둘째, 독일형법에서는 권리행사방해죄나 절도죄 및 강도죄의 행위태양이　282
모두 점유자의 의사에 반한 점유의 취득인 취거(取去: wegnehmen)이다. 그런데
우리 형법에서 권리행사방해죄의 행위태양은 '취거'이지만, 절도죄나 강도죄의
행위태양은 '절취', '강취'로 되어 있다. 이와 같이 법률에 다른 용어가 사용된 경
우 서로 다른 개념으로 보는 것이 해석의 기본원칙이다. 절취와 강취가 다르듯,
절취와 취거, 강취와 취거도 다른 개념이다.

권리행사방해죄의 객체는 자기소유의 물건이므로 영득은 불가능하고 점유　283
의 이전만이 가능하다. 그러나 절도죄와 강도죄의 객체는 타인이 점유하는 타인
소유의 재물이므로 영득이 가능하므로 절취와 강취는 점유의 이전과 영득을 포
함하는 개념이라고 해석해야 한다.[161] 이와 같이 절취와 강취라는 실행행위에
영득이 포함되어 있다고 한다면, 실행행위는 고의의 대상이므로 영득은 고의의
대상이지 고의를 초과하는 목적이나 의사 또는 동기 등의 대상이 아니다.

셋째, 강도죄, 사기죄, 공갈죄 등의 객체에는 재물과 재산상 이익이 포함되　284
어 있는데, 이들 범죄에서 재산상 이익의 취득에는 점유의 이전(재물죄에서 취거)
뿐만 아니라 사실상 소유권의 취득(재물죄에서 영득)도 당연히 포함되어 있다. 그
리고 재산상 이익의 취득은 객관적 구성요건요소이므로 고의의 대상이다. 따라
서 재산상 이익의 취득이라는 고의 이외에 불법이득의사라는 초과주관적 구성
요건요소를 인정할 필요가 없다. 이득 사기·공갈·강도죄 등에서 이익의 영득,
즉 이득을 고의의 대상이라고 한다면 이들 범죄가 성립하기 위해 불법이득의사
가 필요하다고 할 필요가 없다. 그렇다면 재물 사기·공갈·강도죄 등에서도 영

---

161 물론 점유강취죄(§ 325①)의 행위태양은 강취이고 여기에는 영득이 포함될 수 없으므로, 강취는
　　강제취거만을 의미하고 영득은 포함되지 않는다는 반론도 가능하다. 그러나 강취는 문맥상 강제
　　취거, 강제취득으로 혼용될 수 있다. 양자를 구별할 용어가 마땅치 않기 때문이다. 즉, 점유강취
　　죄의 강취는 강제취거, 강도죄의 강취는 강제취득으로 혼용될 수 있다. 그러나 절취와 취거와
　　같이 구별하여 사용할 수 있는 용어들이 있을 때에는 그 의미를 달리 해석해야 한다.

득은 고의의 대상이므로 불법영득의사라는 개념이 필요없다고 하는 것이 논리적이다. 사취, 갈취, 강취에 영득이 포함되어 있다고 한다면, 절취에도 영득이 포함되어 있다고 해야 하므로 절도죄에서도 불법영득의사라는 개념을 인정할 필요가 없다.

285       넷째, 독일형법에서도 횡령죄와 배임죄에는 불법영(이)득의사가 명문으로 규정되어 있지 않고, 이에 따라 횡령죄에서는 불법영(이)득의사는 필요로 하지 않거나 고의의 한 내용이라고 하고,[162] 배임죄에서는 불법이득의사를 논하지도 않는다.[163] 그럼에도 불구하고 우리의 통설, 판례는 우리 형법상 횡령죄에서 불법영득의사,[164] 배임죄에서 불법이득의사[165]를 요한다고 한다. 그런데 배임죄의 행위태양에는 재산상 이익의 취득과 재산상 손해를 가하는 것 모두 포함되어 있다. 따라서 재산상 손해를 가하는 것은 당연히 고의의 내용이라고 하고, 불법가해의사를 요한다고 하지 않는다. 그런데 재산상 이익의 취득은 고의의 내용이 아니므로 불법이득의사를 요한다고 한다면, 그 이유가 무엇인지 논리적으로 설명하기 곤란하다. 만약 재산상 이익의 취득이 고의의 내용이면서 불법이득의사의 내용이라고 한다면, 이득이 고의와 고의를 초과하는 주관적 의사 모두의 내용이 되고, 나아가 불법가해의사도 필요하다고 해야 할 것이다.[166]

286       다섯째, 설사 절취, 강취, 사취, 갈취에 영득이 포함되어 있지 않고, 따라서 영득의 목적으로 취거해야 절도죄 등에 해당된다 하더라도, '영득'의 의사만 있으면 충분하지 '불법영득'의 의사까지 필요하다고 할 필요는 없다. 불법은 위법인데

---

162 횡령죄의 경우, Lakner, § 246 Rn.9; Rudolf Rengier, Strafrecht Besonder Teil I, § 5 Rn.6.

163 배임죄의 경우 독일형법의 행위태양은 재산상의 손해를 가하는 것이고, 재산상 이익의 취득은 객관적 구성요건요소가 아니다. 따라서 배임죄의 성립에 고의를 요하지만, 불법이득의사는 논의조차 하지 않는다. 독일형법에 규정에 맞는 해석임은 물론이다(Lackner, § 266 Rn.19; Rengier, § 18 Rn.5).

164 대판 2016. 8. 30, 2013도658. 「횡령죄에서 불법영득의사는 타인의 재물을 보관하는 자가 자기 또는 제3자의 이익을 꾀할 목적으로 위탁의 취지에 반하여 타인의 재물을 자기의 소유인 것처럼 권한 없이 스스로 처분하는 의사를 의미한다.」

165 대판 2014. 2. 21, 2011도8870. 「법인카드 사용에 대하여 실질적 1인 주주의 양해를 얻었다거나 실질적 1인 주주가 향후 그 법인카드 대금을 변상, 보전해 줄 것이라고 일방적으로 기대하였다는 사정만으로는 업무상배임의 고의나 불법이득의 의사가 부정된다고 볼 수 없다.」

166 횡령죄와 배임죄에서도 영득이나 이득의 고의 이외에 불법영득의사, 불법이득의사가 필요하다는 근거를 제시한 것으로, 김준성, "불법영득의사의 내용과 적용범위", 형사법연구 24-3, 한국형사법학회(2012), 200-201.

불법영득의사를 구성요건요소라고 하면 위법성을 구성요건 단계에서 판단해야
하는 혼란이 있다. 예컨대 타인의 재물을 절취한 경우, 절도죄의 구성요건해당성
은 있지만 긴급피난으로 위법성이 조각되는지 영득이 위법하지 않으므로 불법영
득의사가 없어 절도죄의 구성요건해당성조차 없는지 혼란스럽다.

여섯째, 영득죄에 불법영득의사가 필요하다고 한다면 손괴죄에는 불법손괴
의사가 필요하다고 해야 한다. 손괴죄에서도 점유의 이전만으로는 부족하고, 권
리자를 배제하고 타인의 소유물을 자기의 소유물처럼 처분[167]하려는 의사가 필
요하기 때문이다. 소유자에게 돌려주기 위해 혹은 재물의 효용을 증대시키기 위
해 재물을 취거한 경우, 절도죄뿐만 아니라 손괴죄도 성립하지 않는다. 절도죄
성립에 취거뿐만 아니라 영득까지 있어야 하므로 불법영득의사가 필요하다면,
마찬가지로 취거만으로는 손괴죄가 성립할 수 없기 때문에 불법손괴의사가 필
요하다고 해야 한다. 그러나 독일이건 우리나라이건 손괴죄 성립에 불법손괴의
사가 필요하다고 하지는 않는다. 이는 불법손괴의사라는 개념을 사용하지 않아
도 손괴죄의 인정에 별 어려움이 없기 때문이다. 마찬가지로 불법영득의사라는
개념을 사용하지 않아도 영득죄를 인정하는 데에 별 문제점이 없다.

일곱째, 절도죄나 강도죄 등과 같이 현실적으로 판단이 어렵지 않은 범죄들
에 대해 불법영득의사와 같이 어려운 개념을 사용하는 독일의 입법방식은 결코
바람직하지 않다. 좀더 바람직한 입법방식을 따르는 우리 형법의 해석에 바람직
하지 않은 입법방식을 취하고 있는 독일형법의 해석론을 받아들이는 것은 참으
로 이상한 일이다.

결국 우리 형법에서는 굳이 불법영득의사를 도입할 필요가 없이 절취·강취
등은 취거와 영득을 포함하고, 사취·갈취는 재물을 교부받은 것과 영득을 포함
하므로 취거나 재물의 교부를 받는 것뿐만 아니라 영득도 고의의 대상이 된다
고 하면 충분하다.

### (3) 사용절도의 형법적 효과

판례는 불법영득의사란 권리자를 배제하고 타인의 물건을 자기의 소유물과
같이 이용·처분할 의사라고 하고, 사용절도에서는 불법영득의사가 없다고 한

287

288

289

290

---

167 영구적 또는 일시적으로 재물의 효용을 상실 또는 감소시키는 것도 처분에 포함시킬 수 있을 것
이다.

다. 사용절도가 성립하기 위해서는 사용으로 인한 물건 자체가 가지는 경제적 가치가 상당한 정도로 소모되지 않아야 하고, 사용 후 본래의 장소에 반환해야 하고, 일시적으로만 점유·사용하여야 한다.[168] 그리고 이러한 경우에는 권리자를 배제할 의사를 가지고 한 것이라고 볼 수 없고,[169] 소유권 또는 본권을 침해할 의사가 없기 때문에[170] 불법영득의사가 인정되지 않는다는 것이다.

291    그런데 이러한 해석에는 다음과 같은 문제점이 있다.

292    첫째, 불법영득의사가 성립하기 위해서는 사용, 수익, 처분행위와 사용, 수익, 처분의사가 모두 있어야 하는지, 아니면 사용, 수익, 처분 중 어느 하나의 행위와 의사만 있으면 되는지 문제된다. 소유권 내지 본권의 침해란 소유권 내지 본권의 정상적인 행사를 방해하는 것을 말하므로 권리자를 배제하고, 사용, 수익, 처분 행위 중 어느 하나만 하더라도 소유권 내지 본권의 침해는 있다고 해야 한다. 따라서 사용절도에서도 비록 일시적이지만 소유권 내지 본권의 침해가 있다고 해야 할 것이다.

293    둘째, 사용절도에서는 불법영득의사에서 요구되는 권리자를 배제하는 행위나 의사가 없었다고 할 것인지, 아니면 비록 일시적이지만 권리자를 배제하는 행위나 의사가 있었다고 할 것인지 문제되지만, 후자가 타당하다고 할 수 있다. 권리자의 배제도 반드시 영구적일 필요는 없고, 일시적인 배제도 배제는 배제라고 할 수 있기 때문이다.

294    셋째, 타인의 재물을 일시사용하고 반환할 의사로 가져갔다가 반환하지 않고 방치하거나 다른 장소에 반환한 경우, 언제부터 불법영득의사가 있었는지 문제된다. 이 경우 취거 시에 불법영득의사가 없었으므로 절도죄를 인정하기 위해서는 방치 시에 불법영득의사가 있다고 해야 한다. 그러나 방치 시에는 재물이 점유가 권리자가 아닌 행위자에게 있었고, 행위자에게 그 재물을 자기의 소유물처럼 사용, 수익, 처분할 의사가 없었으므로 절도죄나 불법영득의사를 인정하기 곤란하다. 따라서 일시사용의 의사로 취거할 시점에 비록 일시적이지만 권리자를 배제하고, 사용만 한다고 하더라도 소유권 내지 본권의 침해는 있다고 해야 할 것이다.

---

168 대판 1987. 12. 8, 87도1959.
169 대판 1981. 12. 8, 81도176.
170 대판 1981. 10. 13, 81도2394; 대판 1987. 12. 8, 87도1959; 대판 1992. 4. 24, 92도118.

〔오 영 근〕

이렇게 본다면 일시사용절도는 경미한 법익침해의 경우와 같다고 해야 할 것이다. 통설·판례는 경미한 법익침해행위에 대해 구성요건해당성은 인정되지만, 위법성이 조각된다고 한다. 마찬가지로 사용절도 역시 비록 일시적이지만 권리자를 배제하고 소유권 내지 본권을 침해하여 절도죄의 구성요건에 해당되지만, 사용으로 인한 가치소모가 적고, 원래 장소에 반환하고, 일시사용이라는 것 등을 요건으로 하여 위법성이 조각된다고 해야 할 것이다.

## 12. 예금통장과 현금카드에 대한 불법영득의사

[대판 2010. 5. 27, 2009도9008]
예금통장은 예금채권을 표창하는 유가증권이 아니고 그 자체에 예금액 상당의 경제적 가치가 화체되어 있는 것도 아니지만, 이를 소지함으로써 예금채권의 행사자격을 증명할 수 있는 자격증권으로서 예금계약 사실 뿐 아니라 예금액에 대한 증명기능이 있고 이러한 증명기능은 예금통장 자체가 가지는 경제적 가치라고 보아야 하므로, 예금통장을 사용하여 예금을 인출하게 되면 그 인출된 예금액에 대하여는 예금통장 자체의 예금액 증명기능이 상실되고 이에 따라 그 상실된 기능에 상응한 경제적 가치도 소모된다. 그렇다면 타인의 예금통장을 무단사용하여 예금을 인출한 후 바로 예금통장을 반환하였다 하더라도 그 사용으로 인한 위와 같은 경제적 가치의 소모가 무시할 수 있을 정도로 경미한 경우가 아닌 이상, 예금통장 자체가 가지는 예금액 증명기능의 경제적 가치에 대한 불법영득의 의사를 인정할 수 있으므로 절도죄가 성립한다.

[대판 1998. 11. 10, 98도2642]
피해자로부터 지갑을 잠시 건네받아 임의로 지갑에서 현금카드를 꺼내어 현금자동인출기에서 현금을 인출하고 곧바로 피해자에게 현금카드를 반환한 경우, 현금카드에 대한 불법영득의사가 없다.

타인의 예금통장이나 현금카드를 몰래 가져다 현금을 인출하고 바로 반환한 경우, 인출한 현금에 대해 어떠한 범죄가 성립하느냐는 논외로 하고, 예금통장이나 현금카드 그 자체에 대한 절도죄가 성립하는지 문제된다.

297        판례에 의하면 절도죄가 성립하기 위해서는 불법영득의사가 있어야 하는데, 불법영득의사란 권리자를 배제하고 타인의 재물을 자기의 소유물처럼 사용, 수익, 처분하는 의사를 말한다. 재물을 처분까지 하지 않고 사용, 수익하고 반환한 경우에도, 사용절도의 범위를 벗어나는 사용, 수익의 경우 불법영득의사가 인정될 수 있다. 예를 들어, 타인의 재물을 한 달 동안 사용하고 반환한 경우나 매우 짧은 시간 사용하였지만 그로 인한 경제적 가치의 소모가 큰 경우에는 사용절도가 될 수 없고 절도죄가 성립한다. 타인의 예금통장이나 현금카드로 현금을 무단인출하고 반환한 경우, 예금통장이나 현금카드는 일시사용한 것이지만 그 사용으로 인해 예금통장이나 현금카드 그 자체의 경제적 가치가 많이 소모된 경우에는, 예금통장 또는 현금카드에 대한 절도죄가 인정될 수 있다.

298        위 두 판결의 사건에서 사용한 기간은 같다고 할 수 있으므로 결국 판례의 입장은 예금통장의 경우에는 경제적 가치의 소모가 큰 데 비해, 현금카드의 경우에는 경제적 가치의 소모가 없다는 것이다. 그러나 여기에는 다음과 같은 문제점이 있다.

299        첫째, 예금계약 사실과 예금액에 대한 증명 및 예금의 인출 기능이 예금통장 자체가 가지는 경제적 가치라고 하는 것은 옳다고 할 수 있다. 따라서 예금통장을 절취하는 경우 단순히 예금통장이라는 물체에 해당하는 가액을 절취하는 것이라고 평가해서는 안 된다. 그러나 그렇다고 하여 500만 원이 예금되어 있는 예금통장 자체의 경제적 가치가 100만 원이 예금되어 있는 예금통장 자체의 경제적 가치보다 크다고 할 수는 없다. 그리고 예금을 인출하였다고 하여 예금통장 그 자체의 경제적 가치가 줄어든다고 할 수도 없다. 예금통장이 유가증권은 아니기 때문이다.

300        둘째, 판례의 입장은 과거 수기(手記)통장 시절에나 적용될 수 있던 논리를 온라인거래가 주류를 이루는 오늘날에도 그대로 적용하는 것으로서 시대착오적이라고 할 수 있다. 과거에는 예금통장이 예금계약의 체결 및 유지 사실 모두를 증명할 수 있었지만, 오늘날에는 예금계약의 체결 사실은 증명할 수 있지만, 통장을 정리하지 않는 한 예금계약의 유지사실은 증명할 수 없다. 오히려 예금계약 사실과 예금액에 대한 증명기능은 예금통장보다 현금카드가 더 확실하게 수행한다. 예금통장의 경우 통장에 기재되어 있는 예금액이 현재에도 유지되고 있

**98**                                    〔오 영 근〕

는지 알 수 없지만, 현금카드의 경우에는 실제 구좌에 들어있는 예금액과 현금
카드를 통해 나타나는 예금액 사이에 차이가 날 수는 없기 때문이다.

셋째, 예금통장이 증명기능과 현금인출가능성을 지니고 있다면 현금카드       301
역시 예금계약 사실과 예금액에 대한 증명기능 및 현금인출가능성을 지니고 있
고, 예금통장에 적용되는 논리를 따른다면 현금카드에도 경제적 가치가 있다고
할 수 있다. 오늘날에는 현금자동지급기에서 현금을 인출할 경우 예금통장을 이
용하는 것과 현금카드를 이용하는 것 사이에 아무런 차이가 없다.

결국 타인의 예금통장과 현금카드를 사용하여 현금을 인출하고 바로 제자       302
리에 반납한 경우들을 달리 평가하는 판례의 입장은 논리적으로 모순된 것이라
고 할 수 있다. 따라서 현금인출 후 반납한 경우에는 예금통장과 현금카드에서
와 동일하게 불법영득의사를 인정하지 말아야 할 것이다.[171] 그리고 불법영득의
사를 인정할 경우에도 현금인출에 따른 범죄와 상상적 경합이라고 하거나 현금
인출에 따른 죄책을 컴퓨터등사용사기죄라고 할 경우에는, 예금통장이나 현금
카드에 대한 절도죄는 목적과 수단의 관계에 있으므로 절도죄는 컴퓨터등사용
사기죄에 흡수된다고 해야 할 것이다.

## 13. 강도치상죄의 위헌성

### [헌재 2016. 9. 29, 2014헌바183]

강도상해죄의 법정형의 하한을 살인죄의 그것보다 높였다고 해서 바로 합
리성과 비례성의 원칙을 위반하였다고 볼 수 없고, 심판대상조항이 작량감
경을 하더라도 별도의 법률상 감경사유가 없는 한 집행유예의 선고를 할
수 없도록 법정형을 규정하였다 하더라도 법관의 양형판단재량권을 과도하
게 제한하는 것으로 볼 수 없다.

타인의 재물을 강취하는 강도행위는 그로 인하여 상해의 결과가 발생할 위
험성이 크고, 강도행위자도 그러한 결과를 쉽사리 예견할 수 있으므로, 강

---

171 불법영득의사 긍정설은, 강동범, "신용카드 부정취득행위의 형사책임에 대한 검토", 한국형사법
학의 오늘(정온 이영란교수 화갑기념논문집), 2008, 529; 유용봉, "반환의사가 있는 예금통장의
절취에 관한 대법원판례 평석", 형사정책연구 22-2, 한국형사정책연구원(2011), 145-149. 직불카
드에 대한 불법영득의사 부정설은, 성낙현, "판례평석: 직불카드 부정사용행위와 관련한 영득의
객체문제 -대법원 2006.3.9 선고 2005도7819 판결-", 법조 56-6, 법조협회(2007), 291 이하.

도의 고의가 인정되는 이상 상해라는 결과 자체에 고의가 있었는지 여부는 그 불법과 죄질의 평가에 있어서 큰 차이가 없다

### (1) 결정의 취지

303   위 결정은 강도치상죄의 하한이 살인죄보다 높은 것과 강도상해죄와 강도 치상죄의 법정형이 같은 것이 모두 헌법에 위반되지 않는다고 한 이전의 합헌 결정을 그대로 유지하고 있다.

### (2) 결정의 문제점

304   그러나 아래와 같은 이유에서 위 결정은 매우 부당하고, 반대의견이 훨씬 설득력이 있다고 할 수 있다.

305   첫째, 위 결정은 죄질의 경중과 법정형이 반드시 정비례할 필요는 없다고 하는데, 오히려 죄질의 경중과 법정형은 반드시 정비례하는 것이 헌법상의 평등 원칙에 부합할 것이다.

306   둘째, 위 결정은 강도행위의 성질상 상해라는 결과 자체에 고의가 있었는지 여부는 그 불법과 죄질의 평가에 있어서 큰 차이가 없다고 한다. 이것은 강도행 위가 사람을 상해할 개연성을 지녔기 때문일 것이다. 그렇다고 하더라도 이것은 고의책임과 과실책임을 엄격하게 구분하는 형법의 기본원칙인 책임원칙을 무시 하는 것이다. 위 결정의 논리를 따른다면 강도행위는 사람을 사망케 할 개연성 도 지녔으므로 강도살인죄와 강도치사죄의 법정형을 구분할 필요도 없을 것이 다. 나아가 강도치사상죄에서 사망이나 상해에 대한 과실이 없어도 처벌하자는 논리도 가능할 것이다.

307   셋째, 다수의견은 선례들과 달리 판단할 사정변경이 없다고 한다. 그러나 2006년부터 진행되고 있는 형법개정작업에서 무거운 결과에 대한 고의가 있는 경우와 과실이 있는 경우를 엄격하게 구분하는 노력을 하고 있다. 그리고 이러 한 노력은 2013년 개정형법에 잘 나타나고 있다. 2013년 개정형법 제290조 제1 항과 제2항은 약취·유인·인신매매등의 죄를 범하며 고의로 상해를 발생시킨 경 우와 과실로 상해를 발생시킨 경우의 법정형에 차이를 두고 있다. 이는 약취·유 인·인신매매 등의 경우에도 그로 인하여 상해의 결과가 발생할 가능성이 크지 만 평등원칙과 책임원칙에 충실하기 위한 것이다. 다수의견은 최근의 입법에서

나타나는 경향을 무시하는 것이라고 할 수 있다.

### (3) 바람직한 방안

위 결정의 반대의견이 제시하는 근거가 더욱 설득력이 있지만, 추가적으로 다음과 같은 근거도 제시할 수 있을 것이다. **308**

즉, 강도죄의 법정형이 폭행·협박죄와 절도죄의 경합범의 형벌보다 월등히 높은 것은 다수의견이 지적하는 것처럼 강도행위에서 상해의 결과가 발생할 가능성이 크기 때문이라고 할 수 있다. 나아가 상해의 결과를 발생시키지 않고 강도죄를 범하는 것은 거의 불가능하다고 할 수 있다. 강도를 당한 사람은 대부분 불면증이나 히스테리나 그 밖의 외상 후 스트레스장애(PTSD) 등에 시달릴 것인데, 이 역시 상해라고 할 수 있기 때문이다.[172] 이렇게 본다면 강도상해죄와 강도치상죄를 가중처벌하는 것은 이중처벌의 요소를 지니고 있다고 할 수도 있다.[173] **309**

대법원은 경미한 상해가 발생한 경우에도 강도상해죄와 강도치상죄가 성립할 수 있다고 하는데,[174] 이러한 경우에도 집행유예가 불가능하도록 한 것은 평등원칙과 과잉금지원칙에 반하고, 법관의 양형재량을 지나치게 제한하여 비례원칙에 반하는 것이라고 할 수 있다. **310**

예를 들어, 강간상해·치상죄처럼 법정형의 하한이 5년이어서 집행유예가 가능하다고 하더라도 입법론적으로는 이들 범죄들을 삭제하거나 중상해의 결과를 발생시킨 경우로 한정하면서 법정형도 낮춰야 할 것이다. **311**

따라서 우리나라에서도 상해의 결과를 발생시킬 가능성이 높은 폭행을 수단으로 하는 범죄들에 대해 상해의 결과를 발생시켰을 때에는 형벌을 가중하는 **312**

---

172 대판 1999. 1. 26, 98도3732.

173 독일형법에서는 강도상해·치상죄 자체가 없다. 왜냐하면 독일형법 제249조는 강도죄의 행위태양에 폭행, 협박뿐만 아니라 상해도 포함시키고 있기 때문이다(동 규정은 강도죄의 행위태양을 "mit Gewalt 또는 협박으로"라고 하고 있는데, 여기에서 mit Gewalt는 폭행뿐만 아니라 상해도 포함되는 개념이다). 즉, 폭행, 협박뿐만 아니라 상해를 수단으로 재물을 강취하여도 강도죄만 성립한다. 일본형법 제239조는 "사람을 혼취시키고 그 재물을 절취한 자는 강도로서 논한다."고 하는데, 이 경우 우리 형법에서는 강도상해죄에 해당된다고 할 수 있다. 일본에서 혼취강도를 별도로 규정하고 있는 것도 상해의 결과가 발생한 경우 형벌이 지나치게 높아지는 것을 방지하기 위함이라고 할 수 있다.

174 판례는 "피해자가 입은 상처가 극히 경미하여 굳이 치료할 필요가 없고 치료를 받지 않더라도 일상생활을 하는 데 아무런 지장이 없으며 시일이 경과함에 따라 자연적으로 치유될 수 있는 정도"인 경우에만 예외적으로 상해를 인정하지 않는다(대판 2003. 7. 11, 2003도2313 외 다수판결).

구성요건을 삭제해야 할 것이다. 그리고 굳이 가중처벌규정을 둔다면 중상해의 결과를 발생시킨 경우로 한정하는 것이 입법론적으로 바람직할 것이다.[175]

## 14. 사자를 상대로 한 소송사기

### [대판 2002. 1. 11, 2000도1881]

소송사기에 있어서 피기망자인 법원의 재판은 피해자의 처분행위에 갈음하는 내용과 효력이 있는 것이어야 하고, 그렇지 아니하는 경우에는 착오에 의한 재물의 교부행위가 있다고 할 수 없어서 사기죄는 성립되지 아니한다고 할 것이므로, 피고인의 제소가 사망한 자를 상대로 한 것이라면 이와 같은 사망한 자에 대한 판결은 그 내용에 따른 효력이 생기지 아니하여 상속인에게 그 효력이 미치지 아니하고 따라서 사기죄를 구성한다고 할 수 없다.

### (1) 문제점

313    판례는 일관하여 사망한 자를 상대로 한 소송사기는 사기죄를 구성하지 않는다고 한다.[176] 이에 대해 학계에서는 판례와 근거를 달리하지만 무죄설,[177] 사기죄의 불능미수설,[178] 사기죄설[179] 등이 대립되고 있다. 무죄설이나 사기죄의 불능미수설은 사망한 사람을 상대로 한 소송사기는 실행의 수단 또는 대상의 착오로 인하여 사기죄의 결과발생, 즉 상대방을 기망하여 착오에 빠뜨리게 하거나 착오에 기하여 처분행위를 하게 하거나 이것을 통하여 재물 또는 재산상의 이익을 취득하는 것이 불가능하다는 것을 전제로 하고 있다.

---

175 오스트리아, 스위스, 중국 등에서는 중상해가 발생한 경우만을 강도상해·치상죄로 규정하고 있다. 자세한 사항은, 오영근, "결합범의 인정범위와 법정형 설정방안 – 강도죄와 강간죄에서의 결합범을 중심으로 –", 법학논총 32-3, 한양대 법학연구소(2015), 77-100.

176 대판 1986. 10. 28, 84도2368; 대판 1987. 12. 22, 87도852; 대판 1997. 7. 8, 97도632. 같은 이유로 사망한 자뿐만 아니라 실재하고 있지 아니한 자에 대하여도 소송사기죄가 성립할 수 없다고 한다(대판 1992. 12. 11, 92도743).

177 천진호, "사자를 상대로 한 소송사기의 형사책임", 저스티스 67, 한국법학원(2002), 218-223; 천진호, "死者를 상대로 한 허위 내용의 소송과 사기죄의 불능미수와의 관계 – 2000도1881 판결 및 97도632 판결과 관련하여 –", 형사재판의 제문제(4권), 박영사(2002), 111 이하.

178 김일수, "소송사기의 불능과 불능미수: 대법원 1997년 7월 8일 선고 97도632 판결", 법률신문 2655(1997. 12. 15).

179 오영근, "불능미수에서 결과발생가능성과 위험성 – 사망자 상대의 소송사기를 중심으로 –", 한국형법학 여정 30년(김일수교수 정년기념 논문집), 문형사(2011), 184-197.

### (2) 사기죄의 결과발생 가능성 유무

그러나 피고인은 법원을 기망할 수 있고, 법원의 착오에 의한 승소판결을      314
받을 수 있다. 승소판결이 상속인에게 효력을 미치지 않더라도 피고인은 그 승
소판결을 집행하여 재물 또는 재산상의 이익을 취득할 가능성이 있다. 그렇기
때문에 사망한 사람을 상대로 한 소송사기가 횡행하는 것이다. 위 판결이 사망
한 자에 대한 판결이 상속인에게 효력을 미치지 않는다고 하지만, 이것은 법률
상 효력이 없다는 의미이지 사실상 효력이 없다는 의미는 아니다. 즉, 피고인
은 법률적으로는 무효이지만 사실상으로는 효력이 있을 수 있는 승소판결을 이
용하여 재물 또는 재산상 이익을 취득할 수 있다. 사실상 취득이 불가능하다면
아예 법률상 무효라고 하는 말을 할 필요조차 없다. 따라서 사망자 상대의 소
송사기는 사기죄의 결과발생이 불가능한 경우가 아니라 가능한 경우라고 해야
한다.

### (3) 실행의 수단 또는 대상에 대한 착오 유무

피고인에게 실행의 수단 또는 대상의 착오가 있다고 할 수도 없다. 피고인      315
의 기망행위의 대상은 법원이고, 법원의 승소판결을 받았으므로 대상의 착오는
없다. 승소판결은 사기죄의 수단인데, 피고인은 그 승소판결이 법적인 효력이
없다는 것을 알았으므로 수단에 대한 착오도 없다. 승소판결은 사실상의 집행력
이 있고, 피고인이 그것을 알았으므로 역시 수단의 착오가 없다.

### (4) 결론

따라서 소송사기에 의해 승소판결을 받은 경우, 판결의 확정 시에 법률적      316
재산개념이 아닌 경제적 재산개념에 따른 재산상 이익의 취득이 있었다고 할
수 있으므로 사기죄는 기수에 이른다고 할 수 있다.

## 15. 자기명의 신용카드의 부정사용과 사기죄

[대판 2005. 8. 19, 2004도6859]
피고인이 신용카드 사용으로 인한 대금을 신용카드업자에 결제할 의사나
능력이 없으면서도 신용카드를 사용하여 가맹점으로부터 물품을 구입하고
현금서비스를 받았다면 피고인은 신용카드업자가 가맹점을 통하여 송부된
카드회원 서명의 매출전표를 받은 후 카드회원인 피고인이 대금을 결제할

것으로 오신하여 가맹점에 물품구입대금을 결제하여 줌으로써 신용카드업자로부터 물품구입대금을 대출받고, 현금자동지급기를 통한 현금대출도 받아(현금자동지급기를 통한 현금대출은 단순히 그 지급방법만이 사람이 아닌 기계에 의해서 이루어지는 것에 불과하다) 신용카드업자로 하여금 같은 액수 상당의 피해를 입게 한 것이고, 이러한 카드사용으로 인한 일련의 편취행위는 그것이 가맹점을 통한 물품구입행위이든, 현금자동지급기에 의한 인출행위이든 불문하고 모두가 피해자인 신용카드업자의 기망당한 금전대출에 터잡아 포괄적으로 이루어지는 것이라 할 것이다.

### (1) 문제점

317    사기죄가 성립하기 위해서는 사람을 기망하는 행위가 있어야 하고, 피기망자의 처분행위가 있어야 한다.

318    타인명의의 신용카드로 가맹점에서 물품을 구입한 경우, 피기망자와 처분행위자는 가맹점주라고 할 수 있다. 그리고 재산상 피해자는 카드회사 또는 가맹점주가 되거나, 양자 모두가 될 수도 있다.

319    자기명의 신용카드의 경우에 처음부터 대금결제의 의사나 능력없이 신용카드를 발급받아 사용한 경우, 신용카드를 발급받는 행위와 신용카드를 사용하는 행위가 신용카드회사에 대한 포괄적 편취행위라고 할 수도 있다.[180] 그러나 정상적으로 발급받은 후 대금결제의 의사와 능력 없이 사용한 경우에는, 발급단계에서 신용카드회사에 대한 기망행위를 인정할 수는 없다. 따라서 사용단계에서 사람에 대한 기망행위를 인정해야 하는데, 과연 이러한 기망행위가 인정될 수 있는지 문제된다.

### (2) 가맹점주에 대한 기망행위 존부

320    자기명의의 신용카드로 물품을 구입한 경우에는 물품에 대한 사기죄가 성립하는지 문제된다. 사기죄가 성립하기 위해서는 피기망자와 처분행위자가 일치해야 한다. 여기에서 처분행위라고 할 수 있는 물품을 교부한 가맹점주를 피기망자라고 할 수는 없다. 왜냐하면 가맹점에서는 신용카드 명의인과 사용자의 동일성에 대해서만 관심이 있고, 사용자가 대금결제의 의사와 능력이 있는지 알

---

180 대판 1996. 4. 9, 95도2466.

필요도 없고 알려고 하지도 않기 때문이다.[181]

### (3) 사람에 대한 기망행위 존부

이 때문에 위 판결은 "신용카드업자가 가맹점을 통하여 송부된 카드회원 서          321
명의 매출전표를 받은 후 카드회원인 피고인이 대금을 결제할 것으로 오신하여
가맹점에 물품구입대금을 결제하여 줌으로써 신용카드업자로부터 물품구입대금
을 대출받고"라고 한다. 이것은 피기망자 및 처분행위자가 신용카드업자이고, 피
고인이 취득한 것은 물품대금대출금이라는 의미일 것이다. 그런데 물품거래 시
에 카드회사는 기계적 방법에 의해 거래를 승인할 뿐이다. 거래승인을 요청하는
행위나 거래승인행위에 사람이 개입되지는 않으므로 사람에 대한 기망행위가 있
다고 할 수 없어서 사기죄가 성립할 수는 없다. 이것은 형법이 사기죄와 컴퓨터
등사용사기죄를 엄격하게 구별하고 있는 것에서도 분명히 나타나고 있다.

### (4) 삼각사기 여부

사기죄가 성립하기 위해서는 기망행위, 착오에 의한 처분행위, 재물 또는          322
재산상 이익의 취득의 순서로 이루어져야 한다. 가맹점이 신용카드업자에게 매
출전표를 송부하고 대금을 받는 것은 사람의 행위를 통한 것이라고 할 수도 있
다. 그러나 이러한 행위는 피고인과 가맹점 사이에 거래가 이루어지고 피고인이
물품을 취득한 이후 상당한 시간이 지나서이므로 물품에 대한 사기죄가 성립할
수 없다. 그리고 물품대금을 취득한 사람은 피고인이 아니라 가맹점주이다.

피고인에게 사기죄를 인정하려면 피고인이 가맹점주를 생명있는 도구로 이          323
용하여 카드회사를 기망했고, 카드회사의 처분행위에 의해 가맹점주로 하여금 물
품대금을 취득하게 하여 삼각사기가 성립한다고 해야 한다. 그러나 이 사건에서
피고인에게 물품사기의 고의를 인정하더라도 가맹점주를 생명있는 도구로 이용하
여 카드회사를 기망하려는 고의가 있었는지, 가맹점주로 하여금 물품대금을 취득
하게 하려는 고의가 있었는지 의문이다. 카드회사가 가맹점주에게 물품대금을 지
급한 것도 카드계약에 의한 것이지 피고인의 기망행위 때문이라고 보기도 어렵
다. 왜냐하면, 카드회사에서 대금을 지급할 때에는 카드가맹점주가 카드계약에
존재하는 모든 의무를 이행하였는지를 확인하고 지급하였을 것이기 때문이다.

---

181 사기죄 긍정설과 부정설에 대한 자세한 논거를 소개한 것으로 박찬걸, "정상적으로 발급받은 자
기명의 신용카드의 '사용'과 관련된 죄책", 형사법의 신동향 52, 대검찰청(2016), 266-296.

324      그리고 이 사건에서 피고인에게 물품에 대한 사기가 아니라 물품대금에 대한 삼각사기를 문제삼는 것 자체가 문제라고 할 수 있다. 예를 들어 피고인이 타인명의 신용카드를 부정사용하여 물품을 구입하고, 가맹점주가 카드업자로부터 대금을 지급받은 경우를 가정하자. 이 경우 물품에 대한 사기죄뿐만 아니라, 피고인이 가맹점주를 생명 있는 도구로 이용하여 카드업자를 기망하고 기망당한 카드업자가 가맹점주에게 물품대금을 지급한 삼각사기를 또 문제삼는 것은 부당하다.

### (5) 현금서비스나 현금인출의 경우

325      위 판결은 신용카드로 은행의 현금자동지급기에서 현금서비스를 받거나 대출을 받은 경우에도 신용카드업자에 대한 기망행위가 이루어지고, 현금을 취득하는 것은 기계적 지급행위에 불과하다고 한다. 그러나 이러한 거래에서는 모든 과정이 사람이 개입 없이 기계적으로 이루어지므로 컴퓨터를 기망한 것이라고 할 수는 있어도 사람에 대한 기망행위는 인정할 수 없다. 자기의 신용카드로 현금을 인출하는 경우, 허위나 부정한 명령을 입력하거나 권한없는 정보의 입력이라고 할 수 없다. 위 판결이 컴퓨터등사용사기죄를 문제삼지 않은 것도 이 때문이라고 할 수 있다.

### (6) 결론

326      결론적으로 자기명의 신용카드 부정사용의 경우, 위에서 제시한 의문에 대한 명백한 답이 제시되기 전에는 사기죄를 인정해서는 안 된다.[182] 판례가 차용금사기를 너무 쉽게 인정하여 소위 '민사의 형사화 현상'[183]을 발생케 하는 것은 결코 바람직한 것이 아니다. 마찬가지로 신용카드업에서는 '고수익, 고위험'의 원리에 따라 신용카드업자가 스스로 위험관리를 하도록 해야 한다. 신용카드업

---

182 이 사건에서 피고인이 대금결제의 의사와 능력 없이 신용카드를 사용하였는지도 의문이다. 피고인은 10년 가까이 신용카드를 정상적으로 사용하였고, 7천여만 원의 대금 중 5천여만 원을 변제하였기 때문이다. 신용카드 대금이 연체된 경우 그 다음 달부터는 더 이상 신용카드를 사용할 수 없으므로 피고인이 변제하지 않은 2천여만 원의 카드사용액은 2002년 11월에 사용한 것이어야 하는데, 이러한 사실도 분명하지 않다. 이러한 의미에서 피고인의 행위는 사기죄보다는 채무불이행에 더 가깝다고 할 수 있다.

183 이에 대한 대표적 논문으로, 심희기, "한국형 민사의 형사화 현상의 진단과 억제방향", 법학연구 17-4, 연세대 법학연구소(2007), 59-86; 허일태, "민사사건의 형사화에 대한 억제방안", 비교형사법연구 8-1, 한국비교형사법학회(2006), 219-243 등.

자가 카드회원이나 가맹점으로부터 재산상 피해를 입었다고 하는 경우에는 형법의 개입을 최소화하는 것이 형법의 보충성원칙에 맞는다. 오히려 신용카드거래 관계에 형법이 적극적으로 개입해야 할 때는 신용카드업자가 신용카드 회원이나 가맹점주가 피해자이고 가해자가 신용카드업자인 경우여야 한다.

위 판결은 신용카드거래를 통해 고수익을 얻는 카드업자의 위험관리를 형 **327** 사사법기관에게 맡기는 것이라고 할 수 있다. 고수익에 따른 수금은 카드업자가 담당해야지 형사사법기관으로 하여금 수금을 담당케 해서는 안 된다.

## 16. 부동산 이중매매와 배임죄

### [대판 2018. 5. 17, 2017도4027(전)]

동산 매매계약에서 계약금만 지급된 단계에서는 어느 당사자나 계약금을 포기하거나 그 배액을 상환함으로써 자유롭게 계약의 구속력에서 벗어날 수 있다. 그러나 중도금이 지급되는 등 계약이 본격적으로 이행되는 단계에 이른 때에는 계약이 취소되거나 해제되지 않는 한 매도인은 매수인에게 부동산의 소유권을 이전해 줄 의무에서 벗어날 수 없다. 따라서 이러한 단계에 이른 때에 매도인은 매수인에 대하여 매수인의 재산보전에 협력하여 재산적 이익을 보호·관리할 신임관계에 있게 된다. 그때부터 매도인은 배임죄에서 말하는 '타인의 사무를 처리하는 자'에 해당한다고 보아야 한다. 그러한 지위에 있는 매도인이 매수인에게 계약 내용에 따라 부동산의 소유권을 이전해 주기 전에 그 부동산을 제3자에게 처분하고 제3자 앞으로 그 처분에 따른 등기를 마쳐 준 행위는 매수인의 부동산 취득 또는 보전에 지장을 초래하는 행위이다. 이는 매수인과의 신임관계를 저버리는 행위로서 배임죄가 성립한다.

### (1) 이중매매에 대한 판례의 동향

판례는 부동산 이중매매, 동산의 이중매매, 대물변제 예약된 부동산의 임의 **328** 처분 등에서 배임죄를 인정하였고, 이에 대해서는 '민사의 형사화'라고 하는 비판이 있었다. 이러한 문제를 의식하여 대법원은 동산의 이중매매[184]와 대물변제 예

---

184 대판 2011. 1. 20, 2008도10479(전).

약된 부동산의 임의처분[185]에 대해 종래의 입장을 변경하여 배임죄의 성립을 부정하였다.[186] 그러나 부동산의 이중매매는 배임죄를 인정하는 종래의 입장을 그대로 유지하고 있다.

### (2) 다수의견의 문제점

329    그러나 배임죄를 부정하는 반대의견의 논거가 훨씬 설득력이 있다고 할 수 있다. 반대의견에서 제시되지 않았지만 이중매매에 의한 배임죄의 실행의 착수시기에 관해서도 다음과 같은 문제점을 제시할 수 있다.

330    판례는 "매도인이 다시 제3자와 사이에 매매계약을 체결하고 계약금과 중도금까지 수령한 것은 제1차 매수인에 대한 소유권이전등기 협력임무의 위배와 밀접한 행위로서 배임죄의 실행착수라고 보아야 할 것이다."라고 한다.[187] 이것은 실행의 착수시기에 관한 실질적 객관설에 속하는 밀접행위설을 따른 것이라고 평가할 수 있다. 그러나 학계의 지배적 견해는 실행의 착수시기에 관해 '행위자의 범행계획을 고려하여 법익침해의 직접적 행위가 개시된 시점'이라고 하는 주관적 객관설을 따른다. 주관적 객관설에 충실하다면, 배임죄의 실행의 착수시기는 중도금 수령 시가 아니라 이중계약 시라고 해야 할 것이다. 주관적 객관설에 의하면, 제1차 매수인이 아니라 제2차 매수인에게 등기를 이전해주겠다는 매도인의 범행계획을 고려하면 이중매매 계약 시에 충분히 법익침해의 직접적 행위가 개시되었다고 할 수 있기 때문이다.

331    중도금 수령시설의 근거는 제2차 매수인으로부터 중도금을 수령하면 매도인이 제1차 매수인이나 제2차 매수인 중 어느 한 사람에 대해서는 등기를 이전해 줄 수 없는 상황에 처한다는 것이라고 생각된다. 그러나 이러한 논리는 기수시기를 정할 때에는 혹시 타당할지 몰라도 실행의 착수시기를 정하는 것으로는 별 설득력이 없다. 제2차 매수인에게 등기를 이전해줘야 하는 상황이 발생한 것은 제1차 매수인에 대한 등기협력의무의 이행 여부와는 직접적 관련이 없다. 또한 중도금 수령 이전이라도 매도인이 제1차 매수인에게 등기를 이전해주기 위

---

185 대판 2014. 8. 21, 2014도3363(전).
186 최근 대법원은 종래의 입장을 변경하여 동산을 양도담보로 제공한 채무자가 그 동산을 점유하던
    중 제3자에게 처분한 경우[대판 2020. 2. 20, 2019도9756(전)] 및 부동산 이중저당[대판 2020.
    6. 18, 2019도14340(전)]에서 배임죄를 인정하지 않았다. 이 판결들도 같은 취지라고 할 수 있다.
187 대판 1983. 10. 11, 83도2057.

해서는 제2차 매수인에게 위약금을 물어줘야 하기 때문에, 이중매매 계약 시에 제1차 매수인에 대한 등기협력의무를 이행하기 어려운 상황에 처한다. 이와 같이 계약금 수령 시이든 중도금 수령 시이든 제1차 매수인에 대한 등기협력의무에 대한 위험의 발생은 양적 차이에 불과하다.

매매계약과 같은 쌍무계약에서 매도인과 매수인의 의무는 동일해야 한다. 따라서 중도금수수 이후 매수인도 계약을 해제하지 못하고 부동산을 이전받아야 할 의무가 생긴다. 그러나 매수인이 이러한 의무를 이행하지 않는 경우 손해배상책임을 지게 되지만, 배임죄의 죄책을 지지는 않는다. 이와 같이 중도금수수 이후 매도인과 매수인의 형법적 지위를 달리 파악하는 것은 타당하지 않다.   **332**

### (3) 결론

따라서 매수인이 부동산취득을 위해 지급한 금액을 담보할 수 있는 민사적, 행정적 수단을 하루속히 마련하고, 부동산 이중매매는 배임죄의 문제가 아니라 민법상의 계약위반 문제로 다루는 것이 바람직할 것이다.   **333**

## 17. 배임죄에서 재산상 이익과 재산상 손해

### [대판 2017. 7. 20, 2014도1104(전)]

주식회사의 대표이사가 대표권을 남용하는 등 그 임무에 위배하여 회사 명의로 의무를 부담하는 행위를 하더라도 일단 회사의 행위로서 유효하고, 다만 상대방이 대표이사의 진의를 알았거나 알 수 있었을 때에는 회사에 대하여 무효가 된다. 따라서 상대방이 대표권남용 사실을 알았거나 알 수 있었던 경우 그 의무부담행위는 원칙적으로 회사에 대하여 효력이 없고, 경제적 관점에서 보아도 이러한 사실만으로는 회사에 현실적인 손해가 발생하였다거나 실해 발생의 위험이 초래되었다고 평가하기 어려우므로, 달리 그 의무부담행위로 인하여 실제로 채무의 이행이 이루어졌다거나 회사가 민법상 불법행위책임을 부담하게 되었다는 등의 사정이 없는 이상 배임죄의 기수에 이른 것은 아니다. 그러나 이 경우에도 대표이사로서는 배임의 범의로 임무위배행위를 함으로써 실행에 착수한 것이므로 배임죄의 미수범이 된다.

그리고 상대방이 대표권남용 사실을 알지 못하였다는 등의 사정이 있어 그 의무부담행위가 회사에 대하여 유효한 경우에는 회사의 채무가 발생하고 회사는 그 채무를 이행할 의무를 부담하므로, 이러한 채무의 발생은 그 자체로 현실적인 손해 또는 재산상 실해 발생의 위험이라고 할 것이어서 그 채무가 현실적으로 이행되기 전이라도 배임죄의 기수에 이르렀다고 보아야 한다.

### (1) 문제점

334    종래 대법원은 법인대표가 대표권을 남용하여 타인에게 법인명의의 약속어음을 발행하여 준 경우, 그것이 법률상 무효이고 법인에 대해 현실적인 재산상 손해가 발생하지 않았더라도 특별한 사정이 없는 한 실해(현실적 손해)발생의 위험이 발생한 것이어서 배임죄의 기수가 된다고 하였다.[188] 이에 대해 대상판결은 위와 같은 약속어음 발행행위만으로는 특별한 사정이 없는 한 현실적 손해나 재산상 실해 발생의 위험이 초래되었다고 할 수 없기 때문에 배임죄의 미수가 된다고 하였다.

### (2) 판례의 문제점

335    대법원은 현재까지 재산상 손해의 개념에 대해 명료한 입장을 제시하지 못하고 있다. 즉, 현실적인 재산상 손해발생과 실해(현실적인 손해)발생의 위험성을 구분하여 후자의 경우에도 재산상 손해발생이 인정된다고 하여왔고, 대상판결의 다수의견도 마찬가지이다. 이것은 배임죄를 구체적 위험범으로 파악하는 입장이라고 할 수 있다.

336    이에 대해서는 대상판결의 별개의견이 "배임죄는 재산권을 보호법익으로 하는 범죄이므로 배임죄를 침해범으로 보는 한 재산권에 대한 현실적인 침해가 있는 때에 배임죄의 기수가 된다. (중략) 법익 침해의 위험에 불과한 것을 현실적인 법익의 침해로 사실상 의제하는 것이어서 보호법익의 보호 정도에 따라 침해범과 위험범을 구별하고 있는 형법의 체계에 부합하지 않는다."라고 하는 것과 같은 통렬한 비판이 가능하다. 별개의견과 같이 현실적 손해발생과 손해발생의 위험을 구별해야 한다는 것은 매우 타당하다고 할 수 있다.

337    그러나 별개의견이 "배임죄를 침해범으로 보는 한 재산권에 대한 현실적인

---

188 판례가 채무부담행위에 대해서만 사법적 효력 여부를 따진 후에 배임죄의 손해를 경제적 관점에서 파악한다고 비판하는 견해로, 김신, "채무부담행위와 배임죄의 손해", 법조 68-1, 법조협회 (2019), 115.

침해가 있는 때에 배임죄의 기수가 된다. 그런데 재산권에 대한 침해라는 측면에서 보면 채무가 발생하여 채무를 이행하여야 할 법률상 의무를 부담한다는 것은 재산권에 대한 현실적인 침해가 아니라 재산권이 침해될 위험이 발생한 것으로 보는 것이 자연스럽다."고 한 것은 타당하다고 할 수 없다.[189] 채무부담은 재산권에 대한 침해의 위험성만이 발생한 것이 아니라 현실적 침해가 발생한 것이라고 보아야 하기 때문이다.[190] 이것은 채권취득 시 현실적으로 재산상 이익을 취득하였다고 해야지 채권을 변제받은 때에야 비로소 현실적으로 재산상 이익을 취득한 것으로 보아서는 안 되는 것과 마찬가지이다.

예컨대 甲과 乙 사이에 甲이 乙에게 1주일 후 1억 원을 증여한다는 계약을 체결한 경우, 甲은 1억원의 채무를 부담한 것이고, 乙은 1억 원의 채권을 취득한 것이라고 할 수 있다. 그리고 이 시점에서 甲에게는 현실적으로 재산상 손해가 발생하였고, 乙은 현실적으로 재산상 이익을 취득한 것이라고 해야 한다. 즉 甲이 1주일 후 乙에게 현실적으로 1억 원을 교부한 때가 아니라 증여계약을 체결하여 채권채무가 발생하였을 때에 이미 현실적으로 재산상 이익과 재산상 손해가 발생한 것이라고 해야 한다는 것이다. **338**

이 경우 甲에게는 재산상 실해발생의 위험성, 乙에게는 재산상 이익취득의 개연성만이 생긴 것이라고 하는 것은 재물과 채권, 채무 등을 합한 개념으로서의 재산 개념을 오해한 것이다. 3억 원의 부동산, 1억 원의 예금채권 및 3천만 원의 채무를 지닌 사람의 현실적 재산은 3억 7천만 원이라고 해야 하지 채권, 채무는 현실적 재산이라고 할 수 없으므로 현실적 재산은 3억원이라고 하는 것은 재산개념을 오해한 것이다. **339**

---

189 별개의견과 같은 의견으로, 권오걸·임상규, "배임죄에서의 기수시점과 공소시효의 기산점", 법학논고 57, 경북대 법학연구원(2017), 27 이하; 김신(주 188), 121; 전우현, "대표이사의 어음발행과 배임죄의 기수시기 - 대법원 2017. 7. 20. 선고 2014도1104 전원합의체 판결 -", 법조 67-3, 법조협회(2018), 921; 송승은, "법인대표의 대표권남용과 배임죄의 기수시기 - 대법원 2017. 7. 20. 선고 2014도1104 전원합의체 판결 -", 법이론실무연구 7-1, 한국법이론실무학회(2019), 126. 반면 다수의견에 찬성하는 견해로, 홍승희, "대표권남용의 약속어음발행에 있어서 배임죄의 보호정도와 미수·기수성립범위 - 대법원 2017. 7. 20. 선고 2014도1104 전원합의체 판결 -", 법조 67-3, 법조협회(2018), 643.

190 채무부담만으로는 현실적으로 재산상 손해가 발생할 수 없다는 견해로, 김신(주 188), 118-119.

### (3) 재산상 이익과 재산상 손해의 개념

340    재물의 취득이나 상실은 현실적 개념이지만, 재산상 이익의 취득이나 재산상 손해의 발생은 계산적이고 관념적인 개념이다. 예컨대 길을 가다가 무주물을 취득한 경우 현실적으로는 재물을 취득하였지만, 관념적인 계산상으로는 재산상 이익을 취득한 것, 즉 전체로서의 재산이 증가한 것이다. 만약 재물을 분실하였다면 현실적으로는 재물을 상실하였지만, 관념적인 계산상으로는 재산상 손해가 발생한 것, 즉 전체로서의 재산이 감소한 것이다.

341    또한 채권이나 채무의 경우 그 취득이나 부담 시에 현실적으로 재산이 증가하거나 감소한 것이므로, 단순히 재산상 이익 취득의 개연성이 생겼다거나 재산상 손해발생의 위험성이 생겼다고 할 것이 아니라 현실적으로 재산상 이익이나 재산상 손해가 발생한 것이라고 해야 한다.

342    그리고 위의 판결의 사건에서 피고인의 행위에 의해서는 경제적 관점에서의 재산상 손해발생의 가능성이 없었다면 단순히 배임죄의 미수가 아니라 배임죄의 불능미수 또는 불능범을 검토해야 할 것이다. 예컨대, 대표이사가 상대방이 자신의 대표권남용을 알고 있다는 것을 알면서도 회사에 손해를 가할 생각으로 회사에 대한 채무부담행위를 하였다면, 배임죄의 불능미수 또는 불능범이 문제될 수 있을 것이다.

## 18. 현금 등의 장물성

**[대판 2004. 3. 12, 2004도134]**

장물이라 함은 재산범죄로 인하여 취득한 물건 그 자체를 말하고, 그 장물의 처분 대가는 장물성을 상실하는 것이지만, 금전은 고도의 대체성을 가지고 있어 다른 종류의 통화와 쉽게 교환할 수 있고, 그 금전 자체는 별다른 의미가 없고 금액에 의하여 표시되는 금전적 가치가 거래상 의미를 가지고 유통되고 있는 점에 비추어 볼 때, 장물인 현금을 금융기관에 예금의 형태로 보관하였다가 이를 반환받기 위하여 동일한 액수의 현금을 인출한 경우에 예금계약의 성질상 인출된 현금은 당초의 현금과 물리적인 동일성은 상실되었지만 액수에 의하여 표시되는 금전적 가치에는 아무런 변동이 없으므로 장물로서의 성질은 그대로 유지된다고 봄이 상당하고, 자기앞수표도 그 액면금을 즉시 지급받을 수 있는 등 현금에 대신하는 기능을 가지고 거래상 현금과 동일하게 취급되고 있는 점에서 금전의 경우와 동일하게 보아야 한다.

### (1) 현금의 이중적 성격

현금은 재물로서의 성격과 재산적 이익의 성격을 모두 지니고 있지만, 기본적으로는 위 판결이 언급하고 있는 것처럼 금액에 의해 표시되는 금전적 가치, 즉 재산상 이익으로서의 의미가 더 중요하다. 대부분의 사람은 둘 중 하나만 가지라고 하면 오물이 묻은 1만원 지폐보다는 새 돈 1만 원권 지폐를 가질 것이고, 새 돈 1만 원권 지폐보다는 오물이 묻은 5만 원권 지폐를 가지려고 할 것이기 때문이다. 전자에서는 재물성이 중시된 것이고, 후자에서는 가치성이 중시된 것이다.  343

현금은 자주 채권으로 변화한다. 부정한 목적을 가진 사람이 아니면 대부분 큰 금액의 현금을 가지고 있지 않고 은행에 예금하거나 타인에게 대여하는 등의 활동을 통해 그 가치를 높이려고 한다. 이 경우 재물인 현금은 재산상 이익인 채권으로 변화된다. 그리고 권리자는 채권행사를 통해 다시 재물인 현금을 취득하게 된다. 이렇게 돈은 돌고 도는 것이다.  344

### (2) 현금에 대한 민법상 법리

이와 같은 이중적 성격과 고도의 변화가능성 때문에 민법상 현금은 점유자에게 소유권이 있는 것으로 보게 된다.[191] 따라서 채무자가 채권자에게 장물인 현금으로 변제를 하더라도 피해자가 채권자에게 반환청구를 하지 못한다. 현금을 침탈당한 사람은 현금의 소유권에 기한 물권적 반환청구권을 행사할 수 없고, 부당이득반환청구만을 할 수 있다.[192]  345

이러한 민법상의 원리를 그대로 형법에 적용하면, 용도를 정하여 위탁한 현금을 임의사용한 경우 타인소유의 재물을 객체로 하는 횡령죄가 성립할 수 없고, 이득죄인 배임죄로 다루어야 한다.[193] 장물죄의 보호법익도 현금에 관한 한 소  346

---

191 양창수, "금전의 부당이득으로 인한 반환의무-소위 편취금전에 의한 변제 문제 서설", 법학 43-4, 서울대 법학연구소(2002), 2; 이문호, "장물인 금전으로 한 변제와 관련한 제문제 – 대법원 2010 다89708, 2006다46278, 2005다76753 판결과 연관하여 –", 법학논고 41, 경북대 법학연구원(2013), 432.

192 이문호(주 191), 432.

193 이러한 문제점을 지적한 것으로, 허일태, "위탁금전의 소비와 형법상 고유한 소유권 개념", 형사판례연구 [12], 한국형사판례연구회, 박영사(2004), 273.

유권에 기한 반환청구권인 추구권이 될 수 없고, 부당이득반환청구권이라고 해야 한다.

### (3) 현금에 대한 형법적용의 문제점

347     형법에서 민법의 원리를 그대로 따를 필요는 없으므로 절취한 현금을 취득한 사람은 장물취득죄의 죄책을 진다고 해야 한다.[194] 그러나 어느 범위까지 형법의 독자성을 강조할 것인지 문제된다.

348     예컨대 절취한 현금 10만 원을 자신의 은행구좌에 입금시켰다가 다시 10만 원을 인출하였는데, 잔고가 전혀 없었던 경우, 잔고가 3만 원이었던 경우, 잔고가 100만 원이었던 경우 등에 따라 현금의 동일성 판단이 달라질 수 있다. 또한, 자신의 구좌가 아닌 타인의 은행구좌에 입금시켰다가 다시 인출한 경우에도 동일성 판단이 달라질 수 있다. 나아가 만약 10만 원짜리 자기앞수표를 절취하여 은행구좌에 입금한 후 다시 10만 원을 현금이나 다시 자기앞수표로 인출한 경우에는 더욱 동일성이 문제될 수 있다. 특히 이 경우, 입금한 자기앞수표 번호와 인출한 자기앞수표 번호가 완전히 다를 것이다. 그럼에도 불구하고 두 수표의 동일성을 인정할 수 있을지 문제된다.[195]

349     더 나아가 타인의 현금카드나 신용카드를 부정사용하여 계좌이체한 금액을 현금으로 인출한 경우, 그 현금이 장물이 될 수 있을지도 문제된다.[196] 다른 사람이 착오로 송금한 금액을 무단 인출하여 취득한 현금도 장물이 될 수 있을지[197] 문제된다.[198]

---

194 이 경우 현금의 점유가 절도범에게 이전됨에 따라 소유권도 절도범에게 이전된다고 하면, 절도범으로부터 현금을 취득한 경우 소유자로부터 현금을 취득하였으므로 장물취득죄에 해당된다고 하기 어려울 것이다.

195 판례는 "자기앞수표도 그 액면금을 즉시 지급받을 수 있는 등 현금에 대신하는 기능을 가지고 거래상 현금과 동일하게 취급되고 있는 점에서 금전의 경우와 동일하게 보아야 한다."고 판시하고 있다(대판 2004. 3. 12, 2004도134).

196 판례는 "컴퓨터등사용사기죄에 의하여 취득한 예금채권은 재물이 아니라 재산상 이익이므로, 그가 자신의 예금계좌에서 돈을 인출하였더라도 장물을 금융기관에 예치하였다가 인출한 것으로 볼 수 없다."고 하였다(대판 2004. 4. 16, 2004도353).

197 판례는 착오송금된 돈을 무단인출한 경우 횡령죄를 인정한다(대판 1968. 7. 24, 66도1705; 대판 2005. 10. 28, 2005도5975; 대판 2006. 10. 12, 2006도3929; 대판 2010. 12. 9, 2010도891). 그러나 착오이체된 비트코인을 임의처분한 경우 횡령죄도 배임죄도 인정하지 않는다(대판 2021. 12. 16, 2020도9789).

198 이러한 문제에 대한 판례의 입장을 설명한 것으로, 임상규, "은행거래금전의 재물성과 장물성에

## (4) 판례의 문제점

판례는 "타인의 재물인지 아닌지는 민법, 상법, 기타의 실체법에 따라 결정       350
하여야 한다."고 한다.[199] 이러한 입장을 따른다면 앞에서 말한대로 현금에 대
한 형법적 법리는 완전히 달라져야 한다. 그러나 법적 안정성을 위해 민법, 상
법상의 법리를 형법에 그대로 적용할 수도 있지만, 기본적으로는 형법의 독자적
관점에서 소유 개념을 포함한 다른 개념들을 파악해야 한다. 이것은 현금을 재
물 또는 재산상 이익 중 어느 것으로 볼 것인지, 현금에 대한 소유권 귀속, 현금
의 장물성, 장물성의 유지 등의 문제에서도 마찬가지이다. 문제는 논리적 일관
성과 근거의 설득력이라고 할 수 있다.

이러한 점에서 타인의 현금에 대한 판례의 입장은 논리적 일관성과 설득력       351
이 떨어진다고 할 수 있다. 장물죄를 '재산범죄로 영득한 재물'이라고 정의하는
한 장물죄는 이득죄가 아니라 재물죄이다. 재물에서는 물리적 동일성이 중요하
고, 이득죄에서는 가치의 동일성이 중요하다. 그런데 위 판결이 "장물인 현금을
금융기관에 예금의 형태로 보관하였다가 이를 반환받기 위하여 동일한 액수의
현금을 인출한 경우에 예금계약의 성질상 인출된 현금은 당초의 현금과 물리적
인 동일성은 상실되었지만 액수에 의하여 표시되는 금전적 가치에는 아무런 변
동이 없으므로 장물로서의 성질은 그대로 유지된다."라고 하는 것은 장물죄를
재물죄가 아닌 이득죄로 파악하는 것으로서 논리적으로 모순이라고 할 수 있다.

판례에 의하면 100만 원짜리 자기앞 수표를 훔쳐 70만 원짜리 양복을 사고       352
30만 원을 현금으로 거슬러 받은 경우, 양복은 장물이 아니고 현금은 장물이다.
논리를 떠나 이러한 결론은 매우 이상하다. 이상한 결론이 이상하지 않기 위해
서는 결론에 이르는 논리적 과정이 명쾌해야 하는데, 판례의 논리는 오히려 모
순적이다. 따라서 이 경우 입법으로 해결하는 것은 몰라도 해석으로 장물개념을
이렇게까지 넓게 인정해서는 안 될 것이다.[200]

---

    관한 이의(異意)", 비교형사법연구 13-1, 한국비교형사법학회(2011), 49 이하.
199 대판 2016. 5. 19, 2014도6992(전).
200 같은 입장으로, 김선복, "대체장물인 금전의 장물성인정 여부", 비교형사법연구 4-2, 한국비교형
    사법학회(2002), 320-321; 김혜경, "컴퓨터 등 사용사기죄와 금전의 장물성", 법학연구 14-3, 연
    세대 법학연구소(2004), 169-171.

## 19. 위조된 외국통화행사의 죄책

**[대판 2013. 12. 12, 2012도2249]**

형법상 통화에 관한 죄는 문서에 관한 죄에 대하여 특별관계에 있으므로 통화에 관한 죄가 성립하는 때에는 문서에 관한 죄는 별도로 성립하지 않는다. 그러나 위조된 외국의 화폐, 지폐 또는 은행권이 강제통용력을 가지지 않는 경우에는 형법 제207조 제3항에서 정한 '외국에서 통용하는 외국의 화폐 등'에 해당하지 않고, 나아가 그 화폐 등이 국내에서 사실상 거래 대가의 지급수단이 되고 있지 않는 경우에는 형법 제207조 제2항에서 정한 '내국에서 유통하는 외국의 화폐 등'에도 해당하지 않으므로, 그 화폐 등을 행사하더라도 형법 제207조 제4항에서 정한 위조통화행사죄를 구성하지 않는다고 할 것이고, 따라서 이러한 경우에는 형법 제234조에서 정한 위조사문서행사죄 또는 위조사도화행사죄로 의율할 수 있다고 보아야 한다.

### (1) 문제점

353    이 판결 이전의 판결들 중 객관적으로 진정한 통화로 오인될 염려가 없는 통화를 위조하거나 행사한 경우 통화위조죄나 위조통화행사죄를 인정하지 않았던 판결들은 문서위조죄나 위조문서행사죄를 검토하지 않았다.[201] 그러나 위 판결은 이러한 경우에도 문서위조죄나 위조문서(도화)행사죄는 성립한다고 해야 한다고 한다. 이 판결이 밝히고 있듯이 통화위조죄 등과 문서위조죄 등은 특별 대 일반의 관계에 있다고 한다. 그럼에도 불구하고 이전의 판결들에서는 문서위조죄 등이 성립하지 않았다고 한 이유는 무엇인지 의문이 든다.

### (2) 위조통화와 위조문서

354    문서위조죄에 대해서도 판례는 "문서위조죄는 문서의 진정에 대한 공공의 신용을 그 보호법익으로 하는 것이므로 행사할 목적으로 작성된 문서가 일반인으로 하여금 당해 명의인의 권한 내에서 작성된 문서라고 믿게 할 수 있는 정도의 형식과 외관을 갖추고 있으면 문서위조죄가 성립하는 것이고, 위와 같은 요건을 구비한 이상 그 명의인이 실재하지 않는 허무인이거나 또는 문서의 작성

---

201  대판 1985. 4. 23, 85도570; 대판 1986. 3. 25, 86도255; 대판 2012. 3. 29, 2011도7704 등.

일자 전에 이미 사망하였다고 하더라도 그러한 문서 역시 공공의 신용을 해할 위험성이 있으므로 문서위조죄가 성립한다고 봄이 상당하며, 이는 공문서뿐만 아니라 사문서의 경우에도 마찬가지라고 보아야 한다.”고 한다.[202] 이 판결을 반대해석하면 위조된 문서가 일반인으로 하여금 명의권한 내에서 작성한 것으로 믿을 만한 형식과 외관을 갖추고 있지 못하면 문서위조죄는 성립할 수 없다는 입장이라고 할 수 있다.

　이러한 판례의 입장을 위 판결의 사건에 적용하여 보면, 이 사건에서의 위조지폐가 명의인인 영국중앙은행이 권한 내에서 작성한 것이라고 볼 수 있을 만한 외관을 갖추었다고 보기 어렵다. 그리고 이는 위조통화로서의 외관을 갖추지 못한 위조통화에서도 마찬가지라고 할 수 있다. 이 때문에 종래의 판례들이 사문서(도화)위조죄 등을 인정하지 않았다고 할 수 있다. 　　355

　이러한 의미에서 위 판결보다 위조사문서행죄를 인정하지 않은 이전 판결의 입장이 타당하다고 할 수 있다. 　　356

## 20. 내란선동죄 및 음모죄의 성립요건

**[대판 2015. 1. 22, 2014도10978(전)](통합진보당 국회의원 내란음모 사건)**

(1) 내란선동은 주로 내란행위의 외부적 준비행위에도 이르지 않은 단계에서 이루어지지만, 다수인의 심리상태에 영향을 주는 방법으로 내란의 실행욕구를 유발 또는 증대시킴으로써 집단적인 내란의 결의와 실행으로 이어지게 할 수 있는 파급력이 큰 행위이다. 따라서 내란을 목표로 선동하는 행위는 그 자체로 내란예비·음모에 준하는 불법성이 있다고 보아 내란예비·음모와 동일한 법정형으로 처벌되는 것이다.

(2) 2인 이상의 자 사이에 어떠한 폭동행위에 대한 합의가 있는 경우에도 공격의 대상과 목표가 설정되어 있지 않고, 시기와 실행방법이 어떠한지를 알 수 없으면 그것이 '내란'에 관한 음모인지를 알 수 없다. 따라서 내란음모가 성립하였다고 하기 위해서는 개별 범죄행위에 관한 세부적인 합의가 있을 필요는 없으나, 공격의 대상과 목표가 설정되어 있고, 그 밖의 실행계

---

202 대판 2005. 2. 24, 2002도18(전).

획에 있어서 주요 사항의 윤곽을 공통적으로 인식할 정도의 합의가 있어야
한다.[203]

### (1) 문제점

357    예비·음모죄의 가장 큰 문제점은 예비·음모행위의 범위를 한정하기 어렵
다는 것이다. 그럼에도 불구하고 우리 형법상 예비·음모죄를 인정하는 범죄의
범위가 넓고, 예비·음모죄의 형벌도 다른 나라에 비해 높은 편이다.

358    예를 들어 독일의 경우 살인음모죄는 처벌규정이 없고 살인예비죄만을 처
벌하는데, 그것도 국가에 심각한 위험을 초래하는 폭력행위로서의 성격을 지닌
경우에만 처벌한다.[204] 일본형법도 내란 예비·음모죄를 처벌하지만 법정형은
1년 이상 10년 이하의 금고에 불과하고(§ 78), 살인죄의 경우 음모죄는 처벌하지
않고 예비죄만을 처벌하는데, 법정형도 2년 이하의 징역이고 임의적 감면규정
도 두고 있다(§ 201).

359    선전·선동죄의 경우는 더욱 문제가 심각하다. 선전과 선동은 국민의 알권
리와 표현의 자유의 영역에 속할 수 있고, 무분별하게 선전·선동죄를 처벌하게
되면 자칫 국민의 알권리와 표현의 자유를 심각하게 침해하고 독재권력에 반대
하는 사람들의 처벌을 정당화하게 된다.[205] 이러한 점들을 고려할 때 예비·음
모죄 규정은 엄격하게 해석해야 하고, 다른 나라에서는 처벌례를 찾아보기 어려
운 선전·선동죄의 경우는 더욱 그러하다. 이 판결에서 내란죄의 예비·음모죄
는 부정하고 선전·선동죄는 긍정하고 있는데, 이것이 선동·선전죄에 대한 형법

---

203 이 판결에 대한 평석으로, 하주희, "내란음모 등 사건", 민주사회를 위한 변론 105, 민주사회를
    위한 변호사모임(2015), 343-358.
204 StGB 89a (1) Wer eine schwere staatsgefährdende Gewalttat vorbereitet, wird mit
    Freiheitsstrafe von sechs Monaten bis zu zehn Jahren bestraft. Eine schwere staatsgefährdende
    Gewalttat ist eine Straftat gegen das Leben in den Fällen des § 211 oder des § 212 oder
    gegen die persönliche Freiheit in den Fällen des § 239a oder des § 239b, die nach den
    Umständen bestimmt und geeignet ist, den Bestand oder die Sicherheit eines Staates oder
    einer internationalen Organisation zu beeinträchtigen oder Verfassungsgrundsätze der
    Bundesrepublik Deutschland zu beseitigen, außer Geltung zu setzen oder zu untergraben.
        제2항 이하에서는 국가에 심각한 위험을 초래하는 폭력행위들의 태양을 매우 엄격하게 그리
    고 상세하게 규정하고 있다.
205 선동죄의 기원과 바람직한 해결방안을 제시한 것으로, 이재승, "선동죄의 기원과 본질", 민주법
    학 57, 민주주의법학연구회(2015), 129-161.

해석의 원리에 맞는지 검토해볼 필요가 있다.

## (2) 선전·선동과 교사의 비교

선동과 교사는 타인으로 하여금 범죄의 결의를 하고 그 결의에 따라 실행 360
행위로 나아가도록 하려는 행위라는 점에서 유사점이 있지만, 다음과 같은 차이
점이 있다.

첫째, 교사범이 성립하기 위해서는 교사행위가 있어야 하고 피교사자가 범죄 361
의 결의를 해야 하고, 실행행위로 나아가야 하고, 교사행위와 범죄의 결의 및 실
행행위 사이에 인과관계가 있어야 한다. 교사자에게는 교사에 대한 고의와 실행
행위에 대한 고의가 있어야 한다. 피교사자가 범죄결의를 하지 않았거나(교사의 실패)
범죄결의를 하였더라도 실행행위를 하지 않은 경우(효과 없는 교사)에는 예비·음모
에 준하여 처벌된다. 이에 비해 선동죄가 성립하기 위해서는 선동행위만 있으면
족하다. 교사범을 결과범이라고 한다면, 선동죄는 거동범이라고 할 수 있다.

둘째, 교사범이 성립하기 위해서는 피교사자가 특정되어야 하지만 선전·선 362
동죄는 불특정인에 대한 것도 가능하다.

이와 같은 차이점이 있지만, 실행행위가 특정되어야 하는지에 대해서는 문 363
제가 있을 수 있다. 교사범이 성립하기 위해서는 실행행위가 특정되어야 한다.
예컨대, 공무원에게 '적당히 뇌물을 받으며 살아라'라고 하는 경우 교사범이 성
립할 수 없음은 분명하다. 이 경우 뇌물선전·선동이 될 수 있는지에 대해서는
긍정설과 부정설이 있을 수 있다. 그러나 반대의견이 지적하는 대로 내란선전·선
동죄는 내란예비·음모죄와 법정형이 동일하므로 내란선동죄의 성립요건은 내
란예비·음모죄의 성립요건과 비슷한 수준에서 인정해야 한다. 내란예비·음모
죄로 처벌되는 행위유형 중 교사의 형태를 띄는 행위는 내란죄에 대한 교사의
실패 내지 효과 없는 교사가 있다. 따라서 내란선동죄도 이들에 준하는 성립요
건을 갖춰야 한다고 해야 한다.

교사의 실패나 효과 없는 교사(§ 31②, ③)가 성립하기 위해서는 실행행위의 364
대상, 일시, 방법 등이 어느 정도 특정되어야 한다. 즉, '적당히 뇌물도 받으며
살아가라'라는 정도로는 교사범이 성립할 수 없고, '아무개가 오늘 가져오는 뇌
물은 받아라'라는 정도라야 교사범이 성립할 수 있다. 즉, 후자 정도의 행위가
있어야 교사의 실패나 효과 없는 교사가 문제될 수 있다. 따라서 단순히 '언젠

간 현정부를 전복시킬 준비를 하라', '때가 되면 들고 일어나 정부를 전복시키자'
라는 정도로는 내란 교사행위가 될 수 없어서 내란 예비·음모죄가 성립할 수
없으므로 내란선전·선동죄도 성립할 수 없다고 해야 한다. 이렇게 본다면 다수
의견은 내란선동죄를 너무 넓게 인정하는 것으로 부당하다고 할 수 있다.

### (3) 선전·선동과 예비·음모의 비교

365    예비·음모는 유형적 준비행위이거나 범인들 상호 간의 범죄의사의 합치를
의미한다. 이에 비해 선전·선동은 주로 언어적·무형적 행위 또는 범인 이외의
사람들에 대한 범인들의 일방적 행위이다. 따라서 선전·선동 행위는 예비·음
모 행위보다 그 범위가 매우 넓다고 할 수 있다.

366    이 사건에서 다수의견이 지적하듯이 음모는 실행행위로서의 정형성이 없기
때문에 지나치게 확대될 수 있으므로 엄격하게 해석해야 한다. 음모는 본범을 범
하기 위한 목적이 있어야 성립할 수 있는 목적범이므로 적어도 본범이 확정되어
있어야 한다. 본범이 확정되었다고 할 수 있기 위해서는 본범의 일시, 장소, 태
양, 대상 등이 확정되어야 한다. 적어도 본범의 실행의 착수를 인정할 수 있는
행위를 목적으로 음모해야 살인음모죄가 성립할 수 있다고 해야 할 것이다.

367    선전·선동죄가 예비·음모죄와 동일하게 처벌된다는 것을 고려한다면, 선
전·선동죄 역시 적어도 예비·음모 정도에 준하는 위험성이 있어야 하므로 역시
본범의 일시, 장소, 태양, 대상 등이 어느 정도는 특정되어 있다고 해석해야 한
다. 이 판결에서 피고인 甲은 지배세력이 60년 동안 형성했던 물적 토대를 무너
뜨려야 하고, 이를 위해 정치군사적 준비, 구체적으로는 물질기술적 준비를 해야
한다고 하였다. 그리고 물질기술적 준비에 대해서는 토론해보라고 하였다. 이는
내란죄의 일시, 장소, 방법 등이 구체적으로 정해지지 않았다는 것을 의미한다.

368    이와 같이 내란죄의 실행을 위한 어느 정도 구체적 계획이 없는 상태에서
단순히 '언젠가 때가 오면' 폭동으로 정부를 붕괴시키자는 정도의 추상적 결단
이나 선전·선동이 이루어졌다면, 예비·음모죄도 성립할 수 없고, 선전·선동죄
도 성립할 수 없다고 해야 할 것이다.

369    이 판결의 내란음모죄의 성립을 부정한 것은 타당하다.[206] 그런데 이 판결

---

206 같은 견해로, 오경식, "판례 분석을 통한 형법상 내란죄의 재해석 - 대법원 2014도10978을 중심
   으로 -", 교정연구 68, 한국교정학회(2015), 119 이하.

은 예비·음모죄가 성립하기 위해서는 어느 정도 본범이 특정되어야 하지만 선전·선동죄에는 이러한 요건이 필요없다는 입장으로 보인다. 그러나 예비·음모행위에 비해 선전·선동행위의 범위가 넓다는 점을 고려하면, 선전·선동죄를 인정하기 위해서는 본범의 특정 정도에 대해서는 예비·음모죄보다도 엄격하게 해석해야 할 것이다.

## 21. 목적과 신분

**[대판 1994. 12. 23, 93도1002(전)]**

1. 형법 제33조 소정의 이른바 신분관계라 함은 남녀의 성별, 내·외국인의 구별, 친족관계, 공무원인 자격과 같은 관계뿐만 아니라 널리 일정한 범죄행위에 관련된 범인의 인적관계인 특수한 지위 또는 상태를 지칭하는 것이다.

2. 형법 제152조 제1항과 제2항은 위증을 한 범인이 형사사건의 피고인 등을 '모해할 목적'을 가지고 있었는가 아니면 그러한 목적이 없었는가 하는 범인의 특수한 상태의 차이에 따라 범인에게 과할 형의 경중을 구별하고 있으므로, 이는 바로 형법 제33조 단서 소정의 "신분관계로 인하여 형의 경중이 있는 경우"에 해당한다고 봄이 상당하다.

3. 피고인이 A를 모해할 목적으로 甲에게 위증을 교사한 이상, 가사 정범인 甲에게 모해의 목적이 없었다고 하더라도, 형법 제33조 단서의 규정에 의하여 피고인을 모해위증교사죄로 처단할 수 있다.

4. 형법 제31조 제1항은 협의의 공범의 일종인 교사범이 그 성립과 처벌에 있어서 정범에 종속한다는 일반적인 원칙을 선언한 것에 불과하고, 신분관계로 인하여 형의 경중이 있는 경우에 신분이 있는 자가 신분이 없는 자를 교사하여 죄를 범하게 한 때에는 형법 제33조 단서가 형법 제31조 제1항에 우선하여 적용됨으로써 신분이 있는 교사범이 신분이 없는 정범보다 중하게 처벌된다.

### (1) 문제점

이 판결은 목적을 신분으로 보고 가중적 신분자가 비신분자의 범행에 교사    370

형태로 가담한 경우, 공범종속성원칙을 규정한 제31조 제1항보다 제33조 단서가 우선 적용되어 모해위증교사죄로 처벌해야 한다고 한다. 이 판결의 문제점은 다음과 같다.

371    첫째, 신분의 개념에 특수한 지위뿐만 아니라 상태까지 포함시키는 것은 신분이라는 문언의 가능한 의미를 넘어서는 것은 아닌지 문제된다.

372    둘째, 신분을 행위자의 지위 또는 상태라고 하더라도 목적이라는 초과주관적 구성요건요소를 행위자의 특수한 지위 또는 상태라고 하는 것이 타당한지 문제된다.

373    셋째, 목적을 신분이라고 파악한다고 하더라도 제33조는 비신분자가 신분자에 가담한 경우를 규정한 것인데, 이 규정을 모해목적 있는 사람(신분자)이 모해목적 없는 사람(비신분자)에 가담한 경우에도 적용할 수 있는지 문제된다.

374    넷째, 신분자가 비신분자의 범죄에 가담한 경우에는 제31조의 적용이 배제되는지 문제된다.

375    다섯째, 제33조 단서가 적용된다고 하더라도 단순위증죄가 아닌 모해위증죄로 처벌하는 것이 신분범의 성립과 처벌에 관한 판례의 다른 입장과 모순되는 것은 아닌지 문제된다.

376    여섯째, 제33조 단서가 적용된다고 하더라도 제33조 단서가 "무거운 형으로 벌하지 아니한다."고 규정하고 있음에도 불구하고 모해위증죄의 교사범으로 처벌하는 것이 문언에 맞는 해석인지 문제된다.

### (2) 신분의 개념

377    형법은 신분에 대한 정의규정을 두고 있지 않으므로 신분이 무엇인가는 해석에 의해 결정될 수밖에 없다. 위 판결의 신분개념에서 특수한 지위를 신분이라고 할 수 있지만, 특수한 '상태'를 신분에 포함시킬 수 있는지 문제된다. 이것은 신분의 계속성과 관련된 문제이다.

378    구 독일형법은 우리의 신분에 해당하는 용어로 '인적 특성 또는 관계'(persönliche Eigenschaften oder Verhältnisse)라고 하였다.[207] 이것은 어느 정도 계속

---

[207] 독일제국형법 제50조는 "Wenn das Gesetz die Strafbarkeit einer Handlung nach den persönlichen Eigenschaften oder Verhältnissen desjenigen, welcher dieselbe begangen hat, erhöht oder vermindert, so sind diese besonderen Thatumstände dem Thäter oder

성이 필요한 개념이라고 할 수 있기 때문에 '상태'는 포함되기 어려웠다. 이후 1975년 독일 개정형법 제28조에서 특수한 인적 요소(Besondere persönliche Merkmale) 라는 용어를 사용하였다.[208] 이 특수한 인적 요소라는 용어는 특수한 지위, 관계뿐만 아니라 상태도 포함될 수 있고, 이에 따르면 계속성은 신분에서 필요하지 않다고 해석할 수도 있게 되었다.[209]

이 때문에 우리나라에서도 신분에 계속성을 요한다는 견해와 요하지 않는다는 견해가 대립하였다. 위 판결은 특수한 상태도 신분개념에 포함시킴으로써 신분의 계속성을 요하지 않는다는 입장을 취한 것이라고 할 수 있다.[210]  379

그러나 위와 같은 연혁과 상관없이 독일과 우리나라에서 사용하는 용어가 다르고 우리말에서 신분이라는 말의 사전적 의미는 '개인의 사회적인 위치나 계급'인데, 이것은 어느 정도의 계속성을 요하는 개념이라고 해석할 수밖에 없다. 특히, 제33조는 신분연대를 인정하여 형벌권을 확장하는 규정이므로 신분개념을 엄격하게 해석해야 한다.  380

만약 신분에서 계속성을 요하지 않는다고 하면, 부진정부작위범을 진정신분범이라고 해야 할 것이다. 그런데 일정한 작위의무를 지니고 있지만 그러한 지위나 상태에 계속성이 없다면 신분이라고 할 수는 없다고 해야 한다. 예를 들어 긴급구호의무를 인정할 경우, 익사하는 사람을 발견한 수영선수나 수영을 잘하는 사람 모두 구조할 작위의무가 인정된다. 그러나 수영선수는 신분이라고 할 수 있지만, 작위의무가 있다고 하여 수영을 잘 하는 사람이 신분이 될 수는 없을 것이다.  381

---

demjenigen Theilnehmer(Mitthäter, Anstifter, Gehülfe) zuzurechnen, bei welchem sie vorliegen", 1943년 개정형법 제50조 제2항은 "Bestimmt das Gesetz, daß besondere persönliche Eigenschaften oder Verhältnisse die Strafe schärfen, mildern oder ausschließen, so gilt dies nur für den Täter oder Teilnehmer, bei dem sie vorliegen"이라고 규정하였다.

208 § 28 Besondere persönliche Merkmale. (1) Fehlen besondere persönliche Merkmale (§ 14 Abs. 1), welche die Strafbarkeit des Täters begründen, beim Teilnehmer (Anstifter oder Gehilfe), so ist dessen Strafe nach § 49 Abs. 1 zu mildern. (2) Bestimmt das Gesetz, daß besondere persönliche Merkmale die Strafe schärfen, mildern oder ausschließen, so gilt das nur für den Beteiligten (Täter oder Teilnehmer), bei dem sie vorliegen.

209 독일형법상 신분에 대한 개념정의의 변화는, 신동운, "모해위증죄의 교사범과 신분관계", 법조 44-8, 법조협회(1995), 124 이하.

210 위 판결은 신분에 특수한 상태를 포함시킨 최초의 판결이다.

### (3) 목적과 신분

382      신분에 계속성을 요한다고 할 때에는 목적을 신분이라고 하기는 어렵다. 그러나 신분에 계속성을 요하지 않는다고 하더라도 목적을 신분이라고 할 수는 없을 것이다.[211] 만약 목적을 신분이라고 하면 내란죄, 각종 위조죄 등도 신분범이라고 해야 하고,[212] 이것은 형법이 예상하지 않은 것이라고 할 수 있다.

383      목적범은 범죄의 한 형태라고 해야지 범죄인의 한 형태라고 하기는 어렵다.[213] 만약 초과주관적 구성요건요소인 목적을 신분이라고 한다면, 주관적 구성요건요소인 고의나 과실도 신분이라고 하지 않을 이유가 별로 없다. 이렇게 되면 고의범, 과실범도 범죄의 한 형태가 아니라 범죄인의 한 형태라고 해야 할 것이다.

384      이와 같이 목적을 행위자요소인 신분이 아니라 주관적 행위요소라고 한다면, 모해목적 있는 사람이 모해목적 없는 사람을 교사하여 위증하게 한 경우는, 특수폭행을 교사하였으나 정범이 단순폭행을 한 경우와 같이 교사자에게 형법 제31조 제1항이 적용되어 단순모해위증죄의 교사범으로 처벌해야 할 것이다.

### (4) 제33조의 적용범위

385      제33조는 문언상 비신분자가 신분범에 가담한 경우를 규정한 것이므로, 신분자가 비신분자의 범행에 가담한 경우에는 제33조를 적용할 수 없다고 해야 한다. 따라서 가중적 신분자인 모해목적 있는 사람이 비신분자인 모해목적 없는

---

211 특수한 상태는 신분요소가 될 수 없고, 목적을 신분에 포함시키는 것은 언어의 가능한 의미를 넘어서는 해석이라는 견해로, 정영일, "목적범에 관한 판례연구", 형사판례연구 [9], 한국형사판례연구회, 박영사(2001), 252-253. 이에 대해 목적은 '주관적' 요소이므로 신분으로 볼 수 있다는 견해로, 백원기, "신분과 공범의 성립", 형사판례연구 [6], 한국형사판례연구회, 박영사(1998), 158. 그러나 주관적 요소라도 주관적 행위요소가 있고 행위자요소가 있는데, 일반적으로 주관적 구성요건요소란 주관적 행위요소를 의미한다.

212 고의, 목적, 불법영득의사, 동기 등은 모두 신분이라고 할 수 없다는 견해로, 김재윤, "(모해)위증죄에 대한 연구", 법학논총 38-3, 전남대 법학연구소(2018), 118.

213 독일에서는 제211조 제2항 모살죄(Mörder ist, wer aus Mordlust, zur Befriedigung des Geschlechtstriebs, aus Habgier oder sonst aus niedrigen Beweggründen, heimtückisch oder grausam oder mit gemeingefährlichen Mitteln oder um eine andere Straftat zu ermöglichen oder zu verdecken, einen Menschen tötet)에서 열거되고, 동기는 행위관련적이 아니라 행위자관련적 요소라고도 한다. 그런데 예컨대 'zur Befriedigung des Geschlechtstriebs'에서 성욕을 만족할 동기란 우리 형법 영아살해죄에서 동기와 마찬가지이고, 목적범에서 목적과는 구별된다고 할 수 있다.

사람의 위증에 교사의 형태로 가담한 경우에도 제33조는 적용될 수 없다. 대신 이 경우에는 당연히 제31조 제1항이 적용되므로 단순위증죄의 교사범으로 처벌해야 할 것이다.

### (5) 감경적 부진정신분범에 가담한 비신분자의 죄책과 형벌

비신분자가 가중적 부진정신분범에 가담한 경우 판례는 비신분자에게 제33조 본문에 의해 가중적 부진정신분범이 성립하지만, 제33조 단서에 의해 가벼운 형으로 처벌된다고 한다.[214] 이와 같은 논리는 감경적 부진정신분범에 가담한 경우에도 적용되어야 할 것이다. 예컨대 비신분자가 영아살해죄를 교사한 경우, 제33조 본문이 적용되어 보통살인죄의 교사범이 아니라 영아살해죄의 교사범이 성립하고 이어 제33조 단서가 적용되어야 할 것이다.

386

이 경우 보통살인죄의 교사범으로 처벌할 수는 없다. 왜냐하면 존속살해죄 교사범의 죄책을 지지만 보통살인죄 교사범으로 처벌하는 것은 논리적 타당성이 있느냐는 별론으로 하더라도 책임원칙에 위반되는 해석은 아니다. 그러나 영아살해죄 교사범의 죄책을 지는 사람에 대해 보통살인죄의 교사범으로 처벌하는 것은 책임을 초과하는 형벌을 부과하는 것으로서 허용될 수 없기 때문이다.

387

모해목적 있는 사람이 모해목적 없는 사람을 교사하여 위증케 한 경우 제33조 본문이 적용되면 단순위증죄 교사범이 성립하고, 이어 제33조 단서가 적용된다고 하더라도 모해위증죄의 교사범이 아니라 단순위증죄의 교사범으로 처벌해야 할 것이다.

388

### (6) 제33조 단서의 해석

제33조 단서는 "신분 때문에 형의 경중이 달라지는 경우에 신분이 없는 사람은 무거운 형으로 벌하지 아니한다."고 규정하고 있다. 제33조는 비신분자가 신분범에 가담한 경우를 규정한 것이므로 이 규정을 자연스럽게 해석한다면, "가담한 비신분자는 신분자보다 무거운 죄로 벌하지 아니한다."로서 신분연대를

389

---

214 업무상의 임무라는 신분관계가 없는 자가 그러한 신분관계 있는 자와 공모하여 업무상배임죄를 저질렀다면, 그러한 신분관계가 없는 공범에 대하여는 제33조 단서에 따라 단순배임죄에서 정한 형으로 처단하여야 한다. 이 경우에는 신분관계 없는 공범에게도 같은 조 본문에 따라 일단 신분범인 업무상배임죄가 성립하고, 다만 과형에서만 무거운 형이 아닌 단순배임죄의 법정형이 적용된다(대판 1986. 10. 28, 86도1517; 대판 2010. 9. 9, 2010도6507; 대판 2018. 8. 30, 2018도10047).

규정한 것으로 해석해야 한다. 형법 제33조 단서의 표현은 "특별한 인적 요소가 형벌을 가중하거나 감경하거나 조각한다고 법률에 규정된 경우 그것은 각자의 범인에게만 적용한다."라고 한 독일형법 제28조 제2항의 표현과 크게 다른 규정이다. 따라서 이 규정의 해석론을 우리 형법의 해석에 그대로 도입해서는 안 된다. 독일형법이 신분개별화를 규정한 것이라고 한다면, 제33조는 신분연대를 규정한 것이라고 할 수 있다. 그리고 제33조 단서의 신분연대는 비신분자를 신분자보다, 가담자를 신분범보다 무겁게 처벌하지 않도록 하기 위함이라고 할 수 있다.

390    다시 말해 제33조 단서는 그 문언상 도저히 신분개별화를 규정한 것이라고 해석할 수 없다. 신분개별화는 법률적 차원의 원리로서 법률에서 신분연대를 규정하였다고 하여 위헌적이라고 할 수 없고, 신분연대를 규정하는 것이 부당하다고 할 수 없다. 신분을 개별화 혹은 연대의 인정 등은 형법에서 정할 수 있는 것이다. 따라서 가공자에게 제33조 단서를 적용하면서 피가담자보다 무거운 범죄로 처벌하는 것은 제33조 단서의 취지에 정면으로 어긋나는 것이라고 할 수 있다.[215]

### (7) 결어

391    결국 모해목적 있는 사람이 모해목적 없는 사람을 교사하여 위증죄를 범하게 한 경우 모해위증죄의 교사범을 인정할 수 있는 논리적 근거는 전혀 없다고 할 수 있다. 위 판결은 단순위증교사범으로 처벌하려고 할 경우 공소시효가 완성되었기 때문에[216] 모해위증교사죄로 처벌하기 위해 특수한 상태를 신분요소에 포함시킨 것이다. 이와 같은 태도는 나무는 보되 숲은 보지 못하는 법의 해석·적용이라고 할 수 있다.[217] 이 판결은 역대 대법원판결 중 가장 부당한 판결이라고 평가해도 과언이 아닐 정도로 범죄인필벌의 사고에 사로잡혀 형법해석의 기본원칙을 완전히 무시한 판결이라고 할 수 있다.

---

215 같은 견해로, 신동운(주 209), 135.
216 이 사건의 공소시효에 관한 부분은, 신동운(주 209), 121-122.
217 독일의 경우 특수한 상태를 신분요소에 포함시킨 것은 우리 판례와는 달리 형벌의 확대를 방지하기 위한 것이라는 설명으로, 김재윤(주 212), 118-119.

# 제 5 절 입법론

## I. 개 관

2006년 법무부는 형사법개정특별분과위원회(이하, 개정위원회라 한다.)의 위원 392
을 새로 구성하여 형법의 전면개정작업을 다시 시작하였다. 개정위원회의 심의
를 거쳐 법무부는 2011년 총칙부분을 전면개정한 법률개정안을 국회에 제출하
였으나 제18대 국회의 임기만료로 자동폐기되었다. 동 위원회는 형법각칙의 개
정방안도 심의하였지만, 2015년 8월 제94차 전체회의를 마지막으로 활동이 중
단된 상태이다.

형사특별법의 범람으로 누더기가 된 현재의 형법체제를 전반적으로 정비해 393
야 할 필요가 있고, 이를 위해서는 현행형법을 전면개정할 필요가 있다는 것에
대해서는 별 이의가 없다. 형법의 전면개정과 아울러 형사특별법 중 존치할 필
요가 있는 규정들은 형법에 편입하고 나머지 형벌가중을 내용으로 하는 규정들
은 삭제하여 형사특별법 자체를 대폭 줄여야 한다. 이렇게 형법체계의 통일성이
갖춰져야 이를 통해 국민들이 어떤 행위가 범죄로 규정되어 있고, 그 범죄에 대
해 어떤 형벌이 과해지는지를 좀더 일목요연하게 알 수 있어, 형법의 보장적 기
능이 강화될 수 있을 것이다. 또한, 형사사법기관의 형법적용상 혼란도 줄어들
어 선량한 국민이 피해를 당하지 않게 될 것이다.

아래에서는 형법체계의 정비를 위한 몇 가지 형법각칙의 개정방안을 제시 394
하기로 한다. 그러나 이 책의 성격상 형법 전반에 걸쳐 상세하게 입법론을 제시
할 수는 없으므로 개인적 법익에 관한 죄 중 몇 가지 중요한 쟁점들과 개정방안
을 제시하기로 한다.

## II. 각칙의 편제 및 내용

### 1. 규정순서 및 편입범죄

현행형법 각칙은 국가적 법익에 대한 죄, 사회적 법익에 대한 죄, 개인적 395
법익에 대한 죄의 순으로 되어있지만, 개정형법에서는 개인적 법익에 대한 죄,

사회적 법익에 대한 죄, 국가적 법익에 대한 죄의 순으로 해야 한다는 데에 별 이견이 없다. 1992년의 형법개정법률안도 위와 같은 순서로 하고 있고, 2006년 개정위원회의 각칙개정 작업에서도 같은 순서로 하기로 하였다. 비교법적으로도 독일형법은 국가적 법익, 사회적 법익, 개인적 법익에 대한 죄의 순서로 규정하고 있으나,[218] 오스트리아형법, 스위스형법, 프랑스형법 등은 개인적 법익에 대한 죄를 제일 먼저 규정하고 있다.

396    그러나 위와 같은 분류는 큰 의미가 있는 것은 아니다. 개인적 법익에 대한 죄라고 하더라도 국가적, 사회적 법익에 대한 죄로서의 의미도 함께 지니고 있다. 또한, 국가적, 사회적 법익에 대한 죄 역시 개인적 법익에 대한 죄로서의 의미를 지니고 있다. 예컨대, 내란죄는 국가의 안전을 침해·위태화하는 죄이지만 국가의 안전은 개인의 안전과 직결되어 있다. 국가안보에 대한 불안은 어떤 경우에는 개인의 재산, 명예, 프라이버시 등에 대한 불안보다 훨씬 더 심각할 수 있기 때문이다.

397    따라서 개인적, 사회적, 국가적 법익에 대한 죄라고 구분한다고 하더라도 그것은 상대적인 것이므로, 세부적으로 어떤 범죄를 어떻게 분류하여 어떤 순서로 규정할 것인지는 각 나라의 사정에 따라 결정하면 될 것이다.

398    예를 들어 성범죄의 경우, 우리 형법은 성풍속에 관한 죄와 성폭력범죄를 구분하여 전자는 사회적 법익에 대한 죄로서 제22장에, 후자는 개인적 법익에 대한 죄로서 제32장 강간 및 추행의 죄로 규정하고 있다. 그리고 음행매개죄, 음란물죄, 공연음란죄 등을 사회적 법익에 대한 죄인 제22장에 편입시키고 있다.

399    이에 비해 독일형법은 제12장 신분, 혼인 및 가정에 대한 죄(Straftaten gegen den Personenstand, die Ehe und die Familie)와 제13장 성적 자기결정에 대한 죄 (Straftaten gegen die sexuelle Selbstbestimmung)로 규정하고, 제12장에는 중혼죄와 근친상간죄 등을 규정하고, 음행매개죄, 음란물죄, 공연음란죄 등은 성폭력범죄와 함께 제13장에 규정하고 있다.

400    오스트리아형법도 제9장에 혼인 및 가정에 대한 죄(Strafbare Handlungen gegen

218 독일형법 제28장 공공위험의 죄, 제29장 환경에 대한 죄, 제30장 직무에 관한 죄 등은 개인적 법익에 대한 죄의 다음에 규정하고 있으나, 제28장 공공위험의 죄 및 제29장 환경에 대한 죄는 사회적 법익에 대한 죄, 제30장 뇌물죄등 직무에 관한 죄는 국가적 법익에 대한 죄라고 할 수 있다.

Ehe und Familie), 제10장에 성적 온전성 및 자기결정권에 대한 죄(Strafbare Handlungen gegen die sexuelle Integrität und Selbstbestimmung)의 순서로 규정하고, 중혼죄를 제9장에, 아동음란물죄, 근친상간죄, 공연음란죄, 음란물광고죄 등을 제10장에 규정하고 있다.

스위스형법도 제5장 성적 온전성에 대한 죄(Strafbare Handlungen gegen die sexuelle Integrität), 제6장 가정에 대한 죄(Verbrechen und Vergehen gegen die Familie)의 순으로 규정하고 근친상간죄는 제6장에 규정하고, 음란물죄, 공연음란죄, 성매매관여죄 등은 제5장에서 규정하여 독일, 오스트리아와 유사한 방식으로 규정하고 있다.                                      **401**

위와 같이 비교법적으로 볼 때 음란물죄와 성폭력범죄를 함께 규정하는 것이 좀더 일반적이라고 할 수는 있지만, 우리 형법과 같은 방식보다 더 우월한 방식이라고 할 수는 없다. 음란물죄와 성폭력범죄가 밀접한 관계가 있을 수도 있지만, 음란에 대한 판단이 나라마다 차이가 있으므로 한 나라에서 인정되는 상관관계 여부나 정도가 다른 나라에도 그대로 적용될 수 없기 때문이다.                **402**

이러한 의미에서 형법의 전면개정을 하더라도 각칙의 편제는 현행형법의 틀을 가능한 한 유지하는 것이 바람직하다고 할 수 있을 것이다.                        **403**

## 2. 미수범 처벌규정의 정비

### (1) 현행형법의 문제점

현행형법의 미수범 처벌규정은 다음과 같은 문제점이 있다.                        **404**

첫째, 미수범 처벌 여부에 대한 기준이 모호하다. 강도상해죄나 강도살인죄의 미수는 처벌하면서(§337, §338, §342) 강간등상해죄나 강간등살인죄의 미수범 처벌규정은 두지 않았다(§300, §301, §301의2). 제25장 상해와 폭행의 죄(§§257-265)에서는 제257조 제3항, 제258조의2 제3항에서 단순상해죄와 특수상해죄의 미수범 처벌규정을 두고 있지만, 중상해죄의 미수범 처벌규정은 두고 있지 않다. 강간죄 등(§§297-299)의 미수범 처벌규정은 있지만 미성년자의제강간·추행죄(§305)에 대한 명시적인 미수범 처벌규정이 없다.[219] 강요죄(§324)와 직권남용권리행사방            **405**

---

219 판례는 "형법 제305조의 (중략) 입법 취지에 비추어 보면 동조에서 규정한 형법 제297조와 제298조의 '예에 의한다'는 의미는 미성년자의제강간·강제추행죄의 처벌에 있어 그 법정형뿐만 아

해죄(§ 123)의 징역형 상한이 모두 5년으로 동일한데, 강요죄의 미수범 처벌규정
은 있지만(§ 324의5), 직권남용권리행사방해죄의 미수범 처벌규정은 없다. 따라서
전자에서는 권리행사를 방해하거나 의무없는 일을 하게 하는 결과가 발생하지
않아도 미수범으로 처벌할 수 있지만, 후자에서는 이러한 결과발생이 없으면 처
벌되지 않는다.

406      둘째, 미수범 처벌규정의 방식에도 일관성이 없다. 위의 폭행과 상해의 장
에서는 미수범 처벌규정을 개별 범죄조문 중 항에 규정하고 있다. 그런데 다른
장에서는 대부분 미수범 처벌규정을 독립조문으로 두고 있다. 이로 인해 어느
범죄의 미수범을 처벌 여부에 대해 확실하게 알 수 없는 경우가 많다.

407      셋째, 장(章) 내에서 미수범의 규정순서에도 일관성이 없다.

408      예를 들어, 제29장 체포와 감금의 죄(§§ 276-282)에서는 제280조에 미수범 처
벌규정을 두고 제281조 체포감금치사상죄에서는 "제276조 내지 제280조의 죄를
범하여"라고 하여 미수범도 체포감금치사상죄의 주체가 될 수 있음을 분명히 하
고 있다. 제32장 강간과 추행의 죄(§§ 297-305의2)에서도 제300조에 미수범 처벌
규정을 두고, 제301조와 강간상해 · 치상죄 및 제301조의2 강간살인 · 치사죄에서
강간죄등의 미수범도 주체로 규정하고 있다.

409      이에 비해 제31장 약취, 유인 및 인신매매의 죄(§§ 287-296의2)에서는 제290
조 제1항에서 약취 · 유인등상해죄, 제2항에서 약취 · 유인등치상죄, 제291조 제1
항에서 약취 · 유인등살인죄, 제2항에서 약취 · 유인등치사죄를 규정하고 제294조
에서 "제287조부터 제289조까지, 제290조제1항, 제291조 제1항과 제292조 제1
항의 미수범은 처벌한다."고 규정하고 있다. 다행히 여기에서는 제290조 제2항
과 제291조 제2항의 미수범을 규정하지 않아 약취 · 유인등치사상죄와 같은 진
정결과적 가중범의 미수의 인정 여부에 대한 논쟁거리는 제공하지 않았다.

410      그러나 제37장 중 강요의 죄 부분(§§ 324-324의6)에서는 제324조의3에서 인질
상해 · 치상죄, 제324조의4에서 인질살해 · 치사죄를 규정하고 제324조의5에서 "제

---

니라 미수범에 관하여도 강간죄와 강제추행죄의 예에 따른다는 취지로 해석되고, 이러한 해석이
형벌법규의 명확성의 원칙에 반하는 것이거나 죄형법정주의에 의하여 금지되는 확장해석이나
유추해석에 해당하는 것으로 볼 수 없다."고 한다(대판 2007. 3. 15, 2006도9453). 그러나 입법
론적으로는 이러한 논란이 있는 것 자체가 문제라고 할 수 있다.

324조 내지 제324조의4의 미수범은 처벌한다."고 규정하였다. 이로 인해 인질치
사상죄와 같은 진정결과적 가중범의 미수도 인정할 것인가 하는 논쟁이 생겨났
다. 제38장 절도와 강도의 죄에서도 제337조에서 강도상해·치상죄, 제338조에
서 강도살인·치사죄, 제340조 제2항에서 해상강도상해·치상죄, 제3항에서 해
상강도살인·치사죄를 규정하고 제342조에서 "제329조 내지 제341조의 미수범
은 처벌한다."고 규정하여 역시 강도치사상죄나 해상강도치사상죄와 같은 진정
결과적 가중범의 미수를 인정할 것인가의 논쟁이 생겨났다.

　　게다가 강도상해·치상죄(§337)와 강도살인·치사죄(§338)에서는 그 주체를　411
'강도'라고 규정하여 강도미수범도 주체가 될 수 있다고 해석하는 데에 별 어려
움이 없었다. 그러나 인질상해·치상죄(§324의3) 및 인질살인·치사죄(§324의4)에
서는 그 주체를 '제324조의2를 범한 자'라고 규정함으로써 인질강요죄의 미수범
도 주체가 될 수 있느냐에 대한 논쟁이 생겨나게 하였다. 왜냐하면 324조의2는
인질강요기수범을 규정한 것이고, 인질강요죄의 미수범은 제324조의5에 의해
비로소 처벌되기 때문이다(§29. 미수범을 처벌할 죄는 각 본조에 정한다). 해상강도상
해·치상죄(§340②), 해상강도살인·치사죄(§340③)에서도 그 주체를 '제1항의 죄
를 범한 자'라고 규정하여 역시 해상강도미수범도 주체가 될 수 있는가에 대한
논쟁이 있을 수 있다.

　　고의범과 고의범의 결합범이나 고의범과 과실범의 결합범인 결과적 가중범　412
을 규정한다면 기수범뿐만 아니라 미수범도 주체로 규정하는 것이 맞을 것이다.
왜냐하면 예를 들어 강도상해·치상죄나 강도살인·치사죄의 경우, 강도기수범
보다는 피해자가 반항함 등으로 인해 재물을 강취하지 못한 미수범이 피해자에
게 상해를 입히거나 사망케 하는 경우가 많을 수도 있기 때문이다.

### (2) 개선방안

　　첫째, 어떤 범죄의 미수범을 처벌하는지에 대해 일관적 기준을 설정할 필요　413
가 있다. 그 방법 중의 하나로 독일형법과 같이 범죄를 중죄와 경죄로 나누어,[220]
중죄에 대해서는 항상 미수범을 처벌하고, 경죄에 대해서는 별도로 미수범 처벌

---

220 중죄(Verbrechen)란 법정형의 하한이 1년 이상의 자유형으로 되어 있는 범죄(독형 §12①), 경죄
　(Vergehen)란 법정형의 하한이 경미한 자유형 또는 벌금형으로 규정되어 있는 범죄(독형 §12②)
　를 말한다.

규정을 두는 것[221]을 생각해 볼 수 있다.

414    그러나 현재로서는 중죄와 경죄를 나눌 필요가 없으므로, 예를 들어 장기 5년 이상이 징역이나 금고에 처하는 범죄들의 경우에는 일률적으로 미수범을 처벌하고, 장기 5년 미만의 징역에 처해지는 범죄에 대해서는 각칙에서 개별적으로 정하는 방법이 바람직할 것이다. 이 방법에 의해도 장기 5년 미만의 징역에 처해지는 범죄의 미수범 처벌규정을 각칙에 개별적으로 두어야 하는 문제는 남아있으므로, 미수범 처벌규정을 각칙의 어디에 위치시키느냐의 문제는 여전히 남아있다.

415    둘째, 미수범 처벌규정을 명확하게 두기 위해서는 각칙의 끝부분에 두는 것이 바람직할 것이다. 예를 들어 제25장 상해와 폭행의 죄(§§ 257-265)에서 미수범 처벌규정은 제257조 제3항, 제258조의2 제3항에서 규정하고, 제263조 동시범, 제264조 상습범, 제265조 자격정지의 병과 순으로 규정하고 있다. 그러나 미수범 처벌규정을 명확히 하기 위해 별도의 조문을 두고 조문의 순서도 총칙의 순서에 따라 규정해야 할 것이다.

416    따라서 동시범, 상습범 규정은 삭제해야 하지만, 만약 그대로 둔다면 제263조에서 미수범 처벌규정, 제264조에서 상습범, 제265조에서 동시범, 그 다음 조문에서 자격정지의 병과규정을 두어야 할 것이다. 그리고 미수범 처벌규정에서 대상이 되는 범죄를 명확하게 규정해야 한다. 즉, 제257조, 제258조의2뿐만 아니라 제258조의 미수범도 처벌할 것인지를 분명히 해야 한다. 이 경우 제258조의 중상해죄가 부진정결과적 가중범으로 해석되므로 제258조 중상해죄를 고의로 중상해의 결과를 발생시키는 범죄만으로 국한시켜 규정하거나, 그렇지 않다면 이 경우의 미수범만을 처벌하는 것을 분명히 해야 한다.

417    셋째, 결합범이나 결과적 가중범의 주체 문제와 관련하여, 강간과 추행의 죄에서처럼 먼저 미수범을 규정하고 뒤에 결합범이나 결과적 가중범을 규정하는 방식이 있을 수 있다. 이 경우 결합범이나 결과적 가중범의 주체를 "○○조의 죄를 범한 자"라는 형식으로 한다면 미수범 처벌조문을 포함시키면 될 것이다.

418    그러나 이러한 방식은 총칙의 규정순서와 다르므로 결합범이나 결과적 가

---

221 독일형법 제23조 제1항은 중죄의 미수는 항상 처벌하고, 경죄의 미수 처벌은 각칙에서 규정하는 것으로 하고 있다.

〔오 영 근〕

중범 규정을 먼저 두고 미수범 규정을 뒤에 두는 것이 좀더 바람직할 것이다. 이 경우 결합범 또는 결과적 가중범의 주체에 미수범도 포함된다는 것을 분명히 해야 한다.[222] 앞에서 언급한 대로 미수범이 무거운 결과를 발생시킬 경우가 기수범보다 적지 않을 것이기 때문이다. 다만, 고의범과 고의범의 결합범의 경우 앞의 고의범의 미수범이 뒤의 고의범의 기수에 이르렀을 때 그것이 결합범의 미수인지 기수인지를 분명히 하여야 할 필요가 있다.

예를 들어 제342조에 의해 강도치사상죄와 같은 진정결과적 가중범의 미수를 인정할 것인가 문제되고, 긍정설에서는 강도치사상죄란 강도미수범이 과실로 상해나 사망의 결과를 발생시킨 경우를 의미한다고 한다. 그렇다면 강도미수범이 상해죄나 살인죄의 기수에 이른 경우, 강도상해죄나 강도살인죄의 기수가 되는지 미수가 되는지도 문제가 될 수 있다. 종래 강도상해미수, 강도살인미수란 강도의 기수, 미수와 무관하게 상해나 살인이 미수에 이른 경우를 의미한다고 해석하였다. 그러나 진정결과적 가중범의 미수범을 인정한다면, 강도미수범이 상해나 살인의 기수에 이르러도 강도상해죄나 강도살인죄의 미수라고 하는 것이 더 논리적이다. 따라서 이러한 문제가 생기지 않도록 입법적으로 정비하는 것이 필요하다.

419

## 3. 개인적 법익에 대한 죄의 규정 순서

### (1) 1992년 형법개정법률안의 규정순서

1992년 형법개정법률안은 개인적 법익에 대한 죄를 제1장 살인죄, 제2장 상해와 폭행의 죄, 제3장 과실치사상의 죄, 제4장 낙태의 죄, 제5장 유기와 학대의 죄, 제6장 협박의 죄, 제7장 체포와 감금의 죄, 제8장 약취와 유인의 죄, 제9장 강요의 죄, 제10장 강간과 추행의 죄, 제11장 주거침입의 죄, 제12장 비밀침

420

---

222 과거 성폭력범죄의 처벌 및 피해자보호 등에 관한 법률 제9조 제1항은 "제6조의 죄를 범한 자가 사람을 상해하거나 상해에 이르게 한 때에는 무기 또는 7년 이상의 징역에 처한다."고 규정하고 있어서, 제6조의 미수범도 제9조의 주체에 포함되느냐가 문제되었다. 이에 대해 판례는 "형벌법규는 그 규정내용이 명확하여야 할 뿐만 아니라 그 해석에 있어서도 엄격함을 요하고 유추해석은 허용되지 않는 것이므로 법 제9조 제1항의 죄의 주체는 "제6조의 죄를 범한 자"로 한정되고 법 제6조 제1항의 미수범까지 여기에 포함되는 것으로 풀이할 수는 없다고 할 것이다."라고 하였다(대판 1995. 4. 7, 95도94). 이에 따라 동법 제9조가 제6조의 죄의 미수범도 포함되는 것으로 개정되었다.

해의 죄, 제13장 명예에 관한 죄, 제14장 신용, 업무 및 경매에 관한 죄, 제15장 절도와 강도의 죄, 제16장 사기와 공갈의 죄, 제17장 횡령과 배임의 죄, 제18장 장물의 죄, 제19장 손괴의 죄, 제20장 권리행사를 방해하는 죄의 순서로 규정하였다. 2007년 법무부 형법개정위원회도 원칙적으로 위와 같은 순서를 따르는 것으로 보인다.

### (2) 폭행, 협박, 강요죄의 규정순서

421  모든 범죄가 정도의 차이는 있지만, 다른 사람으로 하여금 하기 싫은 일을 하게 하는 것을 내용으로 하고 있다. 살인도 죽기싫어 하는 사람을 죽게 하는 것이고, 설사 촉탁·승낙 살인죄는 피해자의 의사에는 합치할지 모르지만, 피해자의 가족이나 주변사람들로 하여금 받아들이기 싫은 결과를 받아들이게 하는 것이기 때문이다.

422  다른 사람으로 하여금 하기 싫은 일을 하도록 하는 방법에는 합법적 방법과 범죄적 방법이 있다. 대가를 지급하여 하기 싫은 일을 하게 하는 것이 전자의 대표적인 예라고 한다면, 위계, 위력, 폭행, 협박 등을 사용하는 것이 후자의 대표적인 방법이다. 즉, 모든 범죄의 기본적인 수단은 위계, 위력, 폭행, 협박의 행사인데, 위계, 위력의 행사는 그 자체만으로는 범죄로 규정되어 있지 않지만, 폭행·협박은 그 자체만으로도 범죄로 규정되어 있다.

423  현행형법은 상해죄와 폭행죄를 같은 장에서 규정하고 있는데, 이것은 대부분의 상해가 폭행에 의해 발생하기 때문일 것이다. 그러나 상해행위에는 제한이 없으므로 폭행뿐만 아니라 협박, 위계나 위력에 의해서도 상해를 가할 수 있다. 즉 제257조의 '사람의 신체를 상해한 자'라는 말은 '폭행, 협박, 위계, 위력 또는 기타 방법에 의해 사람의 신체를 상해한 자'라고 할 수 있으므로, 폭행죄와 상해죄를 함께 규정하기보다는 폭행죄와 협박죄을 함께 규정하는 것이 바람직하다. 따라서 모든 폭력범죄의 기본적 수단이 될 수 있는 폭행죄와 협박죄를 생명, 신체에 대한 죄 다음 그리고 모든 폭력범죄들 앞에 규정하는 것이 좀더 체계적이라고 할 수 있다. 이 경우, 폭행죄와 협박죄를 같은 장에 규정하고 상해죄를 별도의 장에 규정해야 할 것이다.

424  1992년 형법개정법률안은 체포·감금죄, 약취·유인죄 다음에 강요죄를 규정하고 있다. 당시 강요죄의 위치에 대해서는 강요죄를 협박죄와 같은 장에서

규정하고 인질강요죄는 체포·감금죄, 약취·유인죄의 장에서 규정하자는 의견
과 협박의 죄의 장에서 강요죄와 인질강요죄를 규정하자는 의견도 있었다. 그러
나 협박죄가 의사결정의 자유를 보호하는 데에 비해 강요죄는 의사활동의 자유
까지 보호하기 위한 범죄규정이고, 인질강요죄는 체포·감금죄, 약취·유인죄 다
음에 규정해야 한다는 이유로 체포·감금죄, 약취·유인죄 다음에 규정하였다고
한다.[223]

체포·감금죄, 약취·유인죄가 반드시 폭행 또는 협박에 의하지 않고 위계·           425
기망이나 위력을 행사해서도 가능하고, 위에서 제시한 이유도 설득력이 있는
것은 사실이다. 그러나 체포·감금죄나 약취·인신매매죄[224] 등은 폭행 또는 협
박을 수단으로 하는 경우가 대부분이어서 이들 범죄 역시 특수한 형태의 강요
죄로서의 성격을 지녔다고 할 수 있다. 그렇다면 강요죄를 이들 범죄보다 앞에
규정하는 것이 바람직해 보인다. 즉, 모든 강요의 기본수단이 되는 폭행죄 및
협박죄 다음에 강요죄, 그 다음 강요죄의 성격도 지니고 있는 체포·감금죄, 약
취·유인·인신매매죄, 강간 및 추행의 죄의 순서로 규정하는 것이 좋을 것이다.

그러나 이러한 방식이 낯설다면 1992년의 규정방식으로 하여도 별 문제는           426
없을 것이다.

### (3) 폭력범죄와 상해죄 혹은 과실치상죄의 결합범 삭제

현행 형법은 폭행, 협박을 수단으로 하는 폭력범죄를 규정하고, 그 폭력범           427
죄의 과정에서 상해죄나 과실치상죄를 범한 경우 결합범을 인정하여 형벌을 대
폭 가중하는 방식을 취하고 있다. 예를 들어, 강도죄는 폭행, 협박을 수단으로
하지만(§ 333) 강도가 사람을 상해하거나 상해에 이르게 한 때에는 강도상해죄와
강도치상죄라는 고의범과 고의범의 결합범 내지 고의범과 과실범의 결합범인
결과적 가중범을 별도로 규정하고 형벌을 대폭 가중하고 있다(§ 337. 무기 또는 7년
이상의 징역).

그러나 입법론적으로는 강도죄나 강간죄의 수단에 상해도 포함시키고, 강           428
도상해·치상죄나 강간상해·치상죄를 폐지하는 것이 바람직할 것이다.

---

223 법무부, 형법개정법률안 제안이유서(1992), 151.
224 1992년 형법개정법률안에는 인신매매죄 규정이 없었지만, 현행형법에는 인신매매죄 규정이 있
　　고, 개정형법에도 인신매매죄가 당연히 규정되어야 한다.

429    왜냐하면 판례는 보행불능, 수면장애, 식욕감퇴[225]나 정신과적 증상인 외상 후 스트레스 장애[226] 등을 발생시킨 때에는 상해죄를 인정한다. 강도나 강간을 당한 피해자의 경우 육체적인 상해는 물론이고, 판례가 인정하는 정도의 정신적 피해를 입는 것이 일반적이다.[227] 이 때문에 강도죄나 강간죄의 법정형을 무겁게 규정한 것이라고 할 수 있기 때문이다. 따라서 단순강도죄나 단순강간죄는 사실상 인정되기 어렵다. 피해자에게 위와 같은 증세가 발생할 것이고, 설사 극히 예외적으로 발생하지 않았더라도 발생을 주장하면 그 부존재를 증명하기는 사실상 불가능하기 때문이다. 즉, 수사기관과 피해자가 마음먹기에 따라서는 모든 강도죄와 강간죄는 강도상해·치상죄, 강간상해치상죄로 기소되고 처벌될 수 있다.

430    위와 같은 점을 고려한다면, 강도상해·치상죄, 강간상해·치상죄의 가중처벌은 이중처벌이라고 할 수도 있다. 이것은 마치 피해자를 폭행·협박하여 체포·감금한 경우, 체포·감금죄가 반드시 폭행·협박을 수단으로 하는 것은 아니므로 체포·감금죄 이외에 폭행죄나 협박죄가 별도로 성립한다고 하고 형벌을 가중하는 것과 마찬가지이다. 현행형법이 폭행·협박으로 체포나 감금을 한 경우 별도로 처벌규정을 두지 않으면서 굳이 체포·감금죄와 과실치상죄가 함께 이루어졌다는 이유로 가중처벌하는 것은 합리적이라고 할 수 없다.

431    비교법적으로도 독일형법에는 강도상해·치상죄가 규정되어 있지 않다. 그 이유는 독일형법의 강도죄(§ 249)는 'mit Gewalt gegen Person 또는 협박'이라고 규정되어 있는데, 여기에서 'mit Gewalt'는 폭행뿐만 아니라 상해도 포함하는 개념이어서, 상해도 폭행·협박과 함께 강도죄의 한 수단이기 때문이다. 스위스형법(§ 123 및 § 140), 오스트리아형법(§ 83 및 § 140)의 강도죄도 같은 방식으로 규정되어 있다. 중국형법에서도 상해를 수단으로 재물을 강취한 경우 강도죄만을 인정하고(§ 263), 일본에서는 혼취(昏醉)강도죄를 강도죄로 처벌한다(§ 239).[228] 즉,

---

225 대판 1969. 3. 11, 69도161.

226 대판 1999. 1. 26, 98도3732. 외상 후 스트레스 장애를 상해로 인정하는 민사판례로, 대판 2008. 9. 11, 2007다78777; 대판 2009. 7. 23, 2008다59674 등.

227 강간피해자의 정신적, 신체적 피해에 대한 소개를 정리한 것으로, 신연희·채규만, "강간 피해자의 심리적 충격과 치유 프로그램의 방향", 피해자학연구 18-1, 한국피해자학회(2010), 110-113, 115 이하.

228 일본형법 제239조는 "사람을 혼취시키고 그 재물을 절취한 자는 강도로서 논한다."고 규정하고 있다. 다만, 제240조는 강도치상죄도 처벌하고 있다.

〔오 영 근〕

우리 형법상의 강도상해·치상죄는 독일, 오스트리아, 스위스, 중국, 일본형법에
서는 단순강도죄에 해당될 뿐이다.

이와 같이 강도상해·치상죄를 넓게 인정하는 입법례를 찾아보기 어려우므     432
로 우리 형법에서 강도죄의 행위태양에 상해를 포함시키고, 강도상해·치상죄는
폐지하는 것이 바람직하다. 만약 강도상해·치상죄나 강간상해·치상죄를 폐지
할 수 없다면, 중상해의 결과를 발생시킨 경우로 한정하는 것이 바람직할 것이
다. 오스트리아(§143),[229] 스위스(§140④),[230] 중국(§263)[231] 형법이 이러한 방식
을 취하고 있다.

따라서 폭력을 수반하는 범죄 중 강도죄, 강간죄 등과 같이 상해죄보다 무     433
거운 법정형이 규정되어 있는 범죄의 행위태양에 폭행, 협박뿐만 아니라 상해를
행위의 태양으로 추가하고, 그러한 범죄와 상해죄 또는 과실치상죄의 결합범을
모두 삭제해야 한다. 즉, 고의 또는 과실로 상해의 결과를 발생시킨 경우에도
별도의 범죄의 성립을 인정하지 않아야 할 것이다. 체포·감금죄, 강요죄 등과
같이 폭력을 수반하는 범죄 중 상해죄보다 가벼운 법정형이 규정되어 있는 폭
력범죄의 경우에도, 상해죄나 과실치상죄와의 결합범을 모두 삭제하고 상해죄
나 과실치상죄와의 상상적 경합범을 인정하면 충분할 것이다.

그리고 위의 범죄들 중 과실로 상해의 결과를 발생시킨 경우를 가중처벌하     434
는 결과적 가중범을 굳이 인정한다면, 중상해의 결과를 발생시킨 경우로 한정하
여야 할 것이다. 그리고 이 경우 결과적 가중범의 법정형의 상한이 중상해죄의
법정형의 상한을 초과하지 않도록 하여 부진정결과적 가중범으로 해석해야 하

---

229 오스트리아형법 제143조는 제84조 제1항의 중상해(24일 이상 지속되는 건강침해 또는 근무불능
   이나 그 자체로 중한 상해나 건강침해), 제85조 제1항의 중상해(영구적 또는 장기적인 1. 언어,
   시력, 청력, 생식능력의 상실 또는 중대한 훼손, 2. 심한 불구나 현저한 변형, 3. 피해자의 중환,
   쇠약, 근무불능 등을 초래한 경우) 등을 초래한 경우 각각 가중처벌하는 것으로 규정하고 있다.
230 스위스형법 제140조 제1항은 강도죄를 10년 이하의 징역 또는 180일수 이상의 벌금에 처하고,
   제4항은 생명에 대한 위험을 발생시키거나 중상해를 가한 때에는 5년 이상의 자유형으로 가중처
   벌하고 있다(Die Strafe ist Freiheitsstrafe nicht unter fünf Jahren, wenn der Täter das Opfer in
   Lebensgefahr bringt, ihm eine schwere Körperverletzung zufügt oder es grausam behandelt).
   이것만 보아도 우리 형법상 강도치상죄의 형벌이 얼마나 과도한지를 할 수 있다.
231 중국형법 제263조는 단순강도죄의 경우 3년 이상 10년 이하의 징역과 벌금을 병과하고, 사람을
   중상 또는 사망에 이르게 한 경우 사형, 무기 또는 10년 이상의 징역과 벌금 또는 재산몰수를
   병과하도록 규정하고 있다.

느냐와 같이 불필요한 해석상의 논쟁이 발생하지 않도록 해야 할 것이다.

435       이와 같이 결합범을 대폭 삭제한다고 하더라도 형벌이 너무 가벼워 문제되는 일은 없을 것이다. 예를 들어 공갈죄의 경우 폭행 또는 협박을 수단으로 하므로 상해의 결과가 발생할 가능성이 충분하지만, 공갈상해죄나 공갈치상죄 나아가 공갈살인·치사죄를 규정하지 않았다고 하여도 형벌이 너무 가벼워 문제된 적은 없다.

## III. 개별범죄에 대한 입법론

### 1. 살인의 죄

#### (1) 모살과 고살의 구별

436       영미와 유럽의 많은 국가에서는 살인죄를 모살(謀殺, murder, Mord)과 고살(故殺, manslaughter, Todschlag)로 구별하고 양자에 형벌의 차이를 두고 있다. 모살과 고살의 개념은 각국의 입법례에 따라 다르다.

437       예를 들어, 영미에서는 대체로 모살에 등급을 나누어 '숙지(熟知, 의미를 잘 알고 있음)와 예모(豫謀, 미리 계획함)에 의한 고의 살인'(willful, deliberate and premeditated killing) 또는 '다른 중범죄의 범행 중에 행해진 살인'을 제1급 모살로 규정한다.[232] 독일형법에서는 모살(Mord; § 211)과 고살(Totshclag; § 212)을 구별하고 모살을 '살해욕, 성욕의 만족, 탐욕 또는 기타 비열한 동기에 의하거나, 간악하거나 잔인하거나 공공에 위험한 수단을 사용하거나, 다른 범죄를 하거나 은폐할 목적의 살인'이라고 규정하고 있다(§ 211②[233]). 오스트리아형법은 모살(§ 75)과 고살(§ 76)을 구별하고 모살의 개념을 규정하는 대신에 고살을 '명백히 심한 흥분상태에서의 살인'[234]이라고 정의하고, 모살에 대해서는 무기 또는 10년 이상 20년

---

232 Black's Law Dictionary, 5th ed., 918-919.

233 § 211② Mörder ist, wer aus Mordlust, zur Befriedigung des Geschlechtstriebs, aus Habgier oder sonst aus niedrigen Beweggründen, heimtückisch oder grausam oder mit gemeingefährlichen Mitteln oder um eine andere Straftat zu ermöglichen oder zu verdecken, einen Menschen tötet.

234 Wer sich in einer allgemein begreiflichen heftigen Gemütsbewegung dazu hinreißen läßt, einen anderen zu töten, ist mit Freiheitsstrafe von fünf bis zu zehn Jahren zu bestrafen.

이하의 자유형, 고살에 대해서는 5년 이상 10년 이하의 자유형으로 처벌하고 있다. 스위스형법은 모살과 고살을 구별하고, 모살을 '범행이 특별히 파렴치하고, 동기나 목적 또는 범행방법이 특별히 비난할 만한 살인'이라고 규정하고 무기 또는 10년 이상의 자유형으로 처벌하고 있다(§112[235]).

우리 형법은 모살과 고살을 구별하지 않는 대신 강도살인죄, 강간살인죄 등　　**438**
중범죄와 결합된 살인을 가중처벌하는 방식을 취하고 있다. 1992년의 형법개정 법률안의 제안과정에서 사형을 선고할 수 있는 중살인죄와 사형을 선고할 수 없는 보통살인죄를 구별하자는 의견이 제시되었으나 채택되지 않았다.[236] 채택 하지 않은 근거는 ① 중살인죄에 해당하는 때에는 무조건 무거운 형벌을 과하 게 되어 법관의 구체적 타당성 있는 양형을 방해하게 되고, ② 중살인과 보통살 인의 구별기준이 명확하지 않고, ③ 살인죄에 대해서만 불법과 책임에 차등을 두어야 할 이유가 없으며, ④ 현행법상 존속살해죄, 내란목적살인죄, 강도살인 죄와 같이 중살인죄에 해당하는 구성요건이 마련되어 있다는 것 등이었다.

그러나 ① 중살인죄(모살)를 규정하더라도 작량감경 규정(§53)이 있으므로　　**439**
법관이 구체적 타당성 있는 양형을 할 수 있고, ② 외국의 입법례를 볼 때 구별 기준이 반드시 명확하지 않다고는 할 수 없고, ③ 사형을 존치한다 하더라도 그 정당성이 인정될 수 있는 유일한 경우는 고의살인죄이므로 이를 불법과 책임에 따라 세분하는 것이 합리적이며, ④ 중살인죄(모살)를 규정하고 강력범죄와 살인 죄의 결합범들은 폐지하는 것이 법체계상 간결하다고 할 수 있다.

### (2) 존속살해죄의 폐지 또는 법정형 조정

1992년의 형법개정법률안은 존속살해만을 삭제하는 것은 체계상 맞지 않는　　**440**
다는 이유로 존속살해죄를 존치하고 현행형법과 똑같은 법정형을 규정하였 다.[237] 존속살해죄를 존치하더라도 7년 이상의 징역은 집행유예를 불가능하게 하는 것이므로 위헌시비를 남기고 있고, 위헌이 아니라고 하더라도 타당성이 없 다고 할 수 있다. 이에 비해 2007년 개정위원회는 제5차 전체회의에서 존속범

---

235 §112 Handelt der Täter besonders skrupellos, sind namentlich sein Beweggrund, der Zweck der Tat oder die Art der Ausführung besonders verwerflich, so ist die Strafe lebenslängliche Freiheitsstrafe oder Freiheitsstrafe nicht unter zehn Jahren.

236 법무부, 형법개정법률안 제안이유서(1992), 119.

237 법무부, 형법개정법률안 제안이유서(1992), 120.

죄를 폐지하기로 하였다고 한다.

441　　존속살해죄는 패륜범죄를 가중처벌한다는 상징적 의미를 가진 규정이지만,[238] 존속살해죄를 두고 있는 국가가 별로 없고,[239] 존속살해죄가 없더라도 직계비속의 패륜성에 따라 무거운 형벌을 과할 수도 있으므로, 삭제하여도 무방하다.[240] 죄형법정주의가 요구하는 구성요건의 세분화를 위해서는 불필요한 구성요건의 삭제도 필요하기 때문이다.

### (3) 영아살해죄의 폐지

442　　현행형법상 영아살해죄는 정당성의 근거를 찾기 어렵다. 예를 들어, 분만된 영아를 6개월 정도 키우다가 영아살해죄에 규정된 특별히 참작할만한 동기로 살해한 경우 분만 직후의 영아가 아니므로 영아살해죄가 아닌 살인죄로 처벌된다. 그런데 같은 동기로 분만 직후의 영아를 살해한 때에는 왜 가볍게 처벌해야 하는지 설명하기 곤란하다.

443　　과거 독일형법처럼 주체를 생모에 국한시키는 경우 '출산으로 인한 흥분상태'[241]로 인한 책임감경을 인정할 수 있었다. 이 때문에 우리나라에서도 영아살해죄의 주체를 생모에 국한시키자는 견해도 있었다. 그러나 피고인에게 불리한 규정을 문언의 가능한 의미를 넘어서 확대해석하는 것이 금지되듯이, 피고인에게 유리한 규정을 문언의 가능한 의미를 넘어서서 축소해석하는 것도 허용되지 않는다.[242]

---

238　1992년의 형법개정법률안은 존속살해만을 삭제하는 것은 체계상 맞지 않는다는 이유로 존속살해죄를 존치하고 현행형법과 똑같은 법정형을 규정하였다[법무부, 형법개정법률안 제안이유서(1992), 120]. 그러나 존속살해죄를 존치하더라도 7년 이상의 징역은 집행유예를 불가능하게 하는 것이므로 위헌시비는 남아있고, 위헌이 아니라고 하더라도 타당성이 없다고 할 수 있다[이철호, "존속살해 범죄와 존속살해죄 가중처벌의 위헌성 검토", 한국경찰학회보 33, 한국경찰학회(2012), 232 이하].

239　존속살해죄의 의의와 존폐 논의를 소개한 것으로, 최준, "존속범죄 처벌규정의 의미", 교정복지연구 24, 한국교정복지학회(2012), 107 이하.

240　존속살해죄 폐지논거를 자세히 소개한 것으로, 박남미, "존속살해죄와 영아살해죄의 위헌성 검토와 비속살해에 대한 고찰 - 합리적인 양형 방향의 모색", 비교형사법연구 20-2, 한국비교형사법학회(2018), 72; 박찬걸, "존속대상범죄의 가중처벌규정 폐지에 관한 연구", 형사정책연구 21-2, 한국형사정책연구원(2010), 175-202. 이에 대해 존속살해죄를 존치하고 법정형만을 조정하자는 견해는, 최준(주 239) 참조.

241　흥분상태란 외국어를 부자연스럽게 번역한 것이다. 흥분상태라는 용어보다는 정신적 혼란 상태라는 용어가 더 적절하다.

242　대판 1997. 3. 20, 96도1167(전)도 "형벌법규의 해석에 있어서 법규정 문언의 가능한 의미를 벗

이 때문에 1992년 형법개정법률안은 영아살해죄를 존치하면서 그 주체를      444
생모로 국한시켰다. 그러나 출산으로 인한 흥분(정신적 혼란) 상태가 형벌을 감경
할 만한 심신장애상태라고 할 수 있는지도 의문이다. 이 때문에 독일형법에서도
영아살해죄를 삭제하였다.

영아살해죄는 분만 직후의 영아의 생명의 가치를 과소평가하는 오해를 불      445
러일으킬 수 있고, 영아살해죄를 폐지하더라도 적정한 양형이 가능하므로 삭제
하는 것이 바람직하다.[243]

### (4) 위력에 의한 촉탁·승낙살인죄 및 자살교사·방조죄 폐지

제253조는 위계 또는 위력에 의한 촉탁·승낙살인죄 및 자살교사·방조죄를      446
규정하고 있다. 이 규정이 없다고 하여도 위계 또는 위력에 의한 촉탁, 승낙 등
은 촉탁, 승낙의 효력이 없으므로 살인죄로 처벌할 수 있다고 해석되어 왔다.

그런데 위계나 항거할 수 없는 폭행·협박 등에 의해 자신을 살해할 것을      447
촉탁·승낙하거나 자살하는 경우는 있을 것이다. 그러나 위력에 의한 촉탁·승
낙살인죄나 자살교사·방조죄가 인정될 수 있을지 의문이다. 위력은 상대방의
의사를 제압할만한 힘인데, 이러한 정도의 힘을 행사받았다고 하여 자신을 살해
할 것을 촉탁·승낙하거나 자살을 할 사람은 사실상 없기 때문이다. 만약 살인
을 승낙하게 하거나 자살을 하게 할 힘의 행사가 있다면, 그것은 이미 위력의
행사가 아니라 항거불가능의 폭행, 협박이라고 해야 할 것이다.

이러한 의미에서 위력에 의한 촉탁·승낙살인죄 및 위력에 의한 자살교사·방      448
조죄는 삭제해야 할 것이다.

### (5) 예비·음모죄의 법정형 조정

예비·음모행위는 특별한 정형이 없기 때문에 경우에 따라서는 지나치게 넓      449

---

어나는 경우에는 유추해석으로서 죄형법정주의에 위반하게 된다. 그리고 유추해석금지의 원칙
은 모든 형벌법규의 구성요건과 가벌성에 관한 규정에 준용되는데, 위법성 및 책임의 조각사유
나 소추조건, 또는 처벌조각사유인 형면제 사유에 관하여 그 범위를 제한적으로 유추적용하게
되면 행위자의 가벌성의 범위는 확대되어 행위자에게 불리하게 되는바, 이는 가능한 문언의 의
미를 넘어 범죄구성요건을 유추적용하는 것과 같은 결과가 초래되므로 죄형법정주의의 파생원
칙인 유추해석금지의 원칙에 위반하여 허용될 수 없다.”고 한다.
243 박남미(주 240), 73-76. 이에 대해 신생아살해죄로 변경하자는 견해로, 전보경, “영아살해죄의
규정과 해석에 관한 비판적 고찰”, 법학논총 37-3, 단국대 법학연구소(2013), 186-187(영아살해
죄 존폐에 관한 문헌은 188 이하).

게 해석될 수 있으므로 형법의 보장적 기능을 위협하는 개념이다.[244] 따라서 부득이 예비·음모죄를 인정한다고 하더라도 그 형벌은 최소한에 그쳐야 한다.

450    1992년 형법개정법률안은 살인예비·음모죄의 법정형을 7년 이하의 징역 또는 1,500만 원 이하의 벌금으로 낮췄다. 2007년 개정위원회에서도 예비·음모죄 모두를 삭제하자는 의견과 음모죄만이라도 삭제하자는 의견이 제시되기도 하였다. 그러나 다수의견은 예비·음모죄를 존치하고 1992년 개정법률안과 같이 7년 이하의 징역으로 하기로 하였다.[245]

451    독일형법에서는 단순한 살인예비죄는 처벌하지 않고 국가에 심각한 위험을 초래하는 폭력행사(eine schwere staatsgefährdende Gewalttat)로서의 살인예비죄를 6개월 이상 10년 이하의 자유형에 처하고 있다(§ 89a). 오스트리아와 스위스 형법은 살인예비죄 규정을 두고 있지 않다.

452    이러한 의미에서 살인예비·음모죄는 폐지하거나 존치한다고 하더라도 5년 이하의 징역 또는 벌금형에 처하도록 하는 것이 바람직할 것이다.

## 2. 상해 및 폭행의 죄의 입법론

### (1) 상해죄와 폭행죄의 편제

453    폭행에 의해 상해가 발생하는 경우가 대부분이지만, 위계, 위력, 협박에 의한 상해가 발생할 경우도 많다. 따라서 군이 폭행죄와 상해죄를 같은 장에 규정할 필요가 없다. 오히려 폭행죄는 협박죄와 함께 여러 가지 강요적 요소를 지니는 범죄의 수단이 되는 경우가 많으므로 협박죄와 같은 장에 규정하는 것이 바람직할 것이다.

### (2) 정확한 표현의 사용

454    형법규정은 다소 길다고 하더라도 그 뜻이 명백한 용어와 문장으로 이루어져야 한다. 그런데 이전 형법 제262조는 "전2조의 죄를 범하여 사람을 사상에

---

244 대판 2009. 10. 29, 2009도7150도 "(살인예비죄는) 실행의 착수까지에는 이르지 아니하는 살인죄의 실현을 위한 준비행위가 있어야 한다. 여기서의 준비행위는 물적인 것에 한정되지 아니하며 특별한 정형이 있는 것도 아니지만"이라고 한다.

245 2011년 2월 제15차 전체회의. 논의과정에서 살인죄의 징역형이 5년 이상의 징역이므로 예비·음모죄의 징역형은 5년 이하의 징역으로 하자는 의견도 있었다. 벌금형에 대해서는 언급이 없었으나 1992년 개정법률안과 같이 하는 것으로 해석된다.

〔오 영 근〕

이르게 한때에는 제257조 내지 제259조의 예에 의한다."라고 규정하고 있었으나, 2020년 12월 8일 개정으로 "제260조와 261조의 죄를 지어 사람을 사망이나 상해에 이르게 한 경우에는 제257로부터 259로까지의 예에 따른다."로 바뀌었다. '전2조의 죄' 혹은 '전항의 죄'라는 등의 표현도 입법기술상 사용되는 것이기는 하지만 별로 바람직한 것은 아니다.

예를 들어, 체포·감금치사상죄(§281)나 강간등상해·치상죄(§301), 강간등살 **455** 인·치사죄(§301의2) 등에서는 'ㅇㅇ조의 죄를 범한 자'에 미수범도 포함되는 것이 분명하다. 각각 체포·감금죄의 미수범인 제280조와 강간등죄의 미수범인 제300조가 행위주체에 포함되어 있기 때문이다.

그러나 약취·유인등상해·치상죄(§290)나 약취·유인등살인·치사죄(§291)의 **456** 경우에는 약취·유인죄 등의 미수범도 주체가 될 수 있는지 문제될 수 있다. 동 규정의 주체는 '제287조부터 제289조까지의 죄'(약취·유인등죄)를 범한 자인데, 그 미수범은 제294조에 규정되어 있기 때문이다. 따라서 제290조나 제291조의 주체 는 제287조 내지 제289조의 죄 즉 약취·유인등죄의 기수범에 국한되고, 제294조 의 죄, 즉 약취·유인등죄의 미수범은 포함되지 않는다고 해석할 수밖에 없다.[246] 그러나 이렇게 미수범을 제외하는 것이 제290조와 제291조의 입법취지에 맞는다 고 할 수는 없다. 피해자들이 반항하는 등으로 인하여 동범죄들의 미수범이 오히 려 상해나 사망의 결과를 초래하는 경우가 더 많다고 할 수 있기 때문이다.

제262조의 '제257조부터 제259조까지의 예에 따른다'라는 표현도 마찬가지 **457** 이다. 'ㅇㅇ의 예에 따른다'는 표현은 마치 '저 사람은 돼지같다'라는 표현처럼 그것이 체형이나 식성 중 어느 것을 말하는지 분명하지 않아 오해를 불러일으 킬 소지가 다분하다. 실제로 특수상해죄가 신설됨에 따라 해석상의 논란이 생겼 다. 즉, 특수폭행치상죄의 경우 상해죄로 처벌할 것인지 특수상해죄로 처벌할 것인지 문제되었다.

이에 대해 판례는 "특수상해죄가 형법 제258조의2로 신설됨에 따라 문언상 **458**

---

246 판례는 "형벌법규는 그 규정내용이 명확하여야 할 뿐만 아니라 그 해석에 있어서도 엄격함을 요 하고 유추해석은 허용되지 않는 것이므로 성폭력범죄의 처벌 및 피해자보호 등에 관한 법률 제9 조 제1항의 죄의 주체는 '제6조의 죄를 범한 자'로 한정되고 같은 법 제6조 제1항의 미수범까지 여기에 포함되는 것으로 풀이할 수는 없다."고 하였다(대판 1995. 4. 7, 95도94). 이 판결을 계 기로 동 규정의 주체에 '미수범을 포함한다'는 규정이 추가되었다.

으로 형법 제262조의 '제257조 내지 제259조의 예에 의한다'는 규정에 형법 제
258조의2가 포함되어 특수폭행치상의 경우 특수상해인 형법 제258조의2 제1항
의 예에 의하여 처벌하여야 하는 것으로 해석될 여지가 생기게 되었다. 이러한
해석을 따를 경우 특수폭행치상죄의 법정형이 형법 제258조의2 제1항이 정한
'1년 이상 10년 이하의 징역'이 되어 종래와 같이 형법 제257조 제1항의 예에
의하는 것보다 상향되는 결과가 발생하게 된다. 그러나 형벌규정 해석에 관한
법리와 폭력행위 등 처벌에 관한 법률의 개정 경과 및 형법 제258조의2의 신설
경위와 내용, 그 목적, 형법 제262조의 연혁, 문언과 체계 등을 고려할 때, 특수
폭행치상의 경우 형법 제258조의2의 신설에도 불구하고 종전과 같이 형법 제
257조 제1항의 예에 의하여 처벌하는 것으로 해석함이 타당하다."고 한다.[247]

459    이와 같은 해석상의 논란이 생긴다는 것 자체가 입법이 잘못되었다는 것을
의미한다. 따라서 조금 번거롭다고 하더라도 명확한 표현을 사용하는 것이 바람
직할 것이다.

460    특수상해죄나 특수폭행죄의 '휴대하여'라는 용어도 문제이다. 위험한 물건
을 범행에 사용하지 않고 휴대만 한 경우에도 가중처벌하는 것은 지나치다고
할 수 있기 때문이다. 헌법재판소의 결정대로 '휴대하여'는 불명확한 규정이라고
할 수는 없다.[248] 이 때문에 오히려 자동차로 사람을 상해하거나 폭행한 경우
'손에 들거나 몸에 지니고'에 해당하느냐가 문제될 수 있다. 자동차는 위험한 물
건이기는 하지만 휴대할 수 있는 물건, 손에 들거나 몸에 지니는 물건은 아니기
때문이다. 판례는 "'휴대하여'라는 말은 소지뿐만 아니라 널리 이용한다는 뜻도
포함하고 있다."고 하는 궁색한 해석을 하고 있다.[249]

461    판례는 "위험한 물건의 '휴대'라 함은 범죄현장에서 사용할 의도 아래 위험
한 물건을 몸 또는 몸 가까이에 소지하는 것"이라고 한다. 의도란 목적을 의미

---

247 대판 2018. 7. 24, 2018도3443. 이 판결에 대한 평석으로 오영근(주 101) 참조.
248 헌재 2015. 9. 24, 2014헌가1 등. '휴대하여'는 '손에 들거나 몸에 지니고'라고 해석할 수 있어 건
전한 상식과 통상적인 법감정을 가진 사람이라면 어떠한 경우가 '휴대하여'에 해당하는지를 파악
할 수 있고, 대법원도 '휴대하여'의 의미를 범행현장에서 그 범행에 사용하려는 의도 아래 흉기
를 소지하거나 몸에 지니는 경우를 가리키는 것으로 제한하여 해석하고 있으므로 심판대상 조항
의 '휴대하여'라는 구성요건도 죄형법정주의의 명확성원칙에 반한다고 볼 수 없다.
249 대판 1997. 5. 30, 97도597; 대판 2003. 1. 24, 2002도5783; 대판 2008. 2. 28, 2008도3. 이러한
해석은 피고인에게 불리한 유추(해석)라는 견해로, 강용현(주 133), 120-126.

할 수도 있고, 판례는 미필적 인식만이 있어도 목적이 성립할 수 있다고 한다.[250] 판례가 목적이 아니라 의도라고 의도적으로 표현하는 것으로 볼 때 의도는 목적보다 의욕이나 인용적 요소가 더 약한 것이라고 해석하는 것이라고 보인다. 따라서 예를 들어 등산배낭을 맨 사람이 범행을 한 경우와 같이 일단 휴대만 하고 있으면 사용할 의도는 쉽게 인정될 것으로 보인다.

　　이러한 의미에서 '휴대하여'라는 위험한 용어 대신에 '사용하여'라는 용어를 　　**462**
사용하는 것이 바람직하다고 할 수 있다. '휴대하여' 대신에 '사용 또는 휴대하여'[251] 또는 '이용하여'[252]로 개정하자는 견해가 있다. 그러나 '휴대하여'를 그대로 사용하는 것은 여전히 지나치게 넓게 적용될 염려가 있고, '이용'은 좋은 용도로 사용하는 것이므로 사용이라는 용어가 더 적절하다고 할 수 있다.[253]

### (3) 동시범 규정의 폐지

　　상해죄 동시범 규정은 헌법상 무죄추정의 원칙에 반하는 위헌적 규정이고,[254]　　**463**
동시범을 집단범죄라고 할 수 있을지도 의문이므로 범죄예방정책적 의미도 거의 없다.[255] 게다가 판례는 제263조의 문언의 가능한 의미를 넘어서서 사망의 결과가 발생한 경우에도 제263조를 적용하는 부당한 입장을 취하고 있다.[256] 이러한 점을 고려해서라도 제263조는 반드시 삭제되어야 할 규정이다.[257]

---

250 대판 2018. 4. 12, 2013도6962. 목적은 그것이 행위의 유일한 동기일 필요는 없으므로, 다른 목적과 함께 존재하여도 무방하고, 그 경우 어떤 목적이 행위의 주된 원인인지는 문제되지 아니한다. 그 목적에 대한 인식의 정도는 적극적 의욕이나 확정적 인식임을 요하지 아니하고, 미필적 인식이 있으면 족하다.

251 강용현(주 133), 126.

252 '휴대' 대신 '이용'이라는 용어로 개정해야 여러 사례를 합리적으로 해결할 수 있다는 견해로, 박찬걸(주 132), 283-303.

253 1992년 개정법률안은 휴대라는 개념을 그대로 사용하였으나[법무부, 형법개정법률안 제안이유서(1992), 125-126], 2007년 개정위원회는 '위험한 물건을 사용하여'라고 개정하기로 하였다(2011년 3월 제16차 전체회의).

254 헌법재판소는 제263조가 헌법에 위반되지 않는다고 한다(헌재 2018. 3. 29, 2017헌가10).

255 김신규(주 136), 657 이하.

256 대판 2000. 7. 28, 2000도2466. 시간적 차이가 있는 독립된 상해행위나 폭행행위가 경합하여 사망의 결과가 일어나고 그 사망의 원인된 행위가 판명되지 않은 경우에는 공동정범의 예에 의하여 처벌할 것이다.

257 손동권(주 136), 194. 그러나 1992년 개정법률안[법무부, 형법개정법률안 제안이유서(1992), 129]이나 2007년 개정위원회에서도 동시범 특례규정을 존치하기로 하였다. 존치하되 내용을 조정해야 한다는 견해로, 신이철(주 136), 333-354. 동시범 대신 싸움에 참가한 죄를 규정하자는 견해로, 김성룡, "상해죄의 동시범의 대안으로서 '싸움에 참가한 죄'의 도입 필요성", 형사정책 20-2,

### (4) 상습범 규정의 삭제

464      1992년 개정법률안은 상습범 규정을 모두 삭제하였다. 당시 상습범 규정 삭제 이유는 ① 의지박약으로 범죄를 반복하는 사람에 대한 형벌가중은 행위책임은 물론 인격책임의 관점에서도 정당화될 수 없고, ② 상습범에 대한 형벌가중은 형사정책적으로 효과적인 대책에 될 수 없고, ③ (당시에는) 상습범에 대해 보호감호를 과하고 있고, ④ 상습범에 대해 형의 2분의 1까지 가중하는 것이 경합범으로 처벌하는 것보다 오히려 유리할 수도 있다는 것 등이었다.

465      이 중 보호감호제도가 폐지되었다는 점이 중요한 변화이기는 하지만, 나머지 근거만 가지고도 상습범에 대한 가중처벌을 폐지하기에 충분하다고 할 수 있다. 2007년 개정위원회에서도 상습범 가중규정을 삭제하기로 하였다.[258]

### (5) 폭력행위 등 처벌에 관한 법률의 폐지

466      폭력행위처벌법은 '집단적 또는 상습적으로 폭력행위 등을 범하거나 흉기 또는 그 밖의 위험한 물건을 휴대하여 폭력행위 등을 범한 사람 등을 처벌함을 목적'으로 한다(§1). 그러나 상습범은 가중처벌할 필요가 없고, 집단적 혹은 위험한 폭력행위 등에 대한 가중처벌도 이미 형법전에 충분히 규정되어 있다.

467      오히려 우범자 처벌규정[259]은 폭력범죄의 예비죄를 인정하는 것이라고 할 수도 있다.[260] 동법에는 이것 이외에도 형법의 보장적 기능이나 헌법상 과잉금지원칙을 심각하게 훼손시킬 염려가 있는 규정들로 가득 차 있다. 이 때문에 헌법재판소도 동법의 여러 규정들에 대해 위헌결정을 하였다. 최근에는 동법의 규정과 형법의 규정에 형벌의 차이가 큼에도 어느 조항을 적용하느냐가 검사의 재량에 달려있어 법적용의 혼란이나 악용의 소지가 있다는 이유로 위헌결정을 받기도 하였다.[261]

---

한국형사정책학회(2008), 101 이하.

258 2012년 9월 제48차 전체회의. 다만, 개정위원회는 누범가중은 존치하되 가중만을 완화하기로 하였다.

259 폭력행위처벌법 제7조(우범자) 정당한 이유 없이 이 법에 규정된 범죄에 공용(供用)될 우려가 있는 흉기나 그 밖의 위험한 물건을 휴대하거나 제공 또는 알선한 사람은 3년 이하의 징역 또는 300만원 이하의 벌금에 처한다.

260 판례도 제7조는 동법에 규정된 범죄의 예비죄로서의 성격을 지니고 있다고 한다(대판 2017. 9. 21, 2017도7687; 대판 2018. 1. 24, 2017도15914). 그리고 이러한 판례가 다수 존재한다는 것 자체가 형법의 보장적 기능이 현저히 훼손되고 있다는 증거이다.

261 헌재 2015. 9. 24, 2014헌바154 등.「흉기 기타 위험한 물건을 휴대하여 폭행죄, 협박죄, 재물손

이와 같이 동법의 규정들에 대해 위헌시비가 일어나고 위헌결정이 있다는 것은 동법의 정당성이 없다는 것을 의미한다. 설사 합헌이라고 결정되었다고 하더라도 위헌시비가 있는 규정들은 타당성이 없다는 것을 의미한다. 폭력행위처벌법은 폭력행위를 처벌하는 데에 별 실효성이 없으면서 과도한 형벌권 행사를 통한 국가의 폭력행위를 정당화시키는 악법이라고 할 수 있다. 따라서 모든 규정을 하루 속히 폐지해야 한다.[262] 동법에서 필요한 규정들은 형법전에 편입시키고 동법을 삭제하자는 주장도 가능하지만,[263] 동법의 규정 중에 별도로 필요한 조항은 하나도 없다고 할 수 있기 때문이다.[264]

468

그리고 동법을 폐지하는 것이 누더기형법을 벗어나는 첫걸음이라고 할 수 있다.

469

## 3. 과실치사상죄의 입법론

과실치사상죄의 입법론을 간단하게 언급하면 다음과 같다.

470

첫째, 과실치상죄와 과실치사죄의 법정형이 너무 낮다. 이는 자칫하면 생명경시 사고를 조장할 수 있다. 아무리 과실범이라고 하지만 과실치상죄의 법정형에 벌금형만 있다는 것은 문제가 있다고 할 수 있다. 또한, 과실치사죄의 형벌

471

---

죄를 범하는 경우, 검사는 심판대상조항을 적용하여 기소하는 것이 특별법 우선의 법리에 부합하나, 형법조항들을 적용하여 기소할 수도 있다. 그런데 위 두 조항 중 어느 조항이 적용되는지에 따라 피고인에게 벌금형이 선고될 수 있는지 여부가 달라지고, 징역형의 하한을 기준으로 최대 6배에 이르는 심각한 형의 불균형이 발생한다. 심판대상조항은 가중적 구성요건의 표지가 전혀 없이 법적용을 오로지 검사의 기소재량에만 맡기고 있으므로, 법집행기관 스스로도 법적용에 대한 혼란을 겪을 수 있고, 이는 결과적으로 국민의 불이익으로 돌아올 수밖에 없다. 법집행기관이 이러한 사정을 피의자나 피고인의 자백을 유도하거나 상소를 포기하도록 하는 수단으로 악용할 소지도 있다. 따라서 심판대상조항은 형벌체계상의 정당성과 균형을 잃은 것이 명백하므로, 인간의 존엄성과 가치를 보장하는 헌법의 기본원리에 위배될 뿐만 아니라 그 내용에 있어서도 평등원칙에 위배된다.」

262 같은 취지로, 박기석, "폭력행위등처벌에관한법률의 개정론과 폐지론 - 형사특별법의 전반적 정비 관점에서", 형사정책연구 17-1, 한국형사정책학회(2006), 143-144.

263 이러한 주장으로, 신양균, 형사특별법 정비방안(5) 폭력행위등처벌에관한법률, 한국형사정책연구원 연구총서(2008).

264 같은 취지로, 김치정, "「폭력행위 등 처벌에 관한 법률」에 대한 비판적 고찰", 강원법학 55(2018), 567-570; 손동권, "형벌가중 형사특별법의 문제점과 입법론적 개선방향: '특정범죄가중처벌등에관한법률'과 '폭력행위등처벌에관한법률'을 중심으로", 입법정책 3-2, 한국입법정책학회(2009), 70; 이기헌, "주요 형사특별법의 정비방안 - 폭력행위등 처벌에 관한 법률의 정비방안", 형사정책 17-2, 한국형사정책학회(2005), 68.

이 2년 이하의 금고로서 고의폭행죄보다 낮다는 것은 건전한 상식에 전혀 맞지 않는다고 할 수 있다. 과실치사죄의 형벌은 적어도 5년 이하의 징역은 되어야 할 것이다.

472       둘째, 반면 업무상과실치사상죄와 중과실치사상의 형벌가중이 너무 높다. 과실치사상죄의 법정형을 높여야 하지만, 만약 현행 법정형을 그대로 유지한다면 업무상과실치사죄의 형벌은 그대로 유지해도 무방할 것이다. 다만, 이 경우에도 업무상과실치상죄의 형벌은 2년 이하의 징역 정도로 낮춰야 할 것이다. 중과실치사상죄의 경우도 마찬가지이다.

473       셋째, 업무상과실치상죄와 업무상과실치사죄의 형벌을 동일하게 하는 것은 책임원칙에 위반되므로 위에서 제시한 것과 같은 정도로 형벌의 차이를 두어야 할 것이다. 중과실치사상죄도 마찬가지이다.

## 4. 낙태의 죄의 입법론

474       헌법재판소에서 자(自)낙태죄(§ 269①) 및 업무상동의낙태죄(§ 270①)의 헌법불합치를 결정하였지만, 2020년 말까지 이 조항들이 개정되지 않아 현재는 처벌규정이 없는 상태이므로 하루 빨리 관련조항을 정비해야 한다. 관련조항을 정비할 때에는 다음 사항들을 염두에 두어야 할 것이다.

475       첫째, 전면적 비범죄화도 생각할 수 있겠지만, 아직까지 이에 대한 사회적 합의는 없는 실정이다. 따라서 이전 형법보다 낙태죄의 성립이나 처벌범위를 줄이는 방향으로의 입법을 해야 하는데, 이중 독일의 낙태죄 규정을 참고하여 입법하는 것이 바람직할 것이다.

476       독일형법 제218조는 자낙태죄나 모든 타(他)낙태죄를 처벌하고, 부동의낙태죄와 낙태치사상죄(다만, 중과실로 사망이나 중상해의 결과를 발생시킨 경우) 등을 가중처벌한다. 자낙태죄의 미수범은 처벌하지 않지만 타낙태죄의 미수범은 처벌한다. 한편, 제218조a는 다음과 같이 일정한 낙태행위에 대해 구성요건해당성조각, 위법성조각, 처벌조각, 형면제 등을 규정하고 있다. 그 내용은 다음과 같다.[265]

---

265 § 218a Straflosigkeit des Schwangerschaftsabbruchs (1) Der Tatbestand des § 218 ist nicht verwirklicht, wenn
   1. die Schwangere den Schwangerschaftsabbruch verlangt und dem Arzt durch eine

**제218조a(낙태죄의 불벌)** ① 다음 각 호의 요건이 모두 충족되는 경우에는 제218조의 구성요 건해당성이 인정되지 않는다.

1. 임산부가 낙태를 촉탁하고 제219조 제2항 제2문에 의한 확인서를 통해 최소한 수술 3일 이전에 상담을 거친 사실을 의사에게 입증한 경우

2. 의사가 낙태수술을 한 경우

3. 임신 12주가 경과하지 않은 경우

② 다음의 경우에는 의사가 임산부의 승낙을 받아 낙태수술한 행위는 위법성이 조각된다. 즉, 의학적 판단에 따르면 임산부의 현재와 장래의 생활관계를 고려할 때 낙태가 임산부의 생명에 대한 위험 또는 육체적·정신적 건강상태가 심각하게 훼손될 위험을 방지하고, 다른 방법에 의 해서는 그 위험이 방지될 수 없는 경우.

③ 의사의 진단결과 임부가 제176조 내지 제179조에 따른 범죄266를 당하였고 그로 인하여 임 신한 것으로 인정할 만한 충분한 근거가 있고, 임신 12주가 경과되지 않았고, 의사가 임부의 동의를 받아 낙태수술한 행위는 제2항의 요건을 충족한 것으로 본다.

④ 낙태수술이 의사와의 상담(제219조)후에 이루어지고 임신 22주가 경과되지 않은 경우에는 임부를 제218조에 의해 벌하지 아니한다. 법원은 임부가 수술당시 특별히 곤궁한 상태에 있었 던 경우에는 제218조의 형벌을 면제할 수 있다.

---

Bescheinigung nach § 219 Abs. 2 Satz 2 nachgewiesen hat, daß sie sich mindestens drei Tage vor dem Eingriff hat beraten lassen,

2. der Schwangeschaftsabbruch von einem Arzt vorgenommen wird und

3. seit der Empfängnis nicht mehr als zwölf Wochen vergangen sind.

(2) Der mit Einwilligung der Schwangeren von einem Arzt vorgenommene Schwangerschaftsabbruch ist nicht rechtswidrig, wenn der Abbruch der Schwangerschaft unter Berücksichtigung der gegenwärtigen und zukünftigen Lebensverhältnisse der Schwangeren nach ärztlicher Erkenntnis angezeigt ist, um eine Gefahr für das Leben oder die Gefahr einer schwerwiegenden Beeinträchtigung des körperlichen oder seelischen Gesundheitszustandes der Schwangeren abzuwenden, und die Gefahr nicht auf eine andere für sie zumutbare Weise abgewendet werden kann.

(3) Die Voraussetzungen des Absatzes 2 gelten bei einem Schwangerschaftsabbruch, der mit Einwilligung der Schwangeren von einem Arzt vorgenommen wird, auch als erfüllt, wenn nach ärztlicher Erkenntnis an der Schwangeren eine rechtswidrige Tat nach den §§ 176 bis 178 des Strafgesetzbuches begangen worden ist, dringende Gründe für die Annahme sprechen, daß die Schwangerschaft auf der Tat beruht, und seit der Empfängnis nicht mehr als zwölf Wochen vergangen sind.

(4) Die Schwangere ist nicht nach § 218 strafbar, wenn der Schwangerschaftsabbruch nach Beratung (§ 219) von einem Arzt vorgenommen worden ist und seit der Empfängnis nicht mehr als zweiundzwanzig Wochen verstrichen sind. Das Gericht kann von Strafe nach § 218 absehen, wenn die Schwangere sich zur Zeit des Eingriffs in besonderer Bedrängnis befunden hat.

266 강간 등 성폭력범죄를 말한다.

[오 영 근]

477       그 밖에 독일형법 제218조b 이하에 규정되어 있는 의사의 진단이나 상담 없는 낙태에 대한 처벌, 낙태에 대한 상담의 내용, 상담의사와 수술의사의 분리 등 세부적인 사항에 대해서도 여러 국가의 입법례를 참조하여 우리나라의 실정에 맞도록 규정해야 할 필요가 있다.

478       둘째, 낙태죄의 미수범 처벌규정을 둘 것인지 여부 및 미수범 처벌규정과 상관없이 낙태치사상죄의 주체에 낙태미수범을 포함시킬 것인지도 명백하게 규정해야 할 것이다.

## 5. 유기죄의 입법론

479       유기죄의 개정에서는 다음과 같은 사항을 고려해야 할 것이다.

480       첫째, 유기죄에서도 독일형법 제323조c와 같은 긴급구조의무위반죄를 규정할 것인지 결정해야 한다. 긴급구조의무위반죄는 도덕적 의무를 형법으로 강제하는 것으로서 형법의 탈윤리화원칙에 반하는 것으로서 규정하지 않는 것이 바람직하다.

481       둘째, 영아유기죄와 존속유기죄는 삭제해야 한다. 오늘날 영아유기를 하지 않을 수 있는 기반이 이전보다 많이 마련되어 있고, 영아유기죄와 존속유기죄는 보통유기죄의 법정형 범위 내에서도 처벌해도 충분하다.

482       셋째, 특정범죄가중법 제5조의3에 규정된 도주차량 운전자(이하, 운전자도주죄라 한다.)의 형법전에의 편입 여부이다. 운전자도주죄는 업무상과실치사상죄와 유기죄의 결합범으로 해석하면 족하다.[267] 그러나 판례는 이 규정을 지나치게 넓게 해석한다. 즉, 도주란 "피해자를 구호하는 등 도로교통법 제50조 제1항에 규정된 의무를 이행하기 이전에 사고현장을 이탈하여 사고를 낸 자가 누구인지 확정될 수 없는 상태를 초래하는 경우를 말한다."고 하고, 피해자가 유기죄에서 요구되는 '그 밖의 사정으로 도움이 필요한 사람'이라고 할 수 없는 경우에도 운전자도주죄의 성립을 인정한다.[268]

---

[267] 오영근, "특정범죄가중처벌 등에 관한 법률폐지의 당위성", 형사정책 17-2, 한국형사정책학회 (2005), 43.
[268] 대표적인 예로 다음의 판례들을 들 수 있다. 대판 2004. 3. 12, 2004도250(사고 운전자가 그가 일으킨 교통사고로 상해를 입은 피해자에 대한 구호조치의 필요성을 인식하고 부근의 택시 기사에게 피해자를 병원으로 이송하여 줄 것을 요청하였으나 경찰관이 온 후 병원으로 가겠다는 피

그런데 도주를 '사고를 낸 자가 누구인지 확정될 수 없는 상태를 초래한 경      **483**
우'라고 하는 것은 운전자도주죄의 보호법익을 피해자의 생명, 신체에 대한 안
전이 아니라 운전자에 대한 손해배상청구권이나 국가의 사법작용까지 확대하는
것이라고 할 수 있다.[269] 왜냐하면 구성요건적 행위는 보호법익에 위험을 초래
할만한 행위여야 하기 때문이다. 위의 사례들에서 피고인의 행위를 도주라고 하
는 것은 도주의 문언의 가능한 의미를 넘어선 것이라고 할 수 있고, 설사 도주
라고 하더라도 피해자들의 생명, 신체에 위험을 초래하는 행위라고 할 수 없다.

이와 같이 판례가 부당하게 형벌권의 범위를 확대하는 해석을 하는 경우에      **484**
는 그것을 입법으로 시정해주어야 한다.[270] 따라서 운전자도주죄의 구성요건을
'형법 제268조의 업무상과실치사상죄를 범한 차량의 운전자가 사망한 사람이나
상해로 인하여 구호를 요하는 사람을 유기한 때에는' 정도로 단순화하여 형법전
에 편입하고 특정범죄가중법에서는 삭제하는 것이 바람직하다.[271] 사고운전자도
주죄는 일반인이 흔히 범할 수 있는 죄이므로 형사특별법이 아니라 형법전에 규

---

해자의 거부로 피해자가 병원으로 이송되지 아니한 사이에 피해자의 신고를 받은 경찰관이 사고
현장에 도착하였고, 피해자의 병원이송 및 경찰관의 사고현장 도착 이전에 사고 운전자가 사고
현장을 이탈하였다면, 비록 그 후 피해자가 택시를 타고 병원에 이송되어 치료를 받았다고 하더
라도 운전자는 피해자에 대한 적절한 구호조치를 취하지 않은 채 사고현장을 이탈하였다고 할
것이어서, 설령 운전자가 사고현장을 이탈하기 전에 피해자의 동승자에게 자신의 신원을 알 수
있는 자료를 제공하였다고 하더라도, 피고인의 이러한 행위는 '피해자를 구호하는 등 조치를 취
하지 아니하고 도주한 때'에 해당한다); 대판 2010. 4. 29, 2010도1920(피고인이 도로변에 자동
차를 주차한 후 하차하기 위하여 운전석 문을 열다가 마침 후방에서 진행하여 오던 피해자 운전
자전거의 핸들 부분을 위 운전석 문으로 충격하고, 그로 인하여 넘어진 피해자에게 상해를 입게
하고도 아무런 구호조치 없이 현장에서 이탈하였다면, 구 특정범죄가중법 제5조의3 제1항 소정
의 도주차량 운전자, 즉 자동차의 교통으로 인하여 사람을 다치게 하고도 구호조치 없이 도주한
경우에 해당한다).
269 이러한 판례의 입장을 비판하고 대안을 제시한 것으로, 양경승, "특가법상의 도주차량운전죄와
신원고지의무(上)", 저스티스 105, 한국법학원(2008), 158-188.
270 지나치게 형벌권을 확장하는 입법이 이루어지는 경우, 법원은 형벌권을 축소하기 위한 해석을
시도해야 한다. 그럼에도 불구하고 법원은 운전자도주죄에 관한 한 문언보다 더 형벌권의 범위
를 넓히고 있다. 도로교통에서 형사특별법을 통한 형벌권확장에 대한 비판적 검토와 대안을 제
시한 것으로서, 주현경, "형사특별법을 통한 형사법의 확장: 도로교통범죄를 중심으로", 형사법
연구 27-4, 한국형사법학회(2015), 173-202.
271 운전자도주죄를 형법에 편입하자는 견해로, 이천현·도중진·권수진·오영근·김현우, 형법각칙 개
정연구 [1], 형법각칙의 개정방향과 기본문제, 한국형사정책연구원(2007), 39; 전지연, 형사특별법
정비방안(3) 특정범죄가중처벌등에관한법률, 한국형사정책연구원 연구총서(2008), 139 이하; 허일
태, "형사특별법의 형법 편입방향", 형법개정 및 양벌규정 개선 공청회 자료집(2008. 6. 20), 88.

정하는 것이 일반예방효과를 높이고 운전자도주죄의 문제점과 합리화방안에 대한 논의도 활성화할 수 있다. 2007년 개정위원회에서도 운전자도주죄를 형법전에 도입하기로 하였다.[272]

485        넷째, 유기치상죄를 삭제할 것인지 존치한다면 중상해를 야기한 경우로 한정할 것인지, 유기치상죄를 존치한다면 유기치사상죄에서 미수범도 주체에 포함시킬 것인지를 분명히 해야 한다. 또한 유기치상죄를 존치할 경우, 법정형을 조정하여 유기치상죄가 부진정결과적 가중범으로 해석될 수 있는 여지를 남기지 말아야 한다.

## 6. 강간과 추행의 죄의 입법론

### (1) 중요사항

486        강간과 추행의 죄에서 가장 중요한 것은 성폭력처벌법, 청소년성보호법의 규정들을 모두 형법전에 편입하는 것이다. 두 법률에 있는 규정 중 형법상의 범죄들을 가중처벌하는 규정과, 형법상의 범죄들을 결합하여 가중처벌하는 규정은 모두 삭제하고 형법전에 없는 범죄들 중 필요한 것들은 형법전에 편입하면 된다.

### (2) 성폭력처벌법의 형법에의 편입

487        첫째, 성폭력처벌법 중 제3조에서 제9조까지는 모두 불필요하고 오히려 법적용의 혼란이나 위헌시비를 불러일으키는 규정들이므로 삭제하는 것이 바람직하다. 제12조의 성적 목적 다중이용장소침입죄는 대부분의 경우 주거침입죄로 처벌하는 것이 가능하므로[273] 삭제해도 무방하다고 할 수 있다. 이것은 다중이용장소침입죄의 객체를 과거 공중화장실법에 의한 화장실, 공중위생관리법상 목욕장 등으로 한정하여 규정함으로써[274] 동 범죄에 대해서는 무죄가 선고되었

---

272  2011년 4월 제17차 전체회의.

273  서효원, "성적 목적을 위한 공공장소 침입행위 관련 「성폭력 범죄의 처벌 등에 관한 특례법」 제12조 개정 검토", 형사법의 신동향 53, 대검찰청(2016), 350.

274  성폭력처벌법 제12조(성적 목적을 위한 공공장소 침입행위) 자기의 성적 욕망을 만족시킬 목적으로 「공중화장실 등에 관한 법률」 제2조 제1호부터 제5호까지에 따른 공중화장실 등 및 「공중위생관리법」 제2조 제1항 제3호에 따른 목욕장업의 목욕장 등 대통령령으로 정하는 공공장소에 침입하거나 같은 장소에서 퇴거의 요구를 받고 응하지 아니하는 사람은 1년 이하의 징역 또는 300만원 이하의 벌금에 처한다.

지만, 건조물침입죄에 대해서는 유죄가 선고된 판결에서도 알 수 있다.[275]

이 후 동 규정의 객체가 개정이 되었지만,[276] 자칫 잘못하면 건조물침입죄나 **488** 방실침입죄로 처벌할 수 있는 행위를 위 규정으로 처벌하여 위 규정이 형벌감경 규정으로 오해될 수도 있기 때문이다. 물론 동 규정으로 처벌되면 신상정보 등록 등과 같은 부수적 제재를 받을 수도 있지만, 1년 이하의 징역이 규정된 범죄를 저지른 사람에게 이러한 부수적 제재를 가하는 것은 과잉이라고 할 수 있다.

예를 들어, 성적 만족을 목적으로 찜질방에 입장하였다고 하여 위 규정으로 **489** 처벌할 수는 없을 것이다. 이러한 해석은 형법해석의 엄격성원칙에 반하기 때문이다. 만약 남성이 모유시설이나 여성용 목욕실 혹은 여성이 용변을 보고 있는 용변칸에 침입하였다면, 그 자체로 주거침입죄가 성립한다.[277] 결국 판례에서 나타난 것 같이 남녀 용변칸이 구분되어 있는 화장실 남성용 용변칸에서 여성용 용변칸을 들여다보는 행위[278]들 정도나 위 규정에 의해 처벌할 수 있을지 문제될 것이다. 이 문제는 엿보는 행위를 처벌하거나 화장실을 개선해서 해결해야 할 문제이다.

둘째, 제10조 업무상위력 등에 의한 추행죄, 제11조 공중밀집장소에서의 추 **490** 행죄, 제13조 통신매체이용음란죄, 제14조 카메라등이용촬영죄 등은 일반인들이 범하기 쉬운 범죄들이다. 따라서 형사특별법보다는 형법전에 편입시키는 것이 일반예방효과를 위해 바람직하다고 할 수 있다.

다만, 이들 추행죄와 강제추행죄를 어떻게 구별할 것인지 문제된다. 판례는 **491** "강제추행죄는 상대방에 대하여 폭행 또는 협박을 가하여 항거를 곤란하게 한 뒤에 추행행위를 하는 경우뿐만 아니라 폭행행위 자체가 추행행위라고 인정되는 이른바 기습추행의 경우도 포함되며, 이 경우의 폭행은 반드시 상대방의 의사를 억압할 정도의 것임을 요하지 않고 상대방의 의사에 반하는 유형력의 행

---

275 대판 2016. 8. 24, 2016도8272.
276 동 규정의 개정과정과 입법적 개선방안을 제시한 것으로, 서효원(주 273), 327-358.
277 대판 2003. 5. 30, 2003도1256. 「피고인이 피해자가 사용중인 공중화장실의 용변칸에 노크하여 남편으로 오인한 피해자가 용변칸 문을 열자 강간할 의도로 용변칸에 들어간 것이라면 피해자가 명시적 또는 묵시적으로 이를 승낙하였다고 볼 수 없어 주거침입죄에 해당한다.」
278 대판 2015. 4. 9, 2015도114; 대판 2016. 8. 24, 2016도8272. 이 판결들을 평석한 것으로, 조현욱, "성적 목적 다중이용장소 침입죄상 다중이용장소의 범위," 영남법학 45(2017), 323-349.

사가 있는 이상 그 힘의 대소강약을 불문한다."고 한다.[279]

492 　　이렇게 보면 공중밀집장소에서의 추행은 대부분 폭행행위 자체가 추행행위일 것이기 때문에 강제추행죄로 처벌이 가능하다. 그렇다면 성폭력처벌법 제11조는 형벌감경규정이 되는데, 이것은 입법취지와는 맞지 않는다. 업무상 위력을 행사하고 추행하면 3년 이하의 징역인데, 업무상 위력을 행사하지 않고 추행하면 10년 이하의 징역으로 처벌될 수도 있다. 따라서 강제추행죄에 대한 입법적 정비가 필요하다. 즉 강제추행죄는 강간죄와 같은 정도의 폭행·협박을 행사하는 것으로 규정하고, 기습추행죄에 대해서는 별도의 규정을 두어야 한다.

### (3) 청소년성보호법의 형법전에의 편입

493 　　첫째, 제8조에서 제10조까지는 형법상의 성폭력범죄를 가중처벌하는 규정으로서 불필요한 규정이므로 삭제해야 한다. 불필요한 형법규정들을 방치하게 되면 그 규정은 반드시 악용되게 된다.

494 　　둘째, 제11조 이하의 아동음란물이나 성매매 등에 관한 규정은 형사특별법에 규정할 것이 아니라 형법전에 규정하는 것이 바람직하다.

## 7. 명예에 관한 죄의 입법론

495 　　첫째, 판례는 명예훼손죄의 공연성에 대해 피고인에게 불리한 유추해석이고, 타당성도 없는 '전파가능성설'을 따르고 있다.[280] 판례가 스스로 입장을 변경하는 것이 바람직하겠지만, 이것은 기대하기 어렵거나 시간이 걸릴 것이라고 예상된다.[281] 따라서 입법에서 공연성의 개념을 명확하게 하는 것이 바람직할 것이다. '공연히'를 아예 '불특정 또는 다수인이 직접 인식할 수 있는 상태에서'

---

279 대판 2019. 7. 11, 2018도2614. 성인지감수성의 관점에서 이 판례를 언급한 것으로, 김수정/신아름, "'성인지 감수성' 법리의 의의와 향후 과제: 대법원 2018.4.12. 선고 2017두74702 판결 이후 판결례의 분석과 이해를 중심으로", 젠더 판례 다시읽기: 2017-2019, 대법원 젠더법연구회(2020), 1-35.

280 대판 2011. 9. 8, 2010도7497. 「명예훼손죄에서 '공연성'은 불특정 또는 다수인이 인식할 수 있는 상태를 의미하므로 비록 개별적으로 한 사람에 대하여 사실을 유포하더라도 이로부터 불특정 또는 다수인에게 전파될 가능성이 있다면 공연성의 요건을 충족하지만, 이와 달리 전파될 가능성이 없다면 특정한 한 사람에 대한 사실의 유포는 공연성이 없다.」

281 대판 2020. 11. 19, 2020도5818(전)도 "공연성에 관한 전파가능성 법리는 대법원이 오랜 시간에 걸쳐 발전시켜 온 것으로서 현재에도 여전히 법리적으로나 현실적인 측면에 비추어 타당하므로 유지되어야 한다."고 판시하고 있다.

나 좀 더 자연스러운 용어를 사용하여 특정소수인에게 사실을 적시한 경우에는
명예훼손죄가 성립할 수 없다는 것을 명백하게 규정해야 할 것이다.

　둘째, 현행형법은 '사람'의 명예를 훼손한 자라고 규정하고 있는데, 판례는    496
법인에 대한 명예훼손죄를 인정하고 있다.282 법인이 자연인과 같은 인격적 법
익을 향유한다고 할 수 없으므로 법인에 대한 명예훼손죄는 업무방해죄의 문제
로 다루어야 할 것이다. 어쨌든 법인에 대한 명예훼손죄를 인정한다면 '사람 또
는 법인의 명예'라고 명백하게 규정해야 할 것이다. 이것은 신용훼손죄와 업무
방해죄에서도 마찬가지이다.

　셋째, 현행형법은 '명예를 훼손한 자'라고 규정하여 문언상으로는 명예훼손    497
의 결과가 발생해야 성립하는 결과범 및 침해범으로 규정되어 있다. 그러나 통
설, 판례는 명예훼손죄를 거동범 및 추상적 위험범으로 해석한다. 이것은 '사실
을 적시하여 사람의 명예를 훼손한 자'를 '사람의 명예를 훼손할 만한 사실을 적
시한 자'로 해석하는 것이다. 우리 말의 표현방식으로는 양자가 동일하다고 할
수 있을지라도 엄밀히 말해 후자는 전자에 비해 형벌권의 범위를 넓히는 해석
으로서 유추해석금지원칙에 위반된다는 비판을 받을 수 있다. 따라서 후자처럼
표현하거나 '사실을 적시하여 사람의 명예가 훼손될 위험을 발생시킨 자'와 같
이 표현하는 것이 바람직할 것이다. 이것은 신용훼손죄와 업무방해죄에서도 마
찬가지이다.

　넷째, 오늘날 인터넷명예훼손죄가 가장 빈번하게 발생하는 명예훼손죄의    498
태양이므로, 출판물 등에 의한 명예훼손죄의 행위수단에 TV, 인터넷, SNS 등을
포함시키고, 정보통신망 이용촉진 및 정보보호 등에 관한 법률 제70조의 명예훼
손죄의 규정을 형법에 편입시켜야 한다.

## 8. 강요죄의 입법론

　강요죄에서 입법적으로 정비해야 할 사항은 다음과 같다.    499

　첫째, 과거 강요죄는 폭력에 의한 권리행사방해죄라는 명칭으로 되어 있다    500
가 1995년 개정형법에서 강요죄로 명칭이 변경되었다. 이 때문에 아직도 재산

---

282 대판 2000. 10. 10, 99도5407는 "명예훼손죄는 어떤 특정한 사람 또는 인격을 보유하는 단체에
　대하여 그 명예를 훼손함으로써 성립하는 것이므로"라고 한다.

범죄인 권리행사방해죄와 함께 규정되어 있다. 강요죄는 재산범죄가 아니라 자유를 침해하는 죄이므로 폭행죄, 협박죄 다음에 규정되어야 한다.

501    둘째, 1995년 개정에서 제324조의2 내지 제324조의5를 신설하면서 인질강요치사상죄와 같은 진정결과적 가중범의 미수도 인정되는지에 대한 해석상의 논란을 발생시켰다. 1995년 이전 형법에는 진정결과적 가중범인 인질강요치사상죄나 그 미수범 처벌규정이 없었다. 다만, 동법 제342조는 "제329조 내지 제334조, 제336조, 제337조 전단, 제338조 전단, 제339조, 제340조와 전조의 미수범은 처벌한다. 단, 제340조 중 사람을 사상에 이르게 한 죄는 예외로 한다."고 규정하여 진정결과적 가중범인 강도치사상죄나 해상강도치사상죄 등의 미수는 벌하지 않는 것을 분명히 하였다.

502    그러나 1995년 개정형법은 인질강요치사상죄(§ 324의3 후단 및 § 324의4 후단)를 신설하고, 제324조의5는 "제324조 내지 제324조의4의 미수범은 처벌한다." 제342조는 "제329조 내지 제341조의 미수범은 처벌한다."고 규정하여 인질강요치사상죄나 강도치사상죄와 같은 진정결과적 가중범의 미수범 인정 여부에 대한 해석상의 논란을 야기하였다. 따라서 이러한 해석상의 문제를 분명히 해결할 수 있도록 1995년 개정형법 이전의 제342조와 같이 제324조의5를 개정해야 할 것이다.

503    셋째, 인질강요죄(§ 324의2)의 경우 대부분 폭행, 협박 또는 상해행위를 수단으로 하고, 이러한 점들을 고려하여 3년 이상의 징역이라고 하는 높은 법정형을 규정한 것이다. 따라서 인질강요상해·치상죄는 폐지해야 하거나 중상해의 결과를 발생시킨 경우로 한정해야 할 것이다. 이렇게 개정하지 않는다고 하더라도 현행형법상 인질강요상해·치상죄(§ 324의3)의 법정형을 낮춰야 한다. 특히 인질강요치상죄는 부진정결과적 가중범으로 해석해야 하는데, 부진정결과적 가중범을 인정하는 것은 유추해석금지원칙에 반할 우려가 있으므로, 법정형을 조정하여야 한다.

## 9. 불법영득의사의 명문화 여부

### (1) 문제점

504    통설, 판례에 의하면 영득죄의 성립에 초과주관적 구성요건요소로서 불법영득의사가 필요하다. 이에 의하면 영득죄의 행위태양인 절취, 강취, 사취, 갈취

등은 점유취득만을 의미하고, 영득은 여기에 포함되지 않는다. 문서위조죄에서 행사가 행위태양에 포함되지 않는 것과 마찬가지이다. 영득의 인식과 영득의 위법성의 인식은 모두 초과주관적 구성요건요소이다. 반면, 점유취득의 위법성에 대한 인식은 책임요소가 된다.

소수설인 불법영득의사불요설에 의하면 영득죄의 행위태양인 절취, 강취, 505 사취, 갈취 등은 점유취득뿐만 아니라 영득도 포함하고 있다. 점유취득 및 영득의 인식은 고의의 내용이 되고, 점유취득 및 영득이 위법한지는 구성요건 단계가 아니라 위법성 단계에서 판단하고, 점유취득 및 영득의 위법성에 대한 인식은 책임요소가 된다.[283]

불법영득의사가 명문으로 규정되어 있지 않은 우리 형법의 해석론상으로 506 영득죄의 성립에 불법영득의사를 필요로 하지 않는다고 해야 한다. 재물영득죄의 행위태양인 절취, 강취, 사취, 갈취, 횡령, 취득에서 단순히 점유취득만이 아니라 영득행위도 포함되어 있다고 할 수 있기 때문이다. 횡령죄는 점유이전을 요하지 않기 때문에 횡령은 영득행위를 의미한다고 보아야 한다. 강도, 사기, 공갈, 배임죄의 행위태양에는 재물의 강취, 교부 등만이 아니라 재산상 이익의 취득도 있다. 여기에서 재산상 이익의 취득은 이득, 즉 재산상 이익의 영득을 의미한다고 해야 한다. 따라서 강도, 사기, 공갈죄를 통일적으로 해석하기 위해서는 강취, 사취, 갈취 등에 영득이 포함된다고 해야 하고, 절도죄의 절취도 마찬가지로 해석해야 한다. 객관적으로 이들 범죄의 핵심은 재물을 취득하는 범죄인데, 취득에는 점유취득뿐만 아니라 영득이 포함된다고 해야 한다. 영득죄라고 할 때 영득이 객관적으로 존재해야 한다는 의미이다. 그런데 영득죄에서 객관적으로 점유취득만 있으면, 영득은 주관적 내심상태에 머물러 있어도 족하다고 하는 것은 부당하다.

행위태양은 고의의 내용이므로 영득죄의 행위태양에 영득이 포함되어 있다 507 면 영득의사는 고의의 한 내용이 된다. 특히, 위에서 본 것과 같이 재산상 이익의 취득인 이득은 고의의 한 내용임이 분명하다. 그런데 여기에서 초과주관적 구성요건요소로서 불법이득의사가 필요하다고 하면 주관적 구성요건이 '재산상

---

283 소수설 중에는 불법영득의사가 고의의 한 내용이라고 하는 견해도 있지만, 이에 의하면 영득의 위법성인식이 주관적 구성요건요소인 고의의 한 내용이 된다.

이익을 불법으로 취득할 의사와 고의로'가 되어 이득이 고의의 내용임과 동시에 불법이득의사의 내용도 되는 이상한 결과가 발생하기 때문이다.

508        이와 같이 해석론상으로 불법영득의사나 불법이득의사를 필요로 한다고 할 필요가 없지만, 통설·판례가 필요설을 따르므로 불법영득의사나 불법이득의사를 명문화할 것인지 문제된다.

### (2) 비교법적 검토

509        비교법적으로 보면, 독일형법, 스위스형법, 오스트리아형법 등이 불법영득의사로 해석될 수 있는 문언을 명문으로 규정하고 있다. 그런데 각국의 규정들을 보면 조금씩 그 표현이 다른 것을 알 수 있다. 독일형법은 위법영득의사(Absicht rechtswidrig zuzueignen),[284] 스위스형법은 불법취득하도록 영득하기 위해 (zur Aneignung, um unrechtmässig zu bereichern),[285] 영득을 통해 불법하게 취득할 고의로(mit dem Vorsatz, durch deren Zueignung unrechtmäßig zu bereichern)[286] 등으로 규정하고 있다. 이에 비해 프랑스형법[287]에서는 불법영득의사를 규정하고 있지 않다. 영국형법에서는 절도죄를 타인의 재물을 영구적으로 빼앗을 의도로 불법(부정)하게 영득하는 행위[288](dishonestly appropriate with the intention of permanently depriving the other of it)라고 규정하고 있다. 여기에서 불법영득의사의 소극적 요소인 권리자의 배제가 고의와 구별되는 의도 또는 목적(intention)의 내용이 된다. 따라서 불법영득의사의 적극적 요소인 사실상 소유자가 되는 것은 단순히 주관적 의사의 내용이 아니라 객관적 구성요건요소인 행위태양이고 따라서 불법영득은 고의의 한 내용으로 되어 있다.[289]

---

284 § 242 Diebstahl (1) Wer eine fremde bewegliche Sache einem anderen in der Absicht wegnimmt, die Sache sich oder einem Dritten rechtswidrig zuzueignen,

285 Art. 139 1. Wer jemandem eine fremde bewegliche Sache zur Aneignung wegnimmt, um sich oder einen andern damit unrechtmässig zu bereichern,

286 § 127 Wer eine fremde bewegliche Sache einem anderen mit dem Vorsatz wegnimmt, sich oder einen Dritten durch deren Zueignung unrechtmäßig zu bereichern, ist mit Freiheitsstrafe bis zu sechs Monaten oder mit Geldstrafe bis zu 360 Tagessätzen zu bestrafen.

287 ARTICLE 311-1 Theft is the fraudulent appropriation of a thing belonging to another person

288 Theft Act 1968 제1조. (1) A person is guilty of theft if he dishonestly appropriates property belonging to another with the intention of permanently depriving the other of it. 여기에서 appropriate는 make one's own인데, 이것은 자기가 소유자가 되는 행위, 즉 영득행위를 의미한다.

289 우리 형법적으로 해석한다면 dishonestly는 규범적 구성요건요소이므로 이에 대한 착오는 사실의 착오가 아니라 법률의 착오가 될 것이다.

## (3) '의사'의 의미

불법영득의사에서 '의사'(Absicht)가 무엇인지 불분명하다. 의사는 우리 말로  510
는 목적, 의도, 의욕, 인용, 감수, 인식, 고의, 과실, 동기 등과 같은 내심상태 중
어느 하나 또는 이것들 중 일부 또는 전부를 포함하는 개념으로 사용될 수 있
다. 만약 Absicht를 목적으로 번역한다면 불법영득의사는 불법영득의 목적이 되
고, 따라서 영득죄는 대부분 목적범이 된다.

독일에서 우리 말로 목적이라고 번역할 수 있는 표현들은 'zu-'(하기 위하여,  511
할 목적으로) 'um zu'(§ 252 준강도죄), 'in der Absicht, daß(zu)'(통화위조죄 § 146, 유가
증권위조죄 § 148), zur -(§ 152a 직불카드등 위조) 등 다양하다. 이들 중 목적이라고
번역할 수 있는 가장 가까운 표현은 'in der Absicht, daß(zu)'일 것이다. 그런데
불법영득의사(Absicht, zuzueignen)에서 동일한 표현이 사용되고 있다.

오스트리아형법 제5조는 고의(Vorsatz)라는 제목하에 "① 법률에 규정된 범  512
죄요소에 해당되는 사건을 실현하려고 하는 사람은 고의로(vorsätzlich) 행위하는
것이다. 이 경우 행위자가 사건의 실현이 가능하다고 진지하게 생각하고 인용하
는 것으로 족하다. ② 법률이 의도적인 행위를 전제하는 상황이나 결과의 실현
이 행위자게 달려있을 때, 행위자는 의도(목적)적으로(absichtlich) 행위하는 것이
다. ③ 법률이 인식있는 행위를 요구하는 상황이나 결과를 가능하다고 생각했
을 뿐만 아니라 그 상황이나 결과의 존재 또는 발생이 확실하다고 생각했다면
행위자는 인식있게(wissentlich) 행위한 것이다."[290]라고 규정하고 있다.

한편, 오스트리아형법은 절도죄(§ 127), 배임죄(§ 133), 횡령죄(§ 134), 강도죄(§ 142),  513
공갈죄(§ 144), 사기죄(§ 146) 및 여러 규정에서 '불법하게 취득하거나 제3자로 하
여금 취득하게 할 고의로'(mit dem Vorsatz, sich oder einen Dritten unrechtmäßig zu
bereichern)라는 표현을 사용하고 있다. 그리고 성적 남용 목적 미성년자약취

---

290 § 5 StGB Vorsatz (1) Vorsätzlich handelt, wer einen Sachverhalt verwirklichen will, der
einem gesetzlichen Tatbild entspricht; dazu genügt es, daß der Täter diese Verwirklichung
ernstlich für möglich hält und sich mit ihr abfindet. (2) Der Täter handelt absichtlich, wenn
es ihm darauf ankommt, den Umstand oder Erfolg zu verwirklichen, für den das Gesetz
absichtliches Handeln voraussetzt. (3) Der Täter handelt wissentlich, wenn er den Umstand
oder Erfolg, für den das Gesetz Wissentlichkeit voraussetzt, nicht bloß für möglich hält,
sondern sein Vorliegen oder Eintreten für gewiß hält.

죄(§ 101),<sup>291</sup> 영업적 사기죄(§ 148), 집단살해죄(§ 321) 등 많은 규정에서 '할 목적
으로'(in der Absicht, daß)라는 표현도 사용하고 있다.

514     독일과 오스트리아 형법을 종합하여 볼 때, 불법영득의사에서 의사는 목적
으로 번역하는 것이 가장 적절하다고 할 수 있다.

515     우리 형법에서 예비·음모죄, 내란죄, 모해위증죄, 문서나 통화위조죄, 영리
등목적 약취·유인죄, 준강도죄가 목적범이라는 데에 이의를 제기할 사람은 없
다. 그러나 절도죄, 강도죄, 사기죄 등이 목적범이라고 하면 선뜻 동의하지 못
할 사람들이 많을 것이다. 그리고 목적을 신분이라고 하는 판례의 입장을 따르
면 절도죄, 강도죄 등도 모두 신분범이 된다. 이것은 더더욱 받아들이기 어려울
것이다. 이 때문에 불법영득의사를 번역할 때에 불법영득목적이라고 번역하지
못하고 '의사'라고 하는 매우 애매한 용어를 사용했을 것이다.

### (4) 불법영득의사에서 '불법'의 필요성

516     영득의사 혹은 영득의 목적을 초과주관적 구성요건요소로 명문화한다고 하
여도 '불법'영득의사 또는 '불법'영득목적을 명문화할 필요가 있을지 의문이다.
영득이 불법 또는 위법하다는 것은 행위자의 의사대로 재물을 영득하였을 때
그것이 객관적으로 위법하다는 것이다. 그러므로 위법하지 않은 영득을 행위자
가 위법하다고 생각하였을 경우, 행위자에게 불법영득의사는 있지만 그 효력이
부정되어 결국 영득죄의 구성요건해당성이 조각된다고 해야 할 것이다.

517     따라서 행위자가 불법영득의사로 한 행위가 객관적으로, 예를 들어 긴급피
난에 해당되면, 주관적 정당화요소가 결여된 우연피난의 문제가 되기 이전에 영
득죄의 구성요건해당성이 조각된다. 이것은 통설이나 판례가 받아들이지 않는
소극적 구성요건요소이론과 결론이 유사하다.

### (5) 불법영득의사와 불법손괴의사

518     타인이 점유하는 타인소유의 재물을 권리자를 배제하고 취거한 경우, 그것
을 자기의 소유물처럼 사용, 수익, 처분할 의사가 있었으면 불법영득의사가 있
어 절도죄가 성립한다. 그것을 손괴하거나 은닉하거나 효용을 해할 의사였으면
손괴죄가 성립한다. 절도죄의 성립에 불법영득의사가 필요하다면, 손괴죄의 성

---

291 § 101. Wer eine unmündige Person in der Absicht entführt, dass sie von ihm oder einem
    Dritten sexuell missbraucht werde.

립에도 불법손괴의사가 필요하다고 해야 논리적일 것이다. 그러나 손괴죄의 성립에 불법손괴의사가 필요하다고 하지는 않는다.

손괴죄의 성립에 불법손괴의사가 필요하지 않다고 하여도 취거 시 손괴의 519 사가 있었는지 취거 당시의 모든 상황을 종합적으로 고려하여 판단하게 된다. 이 경우 손괴의사는 결국 고의의 내용이다. 절도죄도 불법영득의사가 필요하다고 할 필요없이 손괴죄와 마찬가지로 판단하면 족할 것이다.

### (6) 결론

입법론적으로도 불법영득의사를 규정하지 않는 것이 바람직해 보인다. 절 520 도죄, 강도죄와 같은 일반인들도 쉽게 파악할 수 있는 범죄에 대한 구성요건은 간단하게 규정하는 것이 바람직하고, 굳이 불법영득의사라는 어려운 개념을 추가하여 규정할 필요가 없다. 타인의 재물을 가져가는 사람이 영득의 고의와 손괴의 고의 중 어떤 고의를 가졌는지는 행위 당시에 존재했던 모든 간접사실을 통해 쉽게 증명할 수 있기 때문에,[292] 굳이 고의와 구분되는 영득의사가 필요한 것으로 규정할 필요가 없다. 영득의사가 필요하다고 하여도 그 입증은 영득의 고의의 입증과 동일할 것이기 때문이다.

나아가 해석론상으로도 불법영(이)득의사라는 개념을 인정할 필요가 없도록 521 문언을 조정하는 방안도 모색해야 한다.

## 10. 절도와 강도의 죄의 입법론

절도와 강도의 죄에서 입법적으로 개선해야 할 사항들을 간략히 언급하면 522 다음과 같다.

첫째, 1995년 개정형법은 주거침입죄(§ 319①)나 특수강도죄(§ 334①)의 객체 523 를 '사람의 주거, 관리하는 건조물, 선박이나 항공기 또는 점유하는 방실'로 개정하였는데, 야간주거침입절도죄(§ 330)에서 주거침입의 객체는 '사람의 주거, 간수하는 저택, 건조물이나 선박 또는 점유하는 방실'라는 이전 형법의 규정을 그

---

292 판례는 "범의를 인정하기 위해서는 엄격한 증명이 요구되지만, 피고인이 금품 등을 수수한 사실을 인정하면서도 범의를 부인하는 경우에는, 범의와 상당한 관련성이 있는 간접 사실을 증명하는 방법에 의하여 이를 입증하면 된다."고 한다(대판 2017. 12. 22, 2017도11616). 재산범죄에서 권리자의 점유를 배제하고 자기 또는 제3자의 점유하로 재물을 옮긴 사람에게 영득의 고의가 있었느냐 손괴의 고의가 있었느냐도 이러한 방법의 의해 충분히 입증될 수 있다.

대로 유지하고 있다. 다행히 2020년 12월 개정형법에서 주거침입죄나 특수강도죄와 동일하게 되었지만, 25년 동안이나 이러한 규정이 존재했다는 것은 수치스러운 일이다. 차후의 형법개정 시에도 교훈으로 삼아야 할 일이다.

524      둘째, 합동절도죄를 폐지해야 한다. 합동절도를 가중처벌하는 근거로 범죄의 규모가 커지고, 범인의 검거가 어려워진다는 등의 근거로 제시되는데, 이것은 다른 범죄에서도 마찬가지이고, 폭력범죄에서는 더욱 그렇기 때문이다. 또한, 야간주거침입절도죄와 특수절도죄에도 벌금형을 선택형으로 둘 필요가 있다.

525      셋째, 강도죄의 표현의 문제이다. 강도죄의 폭행, 협박은 상대방의 항거를 불가능하게 할 정도의 폭행이라는 데에 견해가 일치한다. 따라서 '항거불가능한 폭행 또는 협박으로'[293]라고 분명히 하는 것도 바람직하다. 또한 '재물을 강취하거나 재산상 이익을 취득하거나'는 '재물 또는 재산상 이익을 강취한 자'라고 하고, 제3자로 하여금 취득하게 한 경우에는 사기죄나 공갈죄와 같이 항을 나누어 규정하는 것도 생각해 볼 수 있다.

526      넷째, 강도상해죄와 강도치상죄의 법정형이 같다는 것은 그 자체로 책임주의원칙에 위반된다고 할 수 있다. 두 죄는 모두 폐지하는 것이 바람직하지만, 존치한다고 하더라도 중상해죄를 발생시킨 경우로 제한하고, 상해에 대해 고의와 과실이 있는 경우의 법정형을 구분하고, 무기징역은 삭제하고 강도죄와 함께 유기징역형기도 대폭 낮춰야 한다.

527      다섯째, 해상강도죄(§340①)의 구성요건은 "다중의 위력으로 해상에서 선박을 강취하거나 선박 내에 침입하여 타인의 재물을 강취한 자"이다. 여기에서 '다중의 위력으로'가 ① '선박을 강취'만을 수식하는지, ② '선박을 강취하거나 선박 내에 침입하여'까지 수식하는지, 아니면 ③ '재물을 강취'까지 수식하는지 분명하지 않을 수 있다. '해상에서'도 어디까지 수식하는지 해석상 논란이 있을 수 있다. 유사한 문제가 야간주거침입절도죄[294]나 제170조 제2항이 타인소유의 일

---

293 여기에서는 '폭행 또는 협박'이라고 하지만, 앞에서 언급한 것과 같이 강도죄의 행위태양에 폭행, 협박뿐만 아니라 상해도 포함시켜야 한다.

294 여기에서도 '야간에'가 무엇을 수식하는지 문제가 되었다. 판례는 주거침입 시에 야간주거침입절도죄의 실행에 착수한 것이라고 하고(대판 1984. 12. 26, 84도2433), 주거침입이 주간에 이루어진 경우에는 야간주거침입절도죄가 성립하지 않는다고 한다(대판 2011. 4. 14, 2011도300, 2011 감도5). 후자의 판례는 주거침입죄가 계속범이라는 것을 간과한 것이라고 할 수 있다. 전자의

반물건실화죄에도 적용되느냐[295]가 논란이 된 적이 있다. 따라서 입법단계에서 이러한 해석성의 논란이 발생하지 않도록 주의해야 할 필요가 있다.

여섯째, 해상강도상해·치상죄($\S 340②$) 및 해상강도살인·치사죄($\S 340③$)의 주체를 '제1항의 죄를 범한 자'에서 '제1항의 죄 또는 그 미수죄를 범한 자'로 바꿔야 한다. 강도상해·치상죄의 주체는 '강도'라고 되어 있으므로 강도미수범도 주체가 된다고 해석하여도 유추해석의 문제는 발생하지 않는다. 그러나 해상강도죄의 미수범은 제342조에서 처벌하므로, '제1항의 죄를 범한 자'란 해상강도죄의 기수범에 국한된다고 해석해야 하고, 해상강도죄의 미수범도 포함된다고 하는 것은 유추해석의 문제가 발생할 수 있기 때문이다. **528**

일곱째, 해상강도상해죄와 해상강도치상죄는 삭제하는 것이 바람직하지만, 삭제하지 않는다면 중상해를 초래한 경우로 제한하고, 법정형을 낮추어 두 범죄의 법정형에 차이를 두어야 할 것이다. **529**

여덟째, 제340조 제3항에서 해상강도살인·치사죄와 해상강도강간죄를 함께 규정하고 있는데, 후자는 항을 분리해서 규정하고, 법정형에서 사형도 삭제해야 한다. **530**

아홉째, 강도예비·음모죄의 처벌규정을 삭제해야 한다.[296] 예비·음모죄는 형법의 보장적 기능을 훼손한다. 위험한 물건을 휴대한 경우 절도예비행위인지 강도예비행위인지 불분명하기 때문이다.[297] 강도죄와 법정형이 동일하지만 죄질이 더 나쁜 범죄라고 할 수 있는 강간등죄도 예비·음모죄를 벌하지 않았다. 다만 2020년 5월 19일 개정형법에서 강간등죄의 예비·음모 처벌규정($\S 305의3$) **531**

---

판결에 의해서도, 야간에 주거에 침입하여 주간에 재물을 절취할 고의로 야간에 주거에 침입하여 주간에 재물을 절취한 경우, 주거침입절도죄와 절도죄의 실체적 경합범인지 야간주거침입절도죄의 기수범인지 분명하지 않다.

295 대결 1994. 12. 20, 94모32(전). 이 결정에서는 "자기의 소유에 속하는 제166조 또는 제167조에 기재한 물건"에서 '자기의 소유에 속하는'이 '제166조'만을 수식하는지 아니면 '제167조'도 수식하는지 문제되었는데, 다수의견은 전자의 입장을 취했다.

296 개정위원회는 강도예비·음모죄를 존치하되 법정형을 3년 이하의 징역으로 낮추기로 하였다 (2011년 9월 제28차 전체회의).

297 대판 2006. 9. 14, 2004도6432는 "피고인이 주택가를 배회하며 범행 대상을 물색할 당시 비록 등산용 칼 등을 휴대하고 있었다 하더라도 피고인에게 타인으로부터 금품을 강취할 목적이 있었음이 합리적인 의심이 없는 정도로 증명되었다고 보기는 어려우므로"라는 이유로 강도예비죄를 부정하였다. 그러나 항소심은 피고인에게 유죄를 선고하였다. 여기에서 절도예비행위가 강도예비행위로 인정될 수 있는 위험성이 크다는 것이 나타나고 있다.

을 신설하였지만, 예비·음모행위의 범위가 모호하므로 강간죄 등의 예비·음모 처벌규정을 신설할 것이 아니라 강도죄의 예비·음모 처벌규정을 삭제하는 개정이 바람직하였을 것이다.

## 11. 사기와 공갈의 죄의 입법론

532    첫째, 사기와 공갈의 죄에서 무엇보다 시급한 것은 객체에 대한 정비이다. 컴퓨터등사용사기죄의 객체가 재산상 이익으로만 되어 있어 판례와 학설들이 타인의 현금카드등으로 현금자동지급기에서 무단으로 현금을 인출한 경우 컴퓨터등사용사기죄가 적용될 수 없다고 한다. 이것은 잘못된 해석이기는 하지만, 해석상의 논란을 없애기 위해 재물을 객체에 추가해야 한다.

533    이것은 부당이득죄에서도 마찬가지이다. 제349조는 '현저하게 부당한 이익을 취득한 자'라고 규정하고 있는데 여기에서 이익은 '재산상 이익'만을 의미할 것이다. 그렇다면 예컨대 상대방의 궁박한 상태를 이용하여 1천만원을 주고 1억원짜리 도자기를 취득한 경우, 재물을 취득한 것이지 재산상 이익을 취득한 것이 아니므로 부당이득죄는 성립할 수 있다는 주장도 나올 수 있기 때문이다. 따라서 '재물 또는 재산상 이익을 취득하고 이것을 통해 현저히 부당한 이익을 취득한 때에는' 정도로 명확하게 하는 것이 바람직하다.

534    둘째, '재물의 교부를 받거나 재산상 이익을 취득한 자'라는 표현도 문제가 있다. 재물의 경우 상대방의 교부행위 혹은 처분행위가 있어야 한다는 것이 명백히 나타나지만, 재산상 이익을 취득할 경우에는 상대방의 교부행위 또는 처분행위가 있어야 하는 것인지 오해가 있을 수 있다. 따라서 '재물 또는 재산상 이익을 사취 또는 갈취한자' 또는 '재물 또는 재산상 이익을 교부받은 자'298 또는 '재물 또는 재산상 이익을 교부받아 사취 혹은 갈취한 자' 등으로 표현하는 것도 생각해 볼 수 있다.

535    셋째, 보험사기방지 특별법에 있는 보험사기 규정을 형법에 편입하는 것이 바람직하다. 오늘날 보험사기가 증가하고 있는 상황이므로, 독일형법처럼 보험금, 국가나 지방자치단체의 보조금 사기죄의 규정을 형법에 두는 것이 바람직하다.

---

298 재물의 교부는 자연스러운 표현이지만, 재산상 이익의 교부도 부자연스러운 표현은 아니다.

넷째, 공갈죄의 경우 '사람을 공갈하여'라고 규정되어 있고, 공갈은 '폭행    536
또는 협박'이라고 하는 데에 견해가 일치한다. 따라서 '사람을 폭행 또는 협박
하여' 또는 '폭행 또는 협박으로'와 같이 좀더 명확한 표현을 쓰는 것이 바람직
할 것이다.[299]

다섯째, 공갈죄에 대한 친족간 범행규정을 삭제해야 한다. 폭행죄 및 존속    537
폭행죄(§260③), 협박죄 및 존속협박죄(§283③)는 반의사불벌죄이지만, 특수폭행
죄나 특수협박죄는 반의사불벌죄가 아니다. 게다가 2016년 개정형법은 특수공
갈죄를 신설하였다. 공갈죄나 특수공갈죄는 단순한 재산범죄가 아니므로 친족
간의 범행규정을 두어야 할 합리적 근거가 없다. 만약 친족간 범죄에 대한 형벌
권 개입의 자제가 필요하다면, 단순공갈죄에 대해 반의사불벌죄 규정만을 두면
족할 것이다.

## 12. 횡령과 배임의 죄의 입법론

첫째, 횡령죄에서 '반환거부'를 포함시켜야 하는지 문제이다. 반환거부의 경    538
우 영득의 목적으로 반환거부를 해야 횡령죄가 성립하고, 손괴 목적으로 반환거
부를 한 경우에는 손괴죄의 문제가 될 것이다. 횡령에는 취거가 없고 영득을 의
미하므로 다른 범죄에서는 영득의사가 고의와 구별되는 초과주관적 구성요건요
소라고 할 수 있지만, 횡령죄에서는 영득의사는 고의의 내용이라고 해야 한다.
고의가 성립하기 위해서는 행위태양인 영득에 대한 인식 및 인용이 필요하기
때문이다.

그런데 횡령의 경우에는 영득의 고의가 필요하고 반환거부의 경우에는 초    539
과주관적 구성요건요소로서 (불법)영득의사가 필요하다고 하는 것은 구성요건을
지나치게 복잡하게 규정하는 것이라고 할 수 있다. 어차피 영득의 고의 내지 의
사가 있는 경우에는 반환거부의 경우에도 횡령이라고 할 수 있기 때문에 별도
로 반환거부라는 특별한 행위태양을 규정할 필요가 없을 것이다.

둘째, 배임죄의 객체도 재물을 명시하는 것이 바람직하다. 즉, '재산상 이익    540

---

[299] 개정위원회의 제28차 전체회의에서는 국민 대다수가 '공갈'이라는 어휘의 뜻을 이해하고 있다는
이유로 현행 조문을 존치하기로 하였다. 그러나 공갈이 폭행 또는 협박으로 재물이나 재산상 이
익을 갈취한다는 의미는 법학도들도 공갈죄를 배울 때에야 알 수 있다.

을 취득하고'를 '재물 또는 재산상 이익을 취득하여'라고 규정하는 것이 바람직
하다. 왜냐하면 재물과 재산상 이익을 택일적 관계로 파악하게 되면, 임무를 위
배하여 재물을 취득한 경우 재산상 이익을 취득한 것이 아니라고 할 수도 있기
때문이다. 예를 들어 판례는 은행원의 부당대출의 경우 배임죄를 인정하는데,
예를 들어 대출금을 현금으로 지급한 경우에는 제3자로 하여금 재물을 취득하
게 한 것이고 재산상 이익을 취득하게 한 것이 아니므로 배임죄가 성립할 수 없
다는 논리도 가능하기 때문이다.

541       셋째, 현행형법과 같이 횡령죄와 배임죄를 같은 조문에 규정할 것이 아니라
조문을 구별하여 횡령죄, 배임죄, 업무상횡령죄 및 업무상배임죄의 순서로 나누
어 규정하는 것이 바람직하다.

## 13. 장물, 손괴, 권리행사방해의 죄의 입법론

542       첫째, 장물죄의 형벌을 조정해야 할 필요가 있다. 현형행법에 의하면 甲이
길에서 돈을 주워 친구 乙과 함께 소비하였다고 할 경우, 甲은 점유이탈물횡령
죄로 1년 이하의 징역이나 300만 원 이하의 벌금 또는 과료에 처해진다. 이에
비해 乙은 장물취득죄로 7년 이하의 징역 또는 1,500만 원 이하의 벌금에 처해
진다. 장물죄가 재산범죄의 유발효과가 있다고 하더라도 사후종범적인 성격의
범죄라는 것을 부인할 수 없다. 따라서 장물범이 본범보다 무겁게 처벌되지 않
는다는 규정을 두어야 할 것이다.

543       둘째, 손괴죄에도 친족간의 범행규정을 두어야 한다. 손괴죄는 영득죄에 비
해 불법이 작은 것으로 평가된다. 그런데 영득죄에는 친족간의 범행 규정을 두
면서 손괴죄에는 친족간의 범행 규정을 두지 않을 이유가 없다. 동력규정은 두
지 않아도 해석상 동력은 재물에 속한다고 할 수 있지만, 친족간의 범행규정은
해석만에 의해서 인정하기는 어렵다. 따라서 공익건조물손괴죄(§ 367)나 중손괴죄
(§ 368)에 대해 친족간 범행규정을 둘 필요가 없을지 모르지만, 단순손괴죄(§ 366),
특수손괴죄(§ 369①) 및 경계침범죄(§ 370) 등에 대해서는 친족간 범행규정을 두어
야 할 것이다.

544       셋째, 제37장은 권리행사를 방해하는 죄라는 제목하에 권리행사방해죄(§ 323),
강요죄(§ 324), 인질강요죄(§§ 324의2-324의6), 점유강취죄(§ 325), 중권리행사방해죄(§

326), 강제집행면탈죄(§ 327) 등을 규정하고 있다. 이 가운데 강요죄와 인질강요
등죄는 자유에 대한 죄이고, 나머지 범죄들이 재산범죄이다. 이와 같이 서로 죄
질을 달리하는 범죄들을 함께 규정하는 것은 문제가 있기 때문에 1992년도 형
법개정법률안은 강요죄와 인질강요죄를 다른 장에서 규정하였다. 이러한 입법
방식이 타당하다.

형법이 어떤 범죄들이 개인적 법익에 대한 죄, 사회적 법익에 대한 죄 또는        545
국가적 법익에 대한 죄인지 명시하고 있지 않기 때문에 어떤 범죄가 어디에 속
하는 죄인지 논하는 것도 간단한 문제가 아니다. 예를 들어 제6장의 폭발물에
관한 죄를 국가적 법익으로 이해하는 견해도 있지만, 통설은 이를 사회적 법익
에 대한 죄로 이해한다.

통설은 제5장 공안을 해하는 죄, 제6장 폭발물에 관한 죄, 제12장 신앙에        546
관한 죄, 제13장 방화와 실화의 죄, 제14장 일수와 수리에 관한 죄, 제15장 교통
방해의 죄, 제16장 먹는 물에 관한 죄, 제17장 아편에 관한 죄, 제18장 통화에
관한 죄, 제19장 유가증권·우표와 인지에 관한 죄, 제20장 문서에 관한 죄, 제
21장 인장에 관한 죄, 제22장 성풍속에 관한 죄, 제23장 도박과 복표에 관한 죄
를 사회적 법익에 대한 죄로 다루고 있다.


〔오 영 근〕

# 제 1 장 내란의 죄

## 〔총 설〕

## Ⅰ. 규 정

본장은 내란의 죄에 대하여 규정하고 있는데, 구체적으로는 내란죄(§87), 내란목적살인죄(§88), 두 죄에 대한 미수범(§89), 예비·음모·선동·선전을 처벌하는 규정(§90)을 두고 있으며, 그 밖에 주관적 구성요건인 국헌문란의 목적에 대한 정의규정(§91)도 두고 있다. 본장의 조문 구성은 아래 [표 1]과 같다.

내란의 죄란 폭동에 의하여 불법으로 국가조직의 기본제도를 파괴함으로써 국가의 존립을 위태롭게 하는 것을 내용으로 하는 범죄이다. 내란의 죄는 내부로부터 국가의 존립을 위태롭게 하는 범죄이고, 외환의 죄는 외부로부터 국가의 존립을 위태롭게 하는 범죄라는 점에서 차이가 있다.

1

2

## [표 1] 제1장 조문 구성

| 조 문 | | 제 목 | 구성요건 | 죄 명 | 공소시효 |
|---|---|---|---|---|---|
| §87 | (i) | 내란 | ⓐ 대한민국 영토의 전부 또는 일부에서 국가권력을 배제하거나 국헌을 문란하게 할 목적으로<br>ⓑ 폭동을 일으킴 | | 배제 |
| | | | 우두머리 | 내란수괴1 | |
| | (ii) | | 모의에 참여, 지휘, 그 밖의 중요한 임무에 종사, 살상·파괴·약탈행위를 실행 | 내란(모의참여, 중요임무종사, 실행) | |
| | (iii) | | 부화수행하거나 단순히 폭동에 관여 | 내란부화수행 | |
| §88 | | 내란목적의 살인 | ⓐ 대한민국 영토의 전부 또는 일부에서 국가권력을 배제하거나 국헌을 문란하게 할 목적으로<br>ⓑ 사람을<br>ⓒ 살해 | 내란목적살인 | 배제 |
| §89 | | 미수범 | §87, §88의 미수 | (§87, §88 각 죄명) 미수 | 배제 |
| §90 | ① | 예비, 음모, 선동, 선전 | ⓐ §87, §88의 죄를 범할 목적으로<br>ⓑ 예비, 음모<br>(자수는 필요적 감면) | (내란, 내란목적살인) (예비, 음모, 선동, 선전) | 배제 |
| | ② | | §87, §88의 죄를 범할 것을 선동, 선전 | | |
| §91 | | 국헌문란의 정의 | | | |

## II. 보호법익

3          내란죄의 보호법익은 ① 국가의 존립이라는 견해,[2] ② 국가 존립의 기초라는 견해,[3] ③ 국가의 존립과 헌법적 질서를 포함한 넓은 의미에서의 국가의 내

---

1  2020년 12월 8일 제87조 제1호의 '수괴'가 '우두머리'로 개정되었으나, 대검찰청의 공소장 및 불기소장에 기재할 죄명에 관한 예규(개정 대검예규 제1264호, 2022. 1. 27.)에 따른 죄명은 여전히 내란수괴죄이다.
2  배종대, 형법각론(13판), §137/5.
3  진계호, 신고 형법각론, 778.

적 안전이라는 견해<sup>4</sup> 등이 있다. 위 ③의 견해 중에는 내란의 죄는 대한민국 영토의 전부 또는 일부에서 국가권력을 배제하거나 국헌을 문란하게 할 목적으로 폭동을 할 때에 성립하는 것이므로 영토내란죄와 헌법내란죄로 구별되는데, 영토내란죄는 국가의 존립을 보호법익으로 하고, 헌법내란죄는 헌법질서를 보호법익으로 한다는 견해도 있다.[5]

　　판례는, "우리 헌법은 국민주권주의, 자유민주주의, 국민의 기본권보장, 법치주의 등을 국가의 근본이념 및 기본원리로 하고 있다. 이러한 헌법질서 아래에서 헌법이 정한 민주적 절차가 아니라 폭력 등의 수단에 의하여 헌법기관의 권능행사를 불가능하게 하거나 헌법의 기능을 소멸시키는 행위는 어떠한 경우에도 용인될 수 없다. 일단 국헌문란을 목적으로 한 폭동이 발생하면 이로 인하여 막대한 인명과 재산상의 피해 및 사회적 혼란이 초래될 것은 명백하고, 혹시라도 내란이 성공하여 국민적 합의로 성립한 현재의 헌법질서가 폭력에 의하여 무너지게 되면, 이를 원래대로 회복한다는 것은 대단히 어려운 일이 될 것이므로, 그러한 내란행위는 사전에 차단하는 것이 필요하고, 따라서 직접적인 폭력행위 등의 방법으로 헌법질서를 전복할 것을 선동하는 것 역시 정치적 표현의 자유의 한계를 현저히 일탈한 것으로서 허용될 수 없다. 형법은 국가의 기본조직을 폭력적으로 변혁할 것을 목적으로 하는 집단적 행위로부터 국가의 존립과 헌법질서를 보호하기 위하여 제87조에서 '국토를 참절하거나 국헌을 문란할 목적으로 폭동한 자'를 내란죄로 처벌한다고 규정하면서 제90조 제1항 및 제2항에서 내란 목적으로 예비 또는 음모한 자와 내란을 선동 또는 선전한 자를 모두 3년 이상의 유기징역 또는 유기금고에 처한다고 규정하고 있다."고 판시하여,[6] 국가의 존립과 헌법질서를 모두 보호법익에 포함한다고 하고 있다(위 ③의 입장).

4

---

4 김성돈, 형법각론(8판), 747; 김일수·서보학, 새로쓴 형법각론(9판), 743; 오영근, 형법각론(7판), 658; 이재상·장영민·강동범, 형법각론(12판), §39/6; 이영란, 형법학 각론강의(3판), 728; 임웅, 형법각론(11정판), 865; 정성근·박광민, 형법각론(전정3판), 846.

5 이재상·장영민·강동범, §39/6.

6 대판 2015. 1. 22, 2014도10978(전)(통합진보당 국회의원 내란음모 사건).

## III. 성 질

### 1. 국가보호형법

5    국가보호형법은 국가의 존립을 보호하기 위한 형법을 말하는데,[7] 민주적 정치질서를 위반하는 행위를 처벌한다는 의미에서 정치형법이라고 표현할 수도 있다.[8] 내란의 죄는 이러한 국가보호형법으로서의 성질을 가진다.

### 2. 위험범

6    내란죄에 있어 보호법익이 보호받는 정도는 위험범이다. ① 구체적 위험범이라는 견해[9]와 ② 추상적 위험범이라는 견해[10]가 나뉜다.

7    일단 국헌을 문란하게 할 목적으로 한 폭동이 발생하면 이로 인하여 막대한 인명과 재산상의 피해 및 사회적 혼란이 초래될 것은 명백하고, 혹시라도 내란이 성공하여 국민적 합의로 성립한 현재의 헌법질서가 폭력에 의하여 무너지게 되면, 이를 원래대로 회복한다는 것은 대단히 어려운 일이 될 것이므로, 그러한 내란행위는 사전에 차단하는 것이 필요하다는 점에서 위험범으로 해석함이 타당하다. 한편, 구체적 위험을 구성요건요소로 하고 있지 않고 일정한 목적을 가지고 폭동함으로써 성립하는 범죄이므로 위 ②의 추상적 위험범설이 타당하다 할 것이다.

8    다만 내란의 죄 등 국가를 보호하는 형법규정이 대부분 위험범이라는 것은 다른 한편으로는 집권세력 또는 다수파가 이러한 형법규정을 반대파 내지 소수파를 탄압하기 위한 수단으로 남용할 수 있고, 그 결과로 자유민주주의의 핵심가치인 국민의 기본권, 특히 표현의 자유가 위축될 수도 있음을 의미하므로, 국가적 법익을 보호하는 범죄영역에서는 형법의 기본원칙인 죄형법정주의, 책임주의 등이 더욱 엄격하게 관철될 필요가 있다.[11]

---

7 이재상·장영민·강동범, §39/2; 주석형법 [각칙(1)](5판), 11(민철기).
8 주석형법 [각칙(1)](5판), 11(민철기).
9 김신규, 형법각론 강의, 788; 배종대, §137/5; 정성근·정준섭, 형법각론(2판), 625; 정웅석·최창호, 형법각론, 2; 최호진, 형법각론, 860.
10 김성돈, 748; 박찬걸, 형법각론(2판), 831; 이정원·류석준, 형법각론, 677; 이형국·김혜경, 형법각론(2판), 731; 정성근·박광민, 846; 홍영기, 형법(총론과 각론), §110/1.
11 주석형법 [각칙(1)](5판), 13(민철기).

한편, 내란목적살인죄는 침해범이다.[12]                                       9

## 3. 집합범, 목적범

내란의 죄는 다중이 폭동을 일으킴으로써 성립하므로 일정한 조직력을 가     10
진 집단적 행위를 전제로 하고 있어 집합범[13]이라는 점에서 소요죄(§115)와 성
질을 같이한다. 다만, 대한민국 영토의 전부 또는 일부에서 국가권력을 배제하거
나 국헌을 문란하게 할 목적이 있어야 하는 목적범이다. 따라서 다수인이 이를
위하여 어느 정도 조직화되어 있을 것을 요한다는 점에서 소요죄와 구별된다.

# IV. 국외범

대한민국 영역 외에서 내란의 죄를 범한 외국인에게도 형법이 적용된다     11
(§5(i)). 내란의 죄의 중대성을 고려하여 외국인의 국외범에 대해서도 처벌하도
록 한 것이다.

# V. 관련문제

## 1. 계엄법상 관할 문제

계엄법 제10조 제1항은 비상계엄지역에서 내란의 죄와 외환의 죄를 범한     12
사람에 대한 재판은 원칙적으로 군사법원이 한다고 규정하고 있다.

## 2. 공소시효에 관한 특례

헌정질서 파괴범죄의 공소시효 등에 관한 특례법(이하, 헌정범죄시효법이라 한     13
다.) 제3조는 내란의 죄와 외환의 죄 등 헌정질서 파괴범죄에 대하여는 공소시
효를 적용하지 아니한다고 규정하고 있다(§3(i)).

---

12 김성돈, 748; 오영근, 658; 정성근·박광민, 846.
13 오영근, 657; 한상훈·안성조, 형법개론(3판), 695.

### 3. 고소, 고발사건의 재정신청

14     헌정범죄시효법 제4조는 내란의 죄와 외환의 죄 등 헌정질서 파괴범죄에 대하여 고소 또는 고발을 한 자가 검사나 군검사로부터 공소를 제기하지 아니한다는 통지를 받은 경우에는 재정신청을 할 수 있다고 규정하고 있다(§ 4①).

### 4. 제5공화국 정권 수립과정의 헌정질서 파괴범죄 처벌과 관련된 논의

#### (1) 5·18 민주화운동과 관련한 내란의 죄 등 공소시효 소급적용 관련 문제

15     1995년 12월 21일 제정된 5·18민주화운동 등에 관한 특별법(이하, 5·18민주화운동법이라 한다.)은 제2조에서 공소시효의 정지를 규정하면서 「① 1979년 12월 12일과 1980년 5월 18일을 전후하여 발생한 헌정질서파괴범죄의공소시효등에관한특례법 제2조의 헌정질서파괴범죄행위에 대하여 국가의 소추권행사에 장애사유가 존재한 기간은 공소시효의 진행이 정지된 것으로 본다. ② 제1항에서 "국가의 소추권행사에 장애사유가 존재한 기간"이라 함은 당해 범죄행위의 종료일부터 1993년 2월 24일까지의 기간을 말한다.」라고 규정하였다.[14] 한편, 헌정범죄시효법 제3조는 헌정질서 파괴범죄의 공소시효와 관련하여 형사소송법 및 군사법원법에 규정된 공소시효의 적용을 배제하고 있다.

16     그런데 5·18민주화운동법의 시행일인 1995년 12월 21일을 기준으로 보면, 당시에 시행되던 형사소송법 및 군사법원법에 의하면 가장 중한 범죄로서 법정형이 사형에 해당하는 범죄에 대해서도 공소시효가 15년이었으므로 위 범죄들은 그 종료일로부터 15년이 경과하여 공소시효가 완성되었을 가능성이 많았다. 이에 따라 위와 같은 공소시효 관련 법률이 소급입법으로서 위헌이 아닌가 하는 논란이 있었다.

17     이에 대해 헌법재판소는 먼저, 위 입법이 죄형법정주의에서 말하는 형벌불소급의 원칙에 반하는 소급입법인지 여부에 관한 쟁점에 대해, 형법불소급의 원칙은 행위의 가벌성에 관한 문제이고 형사소추가 얼마동안 가능한가의 문제에

---

14 5·18민주화운동법 제2조는 2021년 1월 15일 "1979년 12월 12일과 1980년 5월 18일을 전후하여 발생한 「헌정질서 파괴범죄의 공소시효 등에 관한 특례법」 제2조의 헌정질서 파괴범죄와 반인도적 범죄에 대하여 해당 범죄행위의 종료일부터 1993년 2월 24일까지의 기간은 공소시효의 진행이 정지된 것으로 본다."로 개정되었다.

관한 것은 아니므로 그 사유만으로 죄형법정주의의 파생원칙인 형벌불소급의
원칙에 언제나 위배되는 것으로 단정할 수 없다고 하였다.

둘째로, 공소시효가 아직 완성되지 않은 경우 위 법률조항은 단지 진행 중    18
인 공소시효를 연장하는 법률로서 이른바 부진정 소급효를 가지게 된다. 그런데
공소시효 제도에 근거한 개인의 신뢰와 공소시효의 연장을 통하여 달성하려는
공익을 비교형량하여 공익이 개인의 신뢰보호이익에 우선하는 경우에는 소급효
를 갖는 법률도 헌법상 정당화될 수 있는데, 위 법률조항의 경우 공소시효에 의
하여 보호될 수 있는 신뢰보호이익은 상대적으로 미약한 반면 헌정질서파괴범
죄자들을 응징하여 정의를 회복하여야 한다는 공익은 중대하므로 위 법률조항
은 헌법에 위배되지 않는다고 하였다.

한편 공소시효가 완성된 범죄에 대하여 위 법률조항이 적용되는 경우는 진    19
정소급효를 가지게 될 것인데, 이에 대해 헌법재판관 4인은 위 법률조항이 진정
소급효를 갖는다고 하더라도 기존의 법을 변경하여야 할 공익적 필요는 심히
중대한 반면에, 그 법적 지위에 대한 개인의 신뢰를 보호하여야 할 필요가 상대
적으로 적어 개인의 신뢰이익을 관철하는 것이 객관적으로 정당화될 수 없는
경우에는 진정소급입법도 허용될 수 있다고 하면서, 위 법률조항은 행위자들의
신뢰이익이나 법적 안정성을 물리치고도 남을 만큼 월등히 중대한 공익을 추구
하고 있다고 평가할 수 있으므로 헌법에 위배되지 않는다고 하였다.

반면에 헌법재판관 5인은 공소시효가 이미 완성되어 소추할 수 없는 상태    20
에 이른 뒤에 뒤늦게 소추가 가능하도록 하는 새로운 법률을 제정하는 것은 결
과적으로 형벌을 사후적으로 가능하게 하는 새로운 범죄구성요건의 제정과 실
질에 있어 마찬가지이므로, 공소시효가 이미 완성된 경우에 그 뒤 다시 소추할
수 있도록 법률로서 규정하는 것은 적법절차의 원칙과 형벌불소급의 원칙에 위
배된다고 하였다. 이와 같이 공소시효에 관하여도 진정소급효를 가지는 경우는
위헌이라는 견해가 다수였지만 헌법재판소법에 의한 위헌결정의 정족수가 6인
이므로 이에 미달하여 주문은 합헌으로 선고되었고,[15] 이에 위 법률에 따라 전
두환 등 위 법률에 의한 범죄 관련자들이 기소되어 처벌되었다.

---

15 헌재 1996. 2. 16, 96헌가2, 96헌바13.

〔이 완 규〕                                    **175**

## (2) 성공한 쿠데타에 대한 처벌가능성 문제

### (가) 쟁점

21      전두환, 노태우 및 관련 군관계자들이 1979년 12월 12일 정승화 육군참모 총장을 연행하는 등 군사행동으로 군을 장악한 12·12 사건은 군형법상 반란수 괴(군형 §5(i)) 등 혐의로 고소·고발되었고, 1980년 5·18 민주화운동과 관련한 사건은 내란수괴(§87(i)) 등 혐의로 고소·고발되었다.

22      그런데 이들의 일련의 행위과정에서 전두환 등 관계자들이 권력을 장악하 고 개헌 및 대통령 선거 등을 통해 정권을 창출하여 일정기간 국가를 통치하였 는바, 이와 같이 성공한 쿠데타를 처벌할 수 있는가가 쟁점이 되었다.

### (나) 검찰 처분

23      검찰(서울지방검찰청)은 12·12 사건을 수사하여 1994년 10월 29일 피의자들 을 기소유예처분하였다. 신군부세력이 12·12 사건을 사전 모의하고 상관의 허 가 없이 물리력을 동원하여 군권에 반항한 것은 군형법상 반란죄에 해당한다고 판단하면서도, 피의자들을 기소할 경우 재판과정에서 과거사가 반복 거론되고 법적 논쟁이 계속되는 등 불필요한 국력소모의 우려가 있고, 피의자들이 지난 14년간 국가를 통치하면서 국가발전에 기여한 측면이 있는 점 등을 고려한 결 정이었다.[16] 이에 대하여 고소인들이 헌법소원을 하였는데, 헌법재판소는 검찰 이 기소재량권을 남용하였다고 보기 어렵다고 판단하였다.

24      한편, 검찰은 5·18 사건을 수사하여 1996년 7월 18일 전두환 등 관련자 58 명 전원에 대하여 공소권없음으로 불기소처분을 하였는데, 그 근거가 성공한 쿠 데타론이었다. 즉, 신군부세력의 새로운 정권창출과 직접 연관된 5·18 사건은 고도의 정치적 행위로서 사법적 판단의 대상이 될 수 없다고 하였다. 새로운 헌 정질서를 형성하는 정치적 변혁기에 일어난 일에 대해서는 형법에 규정된 내란 죄 성립 여부를 가릴 것 없이 공소권을 행사할 수 없다는 것이었다.

### (다) 특별법 제정과 기소

25      1995년 11월 24일 김영삼 대통령이 특별법 제정 지시를 하자 검찰에서 두 사건의 재수사에 착수하였으며, 5·18민주화운동법과 헌정범죄시효법이 1995년

---

16 법무연수원, 사건으로 본 검찰사(2018), 124.

12월 21일 제정·공포된 후 관련자들이 기소되었다.

　　(라) 성공한 쿠데타의 가벌성에 대한 대법원 판단[17]

　　대법원의 다수의견은 피고인들의 행위는 명백한 군사반란이고, 내란행위이 26
며, 새로운 법질서 창출에도 실패한 사건이라고 판단하였다. 우리나라는 제헌헌
법의 제정을 통하여 새로운 헌법질서를 수립한 이래 수차례에 걸친 헌법개정이
있었으나 지금까지 한결같이 이 헌법질서를 그대로 유지해오고 있다고 전제하
고, 따라서 전두환 등이 내란으로 국가기관의 권능행사를 불가능하게 하고 새로
운 법질서를 수립한 것처럼 주장하는 것은 받아들일 수 없다고 하였다. 즉 내란
이나 쿠데타 등에도 불구하고 우리에게 새로운 국가질서는 창설될 수 없으며,
제헌 이래 지금까지 우리의 헌정질서는 일관되게 유지되고 있다는 것이다.

　　이에 대하여 소수의견은, 피고인들이 헌법개정을 통하여 국민의 수용 아래 27
새로운 헌정질서를 형성하였다고 보고, 위 군사반란 및 내란행위는 법원이 그
가벌성에 대해 재판할 수 없다고 하였다. 피고인들은 헌법상 통치체제의 권력구
조를 변혁하고 대통령, 국회 등 통치권의 중추인 국가기관을 새로 구성하거나
선출하는 내용의 헌법개정이 국민투표를 거쳐 이루어지고 그 개정 헌법에 의하
여 대통령이 새로 선출되고, 국회가 새로 구성되는 등 통치권의 담당자가 교체
되었다면 이는 과거의 헌정질서와는 단절된 제5공화국의 새로운 헌정질서가 출
발하였고 국민이 이를 수용하였음을 의미한다고 할 것인바, 피고인들의 위 군사
반란 및 내란 행위는 국가의 정치적 변혁과정에서 국민이 수용한 새로운 헌정
질서를 형성하는 데에 기초가 되었다는 것이다. 따라서 피고인들의 행위는 국가
의 헌정질서의 변혁을 가져온 고도의 정치적 행위라 할 것인바, 헌정질서 변혁
의 기초가 되는 행위가 사후에 정당화되었는지 여부의 문제는 국가사회 내에서
정치적 과정을 거쳐 해결되어야 할 정치적, 도덕적 문제를 불러일으키는 것으로
서 그 본래의 성격상 정치적 책임을 지지 않는 법원이 사법적으로 심사하기에
는 부적합한 것이고, 주권자인 국민의 정치적 의사형성과정을 통하여 해결하는
것이 가장 바람직할 것이라고 하였다.

---

　　17 대판 1997. 4. 17, 96도3376(전). 본 판결 평석은 김병운, "12·12 군사반란과 5·18 내란", 국민
　　　과 사법: 윤관 대법원장 퇴임기념, 박영사(1999), 776-782; 오영근, "내란죄의 간접정범과 간접정
　　　범의 본질", 형사판례연구 [10], 한국형사판례연구회, 박영사(2002), 285-303.

〔이 완 규〕　　　　**177**

## 5. 다른 법률과의 관계

### (1) 국가보안법과의 관계

28    형법과는 별도로 국가의 안전을 위태롭게 하는 반국가활동을 규제함으로써 국가의 안전과 국민의 생존 및 자유를 확보하기 위한 특별법으로서 국가보안법이 있다. 국가보안법은 1948년 12월 1일 처음 시행된 이래 여러 차례 개정을 거쳐 왔다.

29    국가보안법은 '정부를 참칭하거나 국가를 변란할 것을 목적으로 하는 국내외의 결사 또는 집단으로서 지휘통솔체제를 갖춘 단체'인 반국가단체(국보 §2)를 구성하거나(국보 §3) 그 목적수행을 위한 행위들(국보 §§4-9)을 구성요건으로 하고 있다. 내란죄는 '대한민국 영토의 전부 또는 일부에서 국가권력을 배제하거나 국헌을 문란하게 할 목적으로 폭동을 일으킨 자'를 처벌하므로 국가보안법상의 범죄들은 형법상 내란의 죄보다는 내란 예비·음모죄에 해당할 수 있는 경우가 많다.

30    이와 같이 국가보안법과 내란예비·음모죄에 대한 관계에서는 국가보안법이 특별법이므로 국가보안법위반죄만 성립한다. 다만, 국가보안법에 규정되어 있는 구성요건상의 행위가 아닌 방법으로 내란예비·음모를 한 경우에는 내란예비·음모죄가 성립할 것이다. 또한, 폭동행위에 나아간 때는 국가보안법에는 이와 같은 규정이 없으므로 내란죄만 성립한다.[18]

### (2) 군형법과의 관계

31    군형법 제5조는 "작당(作黨)하여 병기를 휴대하고 반란을 일으킨 사람은 다음 각 호의 구분에 따라 처벌한다. 1. 수괴(首魁): 사형, 2. 반란 모의에 참여하거나 반란을 지휘하거나 그 밖에 반란에서 중요한 임무에 종사한 사람과 반란 시 살상, 파괴 또는 약탈 행위를 한 사람: 사형, 무기 또는 7년 이상의 징역이나 금고, 3. 반란에 부화뇌동(附和雷同)하거나 단순히 폭동에만 관여한 사람: 7년 이하의 징역이나 금고"라고 규정하여 반란죄의 처벌규정을 두고 있다.

32    국가의 내부질서를 위태롭게 하는 범죄라는 점에서 내란죄와 같은 성격을 가지고 있으나, ① 내란죄는 목적범이지만 반란죄는 목적범이 아니고, ② 내란

---

18 김일수·서보학, 746; 배종대, §138/8; 이재상·장영민·강동범, §39/10.

죄는 폭동을 수단으로 하지만 반란죄는 병기를 휴대하는 것을 수단으로 하고 있으며, ③ 반란죄는 군형법이 적용되는 군인 또는 군인에 준하는 사람(군형 §1)이 주체가 될 수 있는 신분범이다.

 내란죄와 반란죄의 관계에 대해서는 반란죄는 군인 또는 군인에 준하는 사람임을 요하는 신분범이고, 내란죄와 구성요건적 행위와 목적 등이 상이하므로 일반 형사범죄인 내란죄와 반란죄는 양립할 수 있다. 따라서 군인 등의 행위가 반란죄의 구성요건과 내란죄의 구성요건에 모두 해당하는 경우는 상상적 경합에 해당한다.[19] 판례도 내란수괴죄와 반란수괴죄는 상상적 경합관계에 있다고 판시하였다.[20]

33

〔이 완 규〕

---

19 주석형법 〔각칙(1)〕(5판), 18(민철기).
20 서울고판 1996. 12. 16, 96노1892〔대판 1997. 4. 17, 96도3376(전)의 원심판결〕.

## 제87조(내란)

대한민국 영토의 전부 또는 일부에서 국가권력을 배제하거나 국헌을 문란하게 할 목적으로 폭동을 일으킨 자는 다음 각 호의 구분에 따라 처벌한다.

1. 우두머리는 사형, 무기징역 또는 무기금고에 처한다.
2. 모의에 참여하거나 지휘하거나 그 밖의 중요한 임무에 종사한 자는 사형, 무기 또는 5년 이상의 징역이나 금고에 처한다. 살상, 파괴 또는 약탈 행위를 실행한 자도 같다.
3. 부화수행(附和隨行)하거나 단순히 폭동에만 관여한 자는 5년 이하의 징역이나 금고에 처한다.

[전문개정 2020. 12. 8.]

## 구 조문

**제87조(내란)** 국토를 참절하거나 국헌을 문란할 목적으로 폭동한 자는 다음의 구별에 의하여 처단한다.

1. 수괴는 사형, 무기징역 또는 무기금고에 처한다.
2. 모의에 참여하거나 지휘하거나 기타 중요한 임무에 종사한 자는 사형, 무기징역 또는 5년 이상의 징역이나 금고에 처한다. 살상, 파괴 또는 약탈의 행위를 실행한 자도 같다.
3. 부화수행하거나 단순히 폭동에만 관여한 자는 5년 이하의 징역 또는 금고에 처한다.

# I. 취 지

본죄〔내란(수괴·모의참여·중요임무종사·실행·부화수행)죄〕(내란죄라고도 한다.)는 대 1
한민국 영토의 전부 또는 일부에서 국가권력을 배제하거나 국헌을 문란하게 할
목적으로 폭동을 일으킴으로써 성립하는 범죄이다. 목적범이므로 이러한 목적
을 달성하기 위한 다수인의 조직적 결합을 필요로 한다.

본죄와 관련하여 개정사항으로 종래 거론되었던 주요 사항은 다음과 같다.[1] 2

첫째, 목적과 관련하여 국헌문란만을 따로 설명규정(§91)을 두는 것은 균형 3
에 맞지 않으므로 국토참절과 함께 규정하되, 두 용어가 모두 어려우므로 보다
명확하게 "대한민국영토의 전부 또는 일부에서 국가권력을 배제하여 권력을 행
사하거나 헌법에 의하여 인정된 국가의 기본질서를 변혁할 목적으로"로 풀어 쓸
필요가 있다.

둘째, 제88조에서 내란목적살인죄를 별도로 규정하고 있으므로 본조 제2항 4
의 '살상'은 '상해'로 수정할 필요가 있다.

한편, 독일형법은 제81조에서 연방에 대한 내란(Hochverrat gegen den Bund), 5
제82조에서 주에 대한 내란(Hochverrat gegen den Land)을 규정하고 있다. 연방에
대한 내란죄는 폭행 또는 협박으로, ① 독일연방공화국의 존립을 침해하거나,
② 독일연방공화국 기본법에 근거한 헌법적 질서를 변경하고자 시도하는 자를
무기징역 또는 10년 이상의 징역에 처한다고 하고(독형 §81①), 주에 대한 내란
죄는 폭행 또는 협박으로, ① 독일연방공화국의 주의 영역의 전부 또는 일부를
다른 주에 병합하려 하거나 또는 주의 일부를 그 주로부터 분리하거나, ② 주
헌법에 기초한 주의 헌법적 질서를 변경하고자 시도하는 자를 1년 이상 10년
이하의 징역에 처한다고 규정하고 있다(독형 §82①). 영토내란과 헌법내란을 유
형으로 하고 있음은 형법과 유사하다.

본죄는 형법상 다른 조문들이 몇 차례의 개정이 있었던 점과 대비하여 보 6
면 제정 이후 개정된 바가 없으나, 2020년 12월 8일 알기 쉬운 법령 문장으로 개
정하면서(2021. 12. 9. 시행), 형법 전체적으로 변경한 용어(기타) 외에 제87조 제1호
의 '수괴'를 '우두머리'로 바꾸고, 제3호의 '부화수행'에 한자를 병기하여 '부화수

---

[1] 법무부, 형법개정법률안 제안이유서(1992. 10), 242-244.

행'(附和隨行)으로 하였다. 또한, 제87조와 제88조에서 '국토를 참절하거나 국헌을
문란할 목적으로' 부분을 '대한민국 영토의 전부 또는 일부에서 국가권력을 배
제하거나 국헌을 문란하게 할 목적으로'라고 바꾸어 종래 개정사항으로 거론되
었던 주요 내용도 반영하였다.

## Ⅱ. 주  체

7    본죄의 주체에는 제한이 없다. 내국인이든 외국인이든 불문하고 내국에서
범한 경우뿐만 아니라 외국에서 범한 경우도 포함한다(§5). 본죄는 다중의 집합
을 요하는 집합범으로서 폭동을 할 수 있는 정도의 조직화된 상당수 다수인의
공동이 필요하다.[2]

8    형법은 관여자의 지위와 역할에 따라 ① 우두머리, ② 모의참여자, 지휘자,
중요임무종사자, ③ 부화수행(附和隨行)자, 단순폭동관여자로 구분하고 법정형을
달리하고 있다.

### 1. 우두머리

9    우두머리란 내란행위, 즉 폭동을 조직하고 지휘, 통솔하는 사람이다. 내란
의 발의자나 주모자일 필요는 없으며, 1인일 필요도 없다. 폭동의 현장에 있을
필요도 없다.[3]

### 2. 모의참여자, 지휘자, 중요임무종사자

10    모의참여자는 우두머리를 보좌하여 폭동계획의 중요부분에 참여하는 사람을
말한다. 우두머리를 보좌하는 것이 아니라 단순히 자신들이 담당할 폭동을 모의
한 사람은 여기에 해당하지 않는다. 시기적 제한은 없으므로 예비·음모단계에서
참가하지 않고 폭동개시 후, 또는 폭동 중에 모의에 참가한 사람도 포함된다.[4]

---

2 김성돈, 형법각론(8판), 749; 김일수·서보학, 새로쓴 형법각론(9판), 744; 이재상·장영민·강동
   범, 형법각론(12판), §39/12; 주석형법 〔각칙(1)〕(5판), 20(민철기).
3 이재상·장영민·강동범, §39/14.
4 이형국·김혜경, 형법각론(2판), 751; 주석형법 〔각칙(1)〕(5판), 21(민철기).

지휘자는 폭동가담자의 전부 또는 일부를 지휘하는 사람이다. 폭동개시 이 11
전뿐만 아니라 폭동 중에 지휘한 사람도 포함된다.[5] 폭동의 전 기간에 걸쳐 계
속 지휘할 것을 요하지는 않지만, 폭동이 종료된 이후에 지휘한 사람은 포함되
지 않는다.[6]

중요임무종사자는 모의참여자와 지휘자 이외의 방법으로 폭동에 관하여 중 12
요한 책임이 있는 지위에 있는 사람을 말한다. 중요한 역할의 범위에 대하여, 폭
동에 관하여 중요한 역할을 담당한 사람을 의미한다고 제한적으로 해석하는 견
해[7]와 그에 한하지 않고 내란에 관하여 중요한 역할을 담당한 사람을 포함한다는
견해[8]가 나뉜다. 판례는 "형법 제87조 제2호의 중요임무종사자는 이를테면 보급,
경리, 연락, 통신, 위생 서무 등의 직무에 대한 책임을 부담하는 자까지를 포함하
는 것"이라고 판시하면서, 중요임무에는 폭행, 협박을 전혀 수반하지 않을 수도
있다고 하여 내란에 관하여 중요한 역할을 담당한 사람을 포함한다는 입장이다.[9]

## 3. 부화수행자, 단순관여자

부화수행(附和隨行)자나 단순관여자는 막연하게 폭동에 참가하여 폭동의 세 13
력을 확장·증대시킨 사람을 말한다. 기계적 노무에 종사하거나 투석 등의 행위
를 한 사람이 여기에 해당한다. 군중심리에 의하여 경솔하게 행동하였으므로 기
대가능성이 적다는 점을 고려하여 상대적으로 가볍게 처벌하려는 것이다.[10]

## III. 객관적 구성요건

### 1. 폭 동

폭동이란 다수인이 결합하여 폭행·협박하는 것을 말한다.[11] 이에 대하여 14

---

5 김성돈, 749; 배종대, 형법각론(13판), § 138/4; 이재상·장영민·강동범, § 39/14; 임웅, 형법각론
  (11정판), 867.
6 오영근, 형법각론(7판), 659; 주석형법 〔각칙(1)〕(5판), 21(민철기).
7 이재상·장영민·강동범, § 39/14.
8 오영근, 660.
9 대판 1980. 5. 20, 80도306(전).
10 이재상·장영민·강동범, § 39/14.
11 김성돈, 749; 김일수·서보학, 744; 배종대, § 138/6; 이재상·장영민·강동범, § 39/15; 이형국·

폭동은 다수인이 결합하여 폭행·협박뿐 아니라 손괴·파괴·방화·약탈·살상 등 유형력을 행사하는 것을 말한다는 견해도 있다.[12]

## 2. 다수인

15    본조가 행위자의 지위나 역할에 따라 처벌을 달리하고 있는 점, 본죄에서의 폭행·협박은 한 지방의 평온을 해할 정도이어야 한다는 점 등을 감안하면, 폭동의 개념에서의 다수인은 어느 정도 조직화되어 지휘통솔체계를 갖춘 집단을 말한다고 해석된다.

## 3. 폭행·협박

### (1) 폭행·협박의 의의

16    본죄에서 폭동의 수단으로서의 폭행은 폭행죄, 강도죄, 강간죄 등과 같이 개인적 법익의 침해죄에서의 폭행과는 다르다. 개인적 법익의 침해죄에서 구성요건적 행위인 폭행은 일반적으로 사람에 대한 유형력의 행사를 말하지만, 본죄에서의 폭행은 폭동이라는 구성요건적 행위의 방법이기 때문에 사람뿐만 아니라 물건에 대한 것도 포함된다. 파업이나 시위도 유형력의 행사로서 폭행에 해당된다.[13] 이런 점에서 본죄에서의 폭행은 최광의의 폭행개념이라고 하는 것이 통설이다.[14] 판례도 본죄의 구성요건인 폭동의 내용으로서의 폭행·협박은 일체의 유형력 행사나 외포심을 생기게 하는 해악의 고지를 의미하는 최광의의 폭행·협박을 말하는 것으로서, 이를 준비하거나 보조하는 행위를 전체적으로 파악한 개념이라고 한다.[15]

17    본조 제2호는 폭동의 내용으로서 살상, 파괴, 약탈을 들고 있다. 살상은 사람을 살해하거나 상해를 가하는 것을 말하고, 파괴는 물건의 효용을 상실 또는

---

김혜경, 751.

12 오영근, 660[형법각론(3판), 664에서는 협박은 해악의 고지를 말하는데, 유형력의 행사가 없는 해악의 고지만으로는 폭동이라고 할 수 없으므로 폭동에 협박을 포함시키는 것은 언어의 가능한 의미를 넘는 것이라고 한다]; 임웅, 867.

13 이재상·장영민·강동범, §39/15.

14 김일수·서보학, 745; 배종대, §138/6; 이재상·장영민·강동범, §39/15; 홍영기, 형법(총론과 각론), §110/3; 주석형법 [각칙(1)](5판), 22(민철기).

15 대판 1980. 5. 20, 80도306(전).

감소시키는 것으로서 손괴보다 좁은 개념이며, 약탈은 다수인이 재물을 강취하는 것이다.[16] 이러한 행위들은 폭동의 내용 중 중요임무종사자의 행위로 평가될 수 있는 행위를 예시적으로 열거한 것이므로 본죄의 폭동을 구성하는 최광의의 폭행에 포함된다.

협박은 상대방에게 공포심을 일으키게 할 만한 해악을 고지하는 것이다                    18
(광의의 협박개념). 대법원은 "1980. 5. 17. 당시 시행되고 있던 계엄법 등 관계법령에 의하면 비상계엄의 전국확대는 필연적으로 국민의 기본권을 제약하게 되므로, 비상계엄의 전국확대 그 사실 자체만으로도 국민에게 기본권이 제약될 수 있다는 위협을 주는 측면이 있고, 민간인인 국방부장관은 지역계엄실시와 관련하여 계엄사령관에 대하여 가지고 있던 지휘감독권을 잃게 되므로 군부를 대표하는 계엄사령관의 권한이 더욱 강화됨은 물론 국방부장관이 계엄업무로부터 배제됨으로 말미암아 계엄업무와 일반국정을 조정 통할하는 국무총리와 국무위원들이 받는 강압의 효과와 그에 부수하여 다른 국가기관의 구성원이 받는 강압의 정도가 증대된다고 할 것이며, 따라서 비상계엄의 전국확대조치의 그와 같은 강압적 효과가 법령과 제도 때문에 일어나는 당연한 결과라고 하더라도, 이러한 법령이나 제도가 가지고 있는 위협적 효과가 국헌문란의 목적을 가진 자에 의하여 그 목적을 달성하기 위한 수단으로 이용되는 경우에는 비상계엄의 전국확대조치가 내란죄의 구성요건인 폭동의 내용으로서의 협박행위가 되므로 이는 내란죄의 폭동에 해당한다."고 판시하여,[17] 협박을 광의로 해석하고 있다.

### (2) 내란목적의 폭행·협박

폭행·협박은 대한민국 영토의 전부 또는 일부에서 국가권력을 배제하거나            19
국헌을 문란하게 할 목적을 위한 수단일 것을 요한다. 따라서 내란의 목적과 관련이 없는 폭행·협박만으로는 본죄가 성립하지 않는다.[18] 나아가 폭행·협박은 내란의 목적을 달성하기 위한 직접적 수단으로 행해져야 하며, 나중에 다른 상황이 더하여져서 간접적으로 내란의 목적을 달성하기 위한 수단으로 행해지는 때에는 본죄를 구성하지 않는다.

---

16 오영근, 660.
17 대판 1997. 4. 17, 96도3376(전).
18 이재상·장영민·강동범, §39/15.

20      한일협정비준무효화시위(구국학생총연맹 사건) 사건과 관련하여 판례는, "피고인들이 구국학생총연맹 같은 조직체를 만들기 위한 기초공작으로 일부 피고인들로 하여금 6.3동지회 및 서울시내 11개 학생연합체와 접촉해 보도록 하자는 점에 대체적인 합의를 본 후 그중 일부 A 대학원재학생 수명에게 그렇게 하라고 하였다는 소위는 학생시위를 체계있고 조직화된 것으로 광범위하게 전개하여 한일협정비준의 무효화를 기하자는 데 있었을 뿐 직접적으로 국가의 기본조직을 강압으로 해산 또는 그 권능행사를 불가능케 하자는 것이 아니었고, 다만 민중이 시위에 호응함으로써 폭동화하면 국회가 스스로 해산하게 되리라는 사태의 현출을 예상한 것에 불과한 것이라 할 것이므로 국헌을 문란케 할 목적으로 폭동할 것을 음모하였다거나 선동한 것이라고 볼 수 없다."고 하였다.[19]

### (3) 폭행·협박의 정도

21      폭행·협박은 최광의의 개념이나 그 정도는 한 지방의 평온을 해할 정도일 것을 요한다. 따라서 폭행·협박이 한 지방의 평온을 해할 정도에 이른 때에 기수가 된다. 폭행·협박이 한 지방의 평온을 해할 정도에 이르면 내란의 목적을 달성하지 못하였다고 하여도 본죄의 기수가 성립한다. 폭행·협박을 하였으나 이에 이르지 못한 때에는 미수가 된다.[20]

22      판례는 ① 10·26 사건에서는, 대통령과 경호실장 및 수행경호원들을 국헌문란의 목적으로 살해한 것은 본죄에서의 실행행위인 폭동에 해당하지만 그러한 행위만으로는 한 지방의 평온을 해할 정도에 이르렀다고 할 수 없으므로 내란미수죄에 해당한다고 판시하였다.[21] 반면에 ② 통합진보당 국회의원 내란음모 사건에서는, 한반도 내에서 전쟁 발발 시에 이 사건 각 회합 참석자 130여 명 이상이 조직적으로 전국적 범위에서 통신·유류·철도·가스 등 주요 국가기간시설을 파괴하는 행위, 선전전·정보전 등 다양한 수단을 실행하는 행위는 다수인이 결합하여 폭행, 협박하는 것으로서 본죄의 성립에 필요한 '한 지방의 평온을 해할 정도의 폭동'에 해당한다고 판시하였다.[22]

---

19 대판 1968. 3. 5, 66도1056.
20 이재상·장영민·강동범, §39/15; 정성근·박광민, 형법각론(전정3판), 849; 주석형법 〔각칙(1)〕 (5판), 24(민철기).
21 대판 1980. 5. 20, 80도306(전).
22 대판 2015. 1. 22, 2014도10978(전).

## 4. 내란죄의 종료시기

본죄가 즉시범 또는 상태범인지 아니면 계속범인지에 대하여, 판례는 다수 **23** 인이 한 지방의 평온을 해할 정도의 폭동을 하였을 때 이미 본죄의 구성요건은 완전히 충족된다고 할 것이어서 상태범으로 봄이 상당하다고 판시하였다.[23] 이에 따라 판례는 12·12, 5·18 사건에서, "비상계엄의 전국확대는 일종의 협박행위로서 내란죄의 구성요건인 폭동에 해당하므로, 그 비상계엄 자체가 해제되지 아니하는 한 전국계엄에서 지역계엄으로 변경되었다 하더라도 그 최초의 협박이 계속되고 있는 것이어서 그 비상계엄의 전국확대로 인한 폭동행위는 이를 해제할 때까지 간단없이 계속되었다 할 것이고, 이와 같은 폭동행위가 간단없이 계속되는 가운데 그 비상계엄의 전국확대를 전후하여 그 비상계엄의 해제시까지 사이에 밀접하게 행하여진 이른바 예비검속에서부터 정치활동 규제조치에 이르는 일련의 폭동행위들은 위와 같은 비상계엄의 전국확대로 인한 폭동행위를 유지 또는 강화하기 위하여 취하여진 조치들로서 위 비상계엄의 전국확대로 인한 폭동행위와 함께 단일한 내란행위를 이룬다고 봄이 상당하므로, 위 비상계엄의 전국확대를 포함한 일련의 내란행위는 위 비상계엄이 해제된 1981. 1. 24. 에 비로소 종료되었다고 할 것이다."고 판시하였다.[24]

## Ⅳ. 주관적 구성요건

### 1. 고 의

다수인이 집합하여 폭동을 일으킨다는 사실에 대한 고의가 있어야 하며, 미 **24** 필적 고의로도 충분하다.[25]

---

23 대판 1997. 4. 17, 96도3376(전).
24 대판 1997. 4. 17, 96도3376(전). 원심판결은 본죄가 계속범이라고 하면서, "1980. 5. 17. 비상계엄의 전국확대로 시작된 이 사건의 국헌문란의 폭동은 1987. 6. 29.의 소위 6·29 선언 시에 비로소 종료되었다."고 판시하였다(서울고판 1996. 12. 16, 96노1892). 판례와 마찬가지로 상태범이라는 견해로는 원혜욱, 형법각론, 462.
25 정성근·박광민, 849.

## 2. 목 적

### (1) 의의

25      본죄는 목적범이므로 다수인이 폭동하는 고의가 있어야 하고, 이에 더 나아
가 '대한민국 영토의 전부 또는 일부에서 국가권력을 배제하거나 국헌을 문란하
게 할 목적'이 있어야 한다. 이러한 목적 없이 집합한 다중이 폭행·협박으로 나
아가면 소요죄를 구성한다.[26]

26      대한민국 영토의 전부 또는 일부에서 '국가권력을 배제할[27] 목적'이란 영토
내란의 목적을 말한다. 영토내란은 영토주권을 배제하여 국가의 존립을 침해하
는 것을 의미하며, 대한민국의 영토를 외국에 양도하거나 대한민국의 국가적 통
일성을 배제하거나 또는 대한민국 영토의 일부를 분리하는 것을 포함한다.[28]

27      '국헌을 문란하게 할 목적'은 대한민국 헌법을 지배하는 헌법의 기본질서를
침해할 목적, 즉 헌법내란의 목적을 의미한다. 여기서 헌법의 기본질서는 헌법
에 규정된 자유민주적 기본질서를 말한다. 제91조는 국헌을 문란할 목적에 대
한 정의규정을 두고 있는데, ① 헌법 또는 법률에 정한 절차에 의하지 아니하고
헌법 또는 법률의 기능을 소멸시키는 것, ② 헌법에 의하여 설치된 국가기관을
강압에 의하여 전복 또는 그 권능행사를 불가능하게 하는 것에 해당하는 것을
말한다(자세한 내용은 § 91 참조).

### (2) 목적에 대한 인식의 정도와 판단

28      대한민국 영토의 전부 또는 일부에서 국가권력을 배제하거나 국헌을 문란
하게 할 목적은 미필적 인식으로 충분하다는 견해[29]와 확정적 인식을 요한다는
견해[30]가 대립된다. 판례는 미필적 인식이면 충분다는 입장이다.[31]

29      한편, 국헌문란의 목적이 있었는지 여부는 피고인들이 이를 자백하지 않는
이상 외부적으로 드러난 피고인들의 행위와 그 행위에 이르게 된 경위 등 사물

---

26 정성근·박광민, 849.
27 일본형법 제77조(내란)도 종래 '국토를 참절'한다는 용어를 사용하였으나, 1995년 '그 영토에서
   국권을 배제하여 권력을 행사하고'로 개정하였다.
28 이재상·장영민·강동범, § 39/17.
29 김성돈, 751; 오영근, 661-662.
30 김일수·서보학, 746; 이재상·장영민·강동범, § 39/20; 정성근·박광민, 850.
31 대판 1980. 5. 20, 80도306(전); 대판 2015. 1. 22, 2014도10978(전).

의 성질상 관련성 있는 간접사실 또는 정황사실을 종합하여 판단하면 된다.[32]

### (3) 목적의 직접성

　판례는 본죄의 목적은 "직접적임을 요하나 결과발생의 희망, 의욕임을 필요로 한다고 할 수는 없고, 또 확정적 인식임을 요하지 아니하며, 다만 미필적 인식이 있으면 족하다."고 판시하여, 목적의 직접성을 요구하고 있다.[33] 일본 판례도 본죄가 위험범임을 고려하여 목적의 직접성을 요구함으로써 본죄의 성립을 한정하고 있다. 즉, "집단적 폭동이 있어도 이로 인하여 직접 국헌문란의 사태를 야기하는 것을 목적으로 하지 아니하고 이를 연유로 하여 새로 발생할 수 있는 다른 폭동으로 인하여 국헌을 문란하는 사태가 벌어지기를 기대하는 것을 가지고 국헌을 문란케 할 것을 목적으로 집단적 폭동을 일으켰다고 말할 수는 없다."고 판시하였다.[34] 이러한 목적의 직접성을 이유로 조선고등법원도 3·1운동과 관련하여, 면사무소 및 경찰관주재소를 습격한 것은 시위운동을 한 것에 지나지 않고 조선독립의 목적을 달성하는 수단으로 한 것은 아니라는 이유로 본죄의 성립을 부정하였다.[35] 이러한 직접성 개념은 본죄에 있어서 다수인의 폭행·협박이 일어난 경우 국헌문란의 위험을 극단적으로 추상화하는 것을 피하도록 하여 주관적인 면에서 위험의 정도를 객관화하는 하나의 방법으로 평가된다.[36]

### (4) 목적 없는 사람을 이용한 간접정범의 문제

　대한민국 영토의 전부 또는 일부에서 국가권력을 배제하거나 국헌을 문란하게 할 목적을 가진 사람이 이러한 목적 없는 사람을 이용하여 폭동하게 한 경우, 본죄의 간접정범이 될 수 있다.[37] 판례도 "비상계엄 전국확대가 국무회의

30

31

---

32 대판 2015. 1. 22, 2014도10978(전).

33 대판 1980. 5. 20, 80도306(전). 하급심 판례 중에는 "내란죄는 소위 필요적 공범(집단범)으로서 목적범이고, 내란목적은 집단전체의 직접목적임을 요하고 직접목적이 아니고 반정부적 시위를 계기로 하여 국헌문란의 사태가 나타남을 기대하는 것 등은 내란죄에 해당하지 아니한다."고 판시하여(서울고판 1982. 2. 20, 81노3376), 목적의 직접성을 보다 강조한 판결이 있다.

34 大判 昭和 10(1935). 10. 24. 刑集 14·1267(5·15 사건. 해군의 급진파 청년장교를 중심으로 쿠데타를 일으키려고 한 사건); 大判 昭和 16(1941). 3. 15. 刑集 20·263(神兵隊 사건. 애국근로당을 중심으로 한 우익의 쿠데타미수 사건).

35 조고판 1920. 3. 22. 法律新聞 1687·13(소요죄는 구성한다고 판시)〔大塚 外, 大コン(3版)(6), 27(亀井源太郎)에서 인용〕.

36 주석형법〔각칙(1)(5판), 28(민철기); 大塚 外, 大コン(3版)(6), 29(亀井源太郎).

37 김성돈, 751.

의결을 거쳐 대통령이 선포함으로써 외형상 적법하였다고 하더라도 이는 피고인들에 의하여 국헌문란의 목적을 달성하기 위한 수단으로 이루어진 것이므로 내란죄의 폭동에 해당하고, 또한 이는 피고인들에 의하여 국헌문란의 목적을 달성하기 위하여 그러한 목적이 없는 대통령을 이용하여 이루어진 것이므로 피고인들이 간접정범의 방법으로 내란죄를 실행한 것으로 보아야 한다.”고 판시하여,[38] 간접정범의 성립을 긍정하였다.

## V. 공범관계

32    집합범인 본죄에 총론상의 공범규정이 적용될 수 있는가에 대해서는 견해가 대립된다.

33    일단 본죄는 필요적 공범인 집합범이므로 집단 내에서는 총론상의 공범규정이 적용되지 않는다. 또한, 집단 외에서의 가담자의 경우 공동정범이라면 집단 내의 집합범에 포함될 것이므로 공동정범규정의 적용은 배제된다(통설).[39]

34    문제는 집단 외에서 교사, 방조하는 협의의 공범이 성립하는가이다.

35    ① 적극설은 집단 외에서 교사, 방조한 사람은 본죄의 공범으로 처벌받아야 한다고 한다. 본죄에 공동정범의 규정이 적용될 여지는 없으나, 집단 외에서 내란을 교사하거나 자금을 제공하여 실행을 용이하게 하는 방조행위는 가능하므로 협의의 공범에 관한 규정은 적용된다는 견해로서 다수설이다.[40]

36    ② 소극설은 법이 집단범죄의 특질을 고려하여 집단적 행동에 관여한 사람을 그 지위나 가담정도에 따라 형을 구별하여 규정하고 있으므로 그 이외의 관여행위는 처벌하지 않겠다는 취지로 해석하여야 하고, 교사보다도 그 의미의 폭

---

38 대판 1997. 4. 17, 96도3376(전).

39 김성돈, 751; 오영근, 662; 이재상·장영민·강동범, § 39/9. 이에 대하여 집단 외의 가담자더라도 실행에 필수불가결한 기능적 역할분담(예컨대, 폭동의 진행과정에서 필요한 정부청사건물의 설계도면을 비밀리에 제공해 준다든지, 폭동을 수행하는 중요임무종사자의 성공적 업무수행을 돕기 위하여 망을 봐주는 행위 등)을 하는 사람은 내부자와 함께 본죄의 공동정범이 될 수 있다는 견해(한상훈·안성조, 700)도 있다.

40 김성돈, 751(공동정범의 규정은 적용될 수 없지만 협의의 공범규정은 적용될 수 있다는 견해를 절충설이라 한다); 배종대, § 138/5; 오영근, 662; 이영란, 형법학 각론강의(3판), 734: 이재상·장영민·강동범, § 39/9; 임웅, 870; 정성근·박광민, 850; 주석형법 〔각칙(1)〕(5판), 15(민철기).

이 넓은 선동행위를 별도로 처벌하는 규정을 두고 있는 것도 같은 취지라는 점, 단독범을 전제로 한 총칙의 공범규정을 본죄에 적용하는 것은 집단범죄의 본질에 반하며, 본죄에 대한 교사, 방조의 성립이 가능하다고 할 경우 어느 정범의 행위에 종속시킬 것인지가 불분명해지는 문제가 있다는 점 등에서 본죄에 공범규정을 적용할 수 없다고 한다.[41]

집단 외에서 외부가담자가 내란을 교사하거나 자금을 제공하는 등으로 실   37
행을 용이하게 하는 방조행위는 가능하고, 선동 또는 선전을 처벌하는 규정이 교사 또는 방조까지 예상하여 교사 또는 방조는 처벌하지 않겠다는 취지로 규정한 것으로 볼 수 없으므로 다수설인 위 ①의 적극설이 타당하다고 본다.[42]

## VI. 죄수 및 다른 죄와의 관계

### 1. 죄수 – 집단범죄적 성격과 일련의 폭동행위

본죄는 다수인이 결합하여 범하는 집단범죄적 성격을 가지며 국헌을 문란   38
하게 할 목적이 있어야 성립하는 범죄이므로, 통상적으로 그 구성요건요소인 목적에 의하여 다수의 폭동이 결합된다. 따라서 본죄는 그 구성요건의 의미 내용 그 자체가 목적에 의하여 결합된 다수의 폭동을 예상하고 있는 범죄라고 할 것이므로, 내란자들에 의하여 애초에 계획된 국헌문란의 목적을 위하여 행하여진 일련의 폭동행위는 단일한 본죄의 구성요건을 충족하는 것으로서 단순일죄로 보아야 할 것이다.[43]

---

41 김일수·서보학, 746.

42 일본형법 제79조는 "병기, 자금 또는 식량을 공급하거나 그 밖의 행위에 의하여 전 2조(내란, 예비·음모)의 죄를 방조한 자는 7년 이하의 금고에 처한다."고 규정하여 내란등방조죄를 규정하고 있다. 교사범에 대해서는 학설의 대립이 있으나, 통설은 총칙의 공범규정이 적용된다는 적극설의 입장이다[大塚 外, 大コン(3版)(6), 36(亀井源太郎)].

    참고로 일본형법은 2022년 6월 17일 개정(법률 제67호)으로 징역형과 금고형이 '구금형'으로 단일화되어 형법전의 '징역', '구금', '징역 또는 구금'은 모두 '구금형'으로 개정되었으며, 부칙에 의하여 공포일로부터 3년 이내에 정령으로 정하는 날에 시행 예정이다. 그러나 현재 정령이 제정되지 않아 시행일은 미정이므로, 본장에서 일본형법 조문을 인용할 때는 현행 조문의 '징역' 등의 용어를 그대로 사용한다.

43 대판 1997. 4. 17, 96도3376(전).

## 2. 다른 죄와의 관계

39      본조 제2호는 본죄의 중요임무수행의 행위로서 살상, 파괴 또는 약탈을 규정하고 있어 이들 개별행위와 전체로서의 본죄의 죄수가 문제되고, 제88조는 내란목적살인죄를 별도로 구성하고 있어 그 관계도 문제된다.

### (1) 본죄와 내란목적살인죄

#### (가) 상상적 경합설

40      내란목적살인죄는 살인죄(§ 250①)의 가중적 구성요건으로서 폭동의 단계와 관계없이 성립하고 본죄와 그 성질을 달리하므로, 두 죄가 동시에 성립할 때에는 상상적 경합이 된다는 견해이다.[44]

#### (나) 요인살해로 구별하는 견해

41      내란목적살인죄는 요인암살 등을 내용으로 하는 독립된 유형이고, 일반인을 살해하는 행위와 구별된다는 견해이다. 이 견해에 따르면, 폭동의 준비단계, 진행 중 또는 폭동의 진정 후에 요인을 살해하면 내란목적살인죄만 성립한다. 반면에 폭동의 진행 중에 일반인을 살해하면 본조 제2호의 죄가 성립하고, 폭동의 진정 후에 일반인을 살해하면 보통살인죄가 성립한다. 폭동의 준비단계에서 일반인을 살해하면 내란예비죄와 보통살인죄의 상상적 경합이 된다. 폭동 전에 요인을 살해하고 폭동에 이른 경우 또는 폭동에 가담한 후에 그것이 진정되었음에도 이에서 더 나아가 요인을 살해한 경우는 본죄와 내란목적살인죄의 실체적 경합이 된다고 한다.[45]

#### (다) 폭동 여부로 구별하는 견해

42      본조 제2호 후단은 폭동과정에서 사람을 살해하는 경우를 처벌하는 규정이고, 내란목적살인은 폭동 없이 암살 등의 방법으로 사람을 살해하는 경우에 성립하는 범죄라는 견해이다.[46]

#### (라) 판례

43      판례는 12·12, 5·18 사건에서, "내란목적살인죄는 국헌을 문란할 목적을 가지고 직접적인 수단으로 사람을 살해함으로써 성립하는 범죄라 할 것이므로

---

44  이재상·장영민·강동범, § 39/25.
45  김일수·서보학, 749.
46  배종대, § 139/1; 오영근, 663; 임웅, 873; 한상훈·안성조, 700.

국헌문란의 목적을 달성함에 있어 내란죄가 폭동을 그 수단으로 함에 비하여 내란목적살인죄는 살인을 그 수단으로 하는 점에서 두 죄는 엄격히 구별된다. 따라서 내란의 실행과정에서 폭동행위에 수반하여 개별적으로 발생한 살인행위는 내란행위의 한 구성요소를 이루는 것이므로 내란행위에 흡수되어 내란목적살인죄의 별죄를 구성하지 아니하나 특정인 또는 일정한 범위 내의 한정된 집단에 대한 살해가 내란의 와중에 폭동에 수반하여 일어난 것이 아니라 그것 자체가 의도적으로 실행된 경우에는 이러한 살인행위는 내란에 흡수될 수 없고 내란목적살인의 별죄를 구성한다."고 판시하였다.[47] 이러한 판례의 입장은 명백하지는 않지만 위 (다)의 견해에 가까운 입장으로 평가된다.[48]

**(2) 폭동에 수반하여 행한 살인, 상해, 강도, 손괴, 방화 등의 행위**

(가) 내란죄 흡수설

폭동에 수반하여 살인, 상해, 강도, 손괴, 방화 등의 행위가 있는 때에 이들 행위는 내란의 목적을 달성하기 위한 수단에 불과하므로 본죄에 흡수된다는 견해이다.[49] 다만, 폭동의 기회에 사적인 원(怨)을 풀기 위한 살상이나 강간을 한 때에는 별도로 범죄가 성립한다고 한다. **44**

(나) 상상적 경합설

본죄와 살인죄, 상해죄, 강도죄, 방화죄는 그 보호법익을 달리하며 그것이 내란에 반드시 수반하는 것도 아니므로 본죄와 상상적 경합이 된다는 견해이다.[50] **45**

(다) 판례

위에서 본 대판 1997. 4. 17, 96도3376(전)은 위 (가)의 내란죄 흡수설의 취지로 보인다.[51] **46**

---

47 대판 1997. 4. 17, 96도3376(전).
48 주석형법 〔각칙(1)〕(5판), 31(민철기).
49 김일수·서보학, 744; 배종대, §138/6; 오영근, 663; 정성근·박광민, 851.
50 이재상·장영민·강동범, §39/16.
51 일본형법에는 내란목적살인죄가 별도로 규정되어 있지 않는데, 판례는 폭동의 수단으로 행해진 살인, 방화 등의 행위는 내란죄(§77)에 흡수된다고 한다〔大判 昭和 10(1935). 10. 24. 刑集 14·1267(살인죄 및 폭발물단속벌칙위반죄가 당시 해군형법상의 반란죄에 흡수된다고 판시)〕.

## Ⅶ. 처 벌

47    가담 정도에 따라 법정형이 다르다. 우두머리는 사형, 무기징역 또는 무기
금고에(제1호), 모의참여자, 지휘자, 중요임무종사자와 살상 등 실행자는 사형,
무기징역 또는 5년 이상의 징역이나 금고(제2호)에, 부화수행자와 단순 폭동관여
자는 5년 이하의 징역 또는 금고(제3호)에 처한다.

48    미수범(§ 89), 예비·음모·선동·선전죄(§ 90)도 처벌하고, 외국인의 국외범도
처벌한다(§ 5(ⅰ)).

〔이 완 규〕

## 제88조(내란목적의 살인)

대한민국 영토의 전부 또는 일부에서 국가권력을 배제하거나 국헌을 문란하게 할 목적으로 사람을 살해한 자는 사형, 무기징역 또는 무기금고에 처한다.
[전문개정 2020. 12. 8.]

## 구 조문

**제88조(내란목적의 살인)** <u>국토를 참절하거나 국헌을 문란할</u> 목적으로 사람을 살해한 자는 사형, 무기징역 또는 무기금고에 처한다.

# Ⅰ. 취 지

본죄(내란목적살인죄)는 대한민국 영토의 전부 또는 일부에서 국가권력을 배제하거나 국헌을 문란하게 할 목적으로 사람을 살해함으로써 성립하는 범죄이다.　　**1**

본죄의 성격에 대해서는, ① 대한민국 영토의 전부 또는 일부에서 국가권력을 배제하거나 국헌을 문란하게 할 목적으로 사람을 살해하는 때에는 제87조 제2호에 해당하지만 이를 특별히 무겁게 처벌하기 위하여 규정한 특별관계적 규정이라는 견해,[1] ② 요인(要人)암살을 내용으로 하는 내란죄(§87)의 독립된 유형이라는 견해,[2] ③ 내란목적은 살인의 목적에 불과하므로 살인죄의 가중적 구성요건의 성질을 가진다는 견해[3]가 있다. 본죄의 구성요건에 살해의 대상을 요　　**2**

---

1　김성돈, 형법각론(8판), 753; 박찬걸, 형법각론(2판), 835; 유기천, 형법학(각론강의 하)(전정신판), 252; 이형국·김혜경, 형법각론(2판), 753; 한상훈·안성조, 형법개론(3판), 701.

2　김일수·서보학, 새로쓴 형법각론(9판), 747; 박상기·전지연, 형법학(총론·각론)(5판), 826; 이정원·류석준, 형법각론, 682; 최창호·정웅석, 형법각론, 6.

3　배종대, 형법각론(13판), § 139/1; 오영근, 형법각론(7판), 664; 이재상·장영민·강동범, 형법각론(12판), § 39/21; 정성근·박광민, 형법각론(전정3판), 852; 정성근·정준섭, 형법강의 각론(2판),

〔이 완 규〕　　　　　　　　**195**

인으로 제한하는 문구가 없는 점에서 요인으로 제한하여 해석할 수는 없는 것으로 보인다. 살인죄의 대비하면 내란목적이 추가된 것이므로 살인죄의 가중적 구성요건으로 보는 위 ③의 견해가 타당하다.

3        내란죄와 본죄의 관계에 대해서는 상상적 경합설,[4] 요인살해로 구별하는 견해,[5] 폭동 여부로 구별하는 견해가 나뉜다.[6] 판례는 내란의 실행과정에서 폭동행위에 수반하여 개별적으로 발생한 살인행위는 내란행위의 한 구성요소를 이루는 것이므로 내란행위에 흡수되어 별도로 본죄를 구성하지 아니하나, 특정인 또는 일정한 범위 내의 한정된 집단에 대한 살해가 내란의 와중에 폭동에 수반하여 일어난 것이 아니라 그것 자체가 의도적으로 실행된 경우에는 이러한 살인행위는 내란에 흡수될 수 없고 별도로 본죄를 구성한다고 판시하였다[7](제87조 VI. 2. (1) 참조).

4        본죄의 보호법익은 사람의 생명과 국가의 내적 안전이고, 보호의 정도는 사람의 생명이 관계되므로 침해범이다.[8]

## II. 객관적 구성요건

### 1. 주  체

5        본죄의 주체에는 제한이 없다. 내란죄는 집합범으로서 폭동을 할 수 있는 정도의 조직화된 상당수 다수인의 공동이 필요하나, 본죄는 다수인일 필요가 없다. 내국인이든 외국인이든 불문한다.

---

629; 주석형법 〔각칙(1)〕(5판), 33(민철기).

4  이재상·장영민·강동범, §39/25.
5  김일수·서보학, 749.
6  배종대, §139/1; 원혜욱, 형법각론, 464; 임웅, 873.
7  대판 1997. 4. 17, 96도3376(전).
8  배종대, §139/1; 이재상·장영민·강동범, §39/21; 홍영기, 형법(총론과 각론), §110/4; 주석형법 〔각칙(1)〕(5판), 34(민철기). 이에 대하여 국가의 내적 안전(존립과 안전)에 대해서는 추상적 위험범, 사람의 생명에 대해서는 침해범이라는 견해〔오영근, 663; 임웅(11정판), 871〕도 있다.

## 2. 객 체

### (1) 비제한설

본죄의 객체에 대하여는 아무런 제한이 없다는 견해이다.[9]                    6

### (2) 요인설

본죄의 성격에 대해 요인암살을 내용으로 하는 내란죄의 독립된 유형으로       7
보는 견해는 본죄의 객체를 요인으로 제한하여 해석한다. 요인의 범위에 대해서
는 헌법기관을 구성하는 삼부요인 및 군수뇌부, 정당의 지도자 내지 주요 당직
자 등을 포함하는 요인으로 제한하는 견해,[10] 국가원수 및 군수뇌부로 제한하는
견해[11]가 있다.

### (3) 판례

판례는 비제한설의 입장이다.[12]                                        8

## 3. 행 위

본죄의 구성요건적 행위는 사람을 살해하는 것이고, 개념은 살인죄(§ 250①)    9
의 그것과 같이 고의로 사람의 생명을 자연적인 사기(死期)에 앞서서 끊는 것을
말한다(각칙 제5권 § 250 I. 2. (3) 참조). 폭동에 나아갈 것을 요하지 않는다.

폭동에 나가서 폭동에 수반하여 내란목적으로 사람을 살해하는 경우, 내란      10
죄와 본죄의 상상적 경합이 성립한다는 견해[13]와 폭동에 수반하여 사람을 살해
하는 때에는 내란죄만 성립한다는 견해[14]가 나뉜다. 판례는 후자의 입장이다.[15]
한편 폭동에 나아가기 전에 내란목적으로 사람을 살해한 후에 다시 폭동에까지
이른 때에는, 본죄와 내란죄의 실체적 경합범이 된다.[16]

---

9  오영근, 664; 이재상·장영민·강동범, § 39/22; 정성근·박광민, 853.
10  김일수·서보학, 748.
11  박상기, 형법각론(8판), 607.
12  대판 1997. 4. 17, 96도3376(전).
13  이재상·장영민·강동범, § 39/25.
14  배종대, § 138/6; 임웅, 873.
15  대판 1997. 4. 17, 96도3376(전).
16  김성돈, 754; 정성근·박광민, 853.

## Ⅲ. 주관적 구성요건

### 1. 고 의

11    사람을 살해한다는 고의가 있어야 하며, 미필적 고의로도 충분하다.

### 2. 목 적

12    대한민국 영토의 전부 또는 일부에서 국가권력을 배제하거나 국헌을 문란
하게 할 목적이 있어야 하고, 목적에 대한 인식은 미필적 인식으로도 충분하다.
목적이 없을 경우는 단순살해죄에 해당한다. 행위 시에 목적이 있으면 되고, 목
적의 달성 여부는 묻지 않는다.[17]

## Ⅳ. 공 범

13    (1) 본죄는 집합범이 아니므로 내란죄와 달리 공동정범은 물론 교사범, 방
조범 등 공범이 성립한다.[18]

14    (2) 목적 없는 고의 있는 도구를 이용하는 간접정범의 성립도 인정된다.[19]

## Ⅴ. 처 벌

15    사형, 무기징역 또는 무기금고에 처한다.

16    미수범(§89), 예비·음모·선동·선전죄(§90)도 처벌하고, 외국인의 국외범도
처벌한다(§5(i)).

〔이 완 규〕

---

17 이재상·장영민·강동범, §39/24.
18 주석형법〔각칙(1)〕(5판), 35(민철기).
19 김성돈, 753-754.

〔이 완 규〕

## 제89조(미수범)
## 전 2조의 미수범은 처벌한다.


본조는 제87조의 내란죄와 제88조의 내란목적살인죄의 미수범을 처벌하는    1
근거 규정이다.

내란죄는 폭동에 이르러 폭행·협박이 한 지방의 평온을 해할 정도에 이른    2
때에 기수가 된다. 폭행·협박이 한 지방의 평온을 해할 정도에 이르면 내란의
목적을 달성하지 못하였다고 하여도 내란죄의 기수가 성립한다. 폭행·협박을
하였으나 이에 이르지 못한 때에는 미수가 된다.

내란목적살인죄는 사람이 사망한 때에 기수가 되고, 사망에 이르지 않으면    3
미수가 된다.


〔이 완 규〕

## 제90조(예비, 음모, 선동, 선전)

① 제87조 또는 제88조의 죄를 범할 목적으로 예비 또는 음모한 자는 3년 이상의 유기징역이나 유기금고에 처한다. 단, 그 목적한 죄의 실행에 이르기 전에 자수한 자는 그 형을 감경 또는 면제한다.

② 제87조 또는 제88조의 죄를 범할 것을 선동 또는 선전한 자도 전항의 형과 같다.

# Ⅰ. 취 지

1    본조는 내란(§ 87) 또는 내란목적살인(§ 88)의 예비·음모와 선동·선전 행위를 처벌하는 규정이다. 제28조는 "범죄의 음모 또는 예비행위가 실행에 착수에 이르지 아니한 때에는 법률에 특별한 규정이 없는 한 처벌하지 아니한다."고 규정하고 있는데, 본조는 이를 처벌하는 특별한 규정에 해당한다.

2    예비 또는 음모행위에 의하여 침해되는 법익의 가치와 그 행위 또는 행위자의 위험성 때문에 미리 형벌권을 발동할 필요가 있는 때에는 형사정책적 근거에서 예비 또는 음모를 처벌하는 경우가 있는데,[1] 내란죄 또는 내란목적살인죄의 위험성이 중대하므로 예비와 음모를 처벌하려는 것이다.

3    일반적으로 예비란 범죄실현을 위한 준비행위를 말하고, 음모란 2인 이상이 범죄실현에 합의하는 행위로서 일종의 심리적 준비행위라고 할 수 있다.

4    한편, 본조 제2항은 내란 또는 내란목적살인의 선동·선전행위를 처벌하는 규정이다. 국가의 존립과 안전이라는 법익을 사전에 확고하게 보호하기 위하여 본질적으로는 교사 또는 언어적 방조행위를 별도의 독립된 범죄로 규율

---

1  이재상·장영민·강동범, 형법총론(11판), § 30/1.

〔이 완 규〕

한 것이다.[2]

　　내란 및 내란목적의 예비·음모·선동·선전죄(이하, 내란예비·음모·선동·선전　　5
죄로 약칭한다.)의 성격에 대해서는, ① 내란죄와 내란목적살인죄와 별개의 독자
적 구성요건이고 이에 대한 교사, 방조도 가능하다는 견해[3]와 ② 기본범죄인 내
란죄, 내란목적살인죄의 발현형태에 지나지 않고 미수범과 마찬가지로 구성요
건의 수정형식이라는 견해가 있다.[4] 후자의 견해에서는 교사, 방조는 성립하지
않는다고 한다.

## II. 내란예비·음모죄(제1항)

### 1. 내란예비죄

　　예비란 범죄의 실현을 위한 준비행위를 말하므로, 내란예비죄에서는 내란　　6
또는 내란목적살인을 실행하기 위한 준비행위를 말한다. 예비를 물적 준비행위
에 한정하는 견해도 있으나,[5] 물적 준비행위에 한정되지 않고 일체의 준비행위
를 말한다(통설[6] 및 판례[7]). 병기, 자금, 양곡을 제조·구입하거나 폭동의 장소를
물색·예정하는 등의 행위가 이에 해당할 것이다. 내란 또는 내란목적살인죄의 실
행의 착수에 이르기 전의 행위이며,[8] 실행에 착수하면 미수죄(§ 98)에 흡수된다.

---

2　김일수·서보학, 새로쓴 형법각론(9판), 751; 배종대, 형법각론(13판), § 139/3; 주석형법 〔각칙(1)〕
　　(5판), 45(민철기).
3　김일수·서보학, 751.
4　김성돈, 형법각론(8판), 754; 정성근·박광민, 형법각론(전정3판), 854; 한상훈·안성조, 형법개론
　　(3판), 702.
5　배종대, § 139/4; 주석형법 〔각칙(1)〕(5판), 39(민철기).
6　오영근, 665; 이재상·장영민·강동범, § 39/27; 임웅, 874. 우리 형법과는 달리 일본형법 제78조
　　는 내란예비·음모죄만을 규정하고 있는데, 내란의 예비란 내란을 계획하여 그 구체적 실행에
　　필요한 준비를 하는 것이라고 해석하고 있다〔大塚 外, 大コン(3版)(6), 41(亀井源太郞)〕.
7　대판 1975. 4. 8, 74도3323(전)(인혁당 재건단체 및 민청학련 사건). 「내란의 예비라 함은 내란
　　죄의 실행을 목적으로 하는 준비행위로서 실행의 착수 전의 단계를 말하는 것이고 내란죄의 실
　　행을 목적으로 하여 병기, 자금을 조달하고, 군중을 집합시키는 것 등이 그 현저한 실례라 할 수
　　있다.」
8　대판 1975. 4. 8, 74도3323(전).

〔이 완 규〕　　　　　　　　　　**201**

## 2. 내란음모죄

### (1) 의의

7    내란음모는 내란 또는 내란목적살인의 범죄 실행을 위한 통모 내지 합의를 말한다.[9] 음모는 2인 이상의 사람들 사이에 범죄 실행의 의사의 합치가 있는 것으로 충분하고, 별도로 외부적으로 준비행위에 나아갈 것을 요하지 않는다. 이처럼 외부적으로 표현되는 행위가 없으므로 실행행위의 정형성이 모호하여 해석기준을 어떻게 설정하는가에 따라 범죄성립범위가 다양하게 나타날 수 있고, 이에 따라 법적 안정성을 해하고 죄형법정주의의 사각지대에 놓일 수 있으며, 정치적으로 반대파를 탄압하거나 제지하기 위한 수단으로 사용될 우려가 있다.[10]

### (2) 합의의 구체성과 실질적 위험성

8    판례는 내란음모죄에 있어서의 행위정형성을 확보하고 범죄성립의 부적정한 확대를 제한하기 위하여 음모의 성립과 관련하여 합의의 구체성과 실질적 위험성을 기준으로 제시하고 있다.

### (가) 합의의 구체성

9    먼저, 판례는 내란음모죄는 내란죄의 실행의 착수 전에 그 실행의 내용에 관하여 2인 이상의 사람이 통모, 합의를 하는 것으로서 그것은 실행의 계획의 세부에까지 모의할 필요는 없으나 단순히 추상적·일반적 합의만 가지고는 부족하다고 하였다.[11]

10   한편 대법원은 통합진보당 국회의원 내란음모 사건에서 내란음모에 관하여 구체적인 설시를 하였는데, "음모는 실행의 착수 이전에 2인 이상의 자 사이에 성립한 범죄실행의 합의로서 합의자체는 행위로 표출되지 않은 합의 당사자들 사이의 의사표시에 불과한 만큼 실행행위로서의 정형성이 없고, 따라서 합의의 모습 및 구체성의 정도는 매우 다양하게 나타날 수밖에 없다. 그런데 어떤 범죄를 실행하기로 막연하게 합의한 경우나 특정한 범죄와 관련하여 단순히 의견을 교환한 경우까지 모두 범죄실행의 합의가 있는 것으로 보아 음모죄가 성립한다

---

9 대판 1975. 4. 8, 74도3323(전).
10 주석형법 [각칙(1)](5판), 40(민철기).
11 대판 1975. 4. 8, 74도3323(전); 대판 1981. 1. 23, 80도2756.

고 한다면 음모죄의 성립범위가 과도하게 확대되어 국민의 기본권인 사상과 표현의 자유가 위축되거나 그 본질이 침해되는 등 죄형법정주의의 원칙이 형해화 될 우려가 있으므로, 음모죄의 성립범위도 이러한 확대해석의 위험성을 고려하여 엄격하게 제한하여야 할 것"이라고 판시하였다.[12]

이러한 전제에서 "내란죄의 주체는 국토를 참절하거나 국헌을 문란할 목적 **11** 을 이룰 수 있을 정도로 조직화된 집단으로서 다수의 자이어야 하고, 그 역할도 수괴, 중요한 임무에 종사한 자, 부화수행한 자 등으로 나뉜다. 또한 실행행위 인 폭동행위는 살상, 파괴, 약탈, 단순폭동 등 여러 가지 폭력행위가 혼합되어 있고, 그 정도가 한 지방이 평온을 해할 정도의 위력이 있음을 요한다. 2인 이상의 자 사이에 어떠한 폭동행위에 대한 합의가 있는 경우에도 공격의 대상과 목표가 설정되어 있지 않고 시기와 실행방법이 어떠한 자를 알 수 없으면 그것이 '내란'에 관한 음모인지 알 수 없다. 따라서 내란음모가 성립하였다고 하기 위해서는 개별 범죄행위에 관한 세부적인 합의가 있을 필요는 없으나 공격의 대상과 목표가 설정되어 있고, 그 밖의 실행계획에 있어서 주요 사항의 윤곽을 공통적으로 인식할 정도의 합의가 있어야 할 것"이라고 하였다. 나아가 "합의는 실행행위로 나아간다는 확정적 의미를 가진 것이어야 하고 단순히 내란에 관한 생각이나 이론을 논의한 것만으로는 부족하다."고 판시하였다.[13]

위 판결에서 소수의견은 구체성 판단에 관하여 다수의견과 다른 판단을 하 **12** 였는데, "내란음모죄에서 실질적 위험성이 있는 합의인지는 단순히 합의된 내용이나 그 구체성만을 놓고 판단할 것이 아니라 내란 모의에 이르게 된 경위, 모의에 참가한 자들의 경력과 지위, 정치적·이념적 성향과 과거의 활동전력, 참가자 집단의 규모와 결속 정도, 참가자들이 동원할 수 있는 각종 유·무형의 수단, 모의과정에서 나온 발언의 진지함이나 내란 실행에 대한 의지, 모의를 위한 정보수집 등 준비행위의 유무, 외부 적대 세력과의 연계가능성과 모의 당시의 국내외 정세 등 여러 사정을 종합적으로 고려하여 판단하여야 한다. 위와 같이 내란의 모의가 일반적, 추상적인 합의를 넘는 실질적 위험성이 있는 합의인지는 단순히 합의의 내용뿐만 아니라 그 합의를 둘러싸고 있는 여러 사정도 함께 고

---

12 대판 2015. 1. 22, 2014도10978(전).
13 대판 2015. 1. 22, 2014도10978(전).

려하여 종합적으로 판단하여야 하는 것이므로, 일정한 시기에 내란을 실행하자는 내용의 의사합치는 이루어졌으나 구체적인 공격의 목표, 방법 등에 관하여는 확정적인 합의에 이르지 못하고 논의하는데 그쳐 합의의 구체성이 다소 떨어지는 경우라고 하더라도, 앞서 든 제반 사정에 비추어 볼 때 모의참가자들이 합의한 일정한 시기에 자신들이 논의했던 방법이나 그와 유사한 방식으로 내란의 실행행위로 나아갈 개연성이 크다고 인정되면, 이는 일반적, 추상적 합의를 넘어서는 실질적 위험성이 있는 실행에 관한 합의로서 내란음모죄를 구성한다고 할 것이다. 따라서 내란음모죄의 성립에 반드시 구체적인 공격의 대상과 목표, 방법 등이 설정되어 있어야 할 필요는 없다."고 하였다. 소수의견도 합의의 구체성이 필요하다는 것은 인정하면서도 그 구체성 판단만을 달리한 것이다.

(나) 합의의 실질적 위험성

13　　　한편, 판례는 위와 같은 합의의 구체성과 함께 합의에 실질적 위험성이 인정되어야 한다고 하였다. 즉 "내란음모가 단순히 내란에 관한 생각이나 이론을 논의 내지 표현한 것인지 아니면 실행행위로 나아간다는 확정적 의미를 가진 합의인지를 구분하기가 쉽지 않다는 점을 고려하면, 내란음모죄에 해당하는 합의가 있다고 하기 위해서는 단순히 내란에 관한 범죄결심을 외부에 표시·전달하는 것만으로는 부족하고 객관적으로 내란범죄의 실행을 위한 합의라는 것이 명백히 인정되고, 그러한 합의에 실질적 위험성이 인정되어야 할 것"이라고 하였다. 그리고 그러한 합의에 실질적 위험성이 있는지 여부는 "합의내용으로 된 폭력행위의 유형, 내용의 구체성, 계획된 실행시기와의 근접성, 합의 당사자의 수와 합의 당사자들 사이의 관계, 합의의 강도, 합의 당시의 사회정세, 합의를 사전에 준비하였는지 여부, 합의의 후속조치가 있었는지 여부 등을 종합적으로 고려하여 판단하여야 한다."고 판시하였다.[14]

## 3. 주관적 구성요건

14　　　내란 또는 내란목적살인죄의 예비·음모행위에 대한 가벌성을 별도로 규정하고 있으므로 내란예비·목적죄의 행위자의 최종목표는 내란죄 또는 내란목적

---

14 대판 2015. 1. 22, 2014도10978(전).

　　　　　　　　〔이 완 규〕

살인죄의 실행에 이르려는 고의를 가지고 있어야 한다. 나아가 자신에 의해 예
비·음모되는 내란범죄의 목표·목적, 사실상의 성격 및 실행의 일정한 시기 등
에 관하여 인식하고, 자신의 준비활동이 목적달성에 적절한 수단이 된다는 사실
을 알고 있어야 한다. 이는 미필적 고의로도 충분하다.

예비·음모는 내란범죄의 실행을 최종 목표로 삼고 행하여지는 것이므로 이    15
른바 초과된 내적 경향으로서의 목적, 즉 내란죄 또는 내란목적살인죄를 범할
목적을 고의 외의 주관적 불법요소로 하는 목적범이다.[15]

## 4. 자 수

내란이나 내란목적살인을 예비, 음모한 사람이 실행에 이르기 전에 자수한    16
때에는 그 형을 감경 또는 면제한다. 중대한 범죄에 관하여 범행을 포기시켜 자
수하게 함으로써 범죄를 미연에 방지하려는 정책적 고려에 따른 규정이다.[16] 총
칙상의 제52조 제1항의 자수는 '죄를 범한 후'의 자수로서 임의적 감면인데 반
하여, 본조는 '죄의 실행에 이르기 전'의 자수로서 필요적 감면으로[17] 규정되어
있다. 본항의 자수규정은 본항의 예비·음모행위에만 해당하고, 본조 제2항의
선동·선전행위에는 적용되지 않는다.

실행에 이르기 전이란 실행의 착수에 이르기 전을 의미하며, 반드시 발각    17
전일 필요는 없다.[18] 내란죄에서 실행의 착수는 폭동의 일환으로서 폭행·협박
행위를 개시한 시점이고, 내란목적살인죄에서는 살인죄의 실행의 착수시점과
같다. 실행의 착수 여부는 객관적으로 판단하여야 하며, 주관적으로 아직 폭동
에 이르기 전이라고 믿고 자수하여도 객관적으로 폭동에 개시되었으면 본항의
적용되지 않는다.[19]

실행의 착수에 이른 후에 자수하는 경우는 본항이 적용되지 않고 총칙상의    18
제52조 제1항이 적용된다.

---

15 김일수·서보학, 751; 정성근·박광민, 855.
16 이재상·장영민·강동범, § 39/27.
17 일본형법 제80조는 내란죄 및 내란예비·음모죄를 범한 자가 폭동에 이르기 전에 자수한 때에
   필요적으로 감면하도록 규정하고 있다.
18 김성돈, 755; 김일수·서보학, 751.
19 이재상·장영민·강동범, § 39/27; 주석형법 〔각칙(1)〕(5판), 45(민철기).

〔이 완 규〕                                    **205**

## 5. 죄수 및 공범

### (1) 죄수

19　　하나의 범죄 실현을 위하여 수개의 물리적·심리적 준비행위가 행해지는 경우에 외관상 수개의 예비행위 또는 음모행위가 존재하는 것처럼 보인다. 이 경우 각각의 예비죄 또는 음모죄가 성립하는지 문제된다. 예비·음모죄는 본질적으로 목적하는 범죄의 실행의 착수 이전 단계에서 다양한 모습으로 발현되는 것이므로 수개의 예비 또는 음모행위는 전체로서 하나의 준비행위로 파악되어 하나의 예비 또는 음모죄를 구성한다.[20]

### (2) 공범

20　　내란죄나 내란목적살인죄의 예비·음모에 대한 교사나 방조의 공범이 성립할 수 있는지 문제된다.

21　　긍정설은 예비·음모죄를 독자적 구성요건으로 보아 이에 대한 교사, 방조도 가능하다고 한다.[21] 반면에, 부정설은 교사나 방조는 정범의 실행의 착수가 있는 경우에만 가능하므로 예비·음모죄는 공동정범은 가능하지만 교사나 방조는 성립하지 않는다고 한다.[22]

22　　판례는 "종범이 처벌되기 위하여는 정범의 실행의 착수가 있는 경우에만 가능하고 정범이 실행의 착수에 이르지 아니한 예비단계에 그친 경우에는 이에 가공하는 행위가 예비의 공동정범이 되는 경우를 제외하고는 이를 종범으로 처벌할 수 없다."고 판시하여,[23] 부정설의 입장이다.

## Ⅲ. 내란선동·선전죄(제2항)

### 1. 내란선동죄

#### (1) 의의

23　　내란선동죄는 내란이 실행되는 것을 목표로 선동함으로써 성립하는 범죄이

---

20 주석형법 [각칙(1)](5판), 45(민철기).
21 김일수·서보학, 751.
22 김성돈, 755; 신동운, 형법각론(2판), 17; 이재상·장영민·강동범, § 39/27.
23 대판 1976. 5. 25, 75도1549.

다. 내란의 선동은 내란에 대하여 고무적인 자극을 주는 일체의 언행으로서,[24] 정당한 판단을 잃게 하고 내란행위를 결의하게 하거나 이미 존재하는 결의를 촉구하는 것이다.[25]

선동행위 자체로 성립하는 독립된 범죄이며, 선동으로 말미암아 피선동자 들에게 범죄의 결의가 발생할 것을 요건으로 하지 않는다.[26] 선동은 불특정 다 수인에 대해서만 가능하고, 범죄의 고의를 가진 사람에 대해서도 선동할 수 있 다는 점에서 교사와 구별된다.[27]

### (2) 선동의 구체성과 위험성

앞에서 본 바와 같이 내란예비·음모죄에 있어 합의행위의 비정형성으로 인 한 불합리한 범죄의 확장을 제한하기 위하여 판례가 합의의 구체성과 실질적 위험성이라는 기준을 제시하였는바, 선동행위에 있어서도 같은 문제가 있다.

이에 대해 통합진보당 사건에서 대법원은 내란선동에 있어서도 선동의 구 체성과 위험성을 요구하였다. 즉, "내란선동이란 내란이 실행되는 것을 목표로 하여 피선동자들에게 내란행위를 결의, 실행하도록 충동하고 격려하는 일체의 행위를 말한다. 내란선동은 주로 언동, 문서, 도화 등에 의한 표현행위의 단계 에서 문제되는 것이므로 내란선동죄의 구성요건을 해석함에 있어서는 국민의 기본권인 표현의 자유가 위축되거나 본질이 침해되지 아니하도록 죄형법정주의 의 기본정신에 따라 엄격하게 해석하여야 한다. 따라서 내란을 실행시킬 목표를 가지고 있다고 하여도 단순히 특정한 정치적 사상이나 추상적인 원리를 옹호하 거나 교사하는 것만으로는 내란선동이 될 수 없고, 그 내용이 내란에 이를 수 있을 정도의 폭력적인 행위를 선동하는 것이어야 하고, 나아가 피선동자의 구성 및 성향, 선동자와 피선동자의 관계 등에 비추어 피선동자에게 내란 결의를 유 발하거나 증대시킬 위험성이 인정되어야만 내란선동으로 볼 수 있다."고 판시하 였다. 즉 선동행위에 있어 선동의 내용이 내란에 이를 수 있을 정도의 폭력적 행위를 선동하는 것이어야 하며 피선동자에게 내란 결의를 유발하거나 증대시

24

25

26

---

24 대판 1975. 4. 8, 74도3323(전); 대판 1977. 3. 22, 74도3510(전)(시위자금지원행위를 선동으로 본 사례).
25 이재상·장영민·강동범, §39/28; 한상훈·안성조, 703.
26 이재상·장영민·강동범, §39/28.
27 김성돈, 755; 신동운, 18; 정성근·박광민, 855.

킬 위험성이 있어야 한다는 것이다.

27    그런데 이러한 내용과 위험성을 판단함에 있어서는 "언어적 표현행위는 매우 추상적이고 다의적일 수 있으므로 그 표현행위가 위와 같은 내란선동에 해당하는지를 가림에 있어서는 선동행위 당시의 객관적 상황, 발언 등의 장소와 기회, 표현 방식과 전체적인 맥락 등을 종합하여 신중하게 판단하여야 한다. 다만, 선동행위는 선동자에 의하여 일방적으로 행해지고, 그 이후 선동에 따른 범죄의 결의여부 및 그 내용은 선동자의 지배영역을 벗어나 피선동자에 의하여 결정될 수 있으며, 내란선동을 처벌하는 근거가 선동행위 자체의 위험성과 불법성에 있다는 점 등을 전제하면, 내란선동에 있어 시기와 장소, 대상과 방식, 역할분담 등 내란 실행행위의 주요 내용이 선동단계에서 구체적으로 제시되어야 하는 것은 아니고, 또 선동에 따라 피선동자가 내란의 실행행위로 나아갈 개연성이 있어야만 내란선동의 위험성이 있는 것으로 볼 수 없다."고 판시하였다.[28] 선동행위의 특성상 예비·음모죄의 경우보다는 완화된 기준이라 하겠다.[29]

28    그런데 위 판결의 소수의견에서는 실질적 위험성을 더 엄격히 해석하여야 한다는 의견을 제시하였다. 즉, "내란음모죄와 달리 '2인 이상의 합의'를 필요로 하지 아니하는 내란선동죄에서의 선동은 선동자가 일방적으로 한 언어적 표현행위에 불과하고 피선동자가 현실적으로 영향을 받을 것을 요건으로 하지도 아니한다는 측면에서 내란선동죄는 내란음모죄보다도 그 성립범위가 지나치게 확장될 우려가 더 크다. 아울러 내란선동은 대개 내란음모의 전 단계에 위치하는 것으로서 내란음모보다 내란의 직접적인 실현가능성이 높지 아니함에도 형법은 내란선동죄를 내란음모죄와 동일한 법정형으로 규정하고 있는 점에서도 내란선동죄는 내란음모죄에 상응한 정도의 위험성이 있는 경우에 한하여 그 범죄 성립을 인정하여야 하고, 이를 위하여는 그 구성요건을 객관적인 기준에 의하여 더욱 엄격하게 해석·적용할 필요가 있다. 따라서 내란선동죄에서도 내란음모죄와 마찬가지로 객관적으로 보아 내란의 주요한 부분, 즉 시기, 대상, 수단 및 방법, 실행 또는 준비에 관한 역할분담 등 윤곽에 관하여 어느 정도 개략적으로 특정된 선동이라는 것이 명백히 인정되고, 이러한 선동에 따라 피선동자가 내란

---

28 대판 2015. 1. 22, 2014도10978(전).
29 학계에서 다수의견에 찬동하는 견해로 신동운, 20.

으로 나아갈 실질적인 위험성이 있는 경우 한하여 범죄가 성립한다고 보아야 한다. 내란선동에 실질적인 위험성이 있는지를 판단할 때에는 표현의 내용 자체가 가장 중요하겠지만 이와 함께 선동자의 경력과 지위, 회합의 개최 경위와 진행 과정 등 해당 표현을 하게 된 경위, 당시의 객관적 정세, 청중의 수와 인적 구성, 청중의 반응, 해당 표현 전후에 내란의 실행을 위한 객관적 준비행위가 있었는지 등도 종합적으로 고려하여야 한다."고 하였다. 학설 중에는 이와 같이 소수의견과 같이 실질적 위험성이 필요하다는 견해가 있다.[30]

　　한편, 내란선동죄에서 의미하는 선동의 위험성은 폭동이라는 행위를 유발시킬 위험성을 말하는 것이므로 국가보안법위반죄 중 이적동조죄(국보 §7) 등에서 말하는 국가의 존립·안전이나 자유민주적 기본질서에 실질적 해악을 끼칠 명백한 위험성과는 구별된다.[31]　　　　　　　　　　　　　　　　　　　29

## 2. 내란선전죄

　　내란의 선전은 불특정 다수인에게 내란의 취지를 이해시키고 알려 그들의 찬동을 얻기 위한 일체의 의사전달행위를 말한다.[32] 문서·도화에 의하건 구두·언동에 의하건 수단과 방법에 제한이 없으며, 반드시 상대방에게 직접으로 전달할 필요가 없다.[33] 형법상 선전죄를 처벌하는 것은 내란 또는 내란목적살인의 선전죄와 외환에 관한 제92조 내지 제99조의 선전죄 뿐이다.　　　　　　30

　　선동죄와 마찬가지로 선전에 의해 상대방이 그에 따라 범죄의 결의를 갖게 되는 것을 요하지 않는다.[34]　　　　　　　　　　　　　　　　　　　31

## 3. 자수특례의 적용 여부

　　본조 제2항은 선동 또는 선전한 자도 전항(제1항)의 형과 같다고 규정하면서도 전항 단서에 규정한 자수특례의 적용에 대해서는 언급이 없다. 이에 대하여 내란선동·선전은 내란 예비·음모보다 앞선 단계의 행위를 예정하고 있으므로　　32

---

30　김성돈, 756.
31　주석형법 [각칙(1)](5판), 53(민철기).
32　김성돈, 756; 한상훈·안성조, 703.
33　김성돈, 756; 한상훈·안성조, 703.
34　이재상·장영민·강동범, §39/28.

'물론해석'에 입각하여 예비·음모에 대한 자수특례규정은 선동·선전에도 적용된다고 보아야 한다는 견해가 있다.[35] 그러나 명문의 규정이 없으므로 이와 같이 해석할 수는 없다. 선동 또는 선전의 경우는 총칙 규정인 제52조를 적용하면 될 것이다.

## Ⅳ. 처　벌

33　　　3년 이상의 유기징역이나 유기금고에 처한다.

34　　　미수범(§ 89), 예비·음모·선동·선전죄(§ 90)도 처벌하고, 외국인의 국외범도 처벌한다(§ 5(i)).

〔이 완 규〕

---

35 신동운, 20.

## 제91조(국헌문란의 정의)

본장에서 국헌을 문란할 목적이라 함은 다음 각호의 1에 해당함을 말한다.

1. 헌법 또는 법률에 정한 절차에 의하지 아니하고 헌법 또는 법률의 기능을 소멸시키는 것
2. 헌법에 의하여 설치된 국가기관을 강압에 의하여 전복 또는 그 권능행사를 불가능하게 하는 것

# I. 취 지

본조는 내란죄(§ 87) 및 내란목적살인죄(§ 88)에 있어서 국헌문란의 목적을 구체적으로 정의하고 있는 규정이다.
   1

국헌을 문란할 목적은 우리 헌법을 지배하고 있는 헌법의 기본질서를 침해할 목적, 즉 헌법내란의 목적을 의미한다. 여기서 헌법의 기본질서는 헌법에 규정된 자유민주주의적 기본질서를 의미한다.[1] 그런데 국헌문란의 대상으로서의 자유민주주의적 기본질서는 이념으로서의 자유민주주의적 기본질서가 아니라 우리 헌법에 따라 구체화되어 있는 국가질서를 의미한다.
   2

# II. 구체적 내용

## 1. 규 정

본조 제1호는 헌법 또는 법률의 기능을 소멸시키는 것, 제2호는 국가기관을 전복 또는 그 권능행사를 불가능하게 하는 것으로 정의하고 있다.
   3

---

1 이재상·장영민·강동범, 형법각론(12판), § 39/18.

4      이에 대하여, ① 제1호는 국가의 기본조직을 파괴 또는 변혁하는 것을 의
미하며 제2호는 이에 대한 예시라는 견해,[2] ② 제1호는 민주적 기본질서에 기한
국가의 통치작용으로서 예컨대 정부조직, 권력분립제도, 의회제도, 복수정당제
도, 선거제도 및 사법권독립 등과 같은 국가의 기본조직을 파괴, 변혁하는 것을
말하고, 제2호는 제도로서의 헌법기관의 존속 및 기능으로서 국회, 대통령, 국
무회의 등과 같이 헌법에 의하여 설치된 국가기관 자체의 존속을 폐지, 전복하
거나 그 기능을 상실하게 하는 것을 의미한다고 보는 견해[3]가 있다.

5      '국헌문란'은 일본 구 형법 제121조 내란죄에서 처음 사용된 '조헌문란(朝憲
紊亂)'에서 유래한 것인데, 일본 판례는 조헌문란이란 "국가의 정치적 기본조직
을 불법으로 파괴하는 것을 말하고, 정부의 전복, 국토의 참절은 그 예시적 규
정이라고 해석하여야 하므로, 정부의 전복이란 행정조직의 중추인 내각제도를
불법하게 파괴하는 것을 지칭한다고 해석하는 것이 상당하다."고 판시하였고,[4]
1995년 형법 개정으로 '정부를 전복하거나 국토(邦土)를 참절하고, 그 밖에 조헌
을 문란할 목적'을 '국가의 통치기구를 파괴하거나 그 영토에서 국권을 배제하
여 권력을 행사하고, 그 밖에 헌법에서 정한 통치의 기본질서를 괴란(壞亂)할 것
을 목적'으로 변경하였다. 이를 우리 형법상 내란죄의 목적과 비교해 보면, 우리
형법상의 '국헌문란'은 일본 형법상의 '조헌문란'에서 '영토에서 국권을 배제하여
권력을 행사하는 것(국토참절)'을 제외한 것에 해당하여, '조헌문란'보다는 좁은
개념임을 알 수 있다.

6      한편 1992년의 형법개정법률안에서는 "국헌문란을 정의하는 방법으로 독일
형법 제92조와 같이 선거제도, 법치주의, 의회제도 및 다수당제도나 사법권의
독립과 같은 헌법의 기본질서의 내용을 열거하는 방법과 일본개정형법초안 제
117조와 같이 '헌법에 의하여 인정된 국가의 기본질서를 변혁하는 것'으로 포괄
적으로 규정하는 방법을 검토한 바, 헌법의 기본질서는 헌법의 개개의 조항에
의하여 지적할 수 있는 것이 아니라 헌법전체에 의하여 지향된 민주적 기본질

---

2 이재상·장영민·강동범, § 39/18.
3 김성돈, 형법각론(8판), 750; 김일수·서보학, 새로쓴 형법각론(9판), 746; 오영근, 형법각론(7판),
  661; 한상훈·안성조, 형법개론(3판), 698.
4 大判 昭和 10(1935). 10. 24. 刑集 14·1267.

서를 의미하는 것이고 이는 헌법이론에 맡길 수밖에 없기 때문에 안 제338조 (내란)에서 '헌법에 의하여 인정된 국가의 기본질서를 변혁할 목적으로'라고 규정 함으로써 국헌문란에 대한 정의를 겸하게 하고"[5] 본조는 삭제하였으나, 형법 개 정에 반영되지 못하였다.

이러한 용어의 연혁과 개정 논의 등을 고려해 볼 때, 위 두 견해는 반드시 서로 배치되는 것이라고 보기도 어렵고, 현실적으로 구별의 실익도 거의 없다고 할 것이다.[6]       7

## 2. 내 용

본조에서 보다 중요한 의미를 가진 조항은 제2호의 규정, 즉 헌법에 의하여 설치된 국가기관을 ① 강압에 의하여 전복하거나, ② 그 권능행사를 불가능하 게 하는 것이라고 하겠다.       8

'국가기관의 전복'은 국가의 통치기구를 파괴하는 것을 말한다. 따라서 개개 의 구체적인 정부와 내각을 타도하거나,[7] 폭동을 하여 정부로 하여금 일정한 행 동을 하도록 강요하거나 사회를 강요하거나,[8] 구체적인 국가기관인 자연인만을 살해하거나[9] 그 계승을 시도하는 것 또한 국헌문란에 해당하지 않는다. 일본 판 례도 단순히 국무총리나 수상을 살해하여 내각을 경질하는 데 불과하고 내각제 도 자체를 변혁하는 것을 목적으로 하는 것이 아닐 때에는 국헌문란이라고 할 수 없다고 하였다.[10]       9

'국가기관의 권능행사를 불가능하게 하는 것'은 그 기관을 제도적으로 영구 히 폐지하는 경우뿐만 아니라 사실상 상당기간 기능을 제대로 할 수 없게 만드 는 경우를 포함한다.[11]       10

---

5 법무부, 형법개정법률안 제안이유서(1992. 12), 243.
6 주석형법, 〔각칙(1)〕(5판), 56(민철기).
7 김성돈, 750; 이재상·장영민·강동범, §39/19.
8 김성돈, 750; 주석형법, 〔각칙(1)〕(5판), 56(민철기).
9 김성돈, 750; 주석형법, 〔각칙(1)〕(5판), 56(민철기).
10 大判 昭和 16(1941). 3. 15. 刑集 20·263〔구 형법에서의 '조헌(朝憲)의 문란'〕.
11 대판 1980. 5. 20, 80도306(전).

## 3. 판 례

### (1) 국헌문란을 인정한 판례

#### (가) 10·26 사건 판결

11    중앙정보부장인 피고인 甲이 대통령을 시해한 후 국가안전과 질서교란을 이유로 계엄을 선포하고 중앙정보부의 권한과 조직력을 이용, 계엄군을 장악하여 무력으로 사태를 제압하고, 입법·사법·행정권을 총괄하는 혁명위원회를 구성, 자신이 위원장에 취임하여 집권기반을 확보한 후 대통령에 출마할 것을 계획한 사건에서, 대법원은 "피고인들에게 이 사건 범행에 있어 현행의 헌법 또는 법률이 정한 정치적 기본조직을 불법으로 파괴하고저 하는 확정적 인식 또는 미필적 인식이 있었다고 아니 할 수 없고, 단순히 구체적인 헌법기관인 자연인만을 살해한 것에 불과하다고는 할 수 없으며, 또한 그 목적은 직접적이었다고도 할 수 있을 뿐만 아니라 피고인 甲의 경우 범행 후의 정부수립에 대하여도 구체적으로 구상되어 있었다."고 판시하여,[12] 국헌문란의 목적(국가기관의 전복)을 인정하였다.

#### (나) 12·12, 5·18 사건 판결

##### ① 비상계엄의 전국확대와 국가보위비상대책위원회의 설치행위

12    대법원은 "피고인들이 비상계엄을 전국으로 확대하게 하여 비상계엄하에서 국가행정을 조정하는 일과 같은 중요국정에 관한 국무총리의 통할권과 이에 대한 국무회의의 심의권을 배제시킨 것은 헌법기관인 국무총리와 국무회의의 권능행사를 강압에 의하여 사실상 불가능하게 한 것이므로 국헌문란에 해당하며, 국가보위비상대책위원회를 설치하여 헌법기관인 행정 각 부와 대통령을 무력화

---

12 대판 1980. 5. 20, 80도306(전). 이러한 다수의견에 대해서는, ① 피고인들이 유신체제를 강압변혁하려는 목적하에서 대통령을 비롯한 사람들을 살해한 것이라면, 그 뒤 개헌에 대한 전국적인 합의가 있은 후에 재판에 있어서는 범행 시의 체제가 재판 시의 그것과 달라졌다는 정치상황이 바로 초법규적으로 처벌할 수 없는 사유가 된다 할 것이므로 내란죄로는 처벌할 수 없다는 소수의견, ② 국헌문란의 목적이라 함은 헌법 또는 법률의 기능을 불법으로 철폐, 소멸시키고 국가의 기본조직인 통치기구 기타 헌법기관을 폭력으로 파괴, 전복하는 것을 말하고, 국가에 변란을 초해라는 쿠데타를 일으키는 것을 알고 가담하였다고 하더라도 거사목적 기타에 관한 별다른 지시를 받은 것이 없는 이상 쿠데타를 일으키는 것이 바로 국헌문란의 목적을 말하는 것으로 인정할 근거도 없을 뿐 아니라, 대통령직에 있는 자연인을 살해하는 범행에 가담실행한 것이 대통령이라는 헌법기관 그 자체를 폭력으로 전복하고 그 권한행사를 불가능하게 하는 국헌문란의 목적의 살해범행에 가담실행한 것으로 인정되어야 한다는 견해는 우리의 경험칙 및 논리칙상 비약된 이론이라 할 것이라는 소수의견이 있다.

〔이 완 규〕

시킨 것은 행정에 관한 대통령과 국무회의의 권능행사를 강압에 의하여 사실상 불가능하게 한 것이므로 역시 국헌문란에 해당한다고 판단"한 원심은 정당하고 판시하여,13 위 행위에 대하여 국헌문란의 목적(국가기관의 권능행사의 불가능)을 인정하였다.

② 시위진압행위

나아가 대법원은, "피고인들이 1980. 5. 17. 24:00를 기하여 비상계엄을 전국으로 확대하는 등 헌법기관인 대통령, 국무위원들에 대하여 강압을 가하고 있는 상태에서, 이에 항의하기 위하여 일어난 광주시민들의 시위는 국헌을 문란하게 하는 내란행위가 아니라 헌정질서를 수호하기 위한 정당한 행위이었음에도 불구하고 이를 난폭하게 진압함으로써, 대통령과 국무위원들에 대하여 보다 강한 위협을 가하여 그들을 외포하게 하였다면, 이 사건 시위진압행위는 피고인들이 헌법기관인 대통령과 국무위원들을 강압하여 그 권능행사를 불가능하게 한 것으로 보아야 하므로 국헌문란에 해당하고, 이는 피고인들이 국헌문란의 목적을 달성하기 위한 직접적인 수단이었다고 할 것이다."고 판시하여,14 국헌문란의 목적(국가기관의 권능행사의 불가능)을 인정하였다.

(다) 통합진보당 사건 판결

대법원은 "이 사건 각 회합에서의 피고인 甲, 乙의 발언내용에 의하면, 위 피고인들은 이 사건 각 회합 당시의 정세를 북한과 미 제국주의와의 전쟁 상황으로 인식하고, 한반도 내 즉각적인 전면전이 발생하여 단기전으로 끝날 가능성이 높은 상황은 아니지만 국지전, 비정규전 등 다양한 형태의 전쟁이 장기간에 걸쳐 벌어지고, 최후에는 전면전까지도 발생할 수 있다고 예상하고 있었음을 알 수 있다. 위 피고인들은 이러한 정세인식을 바탕으로 이 사건 각 회합에서 전쟁

13

14

---

13 대판 1997. 4. 17, 96도3376(전).
14 대판 1997. 4. 17, 96도3376(전). 이와 관련하여 원심은 본조가 국헌문란의 대표적인 행태를 예시한 것이라며 시위국민도 헌법에 의하여 설치된 기관에 해당한다는 이유로 국헌문란의 목적을 인정하였으나(서울고판 1996. 12. 16, 96노1892), 대법원은 "헌법상 아무런 명문의 규정이 없음에도 불구하고, 국민이 헌법의 수호자로서의 지위를 가진다는 것만으로 헌법수호를 목적으로 집단을 이룬 시위국민들을 가리켜 형법 제91조 제2호에서 규정하고 있는 '헌법에 의하여 설치된 국가기관'에 해당하는 것이라고 말하기는 어렵다 할 것이다. 그리고 원심이 형법 제91조가 국헌문란의 대표적인 행태를 예시하고 있다고 본 것도 수긍하기 어렵다 할 것이다. 따라서, 위 법률 조항에 관한 법리를 오해하여 헌법수호를 위하여 시위하는 국민의 결집을 헌법기관으로 본 원심의 조처는 결국 유추해석에 해당하여 죄형법정주의의 원칙을 위반한 것이어서 허용될 수 없다."고 하였다.

〔이 완 규〕　　　　　**215**

상황은 한반도 내 미 제국주의의 지배 질서를 무너뜨리고 분단을 끝낸 후 민족 자주의 혁명을 완수할 대전환기이므로, 그러한 전쟁 발발시에 남쪽 혁명을 책임지는 자주세력으로서 정치군사적 준비, 물질기술적 준비를 하여 한반도 전쟁에 가담하여 미 제국주의와 싸워 이기자는 취지로 발언하였다. 그리고 그 수단으로 지금부터 물질기술적 준비를 하여 도처에서 동시다발로 전국적으로 실행행위를 하자고 촉구하였다. 물질기술적 준비방법으로 피고인 甲은 군사적 중요성을 가지는 철탑의 파괴, 볼셰비키 혁명의 사례 외에는 구체적인 폭력행위의 대상과 방식에 관하여 직접적으로 밝히지는 않았지만, 전시토론으로 토론주제를 정한 피고인 乙의 발언에 따라 권역별 분반토론에서 일제히 통신·유류·철도·가스 등 국가기간시설에 대한 공격과 파괴를 포함하여 다양한 폭력적 행위와 추가 조직원의 포섭을 포함한 선전전, 정보전 등이 논의된 사실에 비추어 보면, 위 피고인들이 촉구한 물질기술적 준비행위가 다양한 국가기간시설에 대한 파괴행위 등 광범위한 폭력행위를 포함하고 있는 것을 알 수 있다. 그렇다면 피고인 甲, 乙이 발언의 목적으로 한 것은 단순히 정치적 사상이나 원리에 대한 옹호가 아니라 한반도 내 전쟁 발발 시에 이 사건 각 회합 참석자 130여 명 이상이 조직적으로 전국적 범위에서 통신·유류·철도·가스 등 주요 국가기간시설을 파괴하는 행위, 선전전, 정보전 등 다양한 수단을 실행하는 행위라고 할 것이고, 이는 다수인이 결합하여 폭행, 협박하는 것으로서 내란죄의 성립에 필요한 '한 지방의 평온을 해할 정도의 폭동'에 해당한다. 또한, 피고인 甲, 乙은 이러한 주요 기간시설 파괴행위 등이 한반도 내 전쟁 발발 시 미 제국주의의 지배질서를 무너뜨리고 통일과 민족 자주의 혁명을 완수하기 위한 것이라는 점을 밝히고 있다. 전쟁 상황에서 위 피고인들이 촉구한 행위가 실행되었을 경우에는 주요 기간시설 파괴로 인하여 해당 지역의 통신·유류·철도·가스 등의 공급에 장애가 생기고 이에 따른 혼란 등으로 인해 대한민국 정부의 전쟁에 대한 대응 기능이 무력화되어 대한민국 체제의 전복에 이를 수 있으므로 위 피고인들이 발언의 목표로 한 것은 헌법이 정한 정치적 기본조직을 불법으로 파괴하는 것에 해당하여 '국헌문란을 목적'으로 하는 것이라고 할 수 있다."고 판시하여,[15] 국헌문

---

15 대판 2015. 1. 22, 2014도10978(전).

란의 목적(국가기관의 전복)을 인정하였다.

### (2) 국헌문란을 부정한 판례

#### (가) 구국학생총연맹 사건 판결

피고인들이 구국학생총연맹 같은 조직체를 만들기 위한 기초공작으로 일부    15
피고인들로 하여금 6.3동지회 및 서울시내 11개 학생연합체와 접촉해 보도록
하자는 점에 대체적인 합의를 본 후 그중 일부 A 대학원재학생 수명에게 그렇
게 하라고 한 사안에서, 대법원은 "피고인들은 학생시위를 체계있고 조직화된
것으로 광범위하게 전개하여 한일협정비준의 무효화를 기하자는 데 있었을 뿐
직접적으로 국가의 기본조직을 강압으로 해산 또는 그 권능행사를 불가능하게
하자는 것이 아니었고, 다만 민중이 시위에 호응함으로써 폭동화하면 국회가 스
스로 해산하게 되리라는 사태의 현출을 예상한 것에 불과한 것이라 할 것이므
로 같은 피고인들이 국헌을 문란케 할 목적으로 폭동할 것을 음모하였다거나
선동한 것이라고 볼 수 없다."고 판시하여,[16] 국헌문란의 목적(국가기관의 권능행
사의 불가능)을 부정하였다.

#### (나) 한일회담반대 사건 판결

대법원은 "원심은 그 거시증거 및 그 판시와 같은 이유에 의하여 피고인들은    16
한일회담이 우리나라에 불리하게 체결될 것을 우려한 나머지 군민여론을 환기시
켜 이를 시정하거나 정권교체를 기도하였을 뿐 피고인들이 현 정치적 기본조직제
도 자체의 변혁을 기도하였음을 인정할 증거가 없다는 취지에서 내란선동죄에 대
하여 무죄를 선고하고 있는바, 이를 기록에 의하여 살펴보면 피고인들에게 직접
적으로 국가의 기본조직을 강압으로 전복 또는 그 권능행사를 불가능케 할 목적
으로 폭동을 선동한것이라 단정할 증거있다 할 수 없으므로 원심의 위와 같은 조
처는 수긍될 수 있는바라 할 것이니 거기에 논지와 같이 내란죄에 관한 법리를
오해한 잘못있다 할 수 없다."고 판시하여,[17] 국헌문란의 목적(국가기관의 전복 및
권능행사의 불가능)을 부정하였다.

〔이 완 규〕

---

16 대판 1968. 3. 5, 66도1056.
17 대판 1977. 2. 22, 72도2265.

# 제 2 장 외환의 죄

## 〔총 설〕

## Ⅰ. 규 정

본장은 외환의 죄를 규정하고 있는데 구체적으로는 외환유치죄(§92), 여적   **1**
죄(§93), 이적죄(§§94-97, §99), 간첩죄(§98), 전시군수계약불이행죄(§103)로 규정되
어 있다. 본장의 조문 구성은 아래 [표 1]과 같다.

이적죄의 기본적 구성요건은 일반이적죄(§99)이며, 모병이적죄(§94), 시설제   **2**
공이적죄(§95), 시설파괴이적죄(§96), 물건제공이적죄(§97)는 그 가중적 구성요건
이다.[1]

### [표 1] 제2장 조문 구성

| 조 문 | 제 목 | 구성요건 | 죄 명 | 공소시효 |
|---|---|---|---|---|
| §92 | 외환유치 | ⓐ 외국과 통모하여 대한민국에 전<br>단을 열거나<br>ⓑ 외국인과 통모하여 대한민국에<br>항적 | 외환(유치, 항적) | 배제 |
| §93 | 여적 | ⓐ 적국과 합세하여 대한민국에<br>ⓑ 여적 | 여적 | 배제 |

---

1 이재상·장영민·강동범, 형법각론(12판), §40/3.

〔조 균 석〕　　　　　**219**

| 조 문 | | 제 목 | 구성요건 | 죄 명 | 공소시효 |
|---|---|---|---|---|---|
| §94 | ① | 모병이적 | ⓐ 적국을 위하여<br>ⓑ 모병 | 모병이적 | 배제 |
| | ② | | 모병에 응함 | 응병이적 | 배제 |
| §95 | ① | 시설제공이적 | ⓐ 군대, 요새, 진영 또는 군용선박 항공기, 장소, 설비, 건조물을<br>ⓑ 적국에 제공 | 군용시설제공이적 | 배제 |
| | ② | | ⓐ 병기, 탄약, 군용에 제공하는 물건을<br>ⓑ 적국에 제공 | 군용물건제공이적 | 배제 |
| §96 | | 시설파괴이적 | ⓐ 적국을 위하여<br>ⓑ 군용시설 물건을<br>ⓒ 파괴, 사용할 수 없게 함 | 군용시설파괴이적 | 배제 |
| §97 | | 물건제공이적 | ⓐ 군용에 공하지 않는 병기 탄약, 전투용에 공할 수 있는 물건<br>ⓑ 적국에 제공 | 물건제공이적 | 배제 |
| §98 | ① | 간첩 | ⓐ 적국을 위하여<br>ⓑ 간첩, 방조 | 간첩, 간첩방조 | 배제 |
| | ② | | ⓐ 군사상 기밀을<br>ⓑ 적국에 누설 | 군사상기밀누설 | 배제 |
| §99 | | 일반이적 | ⓐ 대한민국의 군사상 이익을 해하거나<br>ⓑ 적국에 군사상 이익 제공 | 일반이적 | 배제 |
| §100 | | 미수범 | §92 내지 §99의 미수 | (§92 내지 §99 각 죄명) 미수 | 배제 |
| §101 | ① | 예비, 음모, 선동, 선전 | ⓐ §92 내지 §99의 죄를 범할 목적으로<br>ⓑ 예비, 음모<br>(자수는 필요적 감면) | (§92 내지 §99 각 죄명) 예비, 음모, 선동, 선전 | 배제 |
| | ② | | §92 내지 §99의 죄를 선동, 선전 | | |
| §102 | | 준적국 | | | |
| §103 | ① | 전시군수계약 불이행 | ⓐ 전쟁, 사변에 있어서<br>ⓑ 정부에 대한 군수품, 군용공작물 계약 불이행 | 군수계약불이행 | 배제 |
| | ② | | ⓐ 전쟁, 사변에 있어서<br>ⓑ 계약이행 방해 | 군수계약이행방해 | 배제 |

## II. 의의, 연혁 및 입법론

### 1. 의 의

외환의 죄란 ① 외환을 유치하거나 대한민국에 항적하거나 적국에 인적·물      3
적 이익을 제공하여, ② 국가의 존립과 안전을 위태롭게 하는 범죄를 말한다.[2]
이처럼 외환의 죄는 각칙 제1장의 내란의 죄와 마찬가지로 국가의 존립을 위태
롭게 하는 범죄이지만, 내란의 죄가 국가의 내부적인 존립을 침해하는 범죄임에
반하여 외환의 죄는 국가의 대외적인 존립과 안전을 침해하는 범죄라는 점에서
구별된다.[3]

외환의 죄의 죄질에 관하여 국민의 국가에 대한 의무위반이라는 견지에서      4
규정된 범죄로 국민의 국가에 대한 충성의무위반을 본질로 한다는 견해가 있
다.[4] 외환의 죄가 '조국에 대한 배반행위'라는 성격을 가진 것은 사실이지만, 대
한민국 영역 외에서 죄를 범한 외국인에게도 형법이 적용되어(§5(ii)) 외국인의
국외범도 처벌되는 점에 비추어, 충성의무위반을 본질로 한다는 견해는 타당하
다고 할 수 없다.[5]

### 2. 연 혁

외환의 죄는 일찍이 로마법의 대역죄(Perduellio)[6]나 동양에서의 모반죄(謀叛      5

---

2  주석형법 [각칙(1)](5판), 59(민철기). 그 밖에 외환의 죄를 정의함에 있어, 위 ①의 범위에 대해
   서는, '외국으로 하여금 무력행사를 유발하게 하거나 대한민국에 항적하거나 적국을 위하여 이
   익을 제공하여'[김성돈, 형법각론(8판), 756], '외국과 통모하여 외환을 유치하거나 대한민국에
   항적하거나 적국에 인적물적 이익을 제공하여'[배종대, 형법각론(13판), §140/1], '외국·적국과
   협조하거나 외국·적국의 이익을 위한 행위를 함으로써'[오영근, 형법각론(7판), 666], '외국이나
   적국과 관련된 위험으로부터'(이용식, 형법각론, 186), '외환을 유치하거나 대한민국에 항적하거
   나 적국에 이익을 제공하여'(이재상·장영민·강동범, §40/1) 등과 같이 다양한 표현이 사용되고
   있으나, 위 ②는 공통된다.
3  이재상·장영민·강동범, §40/1.
4  유기천, 형법학(각론강의 하)(전정신판), 237; 이형국·김혜경, 형법각론(2판), 755.
5  이재상·장영민·강동범, §40/2.
6  In the early days of Ancient Rome, perduellio(Latin: [pɛrdʊˈɛllɪ.oː ]) was the term for the
   capital offense of high treason. It was set down plainly in the Law of the Twelve Tables as
   follows: The Law of the Twelve Tables orders that he who has stirred up an enemy or who
   has handed over a citizen to the enemy is to be punished capitally.(Marcianus, D. 48, 4, 3).
   Under the terms of this law, those convicted of perduellio were subject to death either by

罪)[7]에서 유래하는 범죄로서, 국가관의 변천에 따라 그 발현의 양상을 달리하여
왔다.[8]

6      외환의 죄에 관한 각국의 입법은 국가기밀을 보호함으로써 국가의 안전을
보호하는 데 그치는 것이 일반적이나, 우리 형법은 일본형법가안의 영향을 받
아[9] 외환의 죄에 관하여 상세하게 규정하고 있다. 본장은 1975년 3월 25일 제
104조의2로 국가모독등죄가 신설되었다가 위헌 결정으로 1988년 12월 31일 삭
제된 것을 제외하고는, 형법 제정 이래 아무런 변화 없이 그대로이다.

7      참고로 일본형법은 각칙 제3장 외환에 관한 죄에서 외환유치죄(§81) 및 외
환원조죄(§82), 그 미수죄(§87)와 예비·음모죄(§88)에 관하여 규정하고 있고, 전
쟁을 전제로 한 종래의 전쟁유치(구§81), 적국원조(구§81), 군용에 공하는 장소
또는 물건의 손괴 등(구§83), 적국에의 전투물자교부(구§84), 적국을 위한 스파
이행위·기밀누설행위(구§85), 적국에의 군사상 이익공여행위(구§86), 전시동맹
국에 대한 적용(구§89)에 관한 규정들은 패전 후 1947년 법률 제124호로 삭제
되었다.[10]

## 3. 입법론

8      앞서 살펴본 대로 본장은 독일법 중에서도 특히 나치(Nazis)의 영향을 받아
국수주의적인 경향이 농후하여 규정 전반이 그 형기가 무거울 뿐 아니라 시대

---

being hanged from the arbor infelix(a tree deemed to be unfortunate) or by being thrown
from the Tarpeian Rock. Their families were not allowed to mourn them and their houses
were razed. (Wikipedia에서 인용)

7 예컨대, 조선시대의 형률인 대명률(大明律)에서 모반(謀叛)은 본국을 배반하고 몰래 다른 나라를
따르고자 모의하는 것으로서, 공모자는 수범(首犯)과 종범(從犯)을 구분하지 않고 모두 참형(斬刑)
에 처하였다[凡謀叛〈謂謀背本國潛從他國〉 但共謀者不分首從皆斬妻妾子女給付功臣之家爲奴財産
竝入官父母祖孫兄弟不限籍藏者絞有能若捕者將犯人財産全給充賞知而不首者杖一百流三千里若謀
而未行爲首者絞從者皆杖一百流三千里知而不首者杖一百徒三年流(大明律集解附例卷之十八 刑律
賊盜)]. 이에 대한 상세는 한상권 외, 대명률직해 3, 한국고전번역원(2018), 198-200.

8 주석형법 [각칙(상)], 45(염정철).

9 이재상·장영민·강동범, §40/2.

10 이에 대한 상세는 大塚 外, 大コン(3版)(6), 55-56(龜井源太郎). 참고로 일본형법은 2022년 6월
17일 개정(법률 제67호)으로 징역형과 금고형이 '구금형'으로 단일화되어 형법전의 '징역', '구금',
'징역 또는 구금'은 모두 '구금형'으로 개정되었으며, 부칙에 의하여 공포일로부터 3년 이내에 정
령으로 정하는 날에 시행 예정이다. 그러나 현재 정령이 제정되지 않아 시행일은 미정이므로,
본장에서 일본형법 조문을 인용할 때는 현행 조문의 '징역' 등의 용어를 그대로 사용한다.

〔조 균 석〕

착오적인 요소를 많이 내포하고 있는 일본형법가안[11]을 모델로 한 관계로 오래 전부터 이를 개정해야 한다는 비판이 많았는데, 이를 대별하면 다음과 같다.

첫째, 형벌이 지나치게 무겁다는 비판이 있다.[12] 특히 여적죄(§ 93)는 사형만     9
을 규정하고 있고, 다른 대부분도 사형 또는 무기징역으로 되어 있으므로, 징역
형을 선택형으로 규정하여 형벌을 대폭 완화해야 한다고 한다. 1992년의 형법
개정법률안에서도 여적죄의 법정형을 사형 외에 무기징역을 추가하여 탄력적이
고 타당한 형벌을 선택할 수 있도록 하였다.[13]

둘째, 일반이적죄(§ 99)의 구성요건이 지나치게 광범위하고 포괄적이어서 명     10
확성의 원칙에 반하고, 다른 구체적 범죄유형과 중복되므로 삭제해야 한다는 비
판이 있다.[14] 이적죄와 관련해서는 1992년 형법개정 논의 시에 그 규정형식에
대하여, 이를 외환원조죄로 통합하거나 모병이적죄 이외에 시설제공이적죄, 시
설파괴이적죄 및 물건제공이적죄를 시설제공이적죄로 통합하여 일반이적죄와
세 가지 범죄로 단순화하자는 의견이 있었으나, 통합하는 경우에 오히려 구성요
건이 포괄적이고 법정형의 폭이 넓어지게 되어 죄형법정주의에 반하는 결과가
될 우려가 있다는 이유로 개정안에는 반영되지 못하였다.[15]

셋째, 전시군수계약불이행죄(§ 103)는 1942년 12월 22일 제정하였다가 1946     11
년 1월 30일 폐지된 독일형법 제92조의a에서 유래된 것으로, 시대착오적인 규
정이므로 삭제해야 한다는 비판이 있다.[16] 즉 동죄는 전시 그 밖의 사변에 있어
서 사법상의 계약위반을 처벌하는 것인데, 단순한 계약위반은 형법에 의하여 처
벌할 불법이 될 수 없을 뿐 아니라 전시 그 밖의 사변에서의 계약위반은 계엄포
고나 대통령의 비상조치권 또는 국가동원법에 의하여 규율하면 충분하다는 것이
다.[17] 이에 따라 1992년의 형법개정법률안에서도 같은 이유로 동죄를 삭제하였

---

11  유기천, 236.

12  김일수·서보학, 새로쓴 형법각론(9판), 752; 배종대, § 140/3; 오영근, 667; 이재상·장영민·강동
    범, § 40/4; 이형국·김혜경, 755.

13  법무부, 형법개정법률안 제안이유서(1992. 10), 247.

14  배종대, § 140/3; 오영근, 667.

15  법무부, 형법개정법률안 제안이유서(1992. 10), 246.

16  김일수·서보학, 752; 배종대, § 140/3; 오영근, 667; 이재상·장영민·강동범, § 40/5; 임웅, 형법
    각론(11정판), 877. 이를 형법의 외환의 죄에 포함시켜 처벌하는 것이 타당한지 의문이라는 견
    해도 있다(이형국·김혜경, 755).

17  이재상·장영민·강동범, § 40/5.

다.[18] 그러나 이러한 비판에 대해서는 전시·사변과 같은 긴급상황에서 고의적으로 군수계약을 이행하지 않거나 이행을 방해하는 행위는 사실상 이적행위에 해당하기 때문에 반드시 부당한 처벌규정은 아니라는 반론도 있다.[19]

12      그 밖에도 ① 1992년 형법개정안은 외환유치죄의 성립범위를 축소하여 외국인과 통모하는 경우는 삭제하였고,[20] ② 동맹국 규정(§104)은 적국과 우방국의 구별 실익이 의문시되어 입법적 의미를 상실한 데다 이로 인하여 적국의 범위가 지나치게 확장될 우려가 있는 점 등에 비추어 이를 삭제하는 것이 타당하다는 견해,[21] ③ 정보전의 주체가 국가에서 기업단체 등으로 확대되고 있는 현실을 고려하여 적국 외에 '외국 또는 외국인의 단체'을 위한 간첩죄를 신설해야 한다는 견해[22] 등이 있다.


## III. 보호법익

13      앞서 살펴본 대로 외환의 죄의 보호법익은 국가의 외부적 존립과 안전이다. 여기서 국가의 외부적 존립과 안전이란 대한민국에 대한 외부로부터의 공격과 강제조치 또는 방해에 대하여 방위할 수 있는 국가의 능력을 의미한다.[23] 이러한 의미에서 내란의 죄는 지구상에 하나의 국가가 있는 경우에도 가능하지만, 외환의 죄는 개념상 다수국가의 존재를 전제로 한다.[24]

14      보호법익의 보호 정도에 대해서는 구체적 위험범이라는 견해도 있으나,[25] 추상적 위험범이라고 할 것이다(통설).[26]

---

18  법무부, 형법개정법률안 제안이유서(1992. 10), 246.
19  김성천·김형준, 형법각론(4판), 793; 박상기, 형법각론(8판), 619; 이영란, 형법학 각론강의(3판), 738.
20  법무부, 형법개정법률안 제안이유서(1992. 10), 247.
21  정영일·황태정, "외환의 죄에 관한 입법론적 검토", 경희법학 46-3(2011), 100.
22  정영일·황태정(주 21), 102.
23  이재상·장영민·강동범, §40/1; 주석형법 〔각칙(1)〕(5판), 59(민철기).
24  이재상·장영민·강동범, §40/1; 주석형법 〔각칙(1)〕(5판), 59(민철기).
25  김신규, 형법각론 강의, 797; 김일수·서보학, 752; 배종대, §140/1; 이상돈, 형법강론(3판), 891; 정성근·정준섭, 형법강의 각론(2판), 632.
26  김성돈, 756; 박상기·전지연, 형법학(총론·각론)(5판), 829; 박찬걸, 형법각론(2판), 838; 오영근, 666; 이정원·류석준, 형법각론, 686; 임웅, 877; 정영일, 형법각론, 611; 정성근·박광민, 형법각론(전정3판), 857; 정웅석·최창호, 형법각론, 8; 홍영기, 형법(총론과 각론), §110/5.

## Ⅳ. 관련문제

외환의 죄도 내란의 죄(각칙 제1장)와 마찬가지로 ① 비상계엄지역에서 죄를     15
범한 사람에 대한 재판은 원칙적으로 군사법원에서 하고(계엄법 §10①), ② 헌정
질서 파괴범죄의 공소시효 등에 관한 특례법(이하, 헌정범죄시효법이라 한다.)에 따
라 공소시효를 적용하지 않고 이를 배제하며(헌정범죄시효법 §3(ⅲ)), ③ 고소 또는
고발을 한 자가 검사나 군검사로부터 공소를 제기하지 않는다는 통지를 받은
경우에는 재정신청을 할 수 있다(헌정범죄시효법 §4①).

〔조 균 석〕

## 제92조(외환유치)

**외국과 통모하여 대한민국에 대하여 전단을 열게 하거나 외국인과 통모하여 대한민국에 항적한 자는 사형 또는 무기징역에 처한다.**

## I. 개  요

1    본죄[외환(유치·항적)죄]는 '외국과 통모하여 대한민국에 대하여 전단(戰端)을 열게 하거나(외환유치죄)' '외국인과 통모하여 대한민국에 항적(抗敵)하는 것'(외환항적죄)을 처벌하는 범죄이다. 이는 외환의 죄의 독립된 구성요건으로서,[1] 국가의 외부적 안전에 대하여 중대하고도 직접적인 위협이 될 뿐 아니라 국가 간의 분쟁으로 인하여 국제긴장을 고조시킬 수 있다는 점에서 국제사회에 대한 범죄로서의 성격도 가지고 있다.[2]

2    일본형법의 외환유치죄(§ 81)은 '외국과 통모하여 일본국에 대하여 무력을 행사하는 행위'만을 구성요건으로 규정하고 있고, 형법전 중 유일하게 법정형으로 사형만이 규정되어 있는 범죄유형이다.

## II. 주  체

3    내국인은 물론 외국인도 주체가 될 수 있다. 그러나 외국인 중 적국인은 제93조의 여적죄(與敵罪)의 주체가 되거나 여적죄에 해당할 가능성이 많기 때문에 본죄의 주체에서는 제외된다는 것이 일반적인 견해이다.[3] 그런 점이 있기는 하지만, 본

---

1 김성돈, 형법각론(8판), 757.
2 주석형법 〔각칙(상)〕, 46(염정철); 주석형법 〔각칙(1)〕(4판), 85(임성근).
3 김성돈, 757; 김일수·서보학, 새로쓴 형법각론(9판), 753; 배종대, 형법각론(13판), § 141/1; 정성

죄의 구성요건적 행위와 여적죄의 구성요건적 행위가 서로 다르므로 구성요건상 여적죄에 흡수되지 않는 경우에는(예컨대, 적국과는 합세하지 않고 개별·독자적으로 외국 인과 통모하여 항적하는 경우), 예외적으로 적국인도 주체가 될 수 있다고 하겠다.

## III. 행 위

본죄의 행위는 ① 외국과 통모하여 대한민국에 대하여 전단(戰端)을 열거나, 4
② 외국인과 통모하여 대한민국에 항적(抗敵)하는 것이다.[4] 행위가 '전단 열기 (개시)'냐 '항적'이냐에 따라 그 통모의 상대방도 각기 '외국'과 '외국인'으로 서로 다르다.

### 1. 외국 또는 외국인과의 통모

본죄의 성립에는 먼저 외국 또는 외국인과의 통모를 필요로 한다. 5

'외국'이라 함은 우리나라 이외의 국가이고, 구체적으로는 우리나라 이외의 6
그 국가를 대표하는 정부·군대 외교사절 등 대표기관을 말한다.[5] 제93조 여적 죄와의 관계에서 여기서의 외국은 적국이 아닌 외국을 의미하는 것으로 해석하 는 것이 일반적이나,[6] 적국과 통모하는 것과 적국과 합세하는 것은 개념상으로는 구별되므로 적국도 여기에 포함된다고 할 것이다.[7] 외국은 일정한 영토·인민· 주권을 가진 사실상의 국가이면 되고, 반드시 우리나라 또는 타국에 의하여 국 가로서 정식으로 승인된 것임을 요하지 않는다.[8]

---

근·박광민, 형법각론(전정3판), 856; 한상훈·안성조, 형법개론(3판), 704; 주석형법 〔각칙(1)〕
(5판), 63(민철기).

4 전단이나 항적은 어려운 용어이므로 1992년 형법개정법률안은 이를 합하여 '대한민국에 대하여
무력을 행사하게 한 자'로 수정하였다〔법무부, 형법개정법률안 제안이유서(1992. 10), 247〕.

5 김성돈, 758; 김일수·서보학, 753; 배종대, §141/2; 임웅, 형법각론(11정판), 879; 정성근·박광
민, 856; 주석형법 〔각칙(1)〕(5판), 63(민철기).

6 김성돈, 758; 김일수·서보학, 753; 박찬걸, 형법각론(2판), 838; 배종대, §141/2; 손동권·김재윤,
새로운 형법각론, §45/4; 이재상·장영민·강동범, 형법각론(12판), §40/7; 임웅, 879; 정성근·박광
민, 856; 정영일, 형법각론, 612; 정웅석·최창호, 형법각론, 9; 주석형법 〔각칙(상)〕, 47(염정철).

7 오영근, 형법각론(7판), 668.

8 김성돈, 758; 김일수·서보학, 753; 배종대, §141/2; 오영근, 668; 이재상·장영민·강동범, §40/7;
임웅, 879; 정성근·박광민, 856; 최호진, 형법각론, 870; 주석형법 〔각칙(1)〕(5판), 64(민철기).

7    '외국인'이라 함은 외국과 외국을 대표하는 정부기관, 군대 이외의 사인을 말한다. 외국인의 테러단체 등 사적 단체도 여기에 포함된다.[9] 1992년의 형법개정법률안은 외국인과 통모한 경우까지 포함하는 것은 본죄의 성립범위를 지나치게 확대하는 것이 될 뿐만 아니라 외국인 개인과 통모하는 것까지 본죄에 해당하게 할 필요가 없다는 이유로 '외국 또는 외국인의 단체'로 한정하였다.[10]

8    '통모'는 의사의 연락에 의한 합의에 이른 것을 말한다. 합의를 요하므로 일방적 의사표시로는 부족하지만, 합의의 발의자가 어느 쪽인가, 합의에 이르는 과정이 직접적인가 간접적인가는 묻지 않는다. 통모의 수단·방법에는 제한이 없고, 내용에 있어서는 전단을 열게 하거나 항적을 유발하기에 충분한 것이면 된다.[11]

## 2. 전단을 열게 함

9    전단을 열게 한다(개시)는 것은 전투행위를 개시하는 일체의 행위를 말한다(통설).[12] 통모하여 전단을 열게 하면 충분하고, 반드시 전단을 열 의사가 없는 외국에 대하여 그 의사를 생기게 하였을 것을 요하는 것은 아니다.[13]

10    전투행위의 개시에 대하여는 반드시 국제법상의 전쟁을 개시하는 것에 국한할 필요가 없고, 사실상의 전쟁도 포함하는 일체의 무력행사를 의미한다.[14] 본죄가 사실상의 무력행사에 의해서라도 대한민국의 외부적 안전에 대한 위험이 야기되면 충분하다. 외국군대에 의한 영토의 침입, 영토에 대한 포격이나 폭격이 여기에 해당한다.[15]

11    한편, 내란을 일으킬 준비행위로 외국의 군대로 하여금 무력을 행사하도록 하는 것도 여기에 포함된다. 이때, 내란예비죄(§ 90①)는 본죄에 흡수된다.[16]

---

9  김일수·서보학, 753; 이재상·장영민·강동범, § 40/8.

10  법무부, 형법개정법률안 제안이유서(1992. 10), 247.

11  김일수·서보학, 753; 주석형법〔각칙(1)〕(5판), 64(민철기).

12  배종대, § 141/2; 이재상·장영민·강동범, § 40/7; 정영일, 형법각론, 612. 그러나 국제법상 전쟁은 전쟁의사의 명시적 표시(전쟁 선언·최후통첩) 또는 묵시적 표시(사실상의 적대행위)에 의해서 개시되는 것을 말하므로, 단지 '선전포고를 하도록 하는 것'도 여기에 포함된다고 하는 견해(오영근, 668)도 경청할 만하다.

13  오영근, 668; 이재상·장영민·강동범, § 40/7.

14  박상기·전지연, 형법학(총론·각론)(5판), 829; 임웅, 879.

15  주석형법〔각칙(1)〕(4판), 87(임성근).

16  大塚 外, 大コン(3版)(6), 62(龜井源太郎).

## 3. 항 적

항적이란 적국을 위하여 적국의 군무에 종사함으로써 대한민국에 반항·적 **12**
대하는 일체의 행위를 말한다. 무기를 들고 전투를 하는 전투원으로서의 행위는
물론, 군속과 같은 비전투원으로서의 행위도 포함된다(통설).[17]

통모와 전단의 개시 또는 항적 사이에 인과관계가 인정되어야 하고,[18] 인과 **13**
관계가 인정되지 않으면 본죄의 미수가 된다.[19]

## Ⅳ. 고 의

객관적 구성요건의 실현에 관한 고의가 있어야 하며, 미필적 고의여도 무방 **14**
하다.

입법론으로는 통모행위의 성질상 대한민국에 대한 전쟁의 유발 내지 적대 **15**
행위에 대한 의도, 즉 목표지향적 의욕이 있어야 하는데, 이를 보다 분명하게
하기 위하여 목적범으로 규정하는 것이 바람직하다는 견해가 있다.[20]

## Ⅴ. 기수시기

본죄는 추상적 위험범이면서도 미수범 처벌규정(§ 100)을 두고 있다. 통모에 의 **16**
하여 전단이 열리게 되거나 항적한 때에 기수가 되고,[21] 국가의 외적 안전이 침해
되거나 외적 안전에 대한 위험이 발생할 필요는 없다. 이와는 달리 본죄를 구체적
위험범이라고 보는 입장에서는, 기수가 되려면 결과반가치로서의 위험상태가 객관
적으로 실현될 것이 요구되므로 현실적으로 전투행위가 발생한 때라고 한다.[22]

---

17　김일수·서보학, 753; 배종대, § 141/2; 오영근, 669; 이재상·장영민·강동범, § 40/7; 임웅, 880;
　　정성근·박광민, 857; 주석형법 〔각칙(1)〕(5판), 65(민철기).
18　배종대, § 141/3; 이재상·장영민·강동범, § 40/8; 정영일, 612; 홍영기, 형법(총론과 각론), § 110/7.
19　오영근, 669; 주석형법 〔각칙(1)〕(5판), 65(민철기).
20　김일수·서보학, 753.
21　김성돈, 759; 오영근, 669; 이형국·김혜경, 형법각론(2판), 757; 정성근·정준섭, 형법강의 각론
　　(2판), 633; 정영일, 613; 정웅석·최창호, 9.
22　김신규, 형법각론 강의, 799; 김일수·서보학, 753; 배종대, § 141/3; 주석형법 〔각칙(1)〕(4판),
　　88(임성근).

## VI. 처 벌

17      사형 또는 무기징역에 처한다.

18      미수범(§ 100), 예비·음모·선동·선전죄(§ 101)도 처벌하고, 외국인의 국외범
도 처벌한다(§ 5(ii)).


〔조 균 석〕

## 제93조(여적)
**적국와 합세하여 대한민국에 항적한 자는 사형에 처한다.**

# Ⅰ. 개 요

본죄(여적죄)는 적국과 합세하여 대한민국에 항적하는 것을 처벌하는 범죄이 　　1
다. 외환항적죄(§92 후단)가 외국인과 통모하여 대한민국에 항적하는 것임에
비하여, 본죄는 적국과 합세하여 항적한다는 점에서 차이가 있다. 본죄는 그 해
석상 이미 외국과의 전쟁을 수행하고 있는 것을 전제로 하여 성립하는 범죄라
고 할 것이다.[1]

일본형법 제82조(외환원조)는 "외국으로부터 무력의 행사가 있은 때에, 이에 　　2
가담하거나 그 군무에 복무하거나 그 밖에 이에 군사상 이익을 제공한 자는 사
형, 무기 또는 2년 이상의 징역에 처한다."고 규정하고 있는데, 이는 본죄에다가
일반이적죄를 합한 규정으로 볼 수 있다. 그런 점에서 본죄에 비하여 법정형의
폭이 넓게 정해져 있다.

# Ⅱ. 구성요건

## 1. 주 체

내국인은 물론 외국인도 주체가 될 수 있다. 외국인은 대부분 적국인이겠 　　3
지만, 그에 한정되는 것은 아니다.

---

1 이재상·장영민·강동범, 형법각론(12판), §40/9; 임웅, 형법각론(11정판), 880; 주석형법 〔각칙
　(1)〕(5판), 66(민철기).

## 2. 행 위

4  본죄의 행위는 '적국과 합세하여 대한민국에 항적'하는 행위이다.

### (1) 적국과 합세

5  '적국'은 대한민국과 국제법상의 선전포고를 하고 전쟁을 수행하는 국가에 한정되지 않고, 사실상 전쟁을 수행하고 있는 외국도 포함된다.[2] 종전이 되지 않은 한, 일시적인 휴전상태라고 하더라도 본죄가 성립한다고 할 것이다.[3] 그리고 대한민국에 적대하는 외국 또는 외국인의 단체는 적국으로 간주된다(§ 102).

6  적국과 '합세'한다는 것은 적국과 힘을 합치는 것이다. 즉 적국에 가담하여 협력하는 것을 의미하는데, 자신이 적국에 가담·협력하는 경우뿐 아니라 적국이 자신에게 가담·협력하는 경우도 포함된다.[4] 어떤 종류의 직무에 가담·협력하였는가는 문제되지 않는다. 따라서 전투원으로 참가하는 경우뿐만 아니라 의료·소방·운송·병참 등 비전투업무에 종사하는 경우도 포함된다.[5]

7  여기서 합세는 자발적인 경우에 한정되고, 항거할 수 없는 압력에 의하여 부득이 적대행위를 한 때에는 본죄를 구성하지 않는다.[6]

### (2) 대한민국에 항적

8  '항적'은 외환항적죄에서의 '항적'과 기본적으로 같은 의미이지만, 본조에서는 '합세하여 항적'한다고 보다 세부적으로 규정하고 있는 점에서, 포괄적으로 대한민국에 반항·적대하는 일체의 행위라고 할 수 있다.

9  항적행위가 현실로 행하여졌을 때에 기수가 되고, 이에 이르지 않은 때에는 미수가 된다.[7]

---

2 김성돈, 형법각론(8판), 758; 김일수·서보학, 새로쓴 형법각론(9판), 754; 배종대, 형법각론(13판), § 142/1; 오영근, 형법각론(7판), 669; 이재상·장영민·강동범, § 40/9; 임웅, 880; 정성근·박광민, 형법각론(전정3판), 857; 주석형법 [각칙(1)](5판), 66(민철기).

3 오영근, 670; 주석형법 [각칙(1)](5판), 66(민철기).

4 오영근, 670; 주석형법 [각칙(1)](5판), 66(민철기).

5 오영근, 670; 임웅, 881; 주석형법 [각칙(1)](5판), 66(민철기).

6 김성돈, 759; 이재상·장영민·강동범, § 40/9; 정성근·박광민, 858; 정영일, 형법각론, 614; 주석형법 [각칙(1)](5판), 66(민철기). 이에 대하여 저항할 수 없을 정도로 강요되어 한 항적행위에 대해서는 책임이 조각될 수 있다는 견해도 있다[손동권·김재윤, 새로운 형법각론, § 45/4; 주석형법 [각칙(상)], 48(염정철)].

7 김성돈, 759; 박찬걸, 형법각론, 771; 이형국·김혜경, 형법각론(2판), 757; 정성근·박광민, 858; 주석형법 [각칙(1)](5판), 66(민철기).

## 3. 고 의

본죄의 고의는 적국에 합세하여 대한민국에 항적한다는 점에 대한 인식을    10
내용으로 한다.[8] 외환항적죄에서와 마찬가지로 항적은 목적수행적 행위경향을
지닌 구성요건표지라는 점에서, 본죄는 목적수행적 행위경향을 지닌 경향범으
로서 고의 외에 적대적인 행위경향이 있어야 한다는 견해도 있다.[9]

## Ⅲ. 처 벌

사형에 처한다.    11

본죄는 형법전에서 사형만을 절대적 법정형으로 규정한 유일한 범죄이다.    12
본죄의 구성요건에 해당하는 행위의 폭이 넓은 점에 비추어 사형만을 법정형으
로 둔 것은 과중하므로 징역형까지 선택할 수 있도록 법정형을 완화할 필요가
있다(**제2장** 〔**총설**〕 **II. 3. 입법론** 참조).

미수범(§100), 예비·음모·선동·선전죄(§101)도 처벌하고, 외국인의 국외범    13
도 처벌한다(§5(ii)).

〔조 균 석〕

---

8 이재상·장영민·강동범, §40/9.
9 김일수·서보학, 754.

## 제94조(모병이적)

① 적국을 위하여 모병한 자는 사형 또는 무기징역에 처한다.

② 전항의 모병에 응한 자는 무기 또는 5년 이상의 징역에 처한다.

1    본죄[(모병·응병)이적죄]는 적국(여적죄에서의 적국과 같은 개념)을 위하여 모병하거나(제1항)(모병이적죄) 그 모병에 응하는(제2항)(응병이적죄) 것을 처벌하는 범죄이다.

2    '모병'이란 전투행위에 종사할 사람을 모집하는 것을 말하고, '모병에 응하는 것'은 자발적으로 이에 지원하는 것을 말한다.[1] 내국인이 적국에 있다가 전투가 개시되어 강제징집된 경우에는 기대가능성이 없어 책임이 조각될 수 있다는 것인 일반적인 견해이지만,[2] 처음부터 본죄의 구성요건해당성이 없다고 하겠다.[3]

3    본죄는 '적국을 위하여' 모병하거나 모병에 응하여야 성립하므로, 모병 또는 모병에 응한다는 인식, 즉 고의 외에 적국을 이롭게 할 의사, 즉 '이적의사'가 있어야 한다.[4]

4    모병이적죄는 사형 또는 무기징역에(제1항), 응병이적죄는 무기 또는 5년 이상의 징역(제2항)에 처한다.

5    미수범(§ 100), 예비·음모·선동·선전죄(§ 101)도 처벌하고, 외국인의 국외범도 처벌한다(§ 5(ii)).

〔조 균 석〕

---

1 김성돈, 형법각론(8판), 759; 김일수·서보학, 새로쓴 형법각론(9판), 755; 배종대, 형법각론(13판), § 143/1; 오영근, 형법각론(7판), 670; 이재상·장영민·강동범, 형법각론(12판), § 40/10; 임웅, 형법각론(11정판), 881; 정성근·박광민, 형법각론(전정3판), 858; 정영일, 형법각론, 615; 주석형법 〔각칙(1)〕(5판), 68(민철기).

2 오영근, 670; 유기천, 형법학(각론강의 하)(전정신판), 239; 이재상·장영민·강동범, § 40/10; 임웅, 881; 정성근·박광민, 858; 정영일, 615; 주석형법 〔각칙(상)〕, 49(염정철); 주석형법 〔각칙(1)〕(4판), 90(임성근).

3 김성돈, 759.

4 김성돈, 759(목적범); 김일수·서보학, 755(경향범); 배종대, § 143/1(목적범); 박찬걸, 형법각론(2판), 840(목적범); 오영근, 670; 이재상·장영민·강동범, § 40/10; 임웅, 881(초과주관적 의사); 정성근·박광민, 858(경향범); 정영일, 615(초과주관적 구성요건요소); 한상훈·안성조, 형법개론(3판), 706(이적의사); 주석형법 〔각칙(1)〕(5판), 68(민철기).

## 제95조(시설제공이적)

① 군대, 요새, 진영 또는 군용에 공하는 선박이나 항공기 기타 장소, 설비 또는 건조물을 적국에 제공한 자는 사형 또는 무기징역에 처한다.

② 병기 또는 탄약 기타 군용에 공하는 물건을 적국에 제공한 자도 전항의 형과 같다.

　　본죄〔(군용시설·군용물건)제공이적죄〕는 군사시설이나 군사상 필요한 물건을 적　　1
국(여적죄에서의 적국과 같은 개념)에 제공함으로써 성립되는 범죄이다.

　　본죄의 행위는 본죄의 객체, 즉 ① 군대, 요새, 진영 또는 군용에 공(供)하　　2
는 선박이나 항공기 기타 장소, 설비 또는 건조물(제1항), ② 병기 또는 탄약 기
타 군용에 공하는 물건(제2항)을 적국에 제공하는 것이다.

　　본죄의 객체는 어느 것이나 우리나라의 군사 목적에 직접 사용하기 위한　　3
시설이나 물건을 의미한다.[1] 제1항의 죄에서 '군대'는 다수인의 군인으로 이루어
진 군사조직이고, '요새(要塞)'는 전투나 공격·방어를 위하여 만들어진 자연적·
인공적 시설이고, '진영(陣營)'은 군인들이 머물고 생활할 수 있는 자연적·인공적
시설을 말한다.[2] '군용에 공(供)하는' 것은 군사 목적에 사용하도록 하는 것을 말
하며, 처음부터 군사 목적으로 만들어진 것일 필요는 없다.[3] 선박이나 항공기
외에 장소(진지 등), 설비(통신시설 등) 또는 건조물이 그 대상이 된다.

　　제2항의 죄에서 '병기'는 전쟁·전투에서 살상력을 행사하기 위해서 사용되　　4
는 기구와 군사작전에 직·간접으로 쓰이는 장치·기구류를 말하고, '탄약'은 탄
약과 화약을 말한다. 병기, 탄약은 '기타 군용에 공하는 물건'의 예시이고, '기타

---

1 김성돈, 형법각론(8판), 759; 배종대, 형법각론(13판), § 143/2; 이재상·장영민·강동범, 형법각론
　(12판), § 40/11; 정성근·박광민, 형법각론(전정3판), 859; 주석형법 〔각칙(1)〕(5판), 69(민철기).
　명시적으로 '우리나라'라는 표현을 사용하지 않는 경우〔예컨대, 오영근, 형법각론(7판), 671; 임
　웅, 형법각론(7정판), 882 등〕도 있으나, 제96조의 시설파괴이적죄의 규정에 비추어 본죄의 시설
　이나 물건은 '우리나라' 군사목적용에 한정된다.

2 오영근, 671; 정영일, 형법각론, 616; 주석형법 〔각칙(1)〕(5판), 69(민철기).

3 오영근, 671; 주석형법 〔각칙(1)〕(5판), 69(민철기).

〔조 균 석〕　　　　　　**235**

군용에 공하는 물건'은 예컨대 군량미나 군용유류 등이 여기에 포함된다. 군용
에 공하지 않는 물건을 적국에 제공한 때에는 본죄가 아니라 물건제공이적죄
(§ 97)가 성립한다.

5        행위는 적국에 '제공'하는 것으로, 그 방법 여하는 묻지 않으며, 무상·유상
을 불문한다.[4]

6        본죄는 사형 또는 무기징역에 처한다.

7        미수범(§ 100), 예비·음모·선동·선전죄(§ 101)도 처벌하고, 외국인의 국외범
도 처벌한다(§ 5(ii)).

〔조 균 석〕

---

4 이형국·김혜경, 형법각론(2판), 758; 정영일, 616.

## 제96조(시설파괴이적)

적국을 위하여 전조에 기재한 군용시설 기타 물건을 파괴하거나 사용할 수 없게 한 자는 사형 또는 무기징역에 처한다.

본죄(시설파괴이적죄)는 적국(여적죄에서의 적국과 같은 개념)을 위하여 제95조 (시설제공이적)에 기재된 객체인 군용시설 기타 물건을 파괴하거나 사용하지 못하게 함으로써 성립되는 범죄이다. **1**

'파괴'는 군용시설이나 물건의 기능·용법의 전부나 일부를 불가능하게 할 정도의 파손을 의미하고, 그 정도에 이르지 아니하는 단순한 손괴는 포함되지 않는다.[1] 따라서 효용을 상실하게 하거나 현저히 감소시키는 행위가 아닌 단순히 효용을 감소시키는 행위는 본죄에 해당하지 않고 일반이적죄(§99)에 해당될 수 있을 뿐이다.[2] **2**

본죄가 성립하기 위해서는 고의 외에 이적의사가 필요하다.[3] 따라서 적국 함대에 포획되지 않기 위해서 스스로 승선을 침몰시키거나,[4] 적국의 수중에 넘어가는 것을 방지하기 위하여 시설을 파괴하거나,[5] 적국에 의해 함락·점령되면 군용이나 전투용으로 사용될 것을 우려하여 미리 파괴하는 행위[6]에 대해서는 **3**

---

1 선박파괴죄(§187)에서의 선박 파괴에 관한 대판 2009. 4. 23, 2008도11921. 형법상 '파괴'를 구성요건적 행위로 규정한 기본범죄로는 공용물의 파괴(§141②), 수리방해(§184), 기차 등의 전복 등(§187), 공익건조물파괴(§367)가 있다.

2 오영근, 형법각론(7판), 671; 주석형법 〔각칙(1)〕(5판), 70(민철기).

3 김성돈, 형법각론(8판), 760(목적범); 김신규, 형법각론 강의, 801(목적범); 김일수·서보학, 새로 쓴 형법각론(9판), 755(경향범); 배종대, 형법각론(13판), §143/3; 오영근, 671; 유기천, 형법학 (각론강의 하)(전정신판), 239(목적범); 이재상·장영민·강동범, 형법각론(12판), §40/12; 임웅, 형법각론(11판), 882; 정성근·박광민, 형법각론(전정3판), 859(경향범); 주석형법 〔각칙(상)〕, 49(염정철)(목적범); 한상훈·안성조, 형법개론(3판), 707(이적의사); 주석형법 〔각칙(1)〕(5판), 68 (민철기).

4 김성돈, 760; 이재상·장영민·강동범, §40/12; 정성근·박광민, 859; 정성근·정준섭, 형법강의 각론(2판), 635; 주석형법 〔각칙(1)〕(5판), 70(민철기).

5 박찬걸, 형법각론(2판), 840.

6 정영일, 형법각론, 617.

본죄를 적용할 수 없다. 이적의사 없이 군사시설을 손괴하거나 그 기능을 손상시킨 때에는 군사기지 및 군사시설 보호법(§ 24①, § 9①(ix))[7]에 의하여 처벌된다.

4    본죄의 실행의 착수시기는 파괴행위를 개시한 때이고, 기수시기는 군용시설 기타 물건의 효용이 상실되거나 현저히 감소된 때이다.[8]

5    본죄는 사형 또는 무기징역에 처한다.

6    미수범(§ 100), 예비·음모·선동·선전죄(§ 101)도 처벌하고, 외국인의 국외범도 처벌한다(§ 5(ii)).

〔조 균 석〕

---

7 군사기지 및 군사시설 보호법 제24조(벌칙) ① 제9조 제1항 제9호를 위반하여 군사시설 또는 군용 항공기를 손괴하거나 그 기능을 손상시킨 자는 3년 이상의 유기징역에 처한다.
  제9조(보호구역에서의 금지 또는 제한) ① 누구든지 보호구역 안에서 다음 각 호의 어느 하나에 해당하는 행위를 하여서는 아니 된다.
    9. 군사시설 또는 군용항공기를 손괴하거나 그 기능을 손상시키는 행위
8 오영근, 671-672.

## 제97조(물건제공이적)

군용에 공하지 아니하는 병기, 탄약 또는 전투용에 공할 수 있는 물건을 적국에 제공한 자는 무기 또는 5년 이상의 징역에 처한다.

본죄(물건제공이적죄)는 군용에 공(供)하지 아니하는 병기, 탄약 또는 전투용 1
에 공할 수 있는 물건을 적국(여적죄에서의 적국과 같은 개념)에 제공함으로써 성립하는 범죄이다.

본죄의 객체는 '병기 또는 탄약 기타 군용에 공하는 물건'을 객체로 하는 제 2
95조 제2항의 시설제공이적죄와 대비된다. '병기, 탄약'의 경우는, 군용에 공하는 것은 시설제공이적죄의 객체에, 군용에 공하지 아니하는 것은 본죄의 객체에 해당한다.[1] '물건'의 경우는, 군용에 공하는 것은 시설제공이적죄의 객체에, 군용에 공하지 아니한 것은 그중에서 전투용에 공할 수 있는 것은 본죄의 객체에 해당한다. '군용'에 공하지 아니하는 물건으로서 '전투용'에도 공할 수 없는 물건을 제공한 경우는, 적국에 군사상 이익을 공여하는 것이라면 제99조의 일반이적죄에는 해당할 수 있을 것이다. 물건은 객관적 성실장 전투용에 공할 수 있으면되고, 처음부터 전투용으로 만들어진 물건일 필요는 없다.[2]

본죄는 무기 또는 5년 이상의 징역에 처한다. 3

미수범(§100), 예비·음모·선동·선전죄(§101)도 처벌하고, 외국인의 국외범 4
도 처벌한다(§5(ii)).

〔조 균 석〕

---

[1] 병기와 탄약은 군용에 공하지 아니하는 것일지라도 당연히 전투용에 공할 수 있으므로 제95조 제2항과는 달리 '군용에 공하지 아니하는 병기, 탄약 기타 전투용에 공할 수 있는 물건'이라고 규정하지 않고, '군용에 공하지 아니하는 병기, 탄약 또는 전투용에 공할 수 있는 물건'이라고 규정한 것으로 보인다. 그런 점에서 '군용에 공하지 아니하는 병기, 탄약은 전투용에 공할 수 있는 물건의 한 예시라고 하는 것〔오영근, 형법각론(7판), 672; 주석형법 〔각칙(1)〕(5판), 71(민철기)〕은 적절한 표현은 아니라고 하겠다.
[2] 오영근, 672; 정영일, 형법각론, 617; 홍영기, 형법(총론과 각론), §110/12; 주석형법 〔각칙(1)〕(5판), 71(민철기).

## 제98조(간첩)

① 적국을 위하여 간첩하거나 적국의 간첩을 방조한 자는 사형, 무기 또는 7년 이상의 징역에 처한다.

② 군사상의 기밀을 적국에 누설한 자도 전항의 형과 같다.

# Ⅰ. 개  관

## 1. 의  의

1    본죄(제1항의 간첩죄와 간첩방조죄, 제2항의 군사상기밀누설죄를 합하여 '본죄'라고 한다.)는 적국(여적죄에서의 적국과 같은 개념)을 위하여 간첩하거나 적국의 간첩을 방조하거나(제1항), 또는 군사상의 기밀을 적국에 누설함으로써(제2항) 성립한다.

2    본죄의 행위태양은 ① 적국을 위하여 간첩하는 행위, ② 적국의 간첩을 방조하는 행위, ③ 군사상의 기밀을 적국에 누설하는 행위이며, 세 가지 행위태양에 대하여 모두 동일한 법정형이 규정되어 있다. 간첩하는 행위는 적국을 위해 국가기밀을 탐지, 수집하는 행위를 의미한다. 군사상 기밀을 적국에 누설하는 행위는 직무상 지득(知得)한(알게 된) 비밀을 적국에게 넘겨주는 행위로서 간첩하는 행위에 대향적인 행위이다. 간첩방조행위는 간첩행위를 용이하게 하는 일체의 행위인데, 형법은 간첩행위에 협력하는 행위를 공범이 아닌 별개의 죄로서 간첩행위와 대등하게 규정하고 동일한 법정형으로 의율한다.

3    본죄는 외환의 죄의 장에 규정되어 있으므로 그 보호법익은 대한민국의 외

적인 존립과 안전이다. 간첩행위로 인해 대한민국의 외적인 안전에 구체적인 위험이 발생하지 않는 경우에도 본죄는 성립한다. 따라서 본죄는 추상적 위험범이 된다.[1]

외환의 죄는 외부의 침략으로부터 대한민국의 존립을 보호하려는 것이므로 본죄도 대한민국을 침략하는 적국을 전제하고 있다. 본죄는 군사상 기밀의 탐지, 수집, 누설이라는 행위를 통해서 대한민국에 대한 적국의 무력 행사 능력을 강화하는 범죄이다.[2] 본죄는 형법의 규정체계상 이적죄의 특수한 유형으로 볼 수 있으며, 따라서 본죄의 구성요건에 해당하지 않는 행위가 대한민국의 군사상 이익을 해하거나 적국에 군사상 이익을 제공하는 이적성이 인정되는 때에는 일반이적죄(§99)가 성립할 수 있다.[3]

## 2. 간첩행위를 처벌하는 다른 법률

현행법상 간첩행위를 처벌하는 법률은 본조 이외에 그 특별법이라고 할 수 있는 국가보안법 제4조 제1항 제2호에 규정된 목적수행 간첩죄와 군형법 제13조의 간첩죄가 있다.

국가보안법 제4조 제1항 제2호는 '반국가단체의 구성원 또는 그 지령을 받은 자가 그 목적수행을 위해 형법 제98조에 규정된 행위를 하거나 국가기밀을 탐지, 수집, 누설, 전달하거나 중개'하는 행위를 처벌하고 있으며[국가보안법위반(간첩)죄], 본죄와 법정형이 같다. 군형법 제13조는 적을 위하여 간첩행위를 하거나, 적의 간첩을 방조하거나 군사상 기밀을 적에게 누설한 행위를 한 군인 또는 준군인(군형 §1③)을 가중처벌한다.[4]

4

5

6

---

1 박찬걸, 형법각론, 773; 오영근, 형법각론(5판), 660; 이정원·류석준, 형법각론, 693; 임웅, 형법각론(10정판), 875; 정성근·박광민, 형법각론(전정3판), 857; 최호진, 형법각론, 872; 주석형법〔각칙(1)〕(5판), 73(민철기). 이와는 달리 구체적 위험범이라는 견해[배종대, 형법각론(13판) §140/1]도 있다.
2 신동운, 형법각론(2판), 29.
3 대판 1982. 11. 23, 82도2201.
4 군형법 제13조(간첩) ① 적을 위하여 간첩한 자는 사형에 처하고 적의 간첩을 방조한 자는 사형 또는 무기징역에 처한다.
　② 군사상의 기밀을 적에게 누설한 자도 전항의 형과 같다.

### 3. 군사상 기밀과 국가기밀

7    형법은 간첩행위의 대상이 되는 기밀이 무엇인지 명시적으로 규정하고 있지 않다. 다만, 본조 제2항이 '군사상의 기밀'을 적국에 누설하는 행위를 광의의 간첩죄의 한 태양으로 규정하고 있는 점에 비추어 보면, 본조 제1항의 간첩행위도 '군사상의 기밀'을 탐지, 수집하는 것으로 해석된다.[5]

8    국가보안법 제4조 제1항 제2호는 반국가단체의 구성원 또는 그 지령을 받은 자가 그 목적수행을 위해 본조에 규정된 행위를 하는 것과 국가기밀을 탐지, 수집, 누설, 전달하거나 중개하는 행위를 하는 것을 별도로 구별하고 있으므로, 형법상 간첩행위의 대상인 군사상 기밀과 국가보안법상 국가기밀을 구별하는 듯한 태도를 취하고 있다. 구 국가보안법(법률 제549호)은 제2조(군사목적수행)에서 반국가단체 구성원 또는 그 지령을 받은 자가 목적수행을 위하여 형법의 간첩행위를 범한 경우에는 형법상 간첩죄와 동일하게 사형·무기징역·7년 이상의 징역형에 처하도록 하면서, 제3조(일반목적수행)에서 국가기밀 탐지·수집이나 누설행위 등을 한 자에 대하여는 사형·무기징역형에 처하도록 규정함으로써, 군사상 기밀에 대한 간첩행위와 국가기밀에 대한 간첩행위를 명확하게 구별하고 있었다. 당시의 판례도 국가보안법 제3조 제1호에서 말하는 국가기밀과 국가보안법 제2조 및 본조 제1항이 뜻하는 국가기밀은 그 기밀의 중요성과 가치의 정도에 차이가 있는 것으로 보면서, 전자의 국가기밀은 후자의 국가기밀보다 고도의 국가기밀을 뜻하는 것으로 해석함이 타당하다고 하였다.[6]

9    본죄가 군사상 기밀을 대상으로 한 이유는 1953년에 제정된 형법이 입법 연혁상 전시형법(戰時刑法)의 성격을 갖고 출발하였으며, 연혁상 본래적 의미의 간첩행위는 군사상 기밀을 그 대상으로 하였기 때문이다.[7] 그런데 오늘날 현대전은 총력전으로 변모하게 되어 이제는 군사상의 기밀이 국가기밀과 더 이상 구별되지 않게 되었다. 오늘날에는 협의의 군사상 기밀뿐 아니라 정치, 경제, 사회, 문화 등 모든 분야의 국가기밀이 광의의 군사기밀에 해당할 수 있게 되었고, 그

---

5 신동운, 29; 김호정, "간첩죄 관련 형법 개정 방안", 외법논집 40-1(2016), 64.

6 대판 1969. 9. 23, 69도1219; 대판 1974. 7. 26, 74도1477(전). 다만, 판례는 그 용어에 있어서는 본죄에 대하여도 국가기밀이라는 용어를 사용하였다.

7 김호정(주 5), 64; 정영일·황태정, "간첩죄의 해석론과 개선방향", 형사정책 21-2, 한국형사정책학회(2009), 393.

국가기밀은 군사기밀 보호법 제2조 소정의 군사기밀 범위에 국한되지 않는다(판례8 및 통설9). 1980년 개정된 구 국가보안법(법률 제3318호)은 제4조(목적수행)에서 형법상의 간첩행위를 국가보안법상 국가기밀 탐지·수집·누설 등의 행위와 구별하지 않고 한 개의 조문으로 통합하였으며,10 현행 국가보안법도 형법상 간첩행위와 국가기밀 탐지·수집·누설행위 사이에 법정형의 차이를 두지 않고 있다. 따라서 군사상 기밀과 국가기밀 사이에 더 이상의 구별 실익은 없으며, 본죄의 군사상 기밀은 광의의 군사기밀로서 국가기밀과 같은 의미로 해석된다.

## II. 행 위

본조 제1항 전단이 규정하는 첫 번째 행위태양인 협의의 간첩죄는 적국 또는 준적국을 위하여 간첩하는 경우에 성립한다. 여기에서 '간첩'이라 함은 적국에 통지하기 위하여 군사상의 기밀 또는 국가기밀(아래에서는 별도로 군사상의 기밀을 특정하여 설명하여야 하는 경우 이외에는 국가기밀로 통칭한다.)을 탐지·수집하는 행위를 말한다. 같은 항 후단에서는 간첩을 방조하는 경우를 동일한 법정형으로 처벌하고 있는데, 이 경우의 간첩은 간첩행위를 하는 자를 의미하며, 원래의 사전적 의미와 동일하다. 　　10

본조 제2항은 군사상 기밀을 누설하는 행위를 제1항과 동일한 법정형으로 처벌하고 있다. 협의의 간첩죄를 범한 자가 그 군사상 기밀을 누설한 때에는 그 누설행위는 간첩죄의 불가벌적 사후행위가 된다. 국가의 외적 안전이라는 보호 　　11

---

8　대판 1983. 3. 22, 82도3036; 대판 1990. 8. 28, 90도230; 대판 1997. 9. 9, 97도1656.

9　신동운, 33; 이재상·장영민·강동범, 형법각론(12판), §40/20. 이에 대하여 2009년 한국형사법학회·한국형사정책학회의 공동개정안은 본조 제1항의 간첩죄는 그대로 두고 제2항의 행위객체인 군사상 기밀은 군사기밀 보호법의 정의를 활용하여 좁게 규정하여야 한다는 입법안을 제시하고 있다[조국·도중진·박미숙, "'국가적 법익에 대한 죄' 분야 개정방안", 형법개정의 쟁점과 검토: 죄수, 형벌론 및 형법각칙(한국형사정책연구원, 법무부, 한국형사법학회, 한국형사정책학회 2009년 공동학술회의 자료집), 한국형사정책연구원(2009. 9. 11). 224-225·237].

10　국가보안법(1980. 12. 31. 법률 제3318호로 개정된 것) 제4조(목적수행) ① 반국가단체의 구성원 또는 그 지령을 받은 자가 그 목적수행을 위한 행위를 한 때에는 다음의 구별에 따라 처벌한다.
　　1. 형법 제92조 내지 제97조·제99조·제250조 제2항·제338조 또는 제340조 제3항에 규정된 행위를 한 때에는 그 각조에 정한 형에 처한다.
　　2. 형법 제98조에 규정된 행위를 하거나 국가기밀을 탐지·수집·누설·전달·중개하거나 폭발물을 사용한 때에는 사형 또는 무기징역에 처한다.

〔이 창 온〕　　　　　　　　　　　　　　　　　**243**

법익이 대단히 중요하기 때문에 국가기밀의 누설보다 앞선 단계인 탐지, 수집단계에서 이미 범죄가 성립한다고 보는 것이다.[11] 따라서 본조 제2항은 군사상 기밀을 탐지, 수집한 자가 아니라 직무와 관련하여 군사상 기밀을 지득한 자가 이를 누설한 때에만 적용된다.

## 1. '적국을 위하여'

### (1) 적국과 준적국의 의의

12   간첩죄가 성립하기 위해서는 적국을 위하여 간첩행위를 행하여야 한다. 간첩죄는 형법상 이적죄의 하나로 규정되어 있으므로 이적성 및 이적의사를 요건으로 한다.[12] 적국을 위하여 간첩행위를 하였다고 보기 위해서는 적국과 의사의 연락이 있을 것을 요한다. 따라서 적국과의 의사 연락 없이 편면적으로 적국에 알리기 위하여 기밀을 수집하는 행위는 간첩예비에 해당할 뿐이다.[13]

13   적국은 대한민국에 대해 교전 상태에 있는 국가를 말한다.[14] 적국은 국제법상 선전포고를 하고 대한민국과 전쟁상태에 있는 나라뿐만 아니라 대한민국과 사실상 전쟁을 수행하고 있는 나라도 포함한다.[15]

14   한편, 제102조에 의하여 대한민국에 적대하는 외국 또는 외국인의 단체는 준적국으로서 적국으로 간주되므로, 대한민국에 대해 직접 무력을 행사하고 있지 않더라도 대한민국과 적대 상태에 있는 외국 또는 외국인의 단체를 위하여도 간첩죄가 성립될 수 있다. 준적국은 국제법상 승인을 받은 국가일 필요가 없으며,[16] 외국인의 단체는 국제법상의 교전단체로 인정되지 아니한 특정 단체 또는 집단으로서의 무장 조직도 포함한다.[17] 따라서 대한민국에 적대하는 외국인의 테러단체를 위하여 간첩행위를 한 경우에도 형법상 간첩죄가 성립될 수 있다.[18]

---

11 신동운, 38.
12 김재현, "형법상 간첩죄 규정에 대한 개선방안", 법학연구 26-4, 연세대 법학연구원(2016), 258.
13 김일수·서보학, 새로쓴 형법각론(9판), 756; 배종대, §144/1; 이재상·장영민·강동범, §40/23; 정성근·박광민, 861.
14 신동운, 21.
15 김재현(주 12), 258.
16 김일수·서보학, 756; 이재상·장영민·강동범, §40/19.
17 신동운, 22.
18 외국인의 단체는 국가에 준한 단체만을 의미하므로, 이에 이르지 않은 테러단체를 준적국으로 볼 수 없다는 견해도 입론(立論) 가능하다.

〔이 창 온〕

적국의 무력 행사로부터 대한민국을 방위하기 위하여 대한민국이 외국과 15
군사적 목적의 조약을 체결하는 경우가 있는데, 각칙 제2장 외환의 죄는 그러한
조약을 체결한 상대 국가인 동맹국에 대한 행위에 대해서 적용되므로(§104), 동
맹국에 대하여 간첩행위를 한 경우에도 간첩죄에 의해 처벌된다.

형법은 이와 같이 간첩행위를 적국이나 준적국을 위한 것으로 제한하고 있 16
는데, 북한이 적국 또는 준적국에 해당하는지, 그리고 적국이 아닌 외국 또는
외국인의 단체를 위하여 간첩행위를 한 경우에도 처벌이 가능한지 여부가 문제
로 제기된다. 그런데 국가보안법 제4조 제1항 제2호는 반국가단체의 구성원 또
는 그 지령을 받은 자가 본조에 규정된 간첩행위를 한 경우를 처벌하고 있으며,
국가보안법 제2조는 반국가단체를 '정부를 참칭하거나 국가를 변란할 것을 목적
으로 하는 국내외의 결사 또는 집단으로서 지휘통솔체제를 갖춘 단체'라고 정의
하고 있으므로, 국가보안법에 의하여 간첩죄의 적용범위가 적국 또는 준적국을
넘어서서 반국가단체에까지 확대된다.

### (2) 북한의 적국 또는 준적국 여부

헌법 제3조는 대한민국의 영토를 한반도와 그 부속도서로 규정하고 있으므 17
로 북한도 곧 대한민국의 영토 내에 포함된다고 볼 수 있다. 이러한 해석에 따
르면 북한은 국가로 인정할 수 없어 적국에 해당하지 아니하며,[19] 또한 외국이
나 외국인의 단체라고도 볼 수도 없으므로[20] 준적국에도 해당하지 않는다는 논
리적 귀결에 이르게 된다. 그렇다면 북한을 위하여 간첩행위를 한 경우에 형법
의 문언상 간첩죄로 처벌할 수 있는지 의문이 제기된다.

판례는 북한은 우리 헌법상 반국가적인 불법단체로서 국가로 볼 수 없으나, 18
간첩죄의 적용에 있어서는 이를 적국에 준하여 취급하여야 한다는 입장을 취하
였다.[21] 통설도 이러한 판례의 입장을 지지한다.[22] 이러한 판례와 다수설에 대
하여, 제102조는 외국이나 외국인의 단체를 대상으로 하고 있으므로 이 조항에
근거하여 북한을 준적국으로 보기는 어렵다거나[23] 남북 사이의 화해, 불가침 및

---

19 대판 1982. 11. 23, 82도2201.
20 대법원은 과거 중공을 준적국인 외국인의 단체로 보고 북한은 그 괴뢰단체로 파악하여 간첩죄를
   의율하였다고 한다(신동운, 30).
21 대판 1959. 7. 18, 4292형상180; 대판 1971. 9. 28, 71도1498; 대판 1983. 3. 22, 82도3036.
22 김일수·서보학, 755; 이재상·장영민·강동범, §40/188; 정성근·박광민, 947.
23 신동운, 30; 김재현(주 12), 260; 박미숙, "간첩죄 개정방향에 대한 소고", 비교형사법연구 11-1,

교류에 관한 합의서에 나타난 내용으로 볼 때 북한을 적국으로 단정하기 어렵다거나,[24] 간첩죄의 경우에만 북한을 적국 또는 준적국으로 인정하는 것은 형법의 일관된 해석에 맞지 않는 해석이라거나,[25] 북한을 국가보안법상 반국가단체로 보는 규정과 충돌한다는 비판들이 존재한다.[26] 헌법과 국가보안법의 해석상 반국가단체의 지위에 있는 북한을 형법의 문언 해석상 동시에 적국이나 외국인의 단체로 볼 수는 없으므로, 북한을 위한 간첩행위는 형법이 아닌 국가보안법에 의하여 처벌된다고 보는 것이 더 자연스러운 해석으로 생각된다.[27] 1980년대 이후의 판례도 북한을 반국가단체로 보고 북한을 위한 간첩죄는 통상 국가보안법으로 의율하여 왔다.[28]

19          한편, 남북화해 · 불가침 및 교류협력에 관한 합의, 남북한 유엔 동시가입, 남북교류협력에 관한 법률, 6 · 15 남북공동선언 등을 통해 남북관계 개선이 이루어지면서, 그러한 정세의 변화에도 불구하고 계속해서 북한을 국가보안법상 반국가단체로 볼 수 있는지[29] 여부가 문제로 제기되었다. 대법원[30]과 헌법재판소[31]는 '이중적 지위론'에 따라 이를 긍정한다. 판례는 "북한은 조국의 평화적 통일을 위한 대화와 협력의 동반자이나 동시에 남 · 북한 관계의 변화에도 불구하고, 적화통일노선을 고수하면서 우리의 자유민주주의 체제를 전복하고자 획책하는 반국가단체라는 성격도 아울러 가지고 있고, 반국가단체 등을 규율하는 국가보안법의 규범력이 상실되었다고 볼 수는 없다."고 판시하였다. 적국이 아닌 외국 또는 외국인의 단체를 위하여 간첩행위를 한 경우에 간첩죄로 처벌할 수 있는지에 관하여는 간첩죄 개정 논의와 관련한 항목에서 별도로 살펴보겠다.

---

한국비교형사법학회(2009), 218.

24 박상기, "간첩죄에 관한 소고", 형사정책연구 18-3(2007 가을호), 한국형사정책연구원(2007), 571.

25 김재현(주 12), 260.

26 박미숙(주 23), 218.

27 김재현(주 12), 260-261. 따라서 이 부분은 국가보안법 존폐논쟁에 있어서도 함께 고려해야 할 필요가 있을 것이다.

28 신동운, 22.

29 박상기(주 24), 571.

30 대판 2008. 4. 17, 2003도758(전). 본 판결 해설은 박이규, "북한 방문증명서를 발급받아 북한을 방문한 경우 국가보안법상 탈출죄 성부", 해설 76, 법원도서관(2008), 523-549.

31 헌재 1997. 1. 16, 92헌바6 등(병합).

〔이 창 온〕

## 2. 행위 객체

### (1) 국가기밀 개념의 개요

간첩행위의 객체는 전술한 바와 같이 광의의 군사상 기밀로서의 국가기밀 20
이다. 형법은 군사상 기밀 또는 국가기밀의 개념을 정의하고 있지 않다. 판례는
국가기밀이란 적국이나 반국가단체에 대하여 비밀로 하거나 확인되지 아니함이
대한민국에 이익이 되는 사실, 물건, 또는 지식 등 모든 정보자료를 의미한다고
본다.[32]

국가보안법은 반국가단체의 구성원 또는 그 지령을 받은 자가 그 목적수행 21
을 위해 형법상 간첩행위를 하거나 국가기밀을 탐지, 수집, 누설, 전달하거나 중
개하는 행위를 한 경우에 대하여, "군사상 기밀 또는 국가기밀이 국가안전에 대
한 중대한 불이익을 회피하기 위하여 한정된 사람에게만 지득이 허용되고 적국
또는 반국가단체에 비밀로 하여야 할 사실, 물건 또는 지식인 경우에는 사형 또
는 무기징역에 처한다."고 규정(§ 4①(ii) 가목)하는 한편, "가목외의 군사상 기밀
또는 국가기밀의 경우에는 사형, 무기, 또는 7년 이상의 징역에 처한다."고 규정
한다(같은 호 나목).[33] (가)목에 해당하는 기밀은 적국 또는 반국가단체에 알려질
경우 국가안전에 중대한 불이익을 가져올 가능성이 있는 정보로서 한정된 사람
에게만 지득이 허용되는 것이어야 한다는 점에서 (나)목의 기밀과는 구분된다.
따라서 (나)목의 기밀은 문언의 해석상 국가안전에 중대한 불이익을 가져올 가
능성이 없는 정보거나, 한정된 사람에게만 지득이 허용된 것이 아닌 기밀을 포
함한다고 해석할 수 있다.

그런데 형법상 간첩행위를 전제한 후 그 대상이 되는 기밀의 종류를 두 가 22

---

32 대판 1997. 7. 16, 97도985(전); 대판 2003. 6. 24, 2000도5442.
33 국가보안법 제4조(목적수행) ① 반국가단체의 구성원 또는 그 지령을 받은 자가 그 목적수행을
  위한 행위를 한 때에는 다음의 구별에 따라 처벌한다.
  2. 형법 제98조에 규정된 행위를 하거나 국가기밀을 탐지·수집·누설·전달하거나 중개한 때
    에는 다음의 구별에 따라 처벌한다.
    가. 군사상 기밀 또는 국가기밀이 국가안전에 대한 중대한 불이익을 회피하기 위하여 한
      정된 사람에게만 지득이 허용되고 적국 또는 반국가단체에 비밀로 하여야 할 사실,
      물건 또는 지식인 경우에는 사형 또는 무기징역에 처한다.
    나. 가목외의 군사상 기밀 또는 국가기밀의 경우에는 사형·무기 또는 7년 이상의 징역에
      처한다.

지로 나눠서 규정하고 있는 형식에 비추어 볼 때, 국가보안법 제4조 제1항 제2
호에서 인용하고 있는 본조의 간첩행위의 객체에는 (가)목의 기밀과 (나)목의
기밀이 모두 포함된다고 해석될 수밖에 없다. 그러한 점을 감안하여 국가보안법
과 형법을 체계적으로 모순 없이 해석하기 위해서는 형법상 간첩행위의 객체인
국가기밀에는 국가안전에 중대한 불이익을 가져올 가능성이 없는 정보이거나,
한정된 사람에게만 지득이 허용되는 국가기밀뿐만 아니라 그 밖의 기밀도 포함
하는 것으로 해석하여야 한다.

23      한편, 판례는 (나)목의 기밀이 인정되기 위하여도 일반인에게 널리 알려진
공지의 것이 아닐 것, 즉 비공지성은 요한다고 보고 있으며, 다만 국가안전에
중대한 불이익은 아니라고 하더라도 사소한 불이익을 초래할 위험성이 명백한
경우에는 (나)목의 기밀에 해당한다고 판시한다.[34] 이러한 국가보안법상의 국가
기밀 개념은 체계적 해석의 원리상 형법상 간첩죄에 대하여도 동일하게 적용되
어야 할 것이다.[35] 따라서 형법상 간첩죄에 있어서 행위의 객체가 되는 국가기
밀은 국가보안법상의 국가기밀과 동일하게, ① 적국 또는 반국가단체에 대하여
비밀로 하거나 확인되지 아니함이 대한민국에 이익이 되는 사실, 물건, 또는 지
식 등 정보자료로서(요비닉성), ② 국내에서의 적법한 절차 등을 거쳐 이미 일반
인에게 널리 알려진 공지의 것이 아닌 것이며(비공지성), ③ 그 자료가 누설되는
경우 국가의 안전에 위험을 초래할 우려가 있어 기밀로 보호할 실질가치를 갖
춘 것(실질비성)이어야 한다.[36]

24      이에 대하여 다수설은 형법상 간첩죄의 국가기밀의 개념을 제한된 범위의
사람들에게만 알려져 있고 국가의 외적 안전에 중대한 불이익을 초래할 위험을
방지하기 위하여 적국에 대하여 비밀로 하여야 할 사실·대상 또는 지식을 말한
다고 하여(국보 § 4①(ii)),[37] 형법상 간첩죄의 국가기밀의 개념 범위를 국가보안법

---

34 대판 1997. 7. 16, 97도985(전); 대판 1997. 9. 9, 97도1656; 대판 2011. 10. 13, 2009도320; 대
   판 2003. 6. 24, 2000도5442 판결.
35 신동운, 32; 이재상·장영민·강동범, § 40/21.
36 정영일·황태정(주 7), 403.
37 김신규, 805; 김성돈, 형법각론(8판), 761; 박상기, 형법각론(8판), 615; 이재상·장영민·강동범,
   § 40/19; 이형국·김혜경, 형법각론(2판), 761; 정성근·정준섭, 형법강의 각론(2판), 636; 정웅석·
   최창호, 형법각론, 11; 한상훈·안상조, 형법개론(3판), 710; 홍영기, 형법(총론과 각론), § 110/15.

상 위 (가)목의 기밀에 국한함으로써 국가보안법에 비하여 축소시킨다. 그러나 동일한 문언으로 된 간첩행위의 객체를 놓고 특별한 해명 없이 국가보안법의 해석과 형법의 해석을 달리하는 것은 타당하다고 보기 어렵다.

형법상 간첩죄와 국가보안법 이외에 군사상 기밀 또는 국가기밀을 대상으로 한 법률에는 군사기밀 보호법과 국가정보원법이 있다. 군사기밀 보호법 제2조 제1호는 군사기밀을 "일반인에게 알려지지 아니한 것으로서 그 내용이 누설되는 경우 국가안전보장에 명백한 위험을 초래할 우려가 있는 군 관련 문서, 도화, 전자기록 등 특수매체기록 또는 물건으로서 군사기밀이라는 뜻이 표시 또는 고지되거나 보호에 필요한 조치가 행하여진 것과 그 내용을 말한다."고 정의하고, 이러한 군사기밀을 적법한 절차에 의하지 아니한 방법으로 탐지, 수집한 자(§ 11)와 군사기밀을 타인에게 누설한 자(§ 12)를 처벌한다. 국가정보원법 제13조 제4항은 국가기밀을 "국가의 안전에 대한 중대한 불이익을 회피하기 위하여 한정된 인원에게만 지득이 허용되고 다른 국가 또는 집단에 대하여 비밀로 할 사실, 물건 또는 지식으로서 국가기밀로 분류된 사항에 한한다."고 규정하고, 동법 제3조 제1항 제2호에 따른 비밀보호규정인 보안업무규정에서 그 비밀의 중요성과 가치에 따라 I, II, III급 비밀로 구분한다. 군사기밀 보호법과 국가정보원법에 규정된 군사기밀 또는 국가기밀은 비공지성과 실질비성을 갖출 것에 더하여 군사기밀의 표시 등이 있거나(군사기밀 보호법), 중대한 불이익을 회피하기 위해 한정된 인원에게만 지득이 허용된 것으로서 비밀로 분류될 것을 요하는 점(국가정보원법)에서 간첩죄나 국가보안법상의 국가기밀과는 구별된다.

아래에서는 앞서 언급한 국가기밀 개념의 요소에 관하여 상술한다.

### (2) 국가기밀의 요건으로서의 비공지성

#### (가) 학설

전술한 바와 같이 간첩죄에 있어서 국가기밀이 되기 위해서는 국가보안법 제4조 제1항 제2호 (나)목에 해당하는 기밀의 경우에도 국내에서의 적법한 절차 등을 거쳐 이미 일반인에게 널리 알려진 공지의 것이 아닐 것이 요구된다는 것이 통설의 입장이다.[38] 이에 대하여, 공지의 사실도 적국에 알림으로써 국가의

---

38 김일수·서보학, 756; 배종대, § 144/3; 이재상·장영민·강동범, § 40/2; 정성근·박광민, 862.

외적 안전에 불이익한 위험을 가져올 수 있다는 상대적 기밀개념을 전제로 하여, 북한의 입장에서 볼 때 공지에 속하지 않는 사실은 국가기밀에 포함되어야 한다고 보는 반대설이 존재한다. 반대설은 국가기밀이라는 개념은 그 자체가 절대적인 것이 아니고 상대적인 것으로서, 시기와 장소 및 상황에 따라 '기밀성'이 생성될 수도 소멸될 수도 있는 특성을 지니고 있다는 점을 근거로 한다.[39]

28        그러나 간첩죄는 대한민국에 대한 반역적 태도를 처벌하고자 하는 것이 아니라 국가기밀을 탐지, 수집함으로써 대한민국의 외적 안전에 위험을 초래하는 이적행위를 처벌하고자 하는 것이다. 국가기밀이라는 개념에는 비밀성과 정보로서의 효용가치라는 요소가 이미 포함되어 있다고 볼 수 있다. 탐지, 수집의 필요나 확인, 확증의 필요가 없는 공지의 사실까지 국가기밀에 포함할 경우, 그 적용 범위가 지나치게 광범하고 모호하게 되어 처벌 범위에 대한 명확한 예측가능성을 제공하지 못하게 되며, 따라서 당국의 자의적인 법 해석·적용을 초래할 우려가 있으므로 죄형법정주의에도 위배된다고 할 것이다.[40] 판례, 통설과 같이 국가기밀의 범위를 비공지의 것으로 엄격하게 해석하더라도, 그 밖의 사실을 탐지, 수집하는 행위를 형법상의 일반이적죄(§99), 외교상기밀누설죄(§113), 공무상비밀누설죄(§127), 군형법상의 일반이적죄(§14), 국가보안법상의 북한활동의 동조 등의 죄(§7①), 회합·통신·연락의 죄(§8), 편의제공죄(§9), 군사기밀 보호법상의 기밀 탐지, 수집, 누설 등의 죄로 처벌하는 것이 여전히 가능하므로, 심각한 처벌의 공백이 생기는 것도 아니다.[41] 오히려 공지의 사실 등 국가기밀에 이르지 못하는 정보를 탐지·수집하거나 누설하는 행위까지도 간첩죄와 동일하게 사형, 무기, 7년 이상 징역으로 처벌하는 것은 형벌의 불균형을 초래하게 되어 부당하다고 본다.

        (나) 비공지성 요건에 관한 과거 판례의 입장

29        대판 1997. 7. 16, 97도985(전) 이전의 대법원의 기본 입장은 본조 제1항의 국가기밀의 범위에 관하여 공지의 사실도 국가기밀이 될 수 있다는 것이었다. 과

---

39 정진홍, "간첩죄에 있어서 국가기밀의 개념과 요건해석의 재정립", 한국공안행정학회보 10, 한국
   공안행정학회(2000), 243-244·248.
40 헌재 1997. 1. 16, 92헌바6·26, 93헌바34·35·36.
41 헌재 1997. 1. 16, 89헌마240 및 김병운, "국가보안법 제4조 제1항 제2호 나목의 소정의 국가기
   밀", 형사재판의 제문제(2권), 박영사(1999), 219 이하 참조.

거의 판례는 "단순한 군사상 기밀뿐 아니라, 그 외의 정치, 경제, 문화, 사회 등 각 방면에 걸쳐서 우리나라의 국방 정책상 북한 괴뢰집단에게 알리지 아니하거나, 확인되지 아니함이 우리나라의 이익이 되는 모든 기밀 사항을 포함"하고, "이러한 기밀에 속하는 이상 국내에서는 비록 신문, 잡지, 라디오 등에 보도되는 사항이라 하더라도 북괴집단에 유리한 자료가 될 경우에 이를 탐지, 수집하는 것은 간첩"이 되며, "그 기밀이 비록 일반인 누구나 용이하게 볼 수 있고 알 수 있게 노출, 방치되었다고 하더라도 이를 적국에 제보할 목적으로 수집하였다면 간첩죄가 성립한다."고 하였다.[42] 따라서 북한 지도원에게 우리 정부의 시책·고위층 인물·농민의 생활상태 등을 설명한 행위,[43] 민심의 동향을 파악하는 행위,[44] 서울의 서민생활상, 중앙청의 위치, 시설규모, 도시와 농촌의 생활수준, 학생동향, 신문지상에 보도된 조세관계, 정치, 경제정세[45] 등도 간첩죄의 국가기밀로 인정하였다. 이와 같은 관점에서 판례는, 남한 노동자의 생활 상태, 곡가(穀價)와 국민 생활상황[46] 등을 국가보안법 제3조 소정의 국가기밀로 인정하였다.

(다) 헌법재판소 결정과 비공지성 요건에 관한 대법원의 입장 변화[47]

(a) 헌재 1997. 1. 16, 89헌마240

헌법재판소는 구 국가보안법(1991. 5. 31. 법률 제4373호로 개정되기 전의 것) 제4조 제1항 제2호 중단 소정의 국가기밀에 관하여 "그것이 비밀의 일종인 이상 비공지성 요건은 갖추고 있어야 하므로, 일반인에게 널리 알려져 있는 사실 즉 공지의 사실은 국가기밀의 개념에서 제외되어야" 하며, "국가보안법의 입법목적, 국가기밀의 일반적 의미 내지 실질적 요건 및 죄형법정주의에서 요구되는 명확성의 원칙과 죄형 균형의 요청, 그리고 국가안보와 국민의 표현의 자유 내지 알 권리와의 조화의 요청 등을 고려할 때, 구법 제5조 제1항 중 제4조 제1항 제2호

30

---

42 대판 1959. 6. 30, 4292형상100; 대판 1968. 3. 19, 68도59; 대판 1969. 2. 25, 68도1825; 대판 1968. 7. 31, 68도678; 대판 1972. 9. 12, 72도1514; 대판 1976. 12. 14, 76도3097; 대판 1982. 11. 23, 82도2201; 대판 1983. 4. 26, 83도416; 대판 1983. 5. 10, 83도665; 대판 1983. 6. 14, 83도863; 대판 1986. 2. 25, 85도2533; 대판 1987. 9. 8, 87도1446 등.
43 대판 1964. 9. 22, 64도290; 대판 1971. 9. 28, 71도1220.
44 대판 1985. 11. 12, 85도1939 등.
45 대판 1976. 12. 14, 76도3097.
46 대판 1971. 9. 28, 71도1220.
47 주석형법 〔각칙(1)〕(4판), 106-113(임성근); 주석형법 〔각칙(1)〕(5판), 84-86(민철기) 참조.

중단에 관한 부분은 그 소정의 국가기밀을 일반인에게 알려지지 아니한 것으로서 그 내용이 누설되는 경우 국가의 안전에 명백한 위험을 초래한다고 볼 만큼의 실질가치를 지닌 사실, 물건 또는 지식이라고 해석하여야 하고, 이와 같이 한정해석을 하는 한 헌법에 위반되지 아니한다."고 결정하였다. 헌법재판소는 위와 같은 "대법원의 해석론은 국가기밀이라는 문언의 문의적 한계를 훨씬 벗어나고 기밀의 실질적 요건을 헐어버린 것으로서 그 적용 범위가 지나치게 광범하고 모호하여, 법 피적용자에게 무엇이 금지되고 처벌되는 행위인가에 관하여 명확한 예측가능성을 제공하는 기능을 하지 못할 뿐만 아니라 법적용 당국의 자의적인 법해석·적용을 초래할 우려가 있어 결국 죄형법정주의에 위배되므로 이를 헌법에 합치되도록 축소·제한하여 해석할 필요가 있다."고 지적하였다. 헌법재판소는 이후 국가보안법 제4조 제1항 제2호 (나)목의 국가기밀에 관하여도 "그 소정의 군사상 기밀 또는 국가기밀을 일반인에게 알려지지 아니한 것으로서 그 내용이 누설되는 경우 국가의 안전에 명백한 위험을 초래한다고 볼 만큼의 실질가치를 지닌 사실, 물건 또는 지식이라고 해석하는 한 헌법에 위반되지 아니한다."고 결정하였다.[48]

(b) 대판 1997. 7. 16. 97도985(전)

31      대법원은 위 전원합의체 판결에서 국가기밀이 인정되기 위해서는 '비공지성'을 요구된다고 하면서 종래의 입장을 변경하였다. 위 전원합의체 판결은 "현행 국가보안법 제4조 제1항 제2호 (나)목에 정한 기밀을 해석함에 있어서 그 기밀은 정체, 경제, 사회, 문화 등 각 방면에 관하여 반국가단체에 대하여 비밀로 하거나 확인되지 아니함이 대한민국의 이익이 되는 모든 사실, 물건 또는 지식으로서, 그것들이 국내에서의 적법한 절차 등을 거쳐 이미 일반인에게 널리 알려진 공지의 사실, 물건 또는 지식에 속하지 아니한 것이어야 하고, 또 그 내용이 누설되는 경우 국가의 안전에 위험을 초래할 우려가 있어 기밀로 보호할 실질가치를 갖춘 것이어야 할 것이다."라고 판시하였다.[49] 대법원은 그 이유로서 "국가보안법 제1조 제1항은 이 법은 국가의 안전을 위태롭게 하는 반국가활동

---

48 헌재 1997. 1. 16, 93헌바34·35·36(병합)
49 이에 대하여는 국가기밀의 개념 자체가 상대적인 것으로 남북대치 상황 등의 변화에 따라 국가기밀의 범위를 신축성 있게 해석·판단하면 족하다는 별개의 의견이 있었다.

을 규제함으로써 국가의 안전과 국민의 생존 및 자유를 확보함을 목적으로 한다
고 규정하고, 그 제2항에서 이 법을 해석 적용함에 있어서는 제1항의 목적 달성
을 위하여 필요한 최소한도에 그쳐야 하며, 이를 확대 해석하거나 헌법상 보장된
국민의 기본적 인권을 부당하게 제한하는 일이 있어서는 아니된다고 규정하고
있을 뿐 아니라, 유추해석이나 확대해석을 금지하는 죄형법정주의의 기본정신에
비추어서도 그 구성요건을 엄격히 제한해석하여야 한다."는 점을 들었다.

(라) 공지의 사실인지 여부에 대한 판단기준

위 97도985 전원합의체 판결은 공지의 사실 여부를 판단하기 위한 기준을    32
제시함에 있어, "국가보안법 제4조(목적수행)는 반국가단체의 구성원 또는 그 지
령을 받은 자의 목적수행행위를 처벌하는 규정이므로, 그것들이 공지된 것인지
여부는 신문, 방송 등 대중매체나 통신수단 등의 발달 정도, 독자 및 청취의 범
위, 공표의 주체 등 여러 사정에 비추어 보아 반국가단체 또는 그 지령을 받은
자가 더 이상 탐지·수집이나 확인·확증의 필요가 없는 것이라고 판단되는 경
우 등"이라고 판시하였다.[50] 이러한 판례의 입장에 따르면 언론매체나 통신수단
(인터넷 등)의 발달 정도, 내용의 보도 여부, 그 신문의 발행 부수나 청취자 숫자
(독자의 범위), 공표의 주체 등 여러 사정에 비추어, 정보를 탐지·수집하고자 하
는 자가 별다른 노력 없이도 그러한 내용을 알 수 있는 것이어서, 더 이상 탐
지·수집이나 확인·확증의 필요가 없다고 볼 수 있는 경우에는 그 정보는 공지
의 사실에 해당하여 간첩죄의 국가기밀에 해당하지 않는다고 보게 된다. 예컨
대, 인터넷 등에 올라 있는 것, 해외에까지 배포되는 국내 일간지에 게재된 것
등은 공지된 것으로서 국가기밀이 아니라고 볼 수 있을 것이다.

그러나 군사기밀 보호법상 군사기밀과 같이 군사기밀이라는 뜻이 표시 또    33
는 고지되거나 보호에 필요한 조치가 행하여지거나, 또는 국가정보원법상 국가
기밀과 같이 한정된 인원에게만 지득이 허용되도록 국가기밀로 분류된 정보로
인정되어야만 비공지성 요건이 충족되는 것은 아니다.[51]

---

50 대판 1997. 7. 16, 97도985(전).
51 김재현(주 12), 249-250. 형식적인 비밀표시와 실질적 비밀성 모두를 갖춘 경우에 국가기밀이 될
   수 있다는 입장을 병합주의로 부르고 있는데. 행정편의에 불과한 이른바 가성비밀(假性秘密)은
   국가기밀에 해당하지 않는다고 보는 판례의 반대해석상 형식비를 갖추지 않았다고 하더라도 실
   질비를 갖추었다면 국가기밀에 해당할 수 있다.

34      한편, 한정된 영역에만 알려진 사실은 비밀 표지나 분류에 의한 접근 제한
조치가 없고, 설사 일반인이 그러한 영역에 접근할 수 있는 가능성이 열려 있었
다고 하더라도 행위자에게는 여전히 탐지·수집이나 확인·확증의 필요가 있다
고 볼 수 있으므로, 공지의 사실이라고 볼 수 없다. 판례는 한정된 범위 내의
사람만이 참관할 수 있는 학술세미나나 국방산업박람회에서 탐지, 수집한 정보
또는 일반인이 쉽게 구할 수 없는 대학가 유인물이나 주변 인물들로부터 탐지,
수집한 정보, 그리고 설사 서점에서 입수가 가능하다고 하더라도 일부 한정된
대형서점에서만 구입이 가능하고 일부 해외에 배포되기는 하나 해외대사관 등
제한된 범위 내에서만 배포되는 것으로 입수에 한계가 있는 경우에는, 공지의
사실이라고 할 수 없다고 보고 있다.[52] 또한, 그 내용이 언론에 공표되어 우리
나라 국민에게 어느 정도 알려진 것이라고 하더라도 당해 행위자에게 탐지·수
집이나 확인·확증의 필요가 있다고 볼 수 있는 정보는 공지의 사실이 아니라고
할 것이다.[53] 판례는 탐지, 수집, 전달한 내용이 이미 국내 언론을 통하여 보도
된 내용을 포함하고 있더라도 이를 그대로 보고하거나 단순히 종합하여 보고한
것이 아니라 주변 인물들로부터 탐문한 내용이나 여론의 동향 등을 종합 분석
하여 보고한 것이라면, 더 이상 탐지·수집이나 확인·확증이 필요 없는 것이라
할 수는 없으므로 이를 공지의 사실로 볼 수는 없다고 한다.[54]

35      반면, 일반인에게 널리 알려져 있지 않은 비공지의 사실이라고 하더라도 행
위자 또는 적국이나 반국가단체에게 알려져 있거나 쉽게 지득할 수 있는 정보
인 경우에는 행위자 입장에서 탐지·수집이나 확인·확증이 필요 없는 것이라고
볼 수 있으므로, 실질비성이 인정되지 않아 국가기밀로 인정되지 않는다고 본
다. 따라서 행위자가 소속된 이적단체 내부의 동향자료를 정리하여 보고한 경우
그 자료는 국가기밀이 아니다.[55] 이 경우, 일반이적죄의 구성요건이 충족되면
동죄로는 처벌할 수 있을 것이다.

36      위 97도985 전원합의체 판결은 '피고인이 반국가단체로부터 지령을 받은 A

---

52 대판 1998. 4. 10, 98도82.
53 김병운(주 41), 222 이하.
54 대판 1998. 4. 10, 98도82.
55 대판 2005. 5. 13, 2004도6512 참조.

〔이 창 온〕

의 지령에 따라 1992. 1. 21.부터 1994. 5. 4.까지 12회에 걸쳐 동아일보, 한겨레신문 등 국내 일간지와 월간 '말'지 등 잡지, 방송 등을 통하거나 범민련 등 재야 운동단체 사무실 등지를 출입하면서 입수한 자료들을 탐지, 수집한 후 이를 종합하여 국내 정세와 재야 운동단체들의 활동, 범민련 남측본부 인사들의 구속 및 재판과정 등에 관한 내용을 편지 또는 녹음테이프에 정리하여 A에게 전달'한 사실관계에 관하여, 그 "내용 중에는 신문, 방송 등 대중매체나 통신수단 등의 발달 정도, 독자 및 청취의 범위, 공표의 주체 등 여러 사정에 비추어 보아 반국가단체인 북한이나 그 지령을 받은 A 또는 피고인이 더 이상 탐지·수집이나 확인·확증의 필요가 없는 것이라고 판단되어 공지의 사실에 속하는 것도 포함되어 있는 것으로 보인다."는 이유로 원심을 파기환송하였다.

이후 판례는 그와 같은 기준을 적용하여, ① 국내 일간지와 잡지, 방송 등을 통하거나 범민련 등 재야운동단체 사무실 등지를 출입하면서 입수한 자료들을 탐지·수집한 후 이를 종합한 국내 총선 관련 정당 및 총선과 관련한 재야단체들의 입장, 14대 국회의원선거 결과, 3당 합당, 대통령 후보들의 성향, 김영삼 대통령에 대해 평가한 내용,[56] ② 국내 총선과 남북경제교류 관련사항, 제14대 국회의원 선거결과에 즈음한 재야단체의 동향, 범청학련의 결성 등에 관한 내용[57]은 공지의 사실로서 국가기밀에 해당하지 않는다고 보았다. **37**

그러나 판례는, ① 한정된 범위의 사람만이 참관할 수 있는 국제국방산업 박람회에 참관하여 탱크장비 등 대한민국의 개별 국방장비를 설명한 팜플렛을 탐지·수집한 행위나 아태재단강연회에서 만난 외교안보연구원으로부터 경수로와 관련한 한·미 양국의 협상 내용,[58] ② 남한의 미전향 장기수들의 인적 사항, 수감교도소, 복역실태, 생활실태 등과 휴전선 부근의 지리 상황, 땅굴 발견을 위한 남한의 동태 등,[59] ③ 민주주의 민족통일 전국연합이라는 재야단체의 구성과 이를 구성하고 있는 단체들의 구체적인 주장과 그들이 추구하고 있는 기본 과제, 재야 인사들의 구체적 동향, 민족자주 평화통일 중앙회의 의장들의 **38**

---

56 대판 1997. 11. 20, 97도2021(전).
57 대판 1998. 5. 29, 89도412.
58 대판 1997. 7. 25, 97도1295.
59 대판 1997. 9. 9, 97도1656.

이름, 범민족연합의 95년 사업계획(안) 등,[60] ④ '불교인권위원회 활동 보고서', '한국통신 노조간부 명단', '8·15 민족공동행사 남측준비위'와 '범민련 제6차 범민족대회 추진본부' 사이의 갈등 이유, 장기복역 양심수 명단, 현재 양심수 명단 등,[61] ⑤ 한미군사관련 동향, 국방산업장비에 대한 현황, 대통령선거 직후 국내주요정세, 북한의 원자력발전소 건설과 관련한 경수로 지원 동향, 평화협정에 관련된 동향, 1995. 12. 1.경 정치·군사 관련 동향, 1996. 1. 19.경 대북정책 관련 동향, 1996. 3. 중순경 외교군사 등 정세·아시아횡단철도 등에 관한 동향, 1996. 4. 초순경 남한 내 군사훈련, 북의 비무장지대임무포기선언 등 관련 동향, 1996. 7.경 군사정세자료 등[62]은 공지의 사실이 아니어서 국가기밀에 해당한다고 보았다.

(마) 모자이크 이론

39    국가기밀의 비공지성 요건과 관련하여 소위 모자이크(Mosaik) 이론을 인정할 것인지 여부가 문제된다.

40    모자이크 이론이란 개별적으로 알려진 사실도 그것이 결합하여 비밀을 유지해야 할 새로운 전체형상이 된 때에는 국가기밀이 될 수 있다는 이론이다.[63] 모자이크 이론을 인정하여 기밀의 범위를 확장하자는 견해[64]는 공지의 사실이라 하더라도 전문적 지식을 동원하여 이를 전체로서 종합하여 국가기밀에 해당하는 새로운 내용을 갖게 될 경우, 각 개별정보는 국가기밀성을 가지게 된다고 본다.[65] 그러나 사실에 대한 분석과 평가는 적국 내에서도 이루어질 수 있는 것이어서 간첩행위에 특유한 요소라고 볼 수 없으며, 행위자에게 예측하지 못한

---

60 대판 1997. 11. 20, 97도2021(전).
61 대판 1997. 12. 26, 97도2470.
62 대판 1998. 4. 10, 98도82.
63 모자이크이론은 국가기밀의 범위를 조절하기 위한 이론적 시도로서 독일 판례에 의하여 발전되었지만, 독일형법 제93조가 국가기밀을 정의하면서 일정한 범위의 자에게만 지득이 허용된 사실 등으로 규정한 이래 국가기밀의 결정기준으로 사용되지 않고 있다. 다만 공지의 사실을 조합하였을 경우 일정한 범위의 사람들만이 이를 체계적으로 배열, 인식하여 새로운 사실 등을 획득할 수 있는 경우 예외적으로 국가기밀성이 인정될 여지는 있다[Dreher/Tröndle, §93 Rn. 4; Tröndle/Fischer, §93 Rn. 4(주석형법 [각칙(1)](4판), 105 주 19)(임성근)에서 재인용)].
64 김신규, 805; 신동운, 34; 박상기(주 24), 616; 손동권·김재윤, §45/15; 이정원·류석준, 692; 정진홍(주 39), 250.
65 독일연방헌법재판소는 슈피겔(Spielgel) 사건에서 모자이크이론을 채택하지 않았다(BVerfGE 20, 162).

불이익을 가져다 줄 위험성이 있으므로, 공지의 사실을 결합한다고 하여 국가기밀이 될 수는 없다고 본다.[66]

### (3) 국가기밀의 요건으로서의 실질비성 요건

#### (가) 국가의 안전에 불이익을 초래할 위험성이 명백한 경우

위 97도985 전원합의체 판결은 국가기밀이 인정되기 위해서는 "그 내용이 누설되는 경우 국가의 안전에 위험을 초래할 우려가 있어 기밀로 보호할 실질가치를 갖출 것(실질비성)"을 요한다고 판시하였고, 국가기밀에 이러한 실질비성이 인정되어야 한다는 점에 있어서는 학설상 다툼이 없다.[67] 전술한 바와 같이 법규와 행정상의 지시 등에 의하여 비밀로 취급되는 이른바 형식비(形式秘)라고 하더라도 그 구체적인 내용이 국가안전의 불이익 방지에 필요한 실질을 구비하지 않은 경우에는 국가기밀이라고 볼 수 없다. 따라서 국가안전과 관련된 내용이 아닌 정부 또는 어떤 정치세력의 단순한 정치적 이익이나 행정편의에 관련된 것에 불과한 이른바 가성비밀(假性秘密)은 국가기밀에 해당되지 않는다.[68]    **41**

그런데 전술한 바와 같이 국가보안법상 (나)목의 기밀은 법문상으로는 국가안전에 중대한 불이익을 가져올 가능성이 없는 정보도 포함하는 것으로 해석될 수 있으므로, 국가안전에 어느 정도의 불이익을 가져올 수 있는 경우에 간첩죄에서의 실질비성이 인정될 수 있을지 여부가 문제된다.    **42**

다수설은 전술한 것처럼 제한된 범위의 사람들에게만 알려져 있고 국가의 외적 안전에 중대한 불이익을 초래할 위험을 방지하기 위하여 적국에 대하여 비밀로 하여야 할 사실·대상 또는 지식을 형법상 국가기밀의 개념으로 제한하고 있으므로(국보 §4①(ii)),[69] 중대한 국가기밀만을 간첩죄의 행위 객체로 본다.    **43**

헌법재판소는 "국가보안법 제4조 제1항 제2호의 (가)목과 (나)목에 공통적인 국가기밀의 의미는 그것이 누설될 경우 국가의 안전에 명백한 위험을 초래    **44**

---

66 김성돈, 761; 배종대, §144/4; 이재상·장영민·강동범, §40/21; 이형국·김혜경, 761; 정성근·정준섭, 637; 정웅석·최창호, 13; 박미숙(주 23), 232.

67 다만, 국가기밀을 적국 또는 반국가단체에 대하여 알리지 않거나 확인되지 아니함이 대한민국의 이익이 되는 모든 사실, 물건 또는 지식(요비닉성)으로 해석하는 경우에는 실질비성의 요건은 별도로 불필요하다고 보게 되므로, 내용의 중대성을 요건을 해야 한다고 보는 견해가 있다[정진홍(주 39), 248].

68 헌재 1997. 1. 16, 89헌마240.

69 이재상·장영민·강동범, §40/19; 박상기(주 24), 615; 정진홍(주 39), 248.

한다고 볼만큼의 실질적 가치가 있는 것, 즉 실질비성을 갖춘 것이어야 하며", "그중 (가)목 소정의 국가기밀은 그 중요성과 가치의 정도에 있어서 한정된 사람에게만 지득이 허용되고 또 보다 고도의 국가기밀을 의미"하되, "제4조 제1항 제2호 (나)목은, 그 소정의 군사상 기밀 또는 국가기밀을 일반인에게 알려지지 아니한 것으로서 그 내용이 누설되는 경우 국가의 안전에 명백한 위험을 초래한다고 볼 만큼의 실질가치를 지닌 사실, 물건 또는 지식이라고 해석'하여야 한다고 하면서, '국가의 안전에 명백한 위험을 초래한다고 함은 어떤 비밀의 내용이 누설되는 경우 그것이 국가안전보장에 미치는 영향의 내용 내지 정도가 객관적으로 보아 애매모호하다거나 사소한 것이라거나 구체성이 현저히 결여되어 있는 것 등은 제외되어야 함을 뜻한다."고 하였다.[70] 따라서 이에 따르면 사소한 기밀은 간첩죄의 국가기밀에서 제외된다고 해석될 수 있다.

45    반면, 위 97도985 전원합의체 판결은 국가기밀이 인정되기 위한 실질비성의 판단기준으로서 "누설할 경우 실질적 위험성이 있는지 여부는 그 기밀을 수집할 당시의 대한민국과 북한 또는 기타 반국가단체와의 대치 현황과 안보사항 등이 고려되는 건전한 상식과 사회통념에 따라 판단하여야 할 것이며, 그 기밀이 사소한 것이라 하더라도 누설될 경우 반국가단체에는 이익이 되고 대한민국에는 불이익을 초래할 위험성이 명백하다면 이에 해당한다."고 판시하였다. 대법원의 실질비성 개념은 사소한 기밀이라도 누설될 경우 반국가단체에는 이익이 되고 대한민국에는 불이익을 초래할 위험성이 명백한 경우에는 실질비성을 인정한다는 점에서 헌법재판소의 설시와는 차이가 있다.[71]

46    생각건대, 간첩죄의 국가기밀을 중대한 기밀로 제한하여 해석하게 되면, 국가보안법 제4조 제1항 제2호에서 간첩죄의 국가기밀에 포함되는 (가)목의 기밀과 (나)목의 기밀 중 (가)목의 기밀에 대해서만 중대한 기밀일 것을 요하면서 (나)목의 기밀과는 법정형에 차등을 둔 입법취지에 반하게 된다. 체계적 해석의 원리상 동일한 문언으로 되어 있는 간첩죄의 객체를 놓고 국가보안법의 해석과 형법의 해석을 달리하는 것은 타당하다고 볼 수 없으므로, 대법원의 견해가 타

---

70  헌재 1997. 1. 16, 93헌바34·35·36(병합).

71  대법원은 사소한 비밀도 국가안전에 명백한 위험을 초래할 수 있다고 보는 반면, 헌법재판소는 (가)목과 (나)목의 기밀 사이에 중요성을 구분하면서도 사소한 비밀은 국가안전에 명백한 위험을 초래할 수 없다고 설시하는 것처럼 보인다.

당하다고 본다.[72]

　　따라서 대한민국에 불이익을 초래할 위험성이 명백한지 여부는 기밀의 중 47
대성 여부에 따라 판단할 것이 아니라, 기밀이 얼마나 구체적인 것인지 여부나,
새로운 정보로서의 효용가치가 얼마나 있는지 여부에 따라 판단하여야 할 것이
다. 정보의 내용이 구체적인 사실을 담고 있지 않고 추상적이거나 막연한 내용
인 경우에는 기밀의 구체성이 없으므로 실질비성이 인정되지 않는다고 하여야
한다. 누구나 예상할 수 있는 정도의 정보이거나, 인터넷 등에 대외적으로 공표
된 공지의 사실 또는 지식을 기초로 작성자의 주관적 의견, 전망, 판단을 담은
것에 불과하거나, 작성자의 업무와 관련하여 작성된 한시적으로 결성된 단체
또는 일회성 공개행사에 관한 정보인 경우에도 새로운 정보로서의 효용가치가
크지 않으므로 그 위험성이 명백하지 않은 것으로 볼 수 있다.[73] 일반인에게 널
리 알려져 있지 않은 비공지의 사실이라고 하더라도 행위자 또는 적국이나 반
국가단체에게 알려져 있거나 쉽게 지득할 수 있는 정보인 경우에는, 탐지, 수집
이나 확인, 확증이 필요 없는 것이라고 볼 수 있으므로, 비공지성뿐만 아니라
실질비성도 인정되지 않아 국가기밀로 인정되지 않는다고 볼 것이다. 따라서 행
위자가 소속된 이적단체 내부의 동향자료를 정리하여 보고한 경우, 그 자료는
국가기밀이 아니다.[74] 반면, 탐지, 수집, 전달한 내용이 이미 국내 언론을 통하
여 보도된 내용을 포함하고 있더라도 이를 그대로 보고하거나 단순히 종합하여
보고한 것이 아니라 주변 인물들로부터 탐문한 내용이나 여론의 동향 등을 종
합 분석하여 보고한 것이라면, 공지의 사실로 볼 수 없을 뿐만 아니라,[75] 새로
운 정보로서의 효용가치가 있으므로 실질비성도 인정된다.

　　(나) 위법한 국가기밀의 보호 필요성

　　국가기밀의 실질비성 요건과 관련하여, 위법한 국가기밀도 국가기밀로서 48
보호해야 할 것인지 여부가 문제된다.

---

72 김병운(주 41), 222도 실질비성의 판단기준으로는 '상당한 위험'을 초래하는 정도로 족하다고 하
　여 같은 취지이다. 다만, 김재현(주 12), 249는 사소한 것과 명백한 위험성은 서로 모순된다고
　보고 대법원의 입장을 비판하고 있다.
73 대판 2005. 5. 13, 2004도6512; 대판 2007. 12. 13, 2007도7257.
74 대판 2005. 5. 13, 2004도6512.
75 대판 1998. 4. 10, 98도82.

49     예컨대 침략전쟁을 준비하는 것과 관련되어 있거나 자유민주적 기본질서에 반하는 위헌·위법의 국가기밀도 국가기밀에 속하는가에 대해서, 부정설[76]도 있으나, 언론에 의한 국가기밀의 공개의 경우와는 달리 간첩죄에서는 자유민주적 기본질서에 반하는 기밀도 국가기밀에 포함된다고 해석하는 것이 타당하다. 간첩죄는 국가의 외적 안전을 보호하기 위한 범죄이지 기밀 자체를 보호하기 위한 범죄는 아니기 때문이다.[77]

    (다) 군사기밀 보호법상 군사기밀 및 산업비밀 등 다른 법률상 보호되는 비밀과의 관계

50     군사기밀 보호법상 군사기밀은 일반인에게 알려지지 아니한 것으로서 그 내용이 누설되는 경우 국가안전보장에 명백한 위험을 초래할 우려가 있는 군 관련 문서, 도화, 전자기록 등 특수매체기록 또는 물건으로서 군사기밀이라는 뜻이 표시 또는 고지되거나 보호에 필요한 조치가 행하여진 것과 그 내용을 말한다(§ 2). 따라서 군사기밀 보호법상 군사기밀이 국가보안법 제4조 제2항 제1호 (가)목의 기밀에 해당하여 형법상 간첩죄나 국가보안법상 목적수행간첩죄의 그 밖의 요건을 충족할 경우에는 간첩죄가 성립할 수 있을 것이다.

51     한편, 부정경쟁방지 및 영업비밀보호에 관한 법률이 규정하는 영업비밀이나 산업기술의 유출방지 및 보호에 관한 법률이 규정하는 국가핵심기술에 대한 탐지, 수집행위 및 누설행위에 형법상 간첩죄가 적용될 수 있는지 여부가 최근에 문제되고 있다. 오늘날의 현실에서는 기업의 핵심 영업비밀이나 중요산업기술도 국가안전에 위해를 줄 수 있는 중요 국가기밀에 해당할 수 있을 것이다. 따라서 간첩죄와 국가보안법의 요건을 충족하는 경우에는 당연히 이들 법률이 적용될 수 있다고 본다.[78] 다만, 후술하는 바와 같이 간첩죄의 대상을 적국 외에 외국 또는 외국인의 단체로 확대하여야 이러한 영업비밀이나 중요산업기술에 대한 탐지, 수집행위에 대하여 간첩죄가 실질적으로 적용될 수 있을 것이다.

---

76 독일형법 제93조 제2항은 자유민주적 기본질서에 위반되는 사실 또는 독일연방공화국의 조약당사국에 대하여 비밀로 하면서 국가간에 합의된 군비축소협정에 위반되는 사실은 국가기밀에 해당하지 아니한다고 규정하면서도, 제97조a에서 위법한 국가기밀이라도 누설한 경우에는 간첩죄와 동일하게 처벌된다고 규정하고 있다.

77 김일수·서보학, 757; 배종대, § 144/5; 이재상·장영민·강동범, § 40/21.

78 정영일·황태정(주 7), 412.

## 3. 실행행위

### (1) 국가기밀의 탐지·수집

　　형법은 간첩행위의 태양에 관하여 구체적으로 규정하고 있지 않다. 간첩의       52
사전적 의미는 한 국가나 단체의 비밀이나 상황을 몰래 알아내어 경쟁 또는 대
립 관계에 있는 국가나 단체에 제공하는 사람이다.[79] 또한 본조 제2항이 국가기
밀을 적국에 누설하는 행위를 별도로 규정하고 있는 점에 비추어, 본조 제1항의
간첩행위는 국가기밀을 탐지·수집하는 행위로 해석된다는 것은 전술하였다.[80]

　　그렇다면 간첩행위는 적국을 위해 국가기밀을 탐지·수집하는 행위를, 국가       53
기밀을 적국에 누설하는 행위는 직무상 지득한 기밀을 적국에게 넘겨주는 행위
를 각각 의미하게 되므로, 형법상 두 행위는 일종의 대향관계로 구성되어 있다.
형법이 협의의 간첩행위와 국가기밀 누설행위를 대향적으로 구성하고 있기 때
문에 국가기밀을 탐지·수집하는 간첩행위는 적국을 위하여 국가기밀을 취득하
는 행위만을 의미하게 된다. 판례는 간첩이 이미 탐지·수집하여 지득하고 있는
사항을 타인에게 보고·누설하는 행위는 간첩의 사후행위로서 간첩행위 자체라
고 볼 수 없다고 본다.[81] 이에 대하여 간첩행위는 누설행위를 포함한 것으로 보
는 반대설이 있으나, 이는 간첩의 사전적 의미를 벗어나는 해석이며, 간첩행위
를 적국을 위하여 국가기밀을 탐지·수집하는 행위로 볼 때 이미 지득한 국가기
밀을 적국에 누설하는 것은 간첩행위의 개념에 전형적으로 수반되는 행위에 불
과하므로 판례의 입장이 타당하다고 본다. 따라서 직무상 지득한 국가기밀을 적
국에 누설하는 행위에 대해서는 본조 제2항의 군사상기밀누설죄가 성립하며,
직무와 무관하게 지득하고 있던 기밀을 적국에 누설하는 행위에 대해서는 일반
이적죄가 성립될 수 있을 뿐이다.[82]

　　탐지는 무형적인 비밀, 즉 국가기밀인 사실이나 정보 그 자체를 직접적인       54
관찰, 촬영, 녹취 등의 형태로 취득하는 것을 말하고, 수집은 유형적인 사항, 즉
문서, 도화, 물건 등을 획득하는 것을 말한다.[83] 탐지와 수집의 방법은 불문한

---

79 국립국어원 온라인 표준국어대사전 https://stdict.korean.go.kr/.
80 신동운, 38; 이재상·장영민·강동범, §40/17; 김호정(주 5) 및 대판 1982. 11. 9, 82도2239.
81 대판 1981. 9. 22, 81도1944; 대판 1982. 2. 23, 81도3063; 대판 2011. 1. 20, 2008재도11(전).
82 대판 1982. 11. 23, 82도2201.
83 斉藤豊治, 国家秘密法制の研究, 日本評論社(1987), 169.

다. 기밀을 지득한 자 또는 탐지한 자로부터 기밀을 탐지·수집하는 것도 여기에 포함된다.

55 　　종래의 판례는 간첩행위는 적국에 제보하기 위하여 은밀히 또는 묘계(妙計)로서 우리나라의 군사상은 물론 정치, 경제, 사회, 문화, 사상 등 기밀에 속한 사항 또는 도서·물건을 탐지·수집함을 말한다고 하여 탐지·수집에 있어서 은밀성을 요구하는 듯한 표현을 사용하였으나,[84] 이는 단순히 간첩의 신분을 드러내지 않는다는 점을 의미할 뿐, 그 기밀이 공지의 사실이 아닌 이상 탐지·수집이 극히 곤란한 것으로서 탐지·수집행위가 은밀하여야 하거나 묘계의 방법을 사용해야 한다는 것을 의미하지는 않는다고 할 것이다.[85]

56 　　그리고 적국을 위하여 탐지·수집행위를 하여야 하므로, 적측과의 아무런 의사연락 없이 편면적으로 적의 호의를 사기 위하여 기밀을 수집하거나 제보한 행위는 본죄에 해당하지 않는다.[86]

57 　　공소시효 기산점은 최종의 범죄행위 종료 시로 보아야 하므로, 간첩죄의 공소시효 기산점은 탐지·수집행위의 종료 시이다. 간첩이 이미 탐지·수집하여 지득하고 있는 사항을 타인에게 보고·누설하는 행위는 간첩의 사후행위로서 간첩행위 자체라고 볼 수 없으므로, 국가기밀의 누설행위 종료 시를 공소시효의 기산점으로 보아서는 안 된다.[87] 다만, 1995년 12월 21일 헌정질서 파괴범죄의 공소시효 등에 관한 특례법이 제정되면서 외환의 죄는 공소시효가 배제되므로(§3(i)) 간첩죄에 대해서는 더 이상 공소시효가 적용되지 않는다.[88]

### (2) 실행의 착수시기

58 　　간첩죄의 실행의 착수시기에 관하여 ① 간첩 목적으로 휴전선을 넘거나 국내에 잠입 또는 입국 등을 한 때라는 견해,[89] ② 국가기밀을 탐지·수집하는 행위에 착수한 때라는 견해,[90] ③ 국내에 있는 간첩의 경우는 국가기밀을 탐지·

---

84 대판 1982. 11. 9, 82도2239.
85 대판 1982. 11. 23, 82도2201.
86 대판 1975. 9. 23, 75도1773.
87 대판 1981. 9. 22, 81도1944; 대판 1982. 2. 23, 81도3063.
88 김재현(주 12), 257.
89 대판 1958. 9. 26, 4291형상351; 대판 1963. 11. 7, 63도265; 대판 1964. 9. 22, 64도290; 대판 1984. 9. 11, 84도1381 등 판례의 일관된 입장이다.
90 김일수·서보학, 757; 배종대, §144/6; 이재상·장영민·강동범, §40/23.

〔이 창 온〕

수집하는 행위에 착수한 때에, 국외 또는 북한에서 잠입하는 간첩의 경우는 국
내에 잠입·침투한 때라는 견해[91]가 대립하고 있다. 통상 실행의 착수는 구성요
건적 행위에 근접·밀착하는 행위가 행하여진 때[92]나, 행위자의 주관적 범죄계
획에 따라 그대로 진행되는 경우에 구성요건이 실현될 수 있는 구성요건적 실
행행위와 밀접한 행위가 있을 때[93]에 인정된다고 보므로, 간첩죄에서도 국가기
밀의 탐지·수집을 위하여 물색행위가 있을 때 실행의 착수가 있다고 볼 것이
다. 판례는 외국에서 학업을 마치고 귀국함에 있어서 반국가단체의 구성원으로
부터 동지포섭, 지하당조직과 같은 지령을 받고 돌아왔으나, 본죄 소정의 국가
기밀을 탐지·보고하라는 지령을 전혀 받은 바가 없다면 귀국행위가 바로 간첩
의 착수라고 볼 수는 없다고 하였으며,[94] 국내에 거주하는 사람이 국가기밀을
탐지·수집하라는 지령을 받고 무인포스트를 설정한 것만으로는 간첩에 착수한
것으로 인정하기에 부족하다고 한다.[95]

반면, 판례는 간첩의 목적으로 외국 또는 북한에서 국내에 침투 또는 월남하      59
는 경우에는 기밀탐지가 가능한 국내에 침투 상륙하였을 때 간첩에 이미 착수한
것으로 보고 있다.[96] 간첩이 북한에서 국내로 침투하는 경우에는 그 행위의 목적
과 의도가 간첩행위를 위한 것임이 뚜렷하다고 판단하기 때문으로 보이나, 국내
로 침투하는 것만으로는 주관적으로나 객관적으로 간첩행위에 근접·밀착된 행
위가 있었다고 인정하기 어렵고, 사실상 직·간접적인 남북의 교류가 빈번해진
오늘날에 와서는 국내 잠입 또는 입국 시에 곧바로 언제나 간첩의 목적과 의도
가 뚜렷하다고 인정하기도 어려우므로 찬성하기 어렵다. 따라서 이러한 경우에
는 국가보안법상 잠입죄를 구성하는 것을 별론으로 하고, 간첩죄의 예비·음모에
그친다고 보는 것이 타당할 것이다.[97]

### (3) 기수시기

간첩죄는 국가기밀을 탐지·수집함으로써 기수가 된다.[98] 즉 탐지는 정보      60

---

91 정성근·박광민, 863.
92 실질적 객관설의 입장이다[이재상·장영민·강동범, 형법총론(11판), § 27/23].
93 주관적 객관설의 입장이다[이재상·장영민·강동범, 형법총론(11판), § 27/28].
94 대판 1968. 7. 30, 68도754.
95 대판 1974. 11. 12, 74도2662.
96 대판 1971. 9. 28, 71도1333; 대판 1984. 9. 11, 84도1381.
97 이재상·장영민·강동범, § 40/24.

등을 취득한 때에, 수집은 실제로 자신의 지배 아래 둔 때에 기수가 된다. 따라서 동지를 포섭하거나 접선하였다는 것만으로는 기수에 이르지 않는다.[99] 그러나 전술한 바와 같이 탐지·수집한 국가기밀을 지령자에게 전달할 것까지 요하지는 않는다.[100] 이를 적국에 제보하여 누설하였다고 하여도 이는 간첩의 사후행위로서 간첩행위 자체로 볼 수 없다.[101]

## Ⅲ. 간첩방조죄(제1항 후단)

61　　　　간첩방조는 적국의 간첩이라는 것을 알면서 간첩행위를 원조하여 용이하게 하는 일체의 행위를 말하고,[102] 그 수단·방법에는 제한이 없다. 국가보안법은 국가기밀을 탐지, 수집, 누설, 전달하거나 중개한 때라는 표현을 사용하고 있어 형법에 비하여 간첩행위의 유형을 보다 명확하게 규정하고 있다. 국가기밀을 누설할 자를 간첩에게 중개하는 행위나 제3자가 지득한 기밀을 간첩에게 전달하는 행위는 형법상으로는 간첩방조죄로 의율이 가능할 것이다.[103] 간첩방조는 독립범이므로 총칙상의 방조에 관한 규정(§ 32)의 적용이 배제된다.[104] 따라서 종범감경을 할 수 없고, 간첩방조의 교사나 방조가 별도로 성립될 수 있다. 간첩방조의 대상이 된 간첩이 기수이거나 미수이거나를 막론하고 방조가 성립될 수 있으므로 주범이 미수라고 하여 미수 감경을 할 수 없다.[105] 일반적으로 제32조의 방조범은 공범종속성의 원리상, 정범인 간첩행위가 실행에 착수하여야 비로소 성

---

98　김일수·서보학, 955; 이재상·장영민·강동범, § 40/24.
99　대판 1968. 7. 30, 68도754.
100　대판 1963. 12. 12, 63도312; 대판 1982. 2. 23, 81도3063.
101　이와는 달리 두 죄는 포괄일죄가 되어 별죄를 구성하지 않는다는 설시를 하는 판례들, 예컨대 대판 1982. 11. 23, 82도2201 등이 있고, 실제로 국가보안법은 형법과 달리 국가기밀의 탐지, 수집, 누설, 전달, 중개행위를 열거하고 있어서, 탐지, 수집행위를 한 자가 이후 누설행위를 한 경우에 두 죄를 포괄일죄로 보는 것이 아닌지에 관한 의문이 존재한다. 그러나 판례는 국가보안법상의 누설행위도 직무상 지득한 자에 한해서 성립한다고 보고 있으며, 공소시효가 쟁점이 된 사안에서는 탐지, 수집행위 시 이미 간첩죄는 기수에 이르고, 이후 누설행위는 포괄일죄가 아니라 사후행위에 불과하다고 판시하고 있다(대판 1981. 9. 22, 81도1944 등 참조).
102　주석형법 〔각칙(1)〕(5판), 76(민철기).
103　신동운, 35.
104　대판 1986. 9. 23, 86도1429.
105　대판 1986. 9. 23, 86도1429.

립될 수 있는 것이지만, 간첩방조죄는 독립된 범죄이므로 정범이 실행에 착수하지 못하여 예비, 음모에 그친 경우에라도 간첩방조죄가 성립될 수 있다. 간첩방조의 미수는 방조행위 그 자체가 목적을 달성하지 못하고 미수에 그친 경우에 성립된다.[106] 예컨대, 남파된 간첩을 북한으로 호송할 목적으로 제반 준비를 갖추고 남한에 도착하자마자 체포되었을 경우에는 간첩방조의 미수가 성립한다.[107]

판례가 간첩방조죄를 인정한 주요 사례를 살펴보면, ① 북괴가 남파한 대북 공작원을 그 정을 알면서 상륙시킨 행위,[108] ② 남파된 대남 공작원으로 하여금 합법적인 신분을 가장하게 하기 위하여 제3자의 호적등본을 공무원으로부터 교부받아 전달하여 주고 그 제3자의 분가통보문(分家通報文)을 말살하는 행위,[109] ③ 남파된 간첩과 접선방법을 합의하는 행위,[110] ④ 간첩이 전달하는 서신에 국가기밀에 관한 사항이 기재되어 있음을 알고 그 서신을 전달한 행위[111] 등은 모두 간첩방조에 해당된다고 한다.

62

한편 간첩행위를 방조하는 것이어야 하므로, 간첩에게 편의를 제공하는 것만으로는 부족하고 적어도 국가기밀의 탐지·수집을 용이하게 하는 것이어야 한다.[112] 따라서, ① 간첩행위에 가담할 의사 없이 단지 간첩이란 사정을 알면서 간첩에게 숙식을 제공한 행위[113] 또는 숙식할 장소를 알선한 행위,[114] ② 간첩의 임무수행과 관계없이 단순한 심부름으로 안부편지나 사진을 전달한 행위,[115] ③ 조총련 간첩에게 소개하여 일본국에 밀항하게 하거나 양민학살자의 공동묘지를 촬영한 필름을 조총련 간첩에게 준 행위,[116] ④ 무전기를 매몰할 때 망을 보아준 행위,[117] ⑤ 간첩으로부터 무전기와 공작금을 전달받고 이를 짐작하면

63

---

106 대판 1959. 6. 12, 4292형상131.
107 대판 1959. 4. 30, 4393형상109.
108 대판 1961. 11. 23, 82도2201; 대판 1974. 7. 26, 74도1477.
109 대판 1990. 10. 30, 70도1870.
110 대판 1971. 9. 28, 71도1333.
111 대판 1995. 7. 25, 95도1148.
112 김일수·서보학, 757; 이재상·장영민·강동범, §40/25.
113 대판 1986. 2. 25, 85도2533.
114 대판 1998. 11. 13, 98도2578.
115 대판 1966. 7. 12, 66도470.
116 대판 1970. 6. 30, 70도896.
117 대판 1983. 4. 26, 83도416.

〔이 창 온〕

서 다른 사람에게 전달하고, 무전기를 자기 집 마당에 매몰하는 것을 허락한 행위[118]만으로는 간첩방조에 해당되지 않는다.

## IV. 군사상기밀누설죄(제2항)

64   군사상의 기밀의 누설은 군사상의 기밀이라는 것을 알면서 이를 적국에 알리는 것을 말한다. 알리는 방법이나 수단에는 아무 제한이 없으므로, 구두·서면·암호·기호 등으로 해도 되고, 유선·무선·컴퓨터통신 등을 이용해도 되며, 작위·부작위를 불문한다.[119]

65   전술한 바와 같이 군사상기밀누설죄는 신분범으로서 직무에 관하여 군사상의 기밀을 직접 지득한 자가 이를 적국에 누설한 경우를 말한다. 기밀을 새로이 탐지·수집한 후 이를 적국에 알리는 경우에는, 전술한 바와 같이 간첩죄의 불가벌적 사후행위에 불과하다. 직무와 관계없이 지득한 군사상의 기밀을 적국에 누설한 경우에도 제99조의 일반이적죄가 성립할 뿐이다.[120] 한편 국가기밀임이 인정되는 이상, 이를 취급하는 사인이 적국에 누설한 경우에도 군사상기밀누설죄가 성립한다.[121] 그러나 제3자가 직무상 지득한 기밀을 받아서 적국이나 간첩에게 전달하는 경우에는 국가보안법상 국가기밀 전달행위에 해당하거나 형법상 간첩방조행위에 해당할 수 있으나, 본조의 군사상기밀누설행위라고 볼 수 없다.

66   군사상기밀누설죄는 기밀을 타인에게 발송하여 타인이 그 기밀을 지득할 수 있는 상태에 놓일 때 기수에 이르게 되므로, 기밀을 발송하였으나 타인이 그 기밀을 지득할 수 있는 상태에 아직 이르지 못한 경우에는 미수죄가 성립될 뿐이다.[122]

---

118 대판 1998. 12. 22, 89도297.
119 오영근, 664; 주석형법 〔각칙(1)〕(5판), 80(민철기)
120 대판 1971. 2. 25, 70도2417; 대판 1972. 6. 27, 72도963; 대판 1974. 8. 20, 74도479; 대판 1982. 7. 13, 82도968 등.
121 대판 1980. 9. 9, 80도1430.
122 다만, 국가보안법상 국가기밀 전달행위는 적국이나 간첩에게 전달하기 위해 국가기밀을 교부받아 보관한 경우에 이미 실행의 착수가 있다고 보아야 한다(대판 1991. 1. 29, 90도2715 참조).

# V. 죄수 및 처벌

## 1. 죄 수

동일한 기회에 단일한 범의로 수개의 기밀을 탐지, 수집한 때에는 포괄일죄    67
가 된다. 다만, 국가보안법상 목적수행죄에 있어서 판례는 수개의 기밀이 국가
보안법상 (가)목의 기밀과 (나)목의 기밀로 나뉠 수 있는 경우에 수죄로 보고
있다.[123]

## 2. 처 벌

사형, 무기 또는 7년 이상의 징역에 처한다.                        68

미수범(§ 100), 예비·음모·선동·선전죄(§ 101)도 처벌하며, 외국인의 국외범    69
을 처벌한다(§ 5(ii)). 실행의 착수에 이르기 전에 자수한 때에는 자수범 감면의
특례가 있다(§ 101① 단서).

간첩죄와 간첩방조죄를 같은 형으로 처벌하는 것은 부당하므로 후자는 전    70
자보다 가벼운 형벌을 규정해야 한다는 견해도 있다.[124]

# VI. 외국의 입법례와 개정 논의

## 1. 외국의 입법례

### (1) 독일

독일형법은 제2장을 배반죄(Landesverrat) 및 외적 안전에 대한 위해행위    71
(Gefährdung der äußeren Sicherheit)라고 하면서 여기에서 국가기밀누설 등 다양한
유형의 배반죄를 규정하고 있다.[125]

독일형법 제93조는 국가기밀의 개념을 정의하고 있는데, 제1항에서 국가기    72
밀(Staatsgeheimnisse)을 독일연방공화국의 외적 안전에 중대한 불이익을 초래할

---

123 대판 1973. 8. 31, 73도1578.
124 1992년 형법개정법률안은 간첩방조죄의 법정형을 사형, 무기 또는 5년 이상으로 규정하고 있다
   〔법무부, 형법개정법률안 제안이유서(1992. 10), 249〕.
125 김호정(주 5), 69.

위험을 방지하기 위하여 한정된 범위의 사람에게만 그 접근을 허용하고 타국에
대하여 비밀로 하여야 할 사실, 물건, 지식으로 정의하면서, 제2항에서는 자유
민주적 기본질서에 위반되는 사실 또는 독일연방공화국의 조약 당사국에 대하
여 비밀로 하면서 국가 간에 합의된 군비축소협정에 위반되는 사실을 국가기밀
에서 제외하고 있다.[126]

73      독일형법 제94조(배반죄) 제1항은 배반죄의 일반적 유형으로서, 국가기밀을
외국 또는 그 중개인에게 전달하거나(제1호), 독일연방공화국에 대해 불이익을
초래하고 외국에 이익을 제공하기 위하여 국가기밀을 기타 권한 없는 자에게
전달하거나 이를 공연히 공표하는 행위(제2호)를 하여, 독일연방공화국의 외적
안전에 중대한 불이익을 초래할 위험을 야기한 자를 처벌한다. 동조 제2항에서
는 제1항의 행위가 특별히 국가기밀유지의무를 지는 지위를 남용하거나(제1호),
그 행위에 의하여 독일연방공화국의 외적 안전에 특히 중대한 불이익을 초래할
위험을 야기하여(제2호), 그 행위가 특히 중한 경우를 가중처벌한다. 제95조(국가
기밀누설)는 관청 등에 의하여 비밀로 하고 있는 국가기밀을 권한 없는 자에게
전달하거나 공연히 공표하고, 이로 인하여 독일연방공화국의 외적 안전에 중대
한 불이익을 초래할 위험을 야기한 자의 행위가 제94조에 의하여 처벌되지 아
니하는 경우를 처벌한다. 동조는 외국과의 직접적인 관계가 없더라도 국가기관
에 의해 특별히 비밀로 분류된 국가기밀을 전달, 공표하여 이로 인해 국가의 외
적 안전에 중대한 불이익을 초래하는 경우를 처벌하는 것이다. 제96조는 제94
조와 제95조의 목적으로 국가기밀을 수집하는 행위를 처벌한다.

74      독일형법은 우리 형법이 국가기밀의 탐지·수집을 간첩죄의 기본적 유형으
로 보고 있는 것과 달리, 국가기밀의 누설을 기본적 유형으로 본다. 그리고 누
설 목적의 탐지·수집행위는 누설에 대한 예비행위로 파악하면서 그 위험성을
감안하여 독립된 범죄로 처벌하고 있다.[127]

75      독일형법은 국가기밀의 수집, 탐지, 누설행위뿐만 아니라 국가기밀에 이르
지 않는 비밀을 수집, 탐지, 누설하는 경우나, 비밀의 수집, 탐지, 누설에 이르지
않는 그 예비적 단계에서 외국이나 외국의 정보기관을 위해 활동하거나 활동할

---

126 법무부, 독일형법(2008), 98. 이하, 독일형법 조문은 같은 책에서 인용.
127 김호정(주 5), 69.

의사를 표시하는 행위를 별도로 처벌한다. 또한, 독일형법 제97조는 국가기관에서 비밀로 분류한 국가기밀을 과실 또는 중대한 과실로 권한 없는 자에게 전달, 공표하여 독일연방공화국의 외적 안전에 중대한 불이익을 초래할 위험을 야기한 자를 처벌한다. 제97조b는 불법기밀로 오인한 국가기밀을 누설, 수집한 경우도 처벌하고 있다. 독일형법 제97조a는 제93조 제2항의 규정에 따라 국가기밀에 해당하지 아니하는 기밀을 외국 또는 그 중개인에게 전달하고, 이로 인하여 독일연방공화국의 외적 안전에 중대한 불이익을 초래할 위험을 야기한 자를 제94조와 동일하게 처벌하고, 제98조는 외국을 위하여 국가기밀의 수집 또는 전달을 목적으로 하는 활동을 수행한 자나 외국 또는 그 중개인에 대하여 제1호의 활동을 할 의사표시를 한 자의 행위에 대해서 제94조 또는 제96조 제1항에서 그 처벌을 규정하고 있지 아니한 경우에도 처벌한다. 제99조는 외국의 정보기관을 위하여 독일연방공화국에 적대하는 사실, 물건, 지식의 전달 또는 인도를 목적으로 하는 정보기관의 활동을 수행한 자(§99①(i))나 외국의 정보기관 또는 그 중개인에 대하여 제1호의 활동을 할 의사표시를 한 자(§99①(ii))를 처벌한다.

### (2) 일본

일본의 경우는 전쟁을 포기한 헌법의 취지에 따라 형법상 이적죄(§§83-86)에 관한 규정을 1947년에 삭제하였다.                                                              76

우리의 국가보안법과 유사한 법률로는 2013년 12월 6일 제정되고 2014년 12월 10일 시행된 특정비밀의 보호에 관한 법률(2013년 법률 제108호. 이하, 특정비밀보호법이라 한다.)이 있다. 여기서 특정비밀이란 방위·외교·특정유해활동·테러리즘방지에 관한 사항에 대한 정보로서 공개되어 있지 아니한 것 중에서 그 누설이 국가의 안전보장에 현저한 지장을 줄 우려가 있기 때문에 특별히 비닉하는 것이 필요한 것[일미상호방위원조협정 등에 따른 비밀보호법(1954년 법률 제66호) 제1조 제3항128에 규정한 특별방위비밀에 해당하는 것은 제외한다.]으로서 지정된 정보를 말한다(§3①). 행정기관의 장은 해당 행정기관이 담당하는 사무에 관하여, 별표                77

---

128 동법 제1조 제3항 제1호 및 제2호는 "이 법률에 있어서 방위비밀이란 아래에 기재한 사항 및 이러한 사항에 관한 문서·도화 또는 물건으로서 공개되지 아니한 것을 말한다."고 규정하고, 그 기재사항으로 ① 일미상호방위원조협정 등에 기하여 미국정부로부터 제공받은 장비 등에 대하여 아래에 게재된 사항, ② 일미상호방위원조협정 등에 기하여 미국정부로부터 제공된 장비 등에 관한 전호에 기재된 사항에 관한 것으로 규정하고 있다.

에서 정하는 사항에 관한 정보로서 공개되어서는 안 되는 것 중 그 누출이 일본의 안전보장에 큰 지장을 줄 우려가 있어 특히 비밀로 할 필요가 있는 것을 특정비밀로 지정할 수 있다. 따라서 우리 형법이나 국가보안법과는 달리 행정기관이 비밀로 지정한 경우에 한하여 특정비밀로서 보호된다.

78       특정비밀과 관련해서는 특정비밀누설죄(§ 23①. 미수, 과실 처벌), 기망·폭행·협박·절취·손괴·침입·통신감청·부정악세스(접근)·관리침해행위에 의한 특정비밀취득죄(§ 24①. 미수 처벌), 위 각 죄의 공모·교사·선동죄(§ 25①)를 규정하고, 국외범도 처벌하는 규정(§ 27)을 두고 있다. 제23조는 특정비밀취급업무에 종사하거나 종사하였던 자가 업무에 관해 지득한 특정비밀을 누설한 경우에 처벌하고, 제24조 제1항[129]은 외국의 이익이나 자기의 부정한 이익을 도모하거나 국가의 안보 또는 국민의 생명 또는 신체를 해칠 만한 용도에 제공할 목적으로 위 행위를 하는 경우만을 처벌하고 있다(목적범).

### (3) 미국

79       미국 연방형법 제793조[130]는 (a) 국방정보(information relating to the national defense)를 얻을 목적으로, 당해 정보가 미국을 위해하거나 또는 외국을 이롭게 하는데 이용되리라는 점을 의도하거나 그렇게 믿을 만한 근거를 가지고, 미국의 국방 관련 함선, 항공기 또는 군사시설, 전쟁 실험, 물자 제조, 저장 등의 시설에 들어가거나 그 위로 비행하거나 그 밖의 방법으로 당해 정보를 취득한 경우, (b) 위와 같은 목적, 인식, 근거를 가지고, 국방정보 관련 사진, 문서, 설계도, 계획, 설비, 노트 등을 복제, 절취, 작성, 사진촬영, 취득 또는 그 시도 등을 한 경우, (c) 본조 규정에 반하는 방법으로 획득되었거나 획득되리라는 사실을 알았거나 그렇게 믿을 만한 근거를 가지고, 위와 같은 국방정보를 교부받거나 취

---

129 특정비밀보호법 제24조(부정취득죄) ① 외국의 이익 또는 자기의 부정한 이익을 꾀하거나 우리 나라의 안전 또는 국민의 생명이나 신체를 해할 용도에 사용할 목적으로, 사람을 속이거나, 사람에게 폭행을 가하거나, 사람을 협박하는 행위에 의하거나, 재물의 절취 또는 손괴, 시설에의 침입, 유선전기통신의 불법감청(傍受), 부정악세스행위(부정악세스행위의 금지 등에 관한 법률 제2조 제4항에 규정한 부정악세스행위를 말한다) 기타 특정비밀을 보유하는 자의 관리를 해치는 행위에 의하여 특정비밀을 취득한 자는, 10년 이하의 징역에 처하거나 정상에 따라 10년 이하의 징역 및 천만 엔 이하의 벌금에 처한다.

130 미국형법에 관하여는 https://www.law.cornell.edu/uscode/text/18/793에 인용된 법령을 요약한 것임.

득하거나 이를 약속하거나 시도한 경우, (d) 적법하게 위와 같은 국방정보를 소지, 접근, 지배하거나, 수탁받은 자가 미국을 위해하거나 외국에게 이롭게 사용될 가능성이 있다고 믿을 만한 이유가 있는 국방정보를 권한이 없는 자에게 고의로 통보, 교부, 전달하거나, 그 시도를 하거나 이를 유도한 경우 및 권한 있는 자의 인도 요구를 거부하는 경우, (e) 권한 없이 위와 같은 국방정보를 소지, 접근, 지배하는 자가 위 (d)항과 같은 행위를 하는 경우, (f) 적법하게 위와 같은 국방정보를 소지, 접근, 지배하거나, 수탁받은 자가 중대한 과실로 그것의 분실, 훼손, 파기 등을 초래하였을 때 또는 그 사실을 알면서 상사에게 신속히 보고하지 않은 경우, (g) 상기 행위들에 대한 공모행위를 처벌한다.

제794조는 (a) 제793조와 같은 의도나 이유로 국방정보를 외국 정부나 정당,　**80** 정파, 단체, 군대, 요원, 개인 등에 통보, 전달, 교부하거나, 그 시도를 한 경우를 처벌하고, 그로 인해 미국 정보요원의 신원이 노출되어 사망에 이르게 되거나 당해 정보가 핵무기, 우주무기, 조기경보체계 등 주요 무기와 전략에 관계된 때에는 가중처벌하며, (b) 전시에 적에게 통보할 의도로 군의 이동과 작전계획, 기타 방위정보를 수집, 기록, 공표, 통보 등을 한 자를 처벌한다. 그 밖에도 제795조부터 제798조까지의 규정에서 그 밖의 중요한 군사시설을 허가 없이 사진촬영하거나 스케치하여 공표, 판매하는 행위, 암호, 코드시스템 등에 관한 비밀지정 정보를 고의로 권한 없는 자에게 제공, 통보하는 행위 등도 처벌하고 있다.

한편, 경제스파이법(Economic Espionage Act of 1996, 18 U.S.C.) 제1831조는 외　**81** 국정부, 외국단체, 외국의 대리인을 이롭게 한다는 점을 의도하거나 인식하고 영업비밀(trade secrets)을 절취, 횡령, 편취, 은닉, 복제, 스케치, 사진촬영, 다운로드, 업로드, 변조, 파괴, 전송, 통보 등을 하거나 그 시도를 하는 행위 및 그와 같이 취득된 영업비밀을 교부받거나 구매하거나 소지하는 등의 행위를 처벌하고 있다.

### (4) 프랑스

프랑스형법(§ 411-1 내지 § 411-11)은 간첩행위의 상대방에 관하여 '외국정부,　**82** 외국에 속하거나 또는 외국의 지배하에 있는 기업이나 조직 또는 그 요원'으로 하고 있고, 행위의 객체는 '정보, 기법, 물품, 문서, 정보처리데이터 또는 파일'로 규정할 뿐 국가기밀임을 요하지 않는다. 구체적 행위태양에 관하여는 인도목적

부정입수, 수집죄(§ 411-7), 인도 및 취득원조(§ 411-6), 외국정보 등과의 내통행위(§ 411-4, § 411-5), 국가이익에 반하는 외국기업 등을 위한 정보수집, 인도행위(§ 411-6조) 등을 처벌하고 있다.[131]

## 2. 개정 논의

### (1) 적국 관련 조항의 개정

83      우리 형법은 간첩행위를 사실상 교전상태에 있는 적국과 이에 준하는 적대상태에 있는 준적국을 위한 행위로 한정함에 따라, 장기간 전쟁이 없는 상태가 지속된 오늘날에는 북한을 위한 간첩행위가 국가보안법상 목적수행 간첩죄에 의하여 처벌되어왔을 뿐, 형법상 간첩죄는 거의 사문화된 상황이다.

84      그런데 오늘날 국가기밀을 수집·탐지하는 행위는 적국·준적국이나 반국가단체를 위한 것에만 국한되지 않는다. 오늘날의 현실은 냉전체제의 붕괴로 인한 국제정세 및 안보환경의 변화에 따라 적국의 개념이 모호해지고 국가 안전에 대한 위협 세력도 다양해지고 있는 실정이다. 이러한 현실 속에서는 국가의 안전에 대한 위험은 반드시 적국에 의해서만 초래되는 것에 한정되지 않으며, 적국이 아닌 국가, 테러단체들, 심지어는 우방국이나 국제조직으로부터도 그 위험이 초래될 수 있다.[132] 동맹국가 사이에서도 국가기밀의 수집과 누설행위가 빈번하게 발생한다는 것이 근래 확인되고 있다.[133]

85      전술한 외국의 입법례를 보더라도 독일, 일본, 미국, 프랑스 모두 국가기밀 관련 범죄의 상대방을 적국으로 한정하지 않고 있으며, 나아가 외국의 정보기관을 위하여 활동하는 경우까지 폭넓게 처벌하는 경우가 있다. 위에서 살펴본 국가들의 입법례 이외에도 오스트리아형법, 스위스형법, 중국형법, 북한형법도 간첩죄의 상대방을 적국에 한정하지 아니하고 외국, 외국의 기관, 외국세력, 초국가적, 국가간 기구, 국경 밖의 기구, 조직, 인원 등을 상대방으로 한다.[134]

---

131 김호정(주 5), 70.

132 정영일·황태정(주 7), 397

133 2015년 전직 국가안보국(NSA) 계약요원인 에드워드 스노든(E. Snowden)이 미국과 영국의 정보기관들이 우방국 시민들의 개인정보를 수집하고 유럽 연합이나 우방국가 대사관들을 도·감청하였다고 언론에 이야기하여 세계적인 논란이 되었다.

134 김호정(주 5), 70-71; 정영일·황태정(주 7), 400

따라서 우리 형법도 간첩죄의 상대방을 적국으로부터 외국 또는 외국인의 　　86
단체로 넓혀 국가의 안전보장을 실질화해야 한다는 지적이 대두되고 있다. 구체
적으로는, ① 간첩죄에서의 적국 개념을 삭제하고 외국 또는 외국인의 단체로
대체하여야 한다는 견해, ② 외국을 위한 국가기밀침해죄를 별도로 신설하여
외환의 장이 아닌 별도의 장에 두어야 한다는 견해, ③ 기존의 간첩죄를 그대로
두고 외환의 장에 별도로 외국을 위한 간첩죄를 신설하자는 견해 등이 있다.[135]
우리나라의 안보환경 변화와 현실적으로 발생하고 있는 외국의 불법적인 국가
기밀수집 및 외국을 위한 내부의 국가기밀누설행위에 대응하기 위해서는 간첩
죄의 상대방에 외국 또는 외국인의 단체를 포함하자는 견해를 적극적으로 검토
할 필요가 있다.

다만 위 ②의 외국을 위한 국가기밀침해죄를 신설하여 외환의 장이 아닌 　　87
공안의 장 등에 배치하자는 견해와 관련해서는, 오늘날의 현실에서는 국가의 안
전에 대한 위험이 적국과의 전쟁상태에 의해서만 야기되는 것은 아니라는 점,
그리고 주요 외국의 입법례가 외국에 대한 간첩죄를 외환에 관한 장에서 규정
하고 있다는 점에서 설득력이 크지 않다고 본다.[136] 위 ①의 적국 개념을 외국
개념으로 전면적으로 대체하자는 견해는 우리 헌법과 형법의 해석론상 북한을
외국으로 볼 수 있는지의 문제 및 국가보안법 개폐 논의와 맞물려 형사법적 논
의 이외의 정치적 논쟁을 야기할 수 있다는 점에서 현재로서는 적절하지 않
다.[137] 따라서 기존의 적국을 위한 간첩죄 조문은 그대로 두고 외국이나 외국인
의 단체를 위한 간첩죄 조문을 별도로 도입하자는 위 ③의 입장이 더 설득력이
있다고 본다.[138] 또한, 북한을 위한 간첩죄에 관하여는 정치적 논란의 여지가
많은 현재의 방식보다는 독일형법 제95조와 같이 외국이나 적국을 전제로 하지
아니한 국가기밀 누설과 이를 위한 탐지·수집행위를 별도로 도입하는 방식을
검토해 볼 수 있을 것이다.

---

135 정영일·황태정(주 7), 398.
136 정영일·황태정(주 7), 399.
137 정영일·황태정(주 7), 397.
138 정영일·황태정(주 7), 397. 제20대 국회 이철우 의원 대표 발의한 형법일부개정안(의안번호 2163
　　호, 2016. 9. 6. 발의)도 동일한 입장을 취하고 있다.

〔이 창 온〕　　　　　**273**

## (2) 국가기밀의 범위에 관한 규정 및 차등화된 처벌

88        전술한 바와 같이 형법은 군사상 기밀을 본죄의 객체로 규정하고 국가보안법은 이와 별도로 국가기밀을 객체로 규정하고 있으나, 판례는 국가기밀과 군사상 기밀을 동일하게 취급하고 있다. 그러나 현대전의 양상이 총력전으로 변모함에 따라 군사상의 기밀의 범위가 확대되어 협의의 군사상 기밀뿐 아니라 정치, 경제, 사회, 문화 등 모든 분야의 기밀이 군사상 용도로 사용될 수 있게 된 것이 오늘날의 현실이라고 하더라도 그러한 현실상의 이유만으로 군사상 기밀을 그 밖의 국가기밀과 동일하다고 보는 것은 충분한 정당성을 얻기 어렵다.[139] 독일의 입법례는 국가기밀을 대상으로 규율하고 있고, 미국의 입법례는 국방정보를 대상으로 규율하면서 그 국방정보의 범위를 상세하고 규정하고 있는 점을 감안할 때, 우리 형법에 있어서도 군사상 기밀을 국가기밀로 대체하고 그 의미를 명확히 규정할 필요가 있다.[140]

89        국가기밀의 개념에 관하여는 전술한 바와 같이 비공지성 및 실질비성에 있어서의 국가의 안전에 대한 중대한 위험성 여부를 둘러싸고 학설과 판례의 견해 차이가 존재한다. 이러한 견해의 대립은, 우리 형법이 국가기밀의 개념을 정의하지 않으면서 공지성과 실질비성의 정도에 있어서 양적·질적인 차이가 있는 다양한 기밀을 단일한 간첩죄로 의율하고 있는데, 그 간첩죄의 법정형이 매우 높다는 점에서 기인하는 것이라고 생각한다.

90        따라서 이러한 논란을 불식시키기 위해서는 독일형법과 같이 형법에서 국가기밀을 정의하여 그와 관련된 간첩행위를 무겁게 처벌하되,[141] 기밀성이 낮은 국가기밀이나 국가기밀이 아닌 단순기밀에 대해서는 그보다 가볍게 처벌하는 규정을 신설하는 방식을 도입하는 것을 검토할 필요가 있다.[142]

---

139 박상기(주 24), 575. 법 규정의 해석적 한계를 벗어난 것이라고 비판하고 있다.

140 정영일·황태정(주 7), 408.

141 구 국가보안법(1958. 12. 26. 법률 제500호) 제4조는 "본법에서 국가기밀이라 함은 정치, 경제, 사회, 문화, 군사 등 국가방위상의 이익을 위하여 외국정부와 적에게 기밀로 보지할 것을 요하는 문서, 도화 기타의 물건, 사실 또는 정보를 말한다."는 정의규정을 두었고, 국가기밀의 탐지·수집 행위를 처벌하는 제11조 규정 외에 정보수집행위를 처벌하는 제12조를 별도로 두어 '국가기밀'과 '정보'를 법률 규정상 구분하였다가, 1960년 6월 10일 법률 제549호로 전문개정되면서 위와 같은 정의규정이 삭제되었다. 이후 우리 형법과 국가보안법은 군사상 기밀이나 국가기밀의 정의 규정을 두지 않고 있다.

142 김호정(주 5), 74.

전술한 것처럼 간첩죄의 대상을 외국이나 외국단체에까지 확대할 경우, 적                91
법하게 국내에 체류하면서 활동 가능한 외국이나 외국단체가 탐지·수집하는 국
가기밀을 적국이나 북한이 탐지·수집하는 국가기밀과 동일하게 취급하기는 어
려울 것이다. 따라서 그 기밀성의 정도에 따라 차등적으로 처벌할 필요성이 커
질 것으로 예상된다.

### (3) 탐지·수집 중심의 실행행위를 국가기밀 누설행위 중심으로 전환

형법상 간첩행위는 적국을 위해 국가기밀을 탐지·수집하는 행위를 의미하                92
고, 국가기밀을 적국에 누설하는 행위는 직무상 지득한 기밀을 적국에게 넘겨주
는 행위를 의미하여, 형법상 두 행위가 일종의 대향관계처럼 구성되어 있다는
점은 전술하였다. 이것은 적국이나 북한에서 국내로 침투한 간첩이 국가기밀을
탐지·수집하고, 내부에서는 직무상 지득한 기밀을 누설하는 것을 전형적인 상
황으로 전제한 구성이다. 그러나 우리 형법의 이러한 구성은 적국과 내부가 명
확히 구분되지 않는 오늘날의 현실에서는 국가기밀 누설행위에 대한 적절한 대
응이라고 보기 어렵다.

간첩 개념의 사전적 의미를 고려하고 군사상 기밀의 누설행위를 본조 제2                93
항에서 별도로 규정하고 있는 점을 감안할 때, 현행법의 해석론상으로 간첩행위
에 누설행위가 포함된다는 견해에는 찬성하기 어려우나, 입법론적으로는 국가
기밀 누설행위를 중심으로 본죄를 재구성하는 것을 검토할 필요가 있다. 장기적
으로 볼 때, 본죄는 국가기밀의 체계적 관리와 보호라는 관점에서 근본적으로
재구성되는 것이 바람직하리라고 본다. 독일형법과 같이 국가기밀의 누설행위
를 기본형으로 하면서 국가기밀과 누설행위의 중대성을 고려하여 그 정도에 따
라 차등적으로 법정형을 정하고, 이를 위한 탐지, 수집, 예비활동을 별도로 처벌
하는 것도 고려할 수 있는 방법이 될 것이다. 미국형법과 같이 국가기밀의 탐
지, 수집, 취득, 전달, 공표, 누설 등의 행위태양을 병렬적으로 규정하는 것도 대
안이 될 수 있다. 특히 외국이나 외국인단체를 상대로 한 간첩죄를 도입하게 되
면 다양한 형태의 탐지, 수집, 전달, 취득, 공표, 누설행위가 발생하게 될 것이므
로, 더 이상 형법이 전제하고 있는 탐지·수집행위와 직무상 지득한 기밀의 누
설행위라는 단순한 대향적 구성을 유지하기는 어렵게 된다.

### (4) 간첩방조죄의 법정형 개정 및 재구성

94

　　간첩방조죄의 법정형을 간첩죄와 동일하게 하는 것은 부당하다는 비판이 있다.[143] 그러나 국가기밀 누설의 관점에서 간첩죄를 재구성할 때, 간첩방조죄에 포함된 다양한 행위들은 국가기밀 누설의 여러 단계 또는 여러 측면에 해당하는 행위로서 오히려 독립적인 처벌가치를 가질 수 있다. 따라서 간첩방조죄 자체를 폐지하되 독일이나 미국 형법과 같이 그 구성요건을 세분화하여 독립적인 처벌가치가 있는 행위들은 별도의 죄로 구성하고, 그 이외의 순수한 방조행위는 형법총칙으로 해결하는 방식의 도입을 검토할 필요가 있다.

〔이 창 온〕

---

143 박상기(주 24), 577.

## 제99조(일반이적)

전7조에 기재한 이외에 대한민국의 군사상 이익을 해하거나 적국에 군사상 이익을 공여한 자는 무기 또는 3년 이상의 징역에 처한다.

본죄(일반이적죄)는 제92조 내지 제98조의 구성요건에 해당하지 아니하는 행위라도 대한민국의 군사상 이익을 해하거나 적국(여적죄에서의 적국과 같은 개념)에 군사상 이익을 공여하는 행위를 처벌하는 죄이다. 본죄는 외환의 죄에 대한 기본적 구성요건으로서,[1] 전 7조의 죄에 대한 보충적 규정(법조경합 중 명시적 보충규정)이므로 위 각 죄가 성립할 때에는 적용되지 않는다.[2]　　　1

본죄의 행위는 ① 대한민국의 군사상 이익을 해하는 행위와 ② 적국에 군사상 이익을 공여하는 행위이다. '군사상 이익'이란 군사활동에 도움이 되는 유형·무형의 일체의 이익을 말하고, 그 침해나 공여행위는 직접·간접, 적극·소극을 묻지 않는다. 예컨대, 적국의 정황을 허위보고하여 대한민국의 작전계획을 그릇되게 하는 행위[3]는 위 ①의 행위에, 적국을 위하여 군용자금을 조달하는 행위[4]는 위 ②의 행위에 해당할 것이다.　　　2

판례는 정부 소유의 선박을 강취하여 적국으로 운행·탈취하고, 그 선박과 화물을 적국에 제공하는 행위[5]나 이중첩자가 대한민국의 군사상 이익을 해하는 행위를 한 경우[6]에 본죄가 성립한다고 한다. 그리고 직무에 관하여 알게 된 군사상 기밀을 적국에 누설한 경우에는 제98조 제2항의 간첩죄에 해당하지만, 직　　　3

---

1　임웅, 형법각론(11전정판), 883; 정영일, 형법각론, 618; 주석형법 〔각칙(1)〕(5판), 94(민철기).
2　김성돈, 형법각론(8판), 763; 김일수·서보학, 새로쓴 형법각론(9판), 755; 박찬걸, 형법각론(2판), 841; 배종대, 형법각론(13판), § 143/5; 오영근, 형법각론(7판), 677; 이상돈, 형법강론(3판), 893; 이재상·장영민·강동범, 형법각론(12판), § 40/14; 임웅, 883; 정성근·박광민, 형법각론(전정3판), 864; 정영일, 618; 주석형법 〔각칙(1)〕(5판), 94(민철기).
3　이재상·장영민·강동범, § 40/14; 주석형법 〔각칙(1)〕(5판), 94(민철기).
4　이재상·장영민·강동범, § 40/14; 정영일, 618; 주석형법 〔각칙(1)〕(5판), 94(민철기).
5　대판 1954. 2. 13, 4283형상202.
6　대판 1959. 7. 10, 4292형상197.

〔조 균 석〕　　　　　**277**

무와 관계없이 알게 된 군사상의 기밀을 적국에 누설한 때는 본죄가 성립한다.[7]

4        본죄와 국가보안법 제9조[8]의 편의제공죄와는 일반법과 특별법의 관계이므로 특별법인 편의제공죄가 우선 적용된다.[9]

5        본죄는 무기 또는 3년 이상의 징역에 처한다.

6        미수범(§ 100), 예비·음모·선동·선전죄(§ 101)도 처벌하고, 외국인의 국외범도 처벌한다(§ 5(ii)).


〔조 규 석〕

---

7 대판 1959. 7. 10, 4292형상197; 대판 1971. 2. 25, 70도2417; 대판 1982. 11. 9, 82도2239.
8 국가보안법 제9조(편의제공) ① 이 법 제3조 내지 제8조의 죄를 범하거나 범하려는 자라는 정을 알면서 총포·탄약·화약 기타 무기를 제공한 자는 5년 이상의 유기징역에 처한다.
　② 이 법 제3조 내지 제8조의 죄를 범하거나 범하려는 자라는 정을 알면서 금품 기타 재산상의 이익을 제공하거나 잠복·회합·통신·연락을 위한 장소를 제공하거나 기타의 방법으로 편의를 제공한 자는 10년 이하의 징역에 처한다. 다만, 본범과 친족관계가 있는 때에는 그 형을 감경 또는 면제할 수 있다.
　③ 제1항 및 제2항의 미수범은 처벌한다.
　④ 제1항의 죄를 범할 목적으로 예비 또는 음모한 자는 1년 이상의 유기징역에 처한다.
9 주석형법 〔각칙(1)〕(5판), 94(민철기).

〔조 규 석〕

## 제100조(미수범)

전8조의 미수범은 처벌한다.

본조는 외환유치(§92), 여적(§93), 모병이적(§94), 시설제공이적(§95), 시설파    1
괴이적(§96), 물건제공이적(§97), 간첩(§98), 일반이적(§99)의 죄의 미수범 처벌규
정이다(미수에 해당되는 구체적인 경우는 **각 조문의 해당 부분** 참조).

〔조 균 석〕

## 제101조(예비, 음모, 선동, 선전)

① 제92조 내지 제99조의 죄를 범할 목적으로 예비 또는 음모한 자는 2년 이상의 유기징역에 처한다. 단 그 목적한 죄의 실행에 이르기 전에 자수한 때에는 그 형을 감경 또는 면제한다.

② 제92조 내지 제99조의 죄를 선동 또는 선전한 자도 전항의 형과 같다.

1  본죄는 제92조 내지 제99조의 죄를 범할 목적으로 예비 또는 음모하거나(제1항), 제92조 내지 제99조의 죄를 선동 또는 선전한(제2항) 경우에 성립한다. 내란예비·음모·선동·선전죄(§ 90)에서의 논의는 특별한 사정이 없는 한 본죄에서도 그대로 적용된다.

2  예컨대, 적측과 아무런 의사연락 없이 편면적으로 취학을 주된 목적으로 삼고 월북해서 그곳 관헌의 호의를 사기 위하여 누설할 군사에 관한 정보를 수집하였다면 제98조 제2항의 군사상기밀 누설의 예비행위가 성립한다.[1] 그러나 월북기도 자체만으로는 간첩예비죄를 구성하지 못한다.[2]

3  본죄는 2년 이상의 유기징역에 처한다.

4  예비·음모(제1항)의 경우는 목적한 죄의 실행에 이르기 전에 자수한 때는 필요적으로 형을 감면한다. 예비만 한 상태에서 자수를 하지 않고 자의로 실행의 착수를 포기하더라도, 예비에는 중지범의 관념을 인정할 수 없으므로 중지미수에 관한 제26조는 유추적용할 수 없다는 것이 판례의 입장이다.[3]

5  외국인의 국외범도 처벌한다(§ 5(ii)).

〔조 균 석〕

---

1 대판 1959. 5. 18, 4292형상34.
2 대판 1960. 10. 7, 4292형상1070.
3 대판 1999. 4. 9, 99도424.

## 제102조(준적국)
제93조 내지 전조의 죄에 있어서는 대한민국에 적대하는 외국 또는 외국인의 단체는 적국으로 간주한다.

본조는 준적국도 적국으로 간주한다는 규정이다. 제93조 내지 제101조의 1
죄에 있어서 '적국'은 대한민국과 국제법상의 선전포고를 하고 전쟁을 수행하는
국가 및 사실상 전쟁을 수행하고 있는 외국을 말한다.[1] 본조는 비록 이러한 적
국에는 해당하지 않더라도 대한민국에 적대하는 외국 또는 외국인의 단체는 적
국으로 간주한다는 것이다.

이와 관련하여 북한이 준적국에 해당하는지가 문제된다. 종래 대법원은 북 2
한은 우리 헌법상 반국가적인 불법단체로서 국가로 볼 수 없고, 간첩죄의 적용
에 있어서는 이를 국가에 준하여 취급하여야 한다는 입장이었다.[2] 이러한 대법
원의 입장은 2005년 12월 29일 남북관계 발전에 관한 법률[3]이 제정되는 등 시
대가 변화되었지만 그대로 유지되고 있다.

한편 대법원과 헌법재판소는 '이중적 지위론'에 따라 북한을 국가보안법상 3
반국가단체로 보고 있다. 즉 대법원은, "북한이 남북관계의 발전에 따라 더 이
상 우리의 자유민주주의 체제에 위협이 되지 않는다는 명백한 변화를 보이고
그에 따라 법률이 정비되지 않는 한, 국가의 안전을 위태롭게 하는 반국가활동
을 규제함으로써 국가의 안전과 국민의 생존 및 자유를 확보함을 목적으로 하
는 국가보안법이 헌법에 위반되는 법률이라거나 그 규범력을 상실하였다고 볼
수는 없고, 나아가 국가보안법의 규정을 그 법률의 목적에 비추어 합리적으로
해석하는 한 국가보안법이 정하는 각 범죄의 구성요건의 개념이 애매모호하고

---

1 김성돈, 형법각론(8판), 758; 김일수·서보학, 새로쓴 형법각론(9판), 754; 배종대, 형법각론(13판),
  §142/1; 오영근, 형법각론(7판), 669; 이재상·장영민·강동범, 형법각론(12판), §40/9; 임웅, 형법
  각론(11정판), 880; 정성근·박광민, 형법각론(전정3판), 857; 주석형법 [각칙(1)](5판), 66(민철기).
2 대판 1959. 7. 18, 4292형상180; 대판 1971. 9. 28, 71도1498; 대판 1983. 3. 22, 82도3036.
3 제정 2005. 12. 29. [법률 제7763호, 시행 2006. 6. 30.].

광범위하여 죄형법정주의의 본질적 내용을 침해하는 것이라고 볼 수도 없다. 양심의 자유, 언론·출판의 자유 등은 우리 헌법이 보장하는 기본적인 권리이기는 하지만 아무런 제한이 없는 것은 아니며, 헌법 제37조 제2항에 의하여 국가의 안전보장, 질서유지 또는 공공복리를 위하여 필요한 경우에는 그 자유와 권리의 본질적인 내용을 침해하지 아니하는 범위 내에서 제한할 수 있는 것이므로, 국가보안법의 입법목적과 적용한계를 위와 같이 자유와 권리의 본질적인 내용을 침해하지 아니하는 한도 내에서 이를 제한하는 데에 있는 것으로 해석하는 한 헌법에 위반된다고 볼 수 없다. 따라서 종래 대법원이 국가보안법과 북한에 대하여 표명하여 온 견해 즉, 북한은 조국의 평화적 통일을 위한 대화와 협력의 동반자이나 동시에 남·북한 관계의 변화에도 불구하고, 적화통일노선을 고수하면서 우리의 자유민주주의 체제를 전복하고자 획책하는 반국가단체라는 성격도 아울러 가지고 있고, 반국가단체 등을 규율하는 국가보안법의 규범력이 상실되었다고 볼 수는 없다고 하여 온 판례[4]는 현시점에서도 그대로 유지되어야 할 것이다."라고 판시하고 있다.[5]

4      헌법재판소도 "현단계에 있어서의 북한은 조국의 평화적 통일을 위한 대화와 협력의 동반자임과 동시에 대남적화노선을 고수하면서 우리 자유민주주의체제의 전복을 획책하고 있는 반국가단체라는 성격도 함께 갖고 있음이 엄연한 현실인 점에 비추어, 헌법의 전문과 제4조가 천명하는 자유민주적 기본질서에 입각한 평화적 통일정책을 수립하고 이를 추진하는 법적 장치로서 남북교류협력에관한법률 등을 제정·시행하는 한편, 국가의 안전을 위태롭게 하는 반국가활동을 규제하기 위한 법적 장치로서 국가보안법을 제정·시행하고 있는 것으로서, 위 두 법률은 상호 그 입법목적과 규제대상을 달리하고 있는 것이므로 남북교류협력에 관한 법률 등이 공포·시행되었다 하여 국가보안법의 필요성이 소멸되었다거나 북한의 반국가단체성이 소멸되었다고는 할 수 없다. 그러므로 국가의 존립·안전과 국민의 생존 및 자유를 수호하기 위하여 국가보안법의 해석·

---

4 대판 1992. 8. 14, 92도1211; 대판 1999. 12. 28, 99도4027; 대판 2003. 5. 13, 2003도604; 대판 2003. 9. 23, 2001도4328 등.
5 대판 2008. 4. 17, 2003도758(전). 본 판결 해설은 박이규, "북한 방문증명서를 발급받아 북한을 방문한 경우 국가보안법상 탈출죄 성부", 해설 76, 법원도서관(2008), 523-549.

적용상 북한을 반국가단체로 보고 이에 동조하는 반국가활동을 규제하는 것 자
체가 헌법이 규정하는 국제평화주의나 평화통일의 원칙에 위반된다고 할 수 없
다.”고 판시하고 있다.[6]

　　북한의 지위는 시대의 흐름과 그때그때의 상황에 따라 변하고 있어 한 마        5
디로 말하기는 어려운 것이 현실이다. 다만 실무상으로는 북한과 관련된 간첩행
위는 형법상 간첩죄로 기소되지 않고, 국가보안법 제4조 제1항 제2호로 기소되
는 경우가 대부분이어서 북한의 준적국성이 표면적으로 문제되는 경우는 거의
없다고 하겠다.[7]

〔조 균 석〕

---

6 헌재 1997. 1. 16, 92헌바6 등(병합).
7 주석형법 〔각칙(1)〕(5판), 100(민철기).

〔조 균 석〕                                                    **283**

## 제103조(전시군수계약불이행)

① 전쟁 또는 사변에 있어서 정당한 이유없이 정부에 대한 군수품 또는 군용공작물에 관한 계약을 이행하지 아니한 자는 10년 이하의 징역에 처한다.
② 전항의 계약이행을 방해한 자도 전항의 형과 같다.

## Ⅰ. 개  요

1    본죄는 전쟁 또는 사변에 있어서 정당한 이유없이 정부에 대한 군수품 또는 군용공작물에 관한 계약을 이행하지 않거나(제1항)(군수계약불이행죄), 그 계약이행을 방해함으로써(제2항)(군수계약이행방해죄) 성립하는 범죄이다. 그중 제1항의 죄는 진정부작위범이다. 원래는 사법상의 계약불이행에 불과하지만 전쟁 또는 사변과 같은 비상사태에서는 위와 같은 계약을 불이행은 군사상 막대한 지장을 초래하고 나아가 국가의 존립에도 영향이 있다고 하여 형사책임까지 지도록 한 것이다.[1] 1992년의 형법개정법률안에서는 전시의 계약불이행은 계엄포고나 대통령의 비상조치권 또는 국가동원법에 의하여 규율하면 충분하다는 이유로 본죄를 삭제하였다.[2]

## Ⅱ. 구성요건

### 1. 객  체

2    본죄의 객체는 '정부에 대한 군수품 또는 군용공작물에 대한 계약'이다. 여

---

[1] 김일수·서보학, 새로쓴 형법각론(9판), 759; 이재상·장영민·강동범, 형법각론(12판), §40/27; 임웅, 형법각론(11정판), 891; 주석형법 〔각칙(1)〕(5판), 101(민철기).
[2] 법무부, 형법개정법률안 제안이유서(1992. 10), 246.

〔조 균 석〕

기서 '정부'란 행정부를 말하나, 중앙관서는 물론 정부를 대표하거나 대리하여 군수계약을 체결할 수 있는 기관이 체결한 계약도 정부에 대한 계약에 포함된다.[3] '군수품 또는 군용공작물'은 군작전상 필요한 일체의 물건이나 시설[4]을 말한다는 견해가 일반적이나,[5] 군작전으로 제한할 특별한 이유는 없으므로 널리 군대에서 사용하는 물건이나 시설을 말한다는 견해[6]도 있다. '계약'은 전시공수계약불이행죄(§117)의 계약 내용인 '공급계약'에 한정되지 않고, 수리·유지·보수·관리 등의 용역계약도 여기에 포함된다.[7]

## 2. 행 위

본죄의 행위는 '전시 또는 사변에 있어서 위 계약을 이행하지 아니하거나 (제1항) 그 계약이행을 방해하는 것(제2항)'이다.   3

제1항의 죄는 '정당한 이유'가 없어야 한다. '정당한 이유'가 없는지 여부는   4
개별·구체적으로 판단해야 하겠지만, 이를 통하여 정당방위·긴급피난·정당행위 등으로 인하여 불법이 배제될 경우가 있을 수 있다.[8] 제2항의 죄의 경우에는 '정당한 이유'에 관한 규정이 없지만, 제1항과의 균형상 당연히 제2항의 죄가 성립하기 위해서도 정당한 이유가 없어야 한다.[9]

제1항의 죄는 실제로 계약을 이행하지 않아야 기수가 되고, 제2항의 죄는   5
방해하면 기수가 되고 방해로 인하여 계약이 불이행되어야 할 필요는 없다.[10]

---

3 김성돈, 형법각론(8판), 764; 임웅, 891; 주석형법 〔각칙(1)〕(5판), 101(민철기).
4 참고로 전시·사변 또는 이에 준하는 비상사태하에서 군작전을 수행하기 위하여 필요하여 징발하는 징발목적물에는 소모품인 동산, 비소모품인 동산, 부동산 및 권리가 있다(징발법 §5).
5 김성돈, 764; 김신규, 형법각론 강의, 807; 박찬걸, 형법각론(2판), 845; 배종대, 형법각론(13판), §145/1; 이재상·장영민·강동범, §40/28; 임웅, 891; 정성근·박광민, 형법각론(전정3판), 865; 정성근·정준섭, 형법강의 각론(2판), 639; 주석형법 〔각칙(1)〕(5판), 101(민철기).
6 오영근, 형법각론(7판), 679. 군의 전력 유지와 작전에 필요한 모든 물자 또는 시설을 의미한다는 견해도 같은 취지이다〔이형국·김혜경, 형법각론(2판), 763〕.
7 박찬걸, 777; 홍영기, 형법(총론과 각론), §110/20.
8 김일수·서보학, 759.
9 정영일, 형법각론, 625; 주석형법 〔각칙(1)〕(5판), 102(민철기).
10 이와는 달리 제2항의 경우에도 제1항과 법정형이 동일하므로 방해로 인하여 실제로 계약 불이행의 결과가 야기될 것을 요한다는 견해도 있다(정영일, 625).

## Ⅲ. 처 벌

6    무기 또는 10년 이하의 징역에 처한다.

7    외국인의 국외범도 처벌한다(§ 5(ii)).

〔조 균 석〕

## 제104조(동맹국)
**본장의 규정은 동맹국에 대한 행위에 적용한다.**

대한민국의 동맹국에 대하여 외환의 죄를 범한 경우에도 본장의 규정이 적 1
용된다. 동맹국의 안전에 대한 침해는 간접적으로 대한민국의 외부적 안전에 대
한 침해가 되기 때문이다.

동맹국이라 함은 조약에 의하여 일정한 정치적 공동행위를 약정한 국가를 2
말한다.[1]

〔조 균 석〕

---

1 주석형법 〔각칙(상)〕, 54(염정철); 주석형법 〔각칙(1)〕(5판), 103(민철기).

## 제104조의2(국가모독등)

삭제 〈1988. 12. 31.〉

〔삭제 전 조문〕 ① 내국인이 국외에서 대한민국 또는 헌법에 의하여 설치된 국가기관을 모욕 또는 비방하거나 그에 관한 사실을 왜곡 또는 허위사실을 유포하거나 기타 방법으로 대한민국의 안전·이익 또는 위신을 해하거나, 해할 우려가 있게한 때에는 7년 이하의 징역이나 금고에 처한다.
② 내국인이 외국인이나 외국단체등을 이용하여 국내에서 전항의 행위를 한 때에도 전항의 형과 같다.
③ 제2항의 경우에는 10년 이하의 자격정지를 병과할 수 있다.

1    1975년 3월 25일 형법개정(법률 제2745호)을 통하여 신설된 범죄로서 행위의 주체를 내국인에 한정하는 특이한 범죄였다.

2    대한민국 또는 그 헌법기관에 대한 외국에서의 여론·신뢰를 강하게 보호하는 것이 그 입법목적이었으나, 언론의 자유와 정치적 비판을 제한하기 위한 범죄라는 비난을 받아오다가 1988년 12월 31일 형법개정법률(법률 제4040호)에 의하여 삭제되었다. 개정 이유는 국가발전을 위한 건전한 비판의 자유를 억제할 우려 등이 있다는 것이었다.

3    본조 폐지 후 재심신청자의 위헌법률심판제청신청에 대하여 헌법재판소는 위헌결정을 하였다. 즉 헌법재판소는 "심판대상조항의 신설 당시 제안이유에서는 '국가의 안전과 이익, 위신 보전'을 그 입법목적으로 밝히고 있으나, 언론이 통제되고 있던 당시 상황과 위 조항의 삭제 경위 등에 비추어 볼 때 이를 진정한 입법목적으로 볼 수 있는지 의문이고, 일률적인 형사처벌을 통해 국가의 안전과 이익, 위신 등을 보전할 수 있다고 볼 수도 없으므로 수단의 적합성을 인정할 수 없다.

4    심판대상조항에서 규정하고 있는 '기타 방법', 대한민국의 '이익'이나 '위신'

등과 같은 개념은 불명확하고 적용범위가 지나치게 광범위하며, 이미 형법, 국가보안법, 군사기밀 보호법에서 대한민국의 안전과 독립을 지키기 위한 처벌규정을 두고 있는 점, 국가의 '위신'을 훼손한다는 이유로 표현행위를 형사처벌하는 것은 자유로운 비판과 참여를 보장하는 민주주의 정신에 위배되는 점, 형사처벌조항에 의하지 않더라도 국가는 보유하고 있는 방대한 정보를 활용해 스스로 국정을 홍보할 수 있고, 허위사실 유포나 악의적인 왜곡 등에 적극적으로 대응할 수도 있는 점 등을 고려하면 심판대상조항은 침해의 최소성 원칙에도 어긋난다.

　　나아가 민주주의 사회에서 국민의 표현의 자유가 갖는 가치에 비추어 볼 때, 기본권 제한의 정도가 매우 중대하여 법익의 균형성 요건도 갖추지 못하였으므로, 심판대상조항은 과잉금지원칙에 위배되어 표현의 자유를 침해한다."고 결정하였다.[1]

5

〔조 균 석〕

1 헌재 2015. 10. 21, 2013헌가20.

# 제3장 국기에 관한 죄

## 〔총 설〕

## I. 규 정

국기에 관한 죄는 대한민국을 모욕할 목적으로 대한민국의 국기·국장(國章) 1
을 손상, 제거, 오욕 또는 비방함으로써 성립하는 범죄이다.

일반적으로 국기 및 국장은 국가의 권위를 상징하는 표지(標識)이자 국민들 2
을 헌법적 국가의식으로 통합하는 중요한 수단이 된다. 따라서 이에 대한 모독이
나 비방 등의 행위는 국가의 권위를 무시하고, 통합적 국가의식을 해체하여 내부
적인 국가 질서와 평화를 깨뜨리게 되므로, 국기에 관한 죄는 이러한 행위를 처
벌함으로써 국가의 권위와 내부적 평화를 보호·유지하는 데 그 의의가 있다.[1]

형법은 국기에 관한 죄로 국기·국장모독죄(§ 105)와 국기·국장비방죄(§ 106) 3
를 규정하고 있다. 본장의 조문 구성은 아래 [표 1]과 같다.

---

1 김일수·서보학, 새로쓴 형법각론(9판), 760; 주석형법 〔각칙(1)〕(5판), 105(김선일).

### [표 1] 제3장 조문 구성

| 조 문 | 제 목 | 구성요건 | 죄 명 | 공소시효 |
|---|---|---|---|---|
| §105 | 국기, 국장의 모독 | ⓐ 대한민국을 모욕할 목적으로<br>ⓑ 국기·국장을<br>ⓒ 손상, 제거, 오욕 | (국기, 국장)모독 | 7년 |
| §106 | 국기, 국장의 비방 | ⓐ 대한민국을 모욕할 목적으로<br>ⓑ 국기·국장을<br>ⓒ 비방 | (국기, 국장)비방 | 5년 |

4      한편 외국의 국기·국장에 대한 모독은 외국의 국기·국장 그 자체를 보호하는 것이 아니라 외교관계로 인하여 이를 보호하는 것이므로, 형법은 본장이 아닌 제4장 국교에 관한 죄에서 이를 규정(§109)하면서 후술하는 바와 같이 국기에 관한 죄와 달리 공용에 공(供)하는 것에 한하여 대한민국 국기·국장의 경우보다 가볍게 처벌하고 있다.[2]

## Ⅱ. 연 혁

5      캐나다, 벨기에처럼 국기에 관한 죄를 처벌하지 않는 국가도 있지만 상당수 국가는 이를 처벌하고 있다.[3] 독일은 형법 제90조의a에서 독일연방공화국 또는 각 주의 휘장, 기, 문장에 대한 모욕, 손괴 등의 행위를 처벌하고 있고, 우리나라와 달리 국가 등에 대한 모욕, 손괴 등의 행위도 처벌하고 있다. 오스트리아, 프랑스도 국기, 국장은 물론 국가(찬가)까지 보호하고 있다. 반면에 미국은 각 주(州)별로 국기 등에 관한 죄를 규정하고 있고, 연방 차원에서는 1968년 제정 법률에서 국기훼손행위를 처벌하는 규정을 두고 있었으나(18 U.S.C.A. §700.), 1989년 이른바 '존슨(Jonson) 성조기 훼손 사건'[4]에서 위 법률이 미국 수정헌법 제1조에 위반

---

2 이재상·장영민·강동범, 형법각론(12판), §41/1: 주석형법 〔각칙(1)〕(4판), 118(권순일); 주석형법 〔각칙(1)〕(5판), 107(김선일).

3 주석형법 〔각칙(1)〕(5판), 105(김선일).

4 Texas v. Johnson, 491 U.S. 397(1989). 이 사건의 경과는 아래와 같다. 1984년 텍사스주 댈러스에서 당시 대통령 로널드 레이건을 대통령 후보로 재신임하는 공화당 전당 대회가 한창인 가운데 공산주의자 그레고리 존슨(Gregory Johnson)은 동료들과 함께 댈러스까지 항의 행진을 벌였다. 이 행진의 클라이맥스에서 존슨은 '미국에 침을 뱉는다', '레이건, 먼데일, 누가 대통령이 되든 결과는 3차 세계대전' 등의 구호를 외치며 성조기를 불태우는 퍼포먼스를 펼쳤다. 이 사건

〔김 택 균〕

된다는 이유로 연방대법원에서 위헌결정이 선고되었다.[5] 일본은 자국의 국기·국
장에 대한 범죄 규정은 없고, 외국의 국기·국장에 대한 범죄만 규정하고 있다.[6]

우리나라는 구 형법(1953. 9. 18. 법률 제293조로 제정되기 이전의 것)에서는 일본     6
과 같이 외국의 국기·국장을 손괴 또는 모독하는 행위만을 범죄로 규정하였으
나, 1953년 9월 18일 제정된 형법에서는 우리나라의 국기·국장을 모독하거나
비방하는 행위를 처벌하는 규정을 신설하였다.[7] 다만, 독일·오스트리아 등과
달리 국가에 대한 모독 등을 처벌하는 규정까지는 두지 않았다.

1995년 12월 29일 형법을 개정하면서, 제106조의 표제를 '국기·국장비기'에     7
서 '국기·국장비방'으로 변경하였다.


## III. 보호법익

국기에 관한 죄의 보호법익에 대하여 학설은 대개 국가의 권위,[8] 국가의 권     8
위와 대외적 체면[9] 또는 내부적 평화[10] 등으로 보고 있다. 아울러, 국가의 권위,

---

은 텍사스주 법률에 따라 유죄판결을 받은 존슨이 항소를 하면서 법정 공방으로 이어진다. 항소
법원이 존슨의 손을 들어주지만, 텍사스주가 다시 항소를 하며 공방은 결국 1989년 연방대법원
으로 올라간다. 존슨 측은 국기 소각의 정치적 함의를 강조하며 그러한 행위는 수정헌법 제1조
가 보호하는 표현의 자유에 해당하기 때문에 정치적 발언으로서의 국기 소각을 규제하는 텍사스
주 법령은 위헌이라고 주장한 반면, 텍사스주 당국은 국기 소각은 근본적으로 공공의 혐오를 자
아내는 행위로 폭력 등의 불상사가 발생할 소지가 있고, 성조기는 귀중한 국가적 상징물로 법률
의 보호를 받을 가치가 충분히 있다고 반론을 펼쳤다. 연방대법원의 판결은 5 대 4로 그레고리
존슨을 지지했다(L. 레너드 케스터·사이먼 정, 미국을 발칵 뒤집은 판결 31, 현암사. https://
post.naver.com/viewer/postView.nhn?volumeNo=7133713&memberNo=369800에서 인용).

5 주석형법 〔각칙(1)〕(4판), 119(권순일).
6 일본형법 제92조(외국국장손괴등) ① 외국에 대하여 모욕을 가할 목적으로 그 국가의 국기 그
  밖의 국장을 손괴, 제거 또는 오손한 자는 2년 이하의 징역 또는 20만 엔 이하의 벌금에 처한다.
  ② 전항의 죄는 외국정부의 청구가 없으면 공소를 제기할 수 없다.
    참고로 일본형법은 2022년 6월 17일 개정(법률 제67호)으로 징역형과 금고형이 '구금형'으로
  단일화되어 형법전의 '징역', '구금', '징역 또는 구금'은 모두 '구금형'으로 개정되었으며, 부칙에
  의하여 공포일로부터 3년 이내에 정령으로 정하는 날에 시행 예정이다. 그러나 현재 정령이 제
  정되지 않아 시행일은 미정이므로, 본장에서 일본형법 조문을 인용할 때는 현행 조문의 '징역'
  등의 용어를 그대로 사용한다.
7 이재상·장영민·강동범, §41/1.
8 오영근, 형법각론(7판), 679; 이영란, 형법학 각론강의(3판), 752; 이형국·김혜경, 형법각론(2판),
  766; 임웅, 형법각론(10정판), 884; 정영일, 형법각론(3판), 736; 정웅석·최창호, 형법각론, 16.
9 김성돈, 형법각론(8판), 765; 배종대, 형법각론(13판), §146/1; 이재상·장영민·강동범, §41/1; 정

대외적 체면, 내부적 평화를 보호하는 것은 결국 이를 통하여 대한민국의 존립
과 헌법질서를 보장하기 위함이라고 해석할 수 있으므로 국기에 관한 죄의 궁
극적 보호법익은 대한민국의 존립과 헌법질서의 보장이라는 견해도 있다.[11]

9      그런데 국가의 권위, 국가의 대외적 체면, 국가 내부의 질서 및 평화 등은 엄
격히 구별되어 있는 것이 아니라 사실상 유기적으로 결합되어 있으므로, 국기에
관한 죄의 보호법익은 국가의 권위 및 대외적인 체면을 보호하고, 아울러 국가 내
부의 질서 및 평화도 함께 보호하는 것으로 보는 것이 타당하다고 할 것이다.

## IV. 국외범

10     대한민국 영역 외에서 국기의 죄를 범한 외국인에게도 형법이 적용된다(§ 5(iii)).
국기의 죄의 중대성을 고려하여 외국인의 국외범에 대해서도 처벌하도록 한 것
으로, 보호주의의 표현이다.[12]

## V. 표현의 자유 등과의 관계

11     국기에 관한 죄는 국기에 대한 공격행위를 통해 특정한 사상을 표현하려는
사상 내지 표현의 자유 등과 충돌할 수 있다. 이는 정부정책에 대한 항의의 표
시로 국기 내지 국장을 손상하는 행위를 국기에 관한 죄로 처벌할 수 있는 지로
귀결된다.

12     위 문제에 관하여 다른 나라의 사례를 살펴보면, 미국 연방대법원은 앞서
거론한 1989년의 존슨 성조기 훼손 사건과 1990년 United States v. Eichman
사건[13]에서 국기 그 밖의 존중할 대상으로 강제되는 상징물의 오욕을 금지하는
법률[14]은 언제나 행위자의 표현의 내용을 대상으로 하는 것이어서 보다 엄격한

---

성근·박광민, 형법각론(전정3판), 866; 정성근·정준섭, 형법강의 각론(2판), 640.
10 김일수·서보학, 760.
11 주석형법 [각칙(1)](5판), 106(김선일).
12 오영근, 형법각론(5판), 667; 정영일, 736.
13 United States v. Eichman, 496 U.S. 310(1990).
14 18 U.S.C.A. § 700, 국기훼손행위를 처벌하는 규정을 둔 1968년 제정 법률을 말한다.

기준을 적용하여야 하는데, 표현의 자유를 절대적인 권리로 보장한 미연방 수정
헌법 제1조의 취지에 비추어 위 법률은 엄격한 기준을 충족시키지 못한다는 이
유로 위헌으로 판결함으로써 표현의 자유를 더 높게 평가하였다.

    독일은 이와 달리 독일연방헌법재판소가 독일기본법상 의사표현의 자유는    13
절대적으로 보호되는 것이 아니라 법률에 따라 제한을 받고 있고, 독일형법은
이러한 자유를 제한하는 법률이며, 위 법률은 합헌이라고 결정하면서 국가상징
보호규정과 사상·표현의 자유 또는 예술의 형식을 빌린 풍자적 의견표명의 자
유는 엄격한 심사기준에 따라 비교형량되어야 한다고 판시하여, 이를 처벌할 수
있다고 보았다.[15]

    일본은 1989년 오키나와에서 개최된 국민체육대회에서 게양된 일장기를 소    14
각하여 국기에 관한 죄가 아닌 기물손괴죄(일형 § 261) 등으로 기소된 사건에서,
하급심 판결이 사상의 자유는 토론과 설득에 의하여 실현되어야 하지 국기소각
행위와 같은 실력행사는 수단의 상당성을 결여하여 정당행위가 되지 못한다고
판시한 바가 있다.[16]

    우리 헌법은 양심·언론·출판·학문·예술의 자유(§§ 20-22)을 보장하고 있으    15
나, 이러한 기본권은 그 본질적인 내용만이 절대적 기본권으로 보장되고, 그 밖
의 부분은 국가안전보장·질서유지·공공복리를 위하여 필요한 경우에는 법률로
제한할 수 있도록 되어 있다(§ 37②). 국기에 관한 죄는 이러한 기본권을 법률로
서 제한하고 있는 것인데, 정치적 의견을 표현하는 것은 헌법과 법률이 보장하
는 적법한 절차에 따라 행하여 져야 하고, 토론과 설득과정을 통하여 자신의 사
상의 자유를 실현시킬 수 있음에도 자신의 의사를 표현하는 수단으로 국기 내
지 국장을 모독하고 비방하는 것은 정당행위로 평가받기 어렵다고 볼 것이다.

    최근 헌법재판소에서는 제105조 중 '국기' 부분에 대하여 합헌결정[17]을 하    16
였는데, 이에 대하여는 해당 부분에서 후술하기로 한다.

〔김 택 균〕

---

15 BVerfGE 49, 198; BVerfGE 81, 278.
16 那覇地判 平成 5(1993). 3. 23. 判時 1459·157(유죄가 선고되자 피고인이 항소하였으나 항소기
   각되어 확정).
17 헌재 2019. 12. 27, 2016헌바96.

## 제105조(국기, 국장의 모독)

대한민국을 모욕할 목적으로 국기 또는 국장을 손상, 제거 또는 오욕한 자는 5년 이하의 징역이나 금고, 10년 이하의 자격정지 또는 700만원 이하의 벌금에 처한다. 〈개정 1995. 12. 29.〉

## Ⅰ. 취 지

1    본죄〔(국기·국장)모독죄〕는 대한민국을 모욕할 목적으로 국기 또는 국장을 손상, 제거 또는 오욕함으로써 성립하는 범죄이다. 진정목적범이고, 모욕죄와 손괴죄의 결합범이다.[1] 따라서 모욕의 목적이 없을 경우에는 본죄가 아닌 재물 등의 손괴죄(§366)의 성립 여부가 문제된다.[2]

2    본죄와 관련하여 1992년 형법개정법률안은 본죄의 객체를 공용국기에 제한하고, 그렇지 않는 경우에는 공공연히 모독한 경우에만 처벌하도록 규정하고 있다.[3]

## Ⅱ. 객 체

3    본죄의 객체는 '대한민국의 국기 또는 국장'이다.

4    국기(國旗)란 국가의 권위를 상징하기 위하여 일정한 형식에 따라 제작된 기를 말한다. 대한민국국기법[4]은 태극기(太極旗)를 대한민국 국기로 규정하고 있다(§4). 국기는 반드시 치수와 규격이 정확할 것을 요구하지 않는다.[5] 즉, 국기

---

1 김성돈, 형법각론(8판), 765; 배종대, 형법각론(13판), §147/1; 이재상·장영민·강동범, 형법각론(12판), §41/3; 정웅석·최창호, 형법각론, 16; 최호진, 형법각론, 878.
2 이재상·장영민·강동범, §41/3.
3 법무부, 형법개정법률안 제안이유서(1992. 10), 251.
4 제정 2007. 1. 26. 〔법률 제8272호, 시행 2007. 7. 27.〕.
5 김성돈, 766; 이재상·장영민·강동범, §41/4.

로서의 실체를 갖추고 있는 이상 그 치수나 규격 등이 정확하지 않더라도 본죄의 객체에 해당한다.[6] 그러나 국기로서의 형식을 갖추지 못한 것은 국기가 아니다. 따라서 태극기를 본떠 만든 유니폼이나 의상 등에 그려진 태극기는 국기로서의 형식을 갖추지 못한 경우이므로 국기라고 볼 수 없다.[7]

국장(國章)은 국가를 상징하는 국기 이외의 휘장을 말한다.[8] 대한민국은 나라문장 규정(1970. 7. 3. 대통령령 제5121호)에서 외국에 발신하는 공문서와 국가적 중요 문서, 그 밖의 시설, 물자 등에 대한민국을 상징하는 휘장으로 사용하기 위한 나라문장을 규정하고 있는데, 이러한 나라문장(§ 2)이 국장에 해당한다. 또한, 군대에서 사용하는 군기나 대사관·공관 등의 휘장도 국장에 포함된다.[9] 그러나 대한민국을 상징하는 의미가 포함되어 있는 것이라고 하더라도 자연의 풍물류는 국가를 상징하는 휘장이 아니므로 본죄의 국장에 포함될 수 없고, 그 밖에 국가의 권위·명예와 관계가 없는 휘장도 국장에는 해당되지 않는다.[10]

본죄의 국기 또는 국장은 공용뿐 아니라 사용(私用)도 포함되고, 소유권이 누구에게 있느냐도 묻지 아니한다.[11] 따라서 경기장에 게양된 국기나 자기가 소유한 국기·국장에 대해서도 본죄가 성립할 수 있다.[12]

헌법재판소는 2019년 12월 27일 본조 중 '국기' 부분이 헌법에 위반되지 않는다는 합헌결정을 하였다.[13] 사안은 청구인이 집회 참석 중 경찰버스의 유리창에 끼워져 있던 종이 태극기를 빼내어 경찰관을 향하여 치켜 들고 라이터로 불을 붙여 태운 것으로서, 검찰은 본조를 적용하여 기소하였고, 청구인은 본조가 명확성원칙 및 과잉금지원칙에 위배되어 표현의 자유를 침해한다고 주장하였다.[14]

5

6

7

---

6　주석형법 〔각칙(1)〕(5판), 105(김선일).
7　박상기, 형법학(총론·각론 강의)(3판), 823; 오영근, 형법각론(7판), 680; 주석형법 〔각칙(1)〕(5판), 109(김선일).
8　김성돈, 766; 오영근, 680; 이재상·장영민·강동범, § 41/4; 홍영기, 형법(총론과 각론), § 111/1.
9　오영근, 680; 이재상·장영민·강동범, § 41/4; 주석형법 〔각칙(1)〕(5판), 109(김선일).
10　주석형법 〔각칙(1)〕(제4판), 131(권순일); 주석형법 〔각칙(1)〕(5판), 109(김선일).
11　김성돈, 766; 오영근, 680; 이재상·장영민·강동범, § 41/5; 주석형법 〔각칙(1)〕(5판), 109(김선일).
12　주석형법 〔각칙(1)〕(5판), 109(김선일).
13　헌재 2019. 12. 27, 2016헌바96. 재판관 4(합헌) : 2(일부위헌) : 3(위헌)의 의견으로 헌법에 위반되지 않는다고 결정하였다.
14　청구인은 제1심 법원에 위헌법률심판제청 신청을 하였으나 제1심 법원이 이를 기각하자 이에 대한 위헌 확인을 구하는 헌법소원심판을 청구하였다.

〔김 택 균〕　　　　　**297**

8      헌법재판소는 본조가 '대한민국을 모욕할 목적'이라는 다소 광범위한 개념을 사용했다 하더라도 건전한 상식과 통상적 법 감정을 가진 사람이 일반적인 해석방법에 따라 보호법익과 금지행위, 처벌의 종류와 정도를 알 수 있는 이상 명확성의 원칙에 반하지 아니하고, 대부분의 국민은 국가상징물로서 국기가 가지는 고유의 상징성과 위상을 인정하고 이에 대한 존중의 감정을 가지고 있는데 이는 비단 공용에 공하는 국기에 국한되는 것은 아니고, 국가의 권위와 체면을 지키고, 국민의 존중의 감정을 보호하기 위해서는 국기훼손행위를 형벌로 제재하는 것은 불가피하며, 단순히 경범죄로 취급하거나 형벌 이외의 다른 수단으로 제재하여서는 입법목적을 효과적으로 달성하기 어렵고, 본조는 '대한민국을 모욕할 목적'을 요구함으로써 범죄 성립 범위를 대폭 축소하고 있어서 모욕할 목적이 없는 우발적 훼손이나 정치적 의사표현의 한 방법으로 이루어진 훼손행위는 처벌 대상에서 제외되고 있으며, 법정형도 법관이 구체적인 사정을 고려하여 합리적으로 양형할 수 있도록 규정하고 있어 과잉금지원칙에도 위배되지 않는다고 판단하였다.[15]

## Ⅲ. 행 위

9      본죄의 행위는 손상, 제거 또는 오욕하는 것이다.

10     '손상'이란 국기나 국장을 찢거나 태우거나 절단하는 것과 같은 물질적인 파괴 내지 훼손을 말한다. 일본 판례는 외국국장손괴등죄(일형 § 92①)에서의 '손

---

15 이에 대하여, 표현의 자유가 가지는 중요성을 고려해볼 때 본조의 처벌 범위를 축소할 필요가 있고, '공용에 공하는 국기'는 국가의 상징물로서 특별히 중요한 지위에 있다고 할 수 있으므로 이에 대한 훼손은 처벌하되, 그 밖의 국기에 대한 훼손은 처벌하지 않는 것이 타당하다는 취지의 일부위헌의견과 국민이 정치적 의사를 표현하기 위하여 선택할 수 있는 국기 훼손 행위를 처벌대상으로 하는 것은 표현의 방법이 아닌 표현의 내용을 규제하는 것으로서 이는 원칙적으로 중대한 공익의 실현을 위하여 불가피한 경우에 한하여 엄격한 요건 아래에서만 허용되어야 하는데, 본조의 '모욕' 개념이 명확성 원칙에 위배되지 않는다고 하더라도 그 범위가 광범위하여 국기모독죄의 성립범위를 대폭 축소하는 기능을 수행하는 데에는 법리적인 한계가 있고, 국민이 국가 등을 비판하는 과정에서 경멸적인 표현 방법을 사용하여 국가를 모욕하였다고 하여 이를 처벌하는 것은 국가에 대한 자유로운 비판을 보장하는 민주주의 정신에 위배되고 표현의 자유를 과도하게 제한하며, 공용에 제공되는 국기에 대해서는 그 훼손행위를 처벌할 필요가 있을 수는 있으나 이는 형법상 손괴죄 등을 통하여 처벌할 수 있어 처벌 공백이 발생하지 않는다는 이유로 제105조가 과잉금지원칙에 위배된다는 위헌의견이 있다.

괴'에 대하여 국장 자체를 파괴하거나 훼손하는 방법으로 국장의 위신·존엄·표
징의 효용을 멸실하거나 감소시키는 행위라고 판시하고[16] 있는데, 같은 취지로
볼 수 있다.

제거란 국기 또는 국장 자체는 손상하지 않고 현재 사용되고 있는 장소에 **11**
서 철거하거나 은닉, 차폐(遮蔽)함으로써 현재 사용되고 있는 장소에서 가지는
국기 또는 국장의 효용을 없애거나 감소하는 행위를 말한다. 게양된 국기를 내
리거나 게양된 국기를 다른 물체로 가려서 보이지 않게 하는 행위(차폐)[17] 등이
포함된다.[18] 이런 점에서 장소적 이전만을 의미하는 경계침범죄(§370)의 구성요
건인 제거와는 그 의미가 다르다.[19]

오욕이란 국기 또는 국장을 불결하게 하는 일체의 행위를 말한다. 국기에 **12**
오물을 끼얹거나 방뇨하는 행위, 침을 뱉거나 페인트 또는 먹물 등을 칠하는 행
위, 발로 짓밟는 행위 등이 여기에 포함된다.[20]

다만, 손상·제거·오욕은 모두 물질적·물리적인 행위를 의미하므로 무형 **13**
적·정신적 모독은 후술하는 것처럼 국기·국장 비방의 영역에 속한다.[21]

본죄의 보호의 정도에 관하여는, ① 국가의 권위 등에 대한 구체적 위협이 **14**
없어도 국기 손상, 제거, 오욕, 모욕 또는 비방만으로 본죄가 성립한다는 추상적
위험범설[22]과 ② 국기의 손상, 제거, 오욕, 모욕 및 비방이 대한민국의 권위, 체
면 및 명예가 손상시킬 정도에 이를 것을 요한다는 구체적 위험범설[23]로 나뉘
고 있다. 이는 본죄의 기수시기와 관련이 있다.

본죄의 보호법익을 생각해볼 때 구체적 위험범설이 타당하다. 따라서 본죄 **15**
의 손상, 제거 또는 오욕은 대한민국의 권위, 체면 및 명예 등을 손상시킬 정도

16 大阪高判 昭和 38(1963). 11. 27. 高刑集 16·8·708〔最判 昭和 40(1965). 4. 16. 刑集 19·3·143
   에 의하여 그대로 유지〕.
17 最判 昭和 40(1965). 4. 16. 刑集 19·3·143.
18 오영근, 680; 이재상·장영민·강동범, §41/6; 주석형법 〔각칙(1)〕(5판), 109(김선일).
19 주석형법 〔각칙(1)〕(5판), 109(김선일).
20 오영근, 681; 이재상·장영민·강동범, §41/6; 주석형법 〔각칙(1)〕(5판), 109(김선일).
21 주석형법 〔각칙(1)〕(5판), 109(김선일).
22 김성돈, 766; 오영근, 680; 임웅, 형법각론(10정판), 885; 정성근·박광민, 형법각론(전정3판), 866.
23 김신규, 형법각론, 764; 배종대, §147/3; 이재상·장영민·강동범, §41/7; 정성근·정준섭, 형법강의
   각론(2판), 641; 정영일, 형법각론(3판), 738; 정웅석·최창호, 형법각론, 16; 한상훈·안성조, 형법
   개론(3판), 714; 주석형법 〔각칙(1)〕(4판), 132(권순일); 주석형법 〔각칙(1)〕(5판), 106(김선일).

〔김 택 균〕 **299**

에 이를 것을 요하고, 이때 기수가 된다. 다만, 추상적 위험범설의 입장을 취하면서도 대한민국의 권위나 체면을 떨어뜨릴 정도의 행위임을 요한다(현저성의 원칙)는 견해도 있다.[24]

## IV. 주관적 구성요건

16     본죄는 목적범이므로 주관적 구성요건으로 국기 또는 국장을 손상, 제거, 오욕한다는 고의 외에도 모욕의 목적이 있어야 한다.

17     모욕이란 대한민국의 권위, 명예 등에 손상을 입히거나 경멸하는 의사를 표하는 것을 말한다. 모욕죄(§ 311)의 모욕과 동일한 개념으로 볼 수 있다.[25] 따라서 모욕의 목적이 없으면 본죄는 성립할 수 없고, 재물 등의 손괴죄(§ 366)의 성립 여부가 문제가 될 뿐이다.[26] 모욕의 목적이 있는 이상 그 목적의 달성 여부는 본죄의 성립에 영향을 미치지 않는다.[27]

## V. 처  벌

18     5년 이하의 징역이나 금고, 10년 이하의 자격정지 또는 700만 원 이하의 벌금에 처한다.

〔김 택 균〕

---

24  임웅, 형법각론(11정판), 894.
25  주석형법 〔각칙(1)〕(5판), 110(김선일).
26  헌재 2019. 12. 27, 2016헌바96.
27  김성돈, 766; 이재상·장영민·강동범, § 41/8; 이형국·김혜경, 형법각론(2판), 767; 주석형법 〔각칙(1)〕(5판), 110(김선일).

## 제106조(국기, 국장의 비방)

전조의 목적으로 국기 또는 국장을 비방한 자는 1년 이하의 징역이나 금고, 5년 이하의 자격정지 또는 200만원 이하의 벌금에 처한다.
〈개정 1995. 12. 29.〉

# Ⅰ. 취 지

본죄[(국기·국장)비방죄]는 대한민국을 모욕할 목적으로 국기 또는 국장을 비방함으로써 성립하는 범죄이다. 행위태양이 비방인 것을 제외하면 국기·국장모독죄(§105)와 구성요건이 같고, 행위태양이 다르기 때문에 형이 감경되는 감경적 구성요소이다.[1] 다만 본죄가 국기에 관한 기본적 구성요건이고, 국기·국장모독죄는 불법이 가중되는 구성요건이라는 견해도 있다.[2]      1

# Ⅱ. 행 위

본죄의 행위는 '국기 또는 국장을 비방하는 것'이다.      2

비방이란 공연히 언어, 문장, 거동 또는 그림과 같은 무형적·감정적 방법에 의해 모욕의 의사를 표시하는 것을 말한다.[3] 국기에 대하여 욕설을 퍼붓거나 국기문양을 가진 쓰레기통 혹은 속내의를 제작·사용하는 것 등이 본죄의 비방에 해당한다.[4] 무형적·감정적 방법에 의한 모욕이라는 점에서 물질적·물리적으로 모욕의 의사를 표현하는 국기·국장모독죄의 '모독(손상·제거·오욕)'과 구별된다.      3

---

1 김성돈, 형법각론(8판), 767.
2 오영근, 형법각론(7판), 681.
3 김성돈, 767; 오영근, 681; 한상훈·안성조, 형법개론(3판), 714.
4 주석형법 [각칙(1)](5판), 110(김선일).

〔김 택 균〕

4      그리고 비방이라고 하기 위하여는 해석상 공연성을 요구한다는 것이 통설
의 입장이다.[5] 따라서 밀실에서 은밀하게 국가를 조소(嘲笑)하는 언동을 한 것은
본죄가 성립하지 않는다.[6]

## Ⅲ. 주관적 구성요건

5      주관적 구성요건으로 비방의 고의 이외에 모욕의 목적이 있어야 한다는 점
도 국기·국장모독죄와 같다.

6      대법원 판례 중에는 성경의 교리상 국기에 대하여 절을 해서는 안 되지만
국기를 존중한다는 의미에서 가슴에 손을 얹고 주목하는 방법으로 경의를 표할
수 있다고 말한 것은 국기를 비방할 고의나 모독할 목적이 있었다고 볼 수는 없
다고 판단한 하급심의 결론을 그대로 인정한 것이 있다.[7]

## Ⅳ. 처  벌

7      1년 이하의 징역이나 금고, 5년 이하의 자격정지 또는 200만 원 이하의 벌
금에 처한다.

〔김 택 균〕

---

5 김성돈, 767; 이재상·장영민·강동범, 형법각론(12판), §41/9; 이형국·김혜경, 형법각론(2판),
  767; 임웅, 형법각론(10정판), 886; 정성근·정준섭, 형법강의 각론(2판), 642; 정영일, 형법각론
  (3판), 740; 정웅석·최창호, 17; 주석형법 〔각칙(1)〕(5판), 110(김선일).
6 김성돈, 767; 정성근·정준섭, 642.
7 대판 1975. 5. 13, 74도2183.

# 제 4 장 국교에 관한 죄

## 〔총 설〕

## Ⅰ. 규 정

국교에 관한 죄는 외국과의 평화로운 국제관계를 침해하여 국제법상 보호      1
되는 외국의 이익을 해하고, 외국과의 국제관계 내지 대한민국의 대외적 지위를
위태롭게 하는 범죄를 말한다. 이를 규정하는 취지는 외국과의 국제관계를 원활
히 하려는 데에 있다.[1]

형법상 국교에 관한 죄는 세 가지 유형으로 구별할 수 있다.                2

첫째, 외국원수·사절·국기에 대한 죄로서 외국원수나 사절에 대한 폭행·     3
협박·모욕 또는 명예훼손을 가중처벌하고, 외국국기 등을 특별 취급하는 규정
이다. 외국원수에 대한 폭행 등의 죄(§ 107), 외국사절에 대한 폭행 등의 죄(§
108), 외국 국기·국장 모독죄(§ 109)가 여기에 해당한다.

둘째, 외국에 대한 국제적 의무위반 내지 평화를 침해하는 것을 처벌하는      4
유형으로서 외국에 대한 사전죄(§ 111), 중립명령위반죄(§ 112)가 있다.

셋째, 외환죄의 성격을 갖는 외교상기밀누설죄(§ 113)가 있다.                5

본장의 조문 구성은 아래 [표 1]과 같다.                                 6

---

1 김성돈, 형법각론(8판), 767.

### [표 1] 제4장 조문 구성

| 조 문 | | 제 목 | 구성요건 | | 죄 명 | 공소시효 |
|---|---|---|---|---|---|---|
| §107 | ① | 외국원수에 대한 폭행 등 | ⓐ 대한민국 체재 외국원수를 | ⓑ 폭행, 협박 | 외국원수(폭행, 협박) | 7년 |
| | ② | | | ⓑ 모욕, 명예 훼손 | 외국원수 (모욕, 명예훼손) | |
| §108 | ① | 외국사절에 대한 폭행 등 | ⓐ 대한민국에 파견된 외교사절을 | ⓑ 폭행, 협박 | 외교사절(폭행, 협박) | 7년 |
| | ② | | | ⓑ 모욕, 명예 훼손 | 외국사절 (모욕, 명예훼손) | 5년 |
| §109 | | 외국의 국기, 국장의 모독 | ⓐ 외국을 모욕할 목적으로 ⓑ 그 나라 공용 국기·국장을 ⓒ 손상, 제거, 오욕 | | 외국(국기, 국장)모독 | 5년 |
| §111 | ① | 외국에 대한 사전 | ⓐ 외국에 대하여 ⓑ 사전 | | 외국에대한사전 | 10년 |
| | ② | | ①의 미수 | | (제1항 죄명)미수 | |
| | ③ | | ⓐ ①의 죄를 범할 목적으로 ⓑ 예비, 음모 | | (제1항 죄명) 예비, 음모 | 5년 |
| §112 | | 중립명령위반 | ⓐ 외국간 교전에 있어서 ⓑ 중립에 관한 명령에 위반 | | 중립명령위반 | 5년 |
| §113 | ① | 외교상기밀의 누설 | ⓐ 외교상 비밀을 ⓑ 누설 | | 외교상기밀누설 | 7년 |
| | ② | | ⓐ 누설할 목적으로 ⓑ 외교상 비밀을 ⓑ 탐지, 수집 | | 외교상기밀(탐지, 수집) | |

7    국교에 관한 죄 가운데 위 제107조 내지 제109조의 죄는 반의사불벌죄로서 그 외국정부의 명시한 의사에 반하여 공소를 제기할 수 없다(§110).

8    본죄에 대하여 입법론적으로는, ① 외국원수·외국사절에 대한 폭행 등의 죄를 일반 폭행 등의 죄보다 중하게 처벌하는 입장은 국제법상 절대적으로 요청되는 것이 아니고, ② 우리나라 원수에 대한 위해행위를 처벌하는 규정이 없는 점과 비교하여 헌법상 평등 원칙에 비추어 제107조, 제108조의 죄의 존치[2]가 재검토되어야 하고,[3] ③ 제111조의 죄에 대하여도 현대사회에서 사인(私人)에

---

2 김일수·서보학, 새로쓴 형법각론(9판), 763.
3 참고로, 일본은 1947년 형법 개정 시 '황실에 대한 불경죄'에 관한 규정을 폐지하면서 외국원수 등에 대하여도 황실과 대등하게 취급해야 한다는 이유로 외국 원수 등에 대한 폭행 등의 규정을 삭제하고, 이들 범죄에 대하여 형법상의 폭행, 협박, 모욕죄 등에 의하여 처벌하고 있으나, 외국

〔김 택 균〕

의한 조직적인 공격행위가 외국에 대하여 가능한지 의문이고, ④ 국군의 일부가 국군통수체계를 위반하여 전투를 개시하면 군형법상 불법전쟁개시(§ 18)로 처벌하면 되며,4 ⑤ 제113조의 죄에 대하여도 신분범인 공무상기밀누설죄(§ 127)와 달리 실제 일반인이 외교상의 기밀을 지득할 가능성이 있을 것인지 의문이라는 이유로 이를 제127조의 죄에 흡수시키는 것이 타당하다는 견해5가 있다.

그러나 ① 제107조, 제108조의 죄는 외국원수 및 사절에 대한 위해가 국제 9
관계를 해하는 위험성이 있고, ② 많은 나라에서 외국원수 및 사절을 특별히 보호하고 있으며, ③ 국교에 관한 죄는 외국의 이익뿐만 아니라 대한민국의 대외적 안전과 지위도 보호하는 이중적 보호목적도 가지고 있는 점을 볼 때 그 규정 의의가 충분히 있고, ④ 제111조의 죄도 외국의 용병으로 일하거나 외국의 군대와 협력하여 다른 외국과의 전투에 참가하는 경우가 있을 수 있으므로 입법론적으로 무의미하지 않으며,6 ⑤ 제113조의 죄도 현대 사회에서 일반인이 활동 범위가 전 세계적으로 다양하게 넓어지고 국가 안위와 관련된 정보 등을 취득할 기회가 많아지고 있는 상황에 비추어, 대한민국의 대외적 안전과 지위를 보호하기 위하여 이를 누설하는 행위를 처벌할 필요성이 충분히 있다고 볼 수 있다.

## II. 입법례

국교에 관한 죄에 대한 입법례는 상대국의 형법에도 동일한 처벌규정이 있 10
는 경우에 내국법의 적용을 인정하는 '상호주의'와 상대국에서 동일한 규정을 두는지 여부와 관계없이 내국법을 적용하는 '단독주의'가 있다. 독일·오스트리아는 상호주의 입장을, 일본은 '단독주의' 입장을 취하고 있는데, 우리 형법은 단독주의 입장을 취하고 있다.7

---

원수 및 사절에 대한 위해는 국제관계를 해하는 위험성이 있고, 외국원수 및 사절을 특별히 보호하는 것은 국제관습법으로 되어 있으며, 많은 나라에서 이를 특별히 보호하고 있는 점 등을 근거로 일본 법무성에서 외국원수 등에 대한 폭행 등의 규정을 부활하려고 시도하였으나 국민여론에 따라 삭제하는 것으로 정리되었다고 한다[大塚 外, 大コン(3版)(6), 80-82(亀井源太郎)].

4 김일수, 서보학, 967.
5 김일수, 서보학, 965.
6 오영근, 형법각론(7판), 685.
7 김성돈, 768; 오영근, 682; 이재상·장영민·강동범, 형법각론(12판), § 42/3; 임웅, 형법각론(10정

[김 택 균]

## Ⅲ. 보호법익

11    국교에 관한 죄의 보호법익이 무엇인지에 관하여는 3가지의 견해로 나뉘고 있다.

12    첫 번째 견해는, 국제주의적 입장에서 국교에 관한 죄는 국제법상 의무에 의하여 외국의 법익을 보호하기 위한 범죄라고 해석하는 견해이다. 국가는 외국의 이익을 보호해야 할 국제법상의 의무가 있으며, 국교에 관한 죄에는 반의사불벌죄가 포함되어 있다는 것을 이유로 한다.[8]

13    두 번째 견해는, 외국의 이익을 형법이 보호해야 할 법익으로 인정하지 않는 국가주의적 입장에서 국교에 관한 죄는 외국을 보호함으로써 우리나라의 대외적 이익을 보호하기 위한 것이라는 것이다.[9] 본장의 표제가 국교에 관한 죄라고 되어 있고, 형법 조문의 체계적 위치 및 국교에 관한 죄가 오히려 자국의 안전에 대한 위협을 포함하는 것이라는 점 등을 근거로 한다.

14    세 번째 견해는, 국제주의적 견지에서 국제법상 의무에 기한 외국의 이익을 보호함과 동시에 대한민국의 대외적 안전과 지위도 보호하는 이중적 보호목적 또는 보호의무를 가진 것으로 보는 견해로서 다수설이다.[10] 형법이 국교에 관한 죄에 대하여 상호주의를 택하지 아니하고 단독주의를 택하고 있고, 헌법도 조약이나 국제법규를 국내법과 동일한 효력을 인정하여 외국인의 지위를 보장하고 있으므로 외국의 이익을 보호해야 하며, 정상적인 국교는 자국의 대외적 지위와 체면을 전제로 해야만 가능하고, 특히 외교상의 기밀누설죄의 경우 국가의 대외적 지위를 보호하는 것이라는 점 등을 근거로 하고 있다.

15    본장의 표제가 국교에 관한 죄로 되어 있고 단독주의 입법주의를 택하고 있는 점, 국교에 관한 죄가 외국의 이익을 보호하고 있으면서도 국가의 권위와 체면을 대외적인 면에서 보호하고 있음을 부정할 수 없고, 특히, 국가의 대외적

---

판), 887; 정영일, 형법각론(3판), 741; 주석형법 〔각칙(1)〕(5판), 113(김선일).

  8 서일교, 형법각론, 379; 진계호, 신고 형법각론, 800.

  9 배종대, 형법각론(13판), § 148/1.

10 김성돈, 768; 김신규, 형법각론 강의, 811; 박찬걸, 형법각론(2판), 847; 오영근, 682; 이재상·장영민·강동범, § 42/2; 이정원·류석준, 형법각론, 699; 이형국·김혜경, 형법각론(2판), 768; 임웅, 887; 정성근·정준섭, 형법강의 각론(2판), 642; 정웅석·최창호, 형법각론, 18; 주석형법 〔각칙(1)〕(4판), 136(권순일); 주석형법 〔각칙(1)〕(5판), 113(김선일).

〔김 택 균〕

지위를 보호하는 범죄인 외교상의 기밀누설죄가 규정되어 있는 점 등에 비추어 보면, 이중적 보호목적 또는 보호의무를 가진다고 보는 위 세 번째 견해인 다수설이 타당하다.

보호법익이 보호받는 정도는 추상적 위험범이다.[11]    16

〔김 택 균〕

---

11 김성돈, 768; 김신규, 811; 박찬걸, 847; 오영근, 682; 정성근·정준섭, 642; 정웅석·최창호, 18; 주석형법 〔각칙(1)〕(5판), 114(김선일).

## 제107조(외국원수에 대한 폭행 등)
① 대한민국에 체재하는 외국의 원수에 대하여 폭행 또는 협박을 가한 자는 7년 이하의 징역이나 금고에 처한다.
② 전항의 외국원수에 대하여 모욕을 가하거나 명예를 훼손한 자는 5년 이하의 징역이나 금고에 처한다.

# Ⅰ. 취 지

1    본죄는 대한민국에 체재하는 외국원수에 대하여 폭행·협박을 가하거나(제1항)〔외국원수(폭행·협박)죄〕, 모욕 또는 명예를 훼손함으로써(제2항)〔외국원수(모욕·명예훼손)죄〕 성립하는 범죄이다. 행위의 객체가 대한민국에 체재하는 외국원수이기 때문에 폭행죄, 협박죄, 모욕죄, 명예훼손죄에 대하여 불법이 가중되는 가중적 구성요건이라고 할 수 있다.[1] 일반인에 대한 폭행·협박죄, 모욕 또는 명예훼손죄와는 특별관계에 있다(법조경합). 따라서 본죄가 성립하는 때에는 별도로 폭행·협박죄, 모욕 또는 명예훼손죄는 성립하지 않는다.

# Ⅱ. 객 체

2    본죄의 객체는 '대한민국에 체재하는 외국원수'이다.

3    외국이란 국가로서의 요건을 갖추고 있는 대한민국 이외의 국가를 말한다. 국가로서의 실질적 요건을 갖추고 있다면 우리나라가 정식 승인을 하고 외교관

---

[1] 김성돈, 형법각론(8판), 768-769; 김일수·서보학, 새로쓴 형법각론(9판), 764; 오영근, 형법각론(7판), 683; 이재상·장영민·강동범, 형법각론(12판), § 42/5; 임웅, 형법각론(10정판), 889; 정성근·정준섭, 형법강의 각론(2판), 643; 정웅석·최창호, 형법각론, 18.

계를 맺고 있지 않더라도 본죄의 외국에 포함된다.[2] 다만, 국제연합(UN)이나 국제법상 국가로 인정할 수 없는 집단은 여기에 해당하지 않는다.[3] 외국의 망명정부는 이에 포함되지 않는다고 본다.[4] 원수란 외국의 헌법에 의하여 그 나라를 대표할 권한이 있는 사람을 말한다. 군주 또는 대통령과 같이 국가의 최고 위치에 있으면서 국가를 대표할 권한이 있다면 그 명칭 여하는 불문한다.[5] 내각책임제국가에서의 수상은 이러한 지위를 가지고 있지 않은 이상 일반적으로 국가원수라고 보기는 어렵다.[6] 또한, 외국원수에 한하므로 외국원수의 가족도 본죄의 객체가 될 수 없다.

외국원수는 '대한민국에 체재'하여야 한다. 다만 대한민국을 반드시 공적으로 방문하는 것을 요하지 않고, 사무(私務)로 방문하는 경우에도 해당된다.[7] 이점에서 후술하는 외국사절에 대한 폭행 등 죄(§ 108)의 '파견'과 구별된다. 제3국으로 가는 도중에 대한민국에 일시적으로 체재하는 경우도 포함된다. 그러나 단지 우리나라 영역을 통과 중인 것에 불과하다면, 본죄의 객체에는 포함되지 않는다고 할 것이다.[8]

**4**

## III. 행 위

행위는 '폭행, 협박, 모욕, 명예훼손'이다.

**5**

### 1. 폭행·협박(제1항)

폭행은 폭행죄(§ 260)에서의 폭행과 마찬가지로(협의의 폭행)[9] 사람의 신체에

**6**

---

2 김성돈, 769; 김일수·서보학, 764; 이재상·장영민·강동범, § 42/6; 임웅, 889. 다만, 우리나라가 승인하지 않은 국가의 원수까지 본죄의 객체라고 하는 것은 형법해석의 엄격성의 원칙에 반하므로 우리나라가 승인한 국가여야 한다는 견해로는 오영근, 683.

3 주석형법 〔각칙(1)〕(5판), 115(김선일).

4 정영일, 형법각론(3판), 742.

5 주석형법 〔각칙(1)〕(5판), 115(김선일)

6 김성돈, 769; 김일수·서보학, 764; 이재상·장영민·강동범, § 42/6; 이정원·류석준, 형법각론, 701; 이형국·김혜경, 형법각론(2판), 769; 임웅, 889; 정영일, 742.

7 오영근, 683; 정영일, 742; 홍영기, 형법(총론과 각론), § 111/3.

8 정영일, 742.

9 김성돈, 769; 이재상·장영민·강동범, § 42/7; 정성근·정준섭, 형법강의 각론(2판), 643. 이에 대

대하여 육체적·정신적으로 고통을 주는 유형력을 행사하는 것으로, 반드시 피해자의 신체에 접촉함을 필요로 하지 않는다.[10]

7　　협박은 협박죄(§283)의 협박과 마찬가지로(협의의 협박) 일반적으로 보아 사람으로 하여금 공포심을 일으킬 정도의 해악을 고지하는 것을 의미하며, 그 고지되는 해악의 내용, 즉 침해하겠다는 법익의 종류나 법익의 향유 주체 등에는 아무런 제한이 없다.[11]

## 2. 모욕·명예훼손(제2항)

8　　모욕은 모욕죄(§311)의 모욕과 마찬가지로 사실을 적시하지 아니하고 사람의 사회적 평가를 저하시킬 만한 추상적 판단이나 경멸적 감정을 표현하는 것을 의미하고,[12] 명예훼손은 명예훼손죄(§307)와 마찬가지로 사실을 적시하여 특정인의 사회적 가치 내지 평가를 침해하는 것[13]을 말한다.

9　　다만, 본죄의 모욕과 명예훼손은 모욕죄나 명예훼손죄와는 달리 공연성을 요구하지 않는다.[14] 또한 명예훼손죄의 위법성조각사유에 관한 규정(§310)이 적용되지 않고, 모욕죄가 친고죄가 아니라 반의사불벌죄이다(§110).

## IV. 반의사불벌죄

10　　본죄는 후술하는 제108조, 제109의 죄와 함께 그 외국정부의 명시한 의사에 반하여 공소를 제기할 수 없다(§110). 폭행죄·협박죄·명예훼손죄와는 달리 모욕죄는 친고죄(§312①)임에도 불구하고 마찬가지로 반의사불벌죄로 규정하고 있다. 이는 국제예양상 외국정부에 대하여 고소라는 법정절차를 이행하도록 부

___

하여, 본죄의 폭행은 '외국원수의 신체에 대한 폭행'이 아니라 '외국원수에 대한 폭행'이므로 광의의 폭행에 해당한다는 견해(오영근, 683)도 있다.

10　대판 2016. 10. 27, 2016도9302.

11　대판 2010. 7. 15, 2010도1017. 본 판결 평석은 강우예, "권리·권한실행 의사표시의 협박죄 성립", 형사판례연구 [19], 한국형사판례연구회, 박영사(2011), 179-209; 한영수, "협박의 의미와 대상", 형사판례연구 [19], 한국형사판례연구회, 박영사(2011), 326-388.

12　대판 2018. 11. 29, 2017도2661.

13　대판 2009. 9. 24, 2009도6687.

14　1992년의 형법개정법률안은 공연성을 그 요건으로 추가하였다[법무부, 형법개정법률안 제안이유서(1992. 10), 252].

　　　　　　　　　　〔김 택 균〕

담을 주는 것을 피하기 위한 조치이다.[15] 따라서 의사표시의 시기나 방법, 상대방을 불문하고, 처벌을 희망하는 의사가 표시·확인되면 충분하다고 하겠다.[16]

## V. 처 벌

폭행 또는 협박을 가한 때에는 7년 이하의 징역이나 금고에 처하고(제1항), 모욕을 가하거나 명예를 훼손한 때에는 5년 이하의 징역이나 금고에 처한다(제2항).      11

〔김 택 균〕

---

15 일본은 1947년 형법 개정으로 외국원수와 사절에 대한 폭행·협박·모욕죄(§§ 90-91)가 삭제되었는데, 삭제된 위 죄에 대해서는 물론 현행 외국국장손괴등죄(§ 92)에 대해서도 "외국정부의 청구가 없으면 공소를 제기할 수 없다."고 규정하고 있다. 문화가 다른 외국의 명예침해의 문제를 검사의 재량에 맡기는 것은 적당하지 않다는 판단에 따라 외국정부의 청구를 소송조건으로 한 것인데, '고소'가 아니라 '청구'라고 한 것은 외국정부에 절차상의 부담을 느끼지 않도록 하는 등의 국제예양을 고려한 것이라고 한다〔大塚 外, 大コン(3版)(6), 89(亀井源太郎)〕.
16 西田 外, 注釈刑法(2), 16(古川伸彦).

**제108조(외국사절에 대한 폭행 등)**
① 대한민국에 파견된 외국사절에 대하여 폭행 또는 협박을 가한 자는 5년 이하의 징역이나 금고에 처한다.
② 전항의 외국사절에 대하여 모욕을 가하거나 명예를 훼손한 자는 3년 이하의 징역이나 금고에 처한다.

## I. 취 지

1　　본죄는 대한민국에 파견된 외교사절에 대하여 폭행·협박을 가하거나(제1항) 〔외국사절(폭행·협박)죄〕 모욕 또는 명예훼손함으로써(제2항)〔외국사절(모욕·명예훼손)죄〕 성립하는 범죄이다. 행위의 객체가 대한민국에 파견된 외교사절인 점만 다를 뿐 행위 등은 외국원수에 대한 폭행 등 죄(§ 107)와 동일하다. 따라서 본죄는 행위의 객체 때문에 일반인에 대한 폭행죄, 협박죄, 모욕죄 또는 명예훼손죄에 대하여 불법이 가중되는 가중적 구성요건이고, 일반인에 대한 위 죄들과는 특별관계에 있다(법조경합).

## Ⅱ. 객 체

2　　본죄의 객체는 '대한민국에 파견된 외교사절'이다.

3　　외교사절이란 외교교섭 및 그 밖의 직능을 수행하기 위하여 상주 또는 임시로 외국에 파견되는 사절을 말하는데, 상주사절에는 대사, 공사, 대리공사가 있고(외교관계에 관한 비엔나협약 § 11①), 임시사절에는 특사가 있다. 영사는 외교사절과는 달리 주로 상대국(접수국)에서 자국민의 이익 보호를 위한 업무를 수행하는(영사관계에 관한 비엔나협약 § 5a) 등 그 업무에 차이가 있는 점을 고려하면, 영사

는 포함되지 않는다.[1] 외교사절인 이상 상설인지, 임시인지, 정치적 사절인지, 의례적 사절인지 여부 등은 묻지 않는다. 외교사절의 계급도 문제되지 아니한다. 또한, 특정한 목적을 위하여 일시적으로 파견된 특사도 포함된다.[2] 다만, 외교사절임을 요하므로 외교사절의 가족·수행원·사자 등은 본죄의 객체가 될 수 없다.[3]

외교사절은 대한민국에 '파견'된 자임을 요한다. 대한민국에 파견된 외국사절인 이상 반드시 대한민국 영역 안에 있어야 하는 것을 요하지는 아니하므로 대한민국 영역 밖에 머물러 있는 경우에도 본죄의 객체가 될 수 있다.[4] 그러나 제3국에 파견되어 부임 또는 귀국 중에 대한민국에 체재하는 경우나 사적으로 대한민국에 체재하는 경우는 여기에 포함되지 않는다.

## Ⅲ. 행 위

행위는 '폭행, 협박, 모욕, 명예훼손'이다. 그 내용은 외국원수에 대한 폭행 등 죄(§107)에서와 같다.

대법원은 ① 본죄의 폭행에 대하여 외교사절의 신체에 대한 위법한 일체의 유형력 행사를 의미하고, 이는 외교사절의 신체에 대하여 가해지면 충분할 뿐 반드시 신체에 직접적으로 접촉할 필요가 없다고 하여, 외국사절의 숙소 앞에서 시위를 벌이다가 숙소에서 나오던 외교사절을 태운 승용차를 발견하고는 불과 5m도 되지 않는 거리에서 위 승용차를 향하여 연이어 계란 4개를 던져 그중 2개를 승용차 운전석 유리창 및 본넷트에 맞힌 행위에 대하여 외국사절폭행죄의 성립을 인정하였고,[5] ② 미국대사를 흉기로 찔러 상해를 가한 사건에서 살인미수죄 및 외국사절폭행죄의 상상적 경합범으로 처단한 하급심 판결을 그대로 확정하였다.[6]

1 김성돈, 형법각론(8판), 769; 김신규, 형법각론 강의(2판), 814; 주석형법 〔각칙(1)〕(5판), 117(김선일).
2 이형국·김혜경, 형법각론(2판), 770; 정영일, 형법각론(3판), 743.
3 김성돈, 769; 정성근·정준섭, 형법강의 각론(2판), 644.
4 오영근, 형법각론(7판), 684.
5 대판 2003. 7. 11, 2003도1800.
6 대판 2016. 9. 28, 2016도10089.

〔김 택 균〕 **313**

## Ⅳ. 처 벌

7    폭행 또는 협박을 가한 때에는 5년 이하의 징역이나 금고에 처하고(제1항), 모욕을 가하거나 명예를 훼손한 때에는 3년 이하의 징역이나 금고에 처한다 (제2항).

8    본죄는 반의사불벌죄로서 그 외국정부의 명시한 의사에 반하여 공소를 제 기할 수 없다(§ 110).

〔김 택 균〕

## 제109조(외국의 국기, 국장의 모독)

외국을 모욕할 목적으로 그 나라의 공용에 공하는 국기 또는 국장을 손상, 제거 또는 오욕한 자는 2년 이하의 징역이나 금고 또는 300만원 이하의 벌금에 처한다. 〈개정 1995. 12. 29.〉

# I. 취 지

본죄[외국(국기·국장)모독죄]는 외국을 모욕할 목적으로 공용에 공하는 외국 [1] 의 국기 또는 국장을 손상·제거 또는 오욕함으로써 성립하는 범죄이다. 행위의 객체가 공용에 공하는 외국의 국기 또는 국장이라는 점을 제외하고는 국기·국장의 모독죄(§105)의 내용과 동일하다.

# II. 객 체

본죄의 객체는 '그 나라의 공용에 공하는 외국의 국기 또는 국장'이다. [2]

'외국'은 제107조, 제108조의 죄에서의 외국과 같은 의미이다. 따라서 국가 [3] 가 아닌 국제연합(UN) 등 국제기구 내지 조직의 기(旗)와 휘장은 본죄의 객체에 해당되지 않는다.[1] 국기 또는 국장에 대하여도 공용에 공하는 것을 요구하는 것 외에는 앞서 설명한 국기·국장의 모독죄(§105)의 내용과 같다.

'공용에 공하는'이란 국가의 권위를 나타내기 위하여 그 나라의 공적 기관이 [4] 나 공무소에서 사용되는 것을 의미한다. 따라서 사용(私用)에 사용하는 것은 제외

---

1 김성돈, 형법각론(8판), 770; 오영근, 형법각론(7판), 684; 이재상·장영민·강동범, 형법각론(12판), §42/11; 임웅, 형법각론(10정판), 890; 정영일, 형법각론(3판), 744.

되므로 장식용 만국기, 사인(私人)이 휴대 또는 게양한 외국 국기 또는 국장, 실제 사용하지 않고 소장 중인 외국 국기와 국장은 본죄의 객체가 되지 않는다.[2]

## III. 행 위

5    본죄의 행위는 '손상·제거·오욕'하는 것이다. 그 의미는 **제105조(국기, 국장의 모독)** 부분에서 서술한 것과 같다.

6    본죄도 목적범이므로 주관적 구성요건으로 공용에 공하는 외국의 국기 또는 국장을 손상·제거 또는 오욕한다는 고의 이외에 '외국을 모욕할 목적'이 인정되어야 한다.

## IV. 다른 죄와의 관계

### 1. 재물손괴죄와의 관계

7    외국을 모욕할 목적으로 그 나라에 공용에 공하는 국기 또는 국장을 손상한 경우, 본죄와 재물손괴죄(§ 366)와의 관계가 문제된다. 두 죄의 보호법익이 다른 이상 두 죄가 각 성립하고, 상상적 경합이라는 견해도 있다.[3] 그러나 상상적 경합이라고 할 경우 재물손괴죄의 법정형(3년 이하의 징역 또는 700만 원 이하의 벌금)이 더 무거워 재물손괴죄에 정한 형으로 처벌되게 되므로, 본죄에 대하여 보다 가벼운 형(2년 이하의 징역이나 금고 또는 300만 원 이하의 벌금)을 정한 취지에 어긋나는 점에 비추어 본죄만이 성립한다고 할 것이다.

### 2. 경범죄처벌법위반죄와의 관계

8    경범죄 처벌법 제3조 제1항 제9호(광고물무단부착 등)[4]의 죄는 본죄가 성립하

---

2  김성돈, 732; 배종대, 형법각론(13판), § 149/3; 오영근, 672; 이재상·장영민·강동범, § 42/11; 임웅, 890; 정영일, 744.
3  大塚 外, 大コ(3版)(6), 89(亀井源太郎).
4  경범죄 처벌법 제3조(경범죄의 종류) ① 다음 각 호의 어느 하나에 해당하는 사람은 10만원 이하의 벌금, 구류 또는 과료(科料)의 형으로 처벌한다.
   9. (광고물 무단부착 등) 다른 사람 또는 단체의 집이나 그 밖의 인공구조물과 자동차 등에

는 경우에는 흡수되거나 본조와의 관계에서 보충규정에 해당한다.[5]

## V. 처 벌

2년 이하의 징역이나 금고 또는 300만원 이하의 벌금에 처한다.                    9

본죄도 반의사불벌죄로서 그 외국정부의 명시한 의사에 반하여 공소를 제            10
기할 수 없다(§ 110).

〔김 택 균〕

---

함부로 광고물 등을 붙이거나 내걸거나 끼우거나 글씨 또는 그림을 쓰거나 그리거나 새기
는 행위 등을 한 사람 또는 다른 사람이나 단체의 간판, 그 밖의 표시물 또는 인공구조물
을 함부로 옮기거나 더럽히거나 훼손한 사람 또는 공공장소에서 광고물 등을 함부로 뿌린
사람

5 西田 外, 注釈刑法(2), 16(古川伸彦).

## 제110조(피해자의 의사)

제107조 내지 제109조의 죄는 그 외국정부의 명시한 의사에 반하여 공소를 제기
할 수 없다. 〈개정 1995. 12. 29.〉

1    외국원수·외국사절에 대한 폭행 등의 죄(§ 107, § 108), 외국국기·국장의 모
독죄(§ 109)는 외국정부의 명시한 의사에 반하여 공소를 제기할 수 없는 범죄, 즉
반의사불벌죄에 해당한다는 규정이다. 이는 외국의 문화와 풍습이 우리나라와
는 반드시 같지 않은 점을 고려하여, 외국정부의 입장을 존중하고 국교의 원만
한 유지를 도모하려는 데에 그 취지가 있다.[1] 형법 개정 전에는 '의사에 반하여
논할 수 없다'로 규정하였으나, 1995년 12월 29일 개정에서 '공소를 제기할 수
없다'로 변경되어 피해자의 의사가 소송조건임을 명백히 하였다.[2]

2    외국정부란 앞에서 본 것과 같이 미수교국 또는 미승인국도 포함한다. 명
시한 의사란 처벌을 요구하지 않는다는 취지의 의사를 말한다. 따라서 외국정부
의 청구를 기다리지 않고 공소를 제기할 수는 있으나, 기소 이후 그 외국정부로
부터 처벌을 요구하지 않는다는 의사표시가 있거나 처벌을 희망하는 의사표시
가 철회되었을 때에는 공소기각의 판결을 선고하여야 한다(형소 § 327(vi)).

〔김 택 균〕

---

1 주석형법 〔각칙(1)〕(제5판), 121(김선일).
2 주석형법 〔각칙(1)〕(제4판), 146(권순일); 법무부, 형법개정법률안 제안이유서(1992. 10), 128(폭
행죄).

## 제111조(외국에 대한 사전)

① 외국에 대하여 사전한 자는 1년 이상의 유기금고에 처한다.

② 전항의 미수범은 처벌한다.

③ 제1항의 죄를 범할 목적으로 예비 또는 음모한 자는 3년 이하의 금고 또는 500만원 이하의 벌금에 처한다. 단, 그 목적한 죄의 실행에 이르기 전에 자수한 때에는 감경 또는 면제한다. 〈개정 1995. 12. 29.〉

# Ⅰ. 취 지

본죄는 외국에 대하여 사전(私戰)하거나(제1항·제2항)(외국에대한사전죄·외국에대한사전미수죄) 사전할 목적으로 예비 또는 음모함으로써(제3항)(외국에대한사전예비·음모죄) 성립하는 범죄이다. 대한민국은 헌법에서 국제평화의 유지에 노력하고 침략적 전쟁을 부인하고 있는데(§ 5①), 국민의 일부가 외국에 대하여 마음대로 사적인 전투행위를 하는 것은 헌법에 반할 뿐 아니라 외교관계 및 평화로운 국제관계를 악화시켜 대한민국의 존립을 위태롭게 할 위험이 있기 때문에 이를 처벌하고 있는 것이다.      1

구 형법은 일본형법 제93조에서와 같이 외국에 대한 사전의 예비 또는 음모만을 처벌하고 있었다. 이는 섬으로 이루어진 일본 국내에서 사전의 실행행위가 있을 수 없다는 입장에서 입법된 것으로 보인다. 그러나, 형법은 외국에 대한 사전행위를 처벌하는 규정을 신설하고(§ 111①), 그 미수(§ 111②) 및 예비·음모(§ 111③)도 단계별로 구별하여 처벌하고 있다.[1]      2

예비·음모는 특별구성요건으로 규정한 독립된 예비·음모죄가 아니라 사전      3

---

1 주석형법 〔각칙(1)〕(4판), 147(권순일).

을 기본적 구성요건으로 하는 일반적인 예비·음모를 규정한 것으로 본다.[2]

## II. 객 체

4      사전의 상대방은 '외국'이다.

5      외국의 개념은 제107조, 제108조의 죄에서 설명한 것과 같다. 사전의 목표 대상은 외국의 국가권력을 의미한다. 따라서 외국의 한 지방이나 특정인, 특정계층, 일부 외국인 집단을 상대로 한 전투는 물론, 외국정부 반군에 대한 전투, 단순한 약탈의 목적으로 외국이나 연안부락을 습격하는 행위 등은 여기에 포함되지 않는다.[3]

## III. 행 위

### 1. 사 전

6      본죄의 행위는 '사전(私戰)하는 것'이다.

7      사전은 개인이나 사적 조직이 대통령의 선전포고(헌 § 73)와 국회의 동의(헌 § 60②) 등 국가의사에 의한 교전 내지 전쟁이 아니라 이와 관계없이 국가의 전투명령을 받지 않고 외국에 대하여 전투행위를 하는 것이다.[4] 만일 국가의사와 관계가 있다면 선전포고의 유무와 관계없이 사인이 아닌 국가의 전투행위 내지 공격이 된다.[5] 또한, 국가의사에 의한 전쟁 중에 지휘관의 명령 없이 자의로 전투를 하는 것은 사전이 아니라 군형법의 불법진퇴죄(§ 20)[6]에 해당된다.[7] 그리고 사전이라고 하기 위해서는 단순히 폭력행위의 정도로는 부족하고, 무력에 의한

2 이재상·장영민·강동범, 형법각론(12판), § 42/15; 696; 임웅, 형법각론(10정판), 891; 주석형법 〔각칙(1)〕(4판), 150(권순일); 주석형법 〔각칙(1)〕(5판), 123(김선일).
3 주석형법 〔각칙(1)〕(5판), 123(김선일).
4 김신규, 형법각론 강의, 815; 이형국·김혜경, 형법각론(2판), 771; 정성근·정준섭, 형법강의 각론(2판), 645; 정웅석·최창호, 형법각론 20; 주석형법 〔각칙(1)〕(5판), 123(김선일).
5 이재상·장영민·강동범, § 42/14; 주석형법 〔각칙(1)〕(4판), 147(권순일).
6 군형법 제20조(불법 진퇴) 전시, 사변 시 또는 계엄지역에서 지휘관이 권한을 남용하여 부득이한 사유 없이 부대, 함선 또는 항공기를 진퇴(進退)시킨 경우에는 사형, 무기 또는 7년 이상의 징역이나 금고에 처한다.
7 김성돈, 형법각론(8판), 770.

        〔김 택 균〕

조직적인 공격이 있을 것을 요한다.[8]

조직적인 무력행사와 관련하여, 사인이 외국군대의 전투행위에 참가하는    8
것이 사전에 해당하는지 문제된다.[9] 위와 같은 경우에 사전에 해당한다는 견해
도 있을 수 있으나, 본조는 사적으로 외국에 무력을 행사함으로써 국가의 외교
관계를 악화시키거나 국제관계에서의 국가의 지위나 존립을 위태롭게 하는 것
을 금지하는 규정인 점에 비추어, 사인의 전투참가만으로는 외교관계나 국제관
계에서의 지위 등이 위태롭게 된다고 볼 수 없으므로, 조직적인 무력행사를 수
반하지 않는 단순한 사인의 전투행위 참가는 사전에는 해당하지 않는다[10]고 할
것이다.[11]

## 2. 사전 목적의 예비·음모

본죄의 또 다른 행위는 '외국에 사전할 목적으로 예비, 음모를 하는 것'이다.    9

예비란 사전의 실행행위 이전 단계에서 사전의 계획에 따라 실행행위를 준    10
비하는 것을 말한다. 외국과의 전투 수행에 필요한 탄약, 병기, 식량, 자금, 병
력 동원 준비, 운송용 선박 조달 등 전투 개시 이전의 일체의 물적 준비행위가
이에 해당하고, 그 방법이나 태양을 묻지 않는다.[12] 음모란 2인 이상이 사전에
계획하기로 합의하는 것을 말한다. 넓은 의미의 예비행위의 하나이다.[13]

본죄는 외국에 대한 사전을 목적으로 하는 목적범이므로 고의 외에도 사전    11
할 목적이 있어야 한다.

본죄는 사전을 기본적 구성요건으로 하는 일반적인 예비·음모를 규정한 것    12

---

8 김성돈, 732; 오영근, 형법각론(7판), 685; 이재상·장영민·강동범, §42/14; 696; 임웅, 891; 홍영
   기, 형법(총론과 각론), §111/6; 주석형법 〔각칙(1)〕(5판), 123(김선일).
9 최근 러시아의 우크라이나 침공에 따른 러시아와 우크라이나의 전쟁에서 우크라이나 국제의용군
   으로 참전했다가 귀국한 전 해군특수전전단 대위 출신 유튜버 A에 대하여 사전죄를 적용할 수
   있는지가 언론에서 문제되고 있다. 언론보도에 의하면 외교부에서 2022년 5월 10일 A를 여권법
   위반으로 고발하였다고 한다.
10 일본형법의 사전예비·음모죄(§93)와 관련하여, 大塚 外, 大コン(3版)(6), 93(亀井源太郎) 참조.
11 이와 관련하여, 사인이 외국에 대하여 조직적인 공격행위를 하는 것이 불가능하기 때문에 입법
   론적으로 본죄의 근거에 대하여 의문을 제기하는 견해도 있으나, 외국의 용병으로 일하거나 외
   국의 군대와 협력하여 다른 외국과의 전투에 참가하는 경우도 있을 수 있으므로 반드시 입법론
   적으로 무익한 것은 아니라는 견해(오영근, 685)도 있다.
12 주석형법 〔각칙(1)〕(4판), 150(권순일); 주석형법 〔각칙(1)〕(5판), 123(김선일).
13 주석형법 〔각칙(1)〕(4판), 150(권순일); 주석형법 〔각칙(1)〕(5판), 123(김선일).

이므로 본죄에 대한 방조는 성립할 수 없다고 해석된다.[14]

## Ⅳ. 다른 죄와의 관계

13    사적인 전투행위는 그 참가에 수반하여 살인·방화·손괴 등의 죄에 해당하는 행위가 예상되는데, 그러한 행위가 발생한 경우 본죄에 흡수되는지 여부가 문제된다. 본죄의 보호법익과 살인죄 등의 보호법익은 죄질이 다른 데다가, 살인죄 등이 사전을 유형적인 수단으로 하는 것은 아닌 점 등에 비추어 실체적 경합관계로 보아야 할 것이다.[15]

## Ⅴ. 처 벌

14    사전한 자는 1년 이상의 유기금고에 처하고(제1항), 사전을 할 목적으로 예비 또는 음모한 자는 3년 이하의 금고 또는 500만 원 이하의 벌금에 처한다(제3항).

15    처단형에 징역형이 없고 금고형과 벌금만이 규정되어 있다.

16    본죄의 미수범은 처벌한다(§ 111②).[16]

17    사전 목적의 예비·음모죄에는 자수감면 규정을 두고 있다. 즉 사전 목적으로 예비·음모한 사람이 실행행위에 이르기 전에 자수한 경우에는 그 형을 필요적으로 감경 또는 면제해야 한다(§ 111③ 단서). 이는 국제관계를 위험하게 하는 사전을 미연에 방지하기 위한 정책적인 고려규정으로 본다.[17] 그리고 자수는 실행행위에 이르기 전까지 해야 한다. 반드시 발각되기 전에 자수해야 하는 것을 요구하는 것은 아니므로 미리 발각되었더라도 사전을 계획하거나 목적하였던 사전의 실행행위에 이르기 전까지 자수하였다면 자수감면 규정은 적용된다.

〔김 택 균〕

---

14 이재상·장영민·강동범, § 42/15: 임웅, 891; 주석형법 〔각칙(1)〕(4판), 150(권순일); 주석형법 〔각칙(1)〕(5판), 123(김선일).

15 大塚 外, 大コン(3版)(6), 94(亀井源太郎); 西田 外, 注釈刑法(2), 17(古川伸彦).

16 본죄의 미수범 처벌규정에 대해서는, 본죄는 추상적 위험범이며 순수한 형식범이고, 미수를 인정할 간격이 포착되지 않기 때문에 입법론상 의문이 제기된다는 견해가 있다(이정원·류석준, 형법각론, 702).

17 주석형법 〔각칙(1)〕(4판), 150(권순일).

〔김 택 균〕

## 제112조(중립명령위반)

외국간의 교전에 있어서 중립에 관한 명령을 위반한 자는 3년 이하의 금고 또는 500만원 이하의 벌금에 처한다. 〈개정 1995. 12. 29.〉

# Ⅰ. 취 지

본죄(중립명령위반죄)는 외국 간의 교전에 있어서 중립명령을 위반함으로써 성립하는 범죄이다. 외국 간의 교전이 있을 때에 국가가 중립을 선언하였음에도 불구하고 국민이 교전국의 일방에 가담하여 군사행동을 하는 때에는 국가의 중립선언이 무의미하게 될 뿐만 아니라 그 국가와의 외교관계가 위태롭게 될 우려가 있기 때문에 이러한 행위를 처벌하려는 것이다.

본죄는 어떤 행위가 중립명령에 위반되는지 여부는 중립명령에 의하여 결정되므로 구성요건의 중요한 내용을 중립명령에 위임하고 있는 이른바 백지형법(白地刑法)에 해당한다. 또한 중립명령은 외국간의 교전이라는 일시적 사정에 대처하기 위한 것이므로 미리 법률의 유효기간이 정해져 있는 한시법적인 성격도 지니게 되므로, 후술하는 것과 같이 중립명령이 변경되거나 폐지되었을 경우 그 이전의 행위에 대하여 추급효 인정 여부가 문제된다.

본죄를 범하고 사전한 사람에 대하여는 외국과의 사전죄만이 성립한다.[1]

1 오영근, 형법각론(7판), 686.

〔김 택 균〕 **323**

## Ⅱ. 요 건

### 1. 외국 간의 교전

4      외국 간의 교전이란 우리나라가 참가하지 않은 전쟁 내지 교전이 2개국 이상의 외국 사이에서 벌어지고 있는 상태를 말한다. 외국이란 **제107조**, **제108조**에서 살펴본 것과 동일하다. 교전이란 국제법상의 것이든, 사실상의 것이든 불문한다.[2] 외국 간의 전쟁이 국제법상의 선전포고에 의한 정식 전쟁인지 여부와는 관계없이 중립명령이 발해져야만 본죄가 성립하는 것이므로, 국제법상 선전포고에 의한 전쟁뿐만 아니라 사실상의 전쟁에서도 중립명령이 행하여질 때에는 본죄가 성립하기 때문이다.

### 2. 중립명령위반

5      중립명령이란 외국 간의 교전이 있는 상황에서 대한민국이 교전국 중 어느 편에도 가담하지 않는 입장을 선언하면서 그 중립의 취지에 상반되는 국민의 행동을 억제하기 위하여 발하는 명령을 말한다. 반드시 대통령령이나 부령 등 협의의 명령에 한정하지 않지만, 국민의 권리·의무에 중대한 영향을 미치게 된다는 점에서 가급적 대통령령의 형식을 취함이 옳다고 본다.[3]

6      본죄는 현실적으로 중립명령이 발포되어 있고, 그 명령에 위반할 때에 성립한다. 따라서 국제법상의 중립위반이 있어도 중립명령에서 금지하고 있는 사항이 아닌 한 본죄는 성립하지 않고, 반대로 중립 위반 여부가 국제법상 의심스러운 경우에도 중립명령에서 금지한 행위를 하였다면 본죄가 성립할 수 있다.[4]

---

2 오영근, 686; 이재상·장영민·강동범, 형법각론(12판), § 42/18; 주석형법 〔각칙(1)〕(4판), 154(권순일); 주석형법 〔각칙(1)〕(5판), 126(김선일).
3 주석형법 〔각칙(1)〕(5판), 126(김선일).
4 주석형법 〔각칙(1)〕(5판), 126(김선일).

## III. 중립명령의 변경 내지 폐지 및 추급효 문제

본죄는 대표적인 백지형법으로서 중립명령은 본래 외국 간의 교전이라는                    7
일시적 사정에 대처하기 위한 것이므로 한시법적인 성격(광의의 한시법)을 가진
다.[5] 따라서 중립명령이 변경되거나 폐지되었을 때 그 변경 또는 폐지 전의 중
립명령 위반행위를 처벌할 수 있는지 문제된다. 왜냐하면, 형법은 "범죄 후 법
률이 변경되어 그 행위가 범죄를 구성하지 아니하게 되거나 형이 구법보다 가
벼워진 경우에는 신법에 따른다."라고 규정하고 있고(§1②), 형사소송법에는 범
죄 후의 법령개폐로 형이 폐지되었을 때에는 면소판결을 하도록 규정하고 있을 뿐
(§326(iv)), 중립명령의 변경 내지 폐지가 있기 전 그 위반행위의 처벌에 관한 명
문 규정을 별도로 두고 있지 않아서 이러한 문제가 발생한다.

이에 대하여는, ① 중립명령의 변경 및 폐지는 단순한 구성요건적 내용의                    8
변경에 지나지 않는 것이고, 백지형벌법규 그 자체는 불변이므로 제1조 제2항에
해당하지 아니하고,[6] 본죄는 유효기간이 정해진 한시법(협의의 한시법)에 해당하
지 아니하므로 중립명령의 해제는 본죄의 성립에 영향을 미치지 아니하므로 처
벌할 수 있다는 견해[7]와 ② 한시법의 추급효를 인정하는 명문의 규정을 두고
있지 않은 이상 법률이 실효된 후에 특별한 규정이 없음에도 추급효를 인정하
는 것은 죄형법정주의의 실질적 의미에 반하므로 추급효를 부정하는 견해[8]로
나누어지고 있다.

본죄는 처음부터 유효기간이 정해진 한시법(협의의 한시법)에 해당되지 아니                    9
하고, 중립명령의 변경 내지 폐지가 있더라도 이는 구성요건적 내용의 변경에
지나지 아니할 뿐 백지형벌법규 그 자체는 그대로 유지되고 있는 것이므로 중
립명령의 변경 내지 폐지가 있다고 하더라도 그 이전의 위반행위에 대하여는
처벌할 수 있다고 보아야 할 것이다(위 ①의 견해).

---

5  김성돈, 형법각론(8판), 771; 김일수·서보학, 새로쓴 형법각론(9판), 766; 이재상·장영민·강동
   범, §42/19; 이형국·김혜경, 형법각론(2판), 772; 정성근·정준섭, 형법강의 각론(2판), 646; 주
   석형법 〔각칙(1)〕(4판), 154(권순일); 주석형법 〔각칙(1)〕(5판), 126(김선일).
6  주석형법 〔각칙(1)〕(4판), 154(권순일).
7  백형구, 형법각론(개정판), 695.
8  김성돈, 771.

〔김 택 균〕                                                                    **325**

## Ⅳ. 처 벌

10      3년 이하의 금고, 500만 원 이하의 벌금에 처한다.

11      처단형으로 징역형은 없고, 금고형 및 벌금형만이 규정되어 있다.


〔김 택 균〕

〔김 택 균〕

## 제113조(외교상기밀의 누설)

① 외교상의 기밀을 누설한 자는 5년 이하의 징역 또는 1천만원 이하의 벌금에 처한다. 〈개정 1995. 12. 29.〉
② 누설할 목적으로 외교상의 기밀을 탐지 또는 수집한 자도 전항의 형과 같다.

## Ⅰ. 취 지

본조는 외교상의 기밀을 누설하는 행위를 처벌하는(제1항)(외교상기밀누설죄) 외에 외교상기밀을 누설할 목적으로 탐지 또는 수집하는 경우도 기밀을 누설한 것과 동일한 형으로 처벌하고 있다(제2항)〔외교상기밀(탐지·수집)죄〕. 본죄는 국교에 관한 죄의 성격과 함께 외환죄의 성격을 가지고 있다.[1]

1

제2항의 죄는 기밀누설에 대한 예비행위를 독립하여 범죄로 규정한 경우이다. 이는 국가에 있어서 가장 중요한 법익을 보호하기 위하여 간첩죄가 간첩행위 그 자체가 아닌 방조행위까지도 간첩행위와 동일하게 취급하고 있는 것과 같이, 기밀누설의 예비행위인 탐지 내지 수집행위도 누설과 동일한 형으로 처벌하려는 것이다.[2]

2

## Ⅱ. 주 체

본죄의 주체에 관하여, 외교상의 기밀을 준수하여야 할 직책 혹은 직무상 의무가 있는 사람만이 본죄의 주체가 될 수 있다면서 본죄를 신분범으로 보는 견해도 있으나,[3] 주체에는 아무런 제한이 없다는 것이 통설이다.[4]

3

1 김성돈, 형법각론(8판), 772; 오영근, 형법각론(7판), 686; 임웅, 형법각론(10정판), 893.
2 주석형법 〔각칙(1)〕(4판), 158(권순일).
3 정영일, 형법각론(3판), 748.
4 김성돈, 772; 김일수·서보학, 새로쓴 형법각론(9판), 767; 오영근, 687; 이재상·장영민·강동범,

4　　　　본죄의 주체에 제한이 없다는 점에서 일정한 신분을 가진 사람만이 주체가 될
수 있는 공무상비밀누설죄(§ 127) 및 간첩죄의 군사상기밀누설(§ 98②)과 구별된다.

## Ⅲ. 객　체

5　　　　본죄의 객체는 '외교상의 기밀'이다.

6　　　　외교상의 기밀이란 외국과의 관계에서 국가가 보전하여 간직해야(保持) 할
기밀로서 외교정책상 외국에 대하여 비밀로 하거나 확인되지 아니함이 대한민
국의 이익이 되는 모든 정보자료를 말한다.[5] 판례도 같은 취지이다.[6] 따라서 외
국과 비밀조약을 체결한 사실 또는 체결하려고 하는 사실 등도 외교상의 기밀
에 해당된다. 다만, 대법원은 국가보안법상의 국가기밀에 대하여 국가기밀이 되
기 위하여는 그 내용이 누설되는 경우 국가의 안전에 위험을 초래할 우려가 있
어 기밀로 보호할 실질가치를 갖춘 것이어야 한다고 판시하였다.[7] 외교상기밀
도 국가기밀에 포함되므로 기밀로서 보호할 실질가치를 갖추고 있을 것을 요한
다고 할 것이다.

7　　　　외국에 이미 널리 알려져 있는 사항은 특단의 사정이 없는 한 이를 비밀로
하거나 확인되지 아니함이 외교정책상의 이익이 된다고 할 수 없어서 이를 외
교상의 기밀이라고 할 수 없다는 것이 통설의 입장이고,[8] 대법원도 같은 입장이
다.[9] 다만 대법원은 외국에 널리 알려진 사항이라고 하더라도 대한민국 정부가
외교정책상 그 사항의 존재 또는 진위 여부 등을 외국에 대하여 공식적으로 알
리지 아니하거나 확인하지 아니함이 외교정책상의 이익으로 되는 예외적인 경
우가 있을 수 있고, 이러한 경우에는 외국에 널리 알려진 사항 그 자체가 아니
라 그러한 사항의 존재나 진위 여부에 대한 대한민국 정부의 공식적인 입장이

---

형법각론(12판), § 42/20: 임웅, 893; 홍영기, 형법(총론과 각론), § 111/8.

5　김성돈, 772; 김일수·서보학, 767; 오영근, 687; 이재상·장영민·강동범, § 42/21; 임웅, 893.

6　대판 1995. 12. 5, 94도2379. 본 판결 해설은 서명수, "외교상의 기밀의 개념", 해설 24, 법원도
　서관(1996), 537-549.

7　대판 1997. 7. 16, 97도985(전). 본 판결 평석은 김병운, "국가보안법 제4조 제1항 제2호 나목
　소정의 국가기밀", 형사재판의 제문제(2권), 박영사(1999), 207-225.

8　김성돈, 772; 김일수·서보학, 767; 오영근, 687; 이재상·장영민·강동범, § 42/21; 임웅, 893.

9　대판 1995. 12. 5, 94도2379.

나 견해가 외교상의 기밀이 될 수 있다는 취지로 판시하였다.[10]

이와 반대로, 국내에서는 공지의 사실에 속하는 사항이라도 외국에서 이를 　8
알지 못하는 경우에 이러한 사항이 외교상의 기밀에 해당되는 지 여부가 문제
된다. 이에 대하여, ① 국내에 공지의 사실이라고 하더라도 외국에서 숙지하지
못하고 있고, 그 내용이 외교상 이익에 속하는 사항이면 외교상의 기밀에 해당
된다는 견해[11]와 ② 국내에서 공지의 사실은 이미 외국에 대하여 비밀로 해야
할 이익이 있는 기밀이라고 할 수 없으므로 외교상 기밀에 속하지 않는다는 견
해[12]가 대립하고 있는데, 후자가 통설의 입장이다. 대법원은 국내에서 공지에
속하거나 국민에게 널리 알려진 사실이라도 적국에게는 유리하고 우리나라에는
불이익을 초래할 수 있다면 국가기밀이 될 수 있다는 종래의 입장을 변경하여
국내에서 적법한 절차에 의하여 일반인에게 널리 알려진 공지의 사실은 국가기
밀이 될 수 없다고 판시하였다.[13]

국내에서 이미 공지된 사실에 대하여 외국에서 이를 알지 못하고 있다고 　9
하더라도 이를 외교상 기밀로 해야 할 실질적인 이익이 있는 상황을 상정하기
어려운 점 등에 비추어 보면, 이러한 사항은 외교상기밀에 속하지 않는다고 보
는 것이 타당하다.

## IV. 행 위

본죄의 행위는 외교상의 기밀을 누설하거나, 누설할 목적으로 탐지 내지 수　10
집하는 것이다.

누설이란 외교상의 기밀을 외국에 알리는 것을 말한다. 그 수단과 방법에　11
는 제한이 없다. 따라서 외국이 불확실하게 알고 있는 사항을 상세하게 고지하
여 이를 보강할 수 있도록 하는 것도 누설이 될 수 있다.[14] 다만, 누설의 상대방

10 대판 1995. 12. 5, 94도2379.
11 주석형법 〔각칙(1)〕(4판), 156(권순일); 주석형법 〔각칙(1)〕(5판), 129(김선일).
12 김성돈, 772; 김일수·서보학, 767; 오영근, 687; 이재상·장영민·강동범, § 42/21; 이형국·김혜
　경, 형법각론(2판), 773; 임웅, 893; 정성근·정준섭, 형법강의 각론(2판), 647.
13 대판 1997. 7. 16, 97도985(전).
14 주석형법 〔각칙(1)〕(5판), 129(김선일).

인 외국에 적국이 포함되는 지 여부가 문제가 된다. 외교상기밀을 적국에 누설할 경우에 본죄와 간첩죄(§ 98)와의 관계가 문제되기 때문이다. 이에 대하여는 외교상의 기밀도 간첩죄의 기밀에 포함되므로 이를 적국에 누설할 경우에는 간첩죄가 성립하고, 본죄는 외교상의 기밀을 적국이 아닌 외국에 누설하는 때에만 성립한다고 보는 것이 통설의 입장이다.[15]

12    탐지란 외교상의 기밀을 찾거나 알아내는 것을 말하고, 수집은 외교상의 기밀을 모으는 것을 말한다.

13    외교상기밀탐지·수집죄는 목적범으로서 외교상의 기밀을 탐지하거나 수집하는 데 대한 고의 외에도 이를 누설할 목적까지 필요로 한다.


## V. 처 벌

14    5년 이하의 징역 또는 1천만 원 이하의 벌금에 처한다.


〔김 택 균〕

---

15  김성돈, 772;  김일수·서보학, 767;  오영근, 687;  이재상·장영민·강동범, § 42/22;  임웅, 893.

# 제 5 장 공안(公安)을 해하는 죄 〈개정 2013. 4. 5.〉

## 〔총 설〕

## Ⅰ. 서 설

본장은 공안, 즉 '공공의 안전'을 해하는 죄를 규정하고 있다. 구체적으로        1
범죄단체 등의 조직(§ 114), 소요(§ 115), 다중불해산(§ 116), 전시공수계약불이행(§
117), 공무원자격의 사칭(§ 118) 등 5개 조문으로 구성되어 있다. 본장의 조문 구
성은 아래 [표 1]과 같다.

공안을 해하는 죄가 국가적 법익에 관한 죄인지 사회적 법익에 관한 죄인        2
지에 대해서는 다툼이 있다. 전시공수계약불이행죄(§ 117)와 공무원자격사칭죄(§
118)가 국가적 법익에 대한 죄라는 점은 명백하다.[1] 문제는 범죄단체 등의
조직죄(§ 114), 소요죄(§ 115), 다중불해산죄(§ 116)가 어디에 속하는지 여부이다.
이에 대하여 비록 범죄단체 등의 조직죄(§ 114), 소요죄(§ 115), 다중불해산죄(§ 116)
가 국가적 법익에 대한 죄로 배열되어 있더라도 공공의 질서, 공공의 안전 또는
평온을 보호하기 위한 범죄이므로 사회적 법익에 대한 범죄라는 견해(통설)[2]가

---

1　이재상·장영민·강동범, 형법각론(12판), § 25/21.
2　김성돈, 형법각론(8판), 559; 김성천·김형준, 형법각론(6판), 583; 김신규, 형법각론 강의, 565;
　김일수·서보학, 새로쓴 형법각론(9판), 437; 박상기·전지연, 형법학(총론·각론 강의)(4판), 723;
　박찬걸, 형법각론(2판), 633; 배종대, 형법각론(13판), § 89/5; 손동권·김재윤, 새로운 형법각론,
　§ 30/1; 오영근, 형법각론(7판), 461; 원혜욱, 형법각론, 358; 이재상·장영민·강동범, § 25/3; 이
　정원·류석준, 형법각론, 503; 이형국·김혜경, 형법각론(2판), 536; 정성근·정준섭, 형법강의 각
　론(2판), 375; 임웅, 형법각론(10정판), 613; 정웅석·최창호, 형법각론, 130; 최호진, 형법각론,

있다. 이러한 견해에 따라 1992년의 형법개정법률안은 이들 범죄만을 떼내어 사회적 법익에 관한 장으로 옮겼으며,[3] 일본형법도 소란죄(§106)와 다중불해산죄(§107)를 사회적 법익(각칙 제8장 소란의 죄)으로 규정하고 있다. 그러나 비록 이들 범죄가 '공공의 안녕과 질서 보호'를 목적으로 하기는 하지만, 다른 사회적 법익에 관한 죄와는 달리 규모가 커질 경우에는 바로 국가의 안위와 밀접하게 연결될 수 있는 범죄인데다가 이를 국가적 법익으로 배열한 입법자의 취지를 종합적으로 고려하면, 국가적 법익에 관한 죄에 속한다고 보아야 할 것이다.[4]

3        한편 본장에 속하는 범죄의 보호정도는 구체적 결과발생을 요하는 구체적 위험범이라는 견해[5]도 있으나, 모두 추상적 위험범으로 구체적 결과발생을 요하지 않는다고 봄이 타당하다.[6]

[표 1] 제5장 조문 구성

| 조문 | 제목 | 구성요건 | 죄명 | 공소시효 |
|------|------|----------|------|----------|
| §114 | 범죄단체 등의 조직 | ⓐ 사형, 무기, 장기 4년 이상 징역에 해당하는 범죄 목적으로<br>ⓑ 단체·집단 조직, 가입 또는 구성원으로 활동 | 범죄단체<br>(조직, 가입, 활동) | 개별 판단<br>(목적한 죄) |
| §115 | 소요 | ⓐ 다중이 집합하여<br>ⓑ 폭행, 협박, 손괴 | 소요 | 10년 |
| §116 | 다중불해산 | ⓐ 폭행·협박·손괴의 행위를 할 목적으로<br>ⓑ 다중이 집합하여<br>ⓒ 단속권한이 있는 공무원으로부터<br>ⓓ 3회 이상 해산명령을 받고도 불응 | 다중불해산 | 5년 |

---

668; 한상훈·안성조, 형법개론(3판), 605.

3 법무부, 형법개정법률안 제안이유서(1992. 10), 197.

4 신동운, 형법각론(2판), 52; 유기천, 형법학 각론강의(하)(전정신판), 257.

5 배종대, §89/6.

6 김성돈, 560; 김신규, 565; 오영근, 461; 이재상·장영민·강동범, §25/11; 정성근·정준섭, 375.

| 조문 | | 제목 | 구성요건 | 죄명 | 공소시효 |
|---|---|---|---|---|---|
| §117 | ① | 전시공수계약불이행 | ⓐ 전쟁, 천재, 기타 사변에 있어서<br>ⓑ 국가 또는 공공단체와 체결한 식량 기타 생활필수품 공급계약을<br>ⓒ 정당한 이유 없이<br>ⓓ 불이행 | (전시, 비상시)<br>공수계약불이행 | 5년 |
| | ② | | ①의 계약이행을 방해 | (전시, 비상시)<br>공수계약이행방해 | |
| | ③ | | 벌금 병과(임의적) | | |
| §118 | | 공무원자격의 사칭 | ⓐ 공무원의 자격을 사칭하여<br>ⓑ 그 직권을 행사 | 공무원자격사칭 | 5년 |

## II. 입법론

본장의 죄와 관련해서는 몇 가지 입법상 문제점이 지적되고 있다.    4

첫째, 전시공수계약불이행죄(§117)는 채무불이행 범죄이므로 이를 처벌하는    5
것은 부당하다거나,[7] 일반이적죄(§99)나 그 밖의 전시법령 등으로 규제가능하
다[8]는 등의 이유로 이를 폐지하여야 한다는 주장이 있다. 그러나 전시공수계약
불이행죄는 단순한 민사불이행 책임을 추궁하는 것이 아니다. '전쟁, 천재, 기타
사변'과 같은 국가 위기상황에서 국가, 공공단체와 체결한 식량 등 생활필수품
의 공급계약을 정당한 이유 없이 이행하지 않는 것을 구성요건으로 하며, 이를
통해 '비상상태에서의 국민보호'라는 국가 고유의 기능을 확보하기 위한 것이므
로 이를 범죄로 보아 본장에서 규정한 것은 타당하다고 생각한다.

둘째, 공무원자격사칭죄(§118)의 경우에는 그 죄질이 공안을 해하는 죄와 거    6
리가 있으므로 공무방해에 관한 죄(각칙 제8장)의 장으로 위치를 옮겨야 한다는
주장이 있다.[9] 이러한 주장은 타당하므로 위치 체계를 재검토할 필요가 있다.

〔김 영 기〕

---

7 오영근, 461; 이재상·장영민·강동범, §25/4; 정웅석·최창호, 130.
8 법무부, 형법개정법률안 제안이유서(1992. 10), 197.
9 법무부, 형법개정법률안 제안이유서(1992. 10), 197.

## 제114조(범죄단체 등의 조직)

사형, 무기 또는 장기 4년 이상의 징역에 해당하는 범죄를 목적으로 하는 단체 또는 집단을 조직하거나 이에 가입 또는 그 구성원으로 활동한 사람은 그 목적한 죄에 정한 형으로 처벌한다. 다만, 형을 감경할 수 있다. 〈개정 2013. 4. 5.〉

# I. 취 지

1  본죄[범죄단체(조직·가입·활동)죄]는 사형, 무기 또는 장기 4년 이상의 징역에 해당하는 범죄를 목적으로 하는 단체 등을 조직하거나 이에 가입 또는 그 구성원으로 활동하는 행위를 처벌함으로써 공공의 안전을 보호하기 위한 범죄이다. 본조는 2013년 4월 5일 개정되었는데, 개정 전 조문은 "① 범죄를 목적으로 하는 단체를 조직하거나 이에 가입한 자는 그 목적한 죄에 정한 형으로 처단한다. 단, 형을 감경할 수 있다. ② 병역 또는 납세의 의무를 거부할 목적으로 단체를 조직하거나 이에 가입한 자는 10년 이하의 징역이나 금고 또는 1천 500만원 이하의 벌금에 처한다."로 되어 있었다.

2  이처럼 개정 전 조문은 법정형의 제한 없이 범죄를 목적으로 단체를 조직하기만 하면 구성요건에 해당하게 되어 그 처벌범위가 너무 넓다는 비판이 제기되어 왔고,[1] 범죄단체에는 이르지 못하였으나 그 위험성이 큰 범죄집단을 조직한 경우에는 이를 처벌할 수 없다는 문제점이 있었다. 한편으로 국제연합의 국제조직범죄방지협약(United Nations Convention against Transnational Organization

---

1 이재상·장영민·강동범, 형법각론(12판), § 25/5.

Crime)이 체결되어 우리나라도 2000년 12월 13일 이를 서명함으로써 국내적 입법을 마련할 필요가 생겼다.

위 협약은 법정형이 장기 4년 이상인 범죄를 목적으로 하는 단체를 조직하 　3
는 행위 등을 범죄화하도록 그 범위를 제한하고 있어 위 협약의 내용과 조화를
이루게 하는 한편, 범죄단체뿐 아니라 이에 이르지 못한 범죄집단을 조직한 경
우도 처벌하기 위하여 본조를 개정하게 된 것이다.[2]

## II. 보호법익

본죄의 보호법익은 공공의 평온과 안녕으로,[3] 추상적 위험범이다.[4] 수인이 　4
같은 방향에서 공동으로 범죄단체를 조직하거나 이에 가입하여야 성립하므로
필요적 공범(집단범)이다.[5]

## III. 구성요건

본죄는 범죄를 목적으로 단체 또는 집단을 조직하거나 이에 가입 또는 그 　5
구성원으로 활동할 때 성립한다.

### 1. 범죄를 목적으로

'사형, 무기, 장기 4년 이상의 징역'은 모두 법정형을 말한다. 법정형에 사형 　6
이나 무기징역이 규정되어 있으면 이에 해당한다. 유기징역의 경우 '4년 이상'
해당 여부는 법문 그대로 장기를 기준으로 따져야 한다. 형법이나 형사특별법상

---

2 법무부, 형법일부개정법률안 제안이유(2012. 8. 13) 참조.
3 김성돈, 형법각론(8판), 560; 오영근, 형법각론(7판), 462; 원혜욱, 형법각론, 358. 이에 대하여
　① 공공의 내적 안전 또는 공공의 평온이라는 견해[배종대, 형법각론(13판), § 89/6; 이재상·장영
　민·강동범, 형법각론(12판), § 25/3(엄격한 의미에서 공공의 평온은 모든 종류의 평온에 대한 위
　험을 의미하는 데 반하여, 공공의 안전은 그중에서 사람의 생명·신체 또는 재산에 대한 위험만
　을 의미한다)], ② 공공의 평온이라는 견해[손동권·김재윤, 새로운 형법각론, § 30/4)]도 있다.
4 김성돈, 560; 김일수·서보학, 새로쓴 형법각론(9판), 438; 신동운, 형법각론(2판), 54; 오영근,
　462; 정성근·정준섭, 형법강의 각론(2판), 375; 정웅석·최창호, 형법각론, 131.
5 김성돈, 561; 박상기·전지연, 형법학(총론·각론 강의)(4판), 724.

범죄를 불문한다.[6]

7    어떤 범죄를 목적으로 할 것인지 처음부터 확정적일 필요는 없고, 반드시 그 범죄의 법정형을 구체적으로 알아야 하는 것도 아니다. 이들이 목적한 범죄의 법정형이 사형, 무기, 장기 4년 이상의 징역에 해당하면 된다. 그저 막연히 범죄를 저지른다는 미필적 인석으로도 충분하다고 하여야 한다.

8    '범죄를 목적으로 하는지 여부'는 참여구성원들의 의사, 행동 강령, 활동 방식 등을 종합하여 실질적으로 판단할 필요가 있다. 범죄 목적이 주된 것이 아니고 범죄 목적과 다른 목적이 결합되어 있어도 충분하다고 할 것이다.

## 2. 단체 또는 집단

9    '단체'란 특정 다수인이 일정한 범죄를 수행한다는 공동 목적으로 구성한 계속적인 결합체로서 단체를 주도하거나 내부 질서를 유지하는 최소한의 통솔체계를 갖춘 것을 말한다(통설[7] 및 판례[8]). 범죄단체 여부는 명칭, 강령이 확정적이지 않아도 무방하며, 실질에 의해 판단하여야 하는 것으로 다양한 형태로 성립·존속할 수 있다. 다만, 엄격한 해석이 필요하다.[9]

10    '집단'이란 특정 다수인이 사형, 무기 또는 장기 4년 이상의 범죄를 수행한다는 공동 목적으로(공동목적성) 구성원들이 정해진 역할분담에 따라 행동함으로써 범죄를 반복적으로 실행할 수 있는 조직체계를 갖춘 계속적인 결합체를 말하고(집합성), '범죄단체'에서 요구되는 '최소한의 통솔체계'를 갖출 필요는 없지만, 범죄의 계획과 실행을 용이하게 할 정도의 조직적 구조를 갖추어야 한다.[10] 성문의 강령[11]이나 행동수칙의 존재 여부로 단체나 집단을 구별할 것은 아니다.

---

6  이재상·장영민·강동범, § 25/8; 임웅, 형법각론(10정판), 616.
7  김성돈, 562; 김성천·김형준, 형법각론(6판), 586; 박상기·전지연, 725; 신동운, 55; 오영근, 463; 이재상·장영민·강동범, § 25/8; 임웅, 616; 정웅석·최창호, 132; 조병인·윤해성, "조직폭력, 폭력조직 및 범죄단체 개념의 재음미", 한국공안행정학회보(2008. 4), 231.
8  대판 1981. 11. 24, 81도2608; 대판 2020. 8. 20, 2019도16263; 대판 2020. 9. 7, 2020도7915.
9  '수인이 바늘맞추기 사행행위기구인 속칭 땅고마바위기구를 이용한 야바위 도중 단속 경찰의 출동상황을 연출하고, 그 상황을 이용하여 피해자가 도박자금으로 내어놓은 돈을 절취하는 수법'으로 절도 범행을 2회 저지른 사안에서, 법원은 범죄를 목적으로 하는 통솔체계나 조직형태를 갖춘 범죄집단으로 보기 어렵다고 판시하였다(부산지판 1996. 7. 26, 96고합172).
10  대판 1991. 12. 24, 91도2397; 대판 2020. 8. 20, 2019도16263; 대판 2020. 9. 7, 2020도7915.
11  대판 2007. 11. 29, 2007도7378.「범죄단체는 다양한 형태로 성립·존속할 수 있는 것으로서 정

한편, 구성원 상호 간에 서로가 서로를 알지 못하더라도 단체나 집단을 구성하는데 문제가 되지 않는다.

　　굳이 단체나 집단의 명칭이 있어야 하는 것은 아니며, 이들이 함께 숙식을 하여야 하는 것도 아니다.[12] 다만, 본죄가 성립하기 위해서는 단체나 집단 어느 하나에 해당하면 충분하므로 이를 구별할 실익은 크지 않다.

### (1) 단체나 집단을 인정한 사례

#### (가) 아동·청소년이용음란물 제작 등 범죄 집단(이른바 박사방 운영 사건)

　　대법원은 소규모 그룹대화방을 개설하여 각종 아동·청소년 성착취영상물 등을 공유하며 여러 이벤트와 활동을 통해 이를 체계적으로 관리한 이른바 '박사방' 운영 피고인들에 대하여 범죄집단조직죄의 성립을 인정하였다. 즉 대법원은, "원심은 판시와 같은 사실을 인정한 다음, 피고인 甲이 G 그룹대화방인 AN에서 'BD(G 그룹대화방 운영 시, 방에 입장을 했을 때 인사말을 넣거나 등급을 올려주거나 공지사항을 넣어주거나 하는 기능이 있는 프로그램이다)' 관리기능 등을 이용하여 경험치 포인트(XP)를 기반으로 한 등급제를 시행하고, AJ방 외에 AY 등 소규모 그룹대화방을 개설하여 적극적으로 AE방(피고인 甲이 피해자들을 협박하여 제작한 성착취영상물 공유 등을 목적으로 하여 운영한 여러 개의 G 그룹대화방을 통칭한다)을 홍보하고 각종 이벤트와 활동을 행하면서 AE방을 체계적으로 관리한 2019. 9. 하순 경에는 피고인 甲, AF, 성명불상자(일명 RV) 등을 비롯한 특정 다수인이 함께 또는 역할을 분담하면서 아동·청소년이용음란물 제작 및 배포를 공동의 목적으로 하는 범죄집단을 형성하였고, 그와 같은 범죄집단은 피고인 甲이 검거된 2020. 3. 경에 이르기까지 유지되었다고 보아 피고인 甲에 대한 범죄집단조직죄의 공소사실을 유죄로 판단하였다. 또한 원심은 판시와 같은 이유로 피고인 甲에 대한 나머지 공소사실(공소기각 부분 제외)도 유죄로 판단하였다. 형법 제114조에서 정한 '범죄를 목적으로 하는 집단'이란 특정 다수인이 사형, 무기 또는 장기 4년 이상의 범죄를 수행한다는 공동목적 아래 구성원들이 정해진 역할분담에 따라

11

12

---

　　형을 요하는 것이 아닌 이상 그 구성 또는 가입에 있어 반드시 단체의 명칭이나 강령이 명확하게 존재하고 단체 결성식이나 가입식과 같은 특별한 절차가 있어야만 성립되는 것은 아니라고 할 것이다.」

12 대판 1987. 10. 13, 87도1240.

행동함으로써 범죄를 반복적으로 실행할 수 있는 조직체계를 갖춘 계속적인 결합체를 의미한다. '범죄단체'에서 요구되는 '최소한의 통솔체계'를 갖출 필요는 없지만, 범죄의 계획과 실행을 용이하게 할 정도의 조직적 구조를 갖추어야 한다. 원심판결 이유를 앞서 본 법리를 비롯한 관련 법리와 적법하게 채택된 증거에 비추어 살펴보면, 원심의 판단에 필요한 심리를 다하지 않은 채 논리와 경험의 법칙을 위반하여 자유심증주의의 한계를 벗어나거나 범죄집단조직죄의 성립 등에 관한 법리를 오해한 잘못이 없다."고 판시하였다.[13]

### (나) 무등록 중고차판매 사기범죄 집단

13    무등록 중고차판매 사기 집단과 관련하여 대법원은, ① 피고인 甲은 무등록 중고차 매매상사(외부사무실)를 운영하면서 피해자들을 기망하여 중고차량을 불법으로 판매해 금원을 편취할 목적으로 외부사무실 등에서 범죄집단을 조직·활동하고, 피고인 甲, 乙을 제외한 나머지 피고인들은 범죄집단에 가입·활동하였다는 내용으로 기소된 사안에서, 외부사무실에는 회사 조직과 유사하게 대표, 팀장, 팀원(출동조, 전화상담원)으로 직책이나 역할이 분담되어 있었는데, 상담원은 인터넷 허위 광고를 보고 전화를 건 손님들에게 거짓말로 외부사무실에 방문할 것을 유인하는 역할을, 출동조는 외부사무실을 방문한 손님들에게 허위 중고차량을 보여주면서 소위 '뜯플' 또는 '쌩플'의 수법으로 중고차량 매매계약을 유도하는 역할을, 팀장은 소속 직원을 채용하고, 손님 방문 시 출동조를 배정하며, 출동조로부터 계약 진행 상황을 보고받고, 출동조가 매매계약 유도를 성공하면 손님들과 정식 계약을 체결하는 역할을, 대표인 피고인 甲은 사무실과 집기, 중고자동차 매매계약에 필요한 자료와 할부금융, 광고 등을 준비해 외부사무실을 운영하면서 팀장을 채용한 뒤 팀장으로 하여금 팀을 꾸려 사기범행을 실행하도록 하고, 할부금융사로부터 할부중개수수료를 받으면 이를 팀별로 배분하는 역할을 수행하였으며, 대표 또는 팀장은 팀장, 출동조, 전화상담원에게 고객을 유인하고 대응하는 법이나 기망하는 방법 등에 대해 교육한 점, 대표는 팀장들이 이용할 할부금융사 및 광고 사이트를 정해 팀장들에게 알려주고 팀장들로부터 상사입금비 및 광고비를 받는 한편, 손님들이 중고차량을 할부로 계약

---

13 대판 2021. 10. 14, 2021도7444, 2021전도77(범죄집단조직)

한 경우 할부금융사로부터 받는 할부중개수수료 중 절반을 팀장들에게 나누어 주었으며, 팀장들은 대표로부터 지급받은 위 할부중개수수료와 중고차량 매매에 따른 차익을 출동조 및 상담원에게 각각 나눠주고 나머지를 가져간 점, 피고인 을을 제외한 나머지 피고인들은 외부사무실 업무와 관련하여 '텔레그램'을 이용한 대화방을 여러 개 개설하여 정보를 공유하거나 각종 보고 등을 하였고, 대표와 팀장들은 월 1-2회 회의를 하면서 단속정보 등을 공유하였으며, 팀장들은 공유된 정보를 소속 출동조 및 상담원에게 전파한 점 등을 종합하면, 외부사무실은 특정 다수인이 사기범행을 수행한다는 공동목적 아래 구성원들이 대표, 팀장, 출동조, 전화상담원 등 정해진 역할분담에 따라 행동함으로써 사기범행을 반복적으로 실행하는 체계를 갖춘 결합체, 즉 본조의 '범죄를 목적으로 하는 집단'에 해당한다는 이유로, 이와 달리 보아 공소사실을 무죄로 판단한 원심판결에 법리오해의 위법이 있다고 판시하였다.[14]

또한 대법원은, ② 甲 등은 무등록 중고차 매매상사(외부사무실)를 운영하면서 피해자들을 기망하여 이른바 '뜯플' 또는 '쌩플'의 수법으로 중고차량을 시세보다 비싸게 판매해 금원을 편취할 목적으로 외부사무실 등에서 범죄집단을 조직·활동하고, 피고인은 범죄집단에 가입·활동하였다는 내용으로 기소된 사안에서, 위 외부 사무실은 특정 다수인이 사기 범행을 수행한다는 공동 목적으로 구성원들이 대표, 팀장, 출동조, 전화상담원 등 정해진 역할분담에 따라 행동함으로써 사기 범행을 반복적으로 실행하는 체계를 갖춘 결합체, 즉 본조의 '범죄를 목적으로 하는 집단'에 해당한다고 판시하였다.[15]

(다) 보이스피싱 사기범죄 단체

대법원은 보이스피싱 조직에 대하여, 보이스피싱이라는 사기범죄를 목적으로 구성된 다수인의 계속적 결합체로서 간부급 조직원들과 상담원들, 현금인출책 등으로 구성되어 내부의 위계질서가 유지되고 조직원의 역할분담이 이루어지는 최소한의 통솔체계를 갖추었다는 이유로 범죄단체에 해당한다고 한 원심[16]의

14

15

---

14 대판 2020. 8. 20, 2019도16263(범죄집단조직).
15 대판 2020. 9. 7, 2020도7915(범죄집단조직).
16 서울고판 2017. 5. 19, 2017노209. 「즉 ① 이 사건 보이스피싱 조직은 사기 범행을 범할 공동의 목적이 분명하였던 점, ② 이 사건 보이스피싱 조직은 총책으로부터 중간관리자인 이사, 실장, 팀장 및 단순가입자인 각 팀의 상담원 등으로 구성원의 지위가 상하관계로 구분되어 있었던 점,

판단이 정당하다고 판시하였다.[17]

(라) 그 밖의 사례

16        ① 선·후배나 형·아우로 뭉쳐져 그들 특유의 규율에 따른 통솔이 이루어 지는 경우,[18] ② 두목이 있고 행동대원이 있어서 'A 파'로 불려지는 경우,[19] 그

③ 이 사건 보이스피싱 조직의 팀장은 새로 가입한 상담원들에게 범행방법을 교육하고 전체 상담원들을 관리하는 등으로 각 상담원들의 범행수행과 실적 등을 독려하고, 이사, 실장은 각 팀을 주기적으로 방문하여 범행 수행과 실적을 독려하는 등으로 범행 수행과 관련한 지시를 하며, 총책은 팀장 등으로부터 매일 각 상담원들의 범행 실적을 보고 받고 범행 실적을 독려하는 등으로 범행 수행에 관하여 지시를 하는 등 이 사건 보이스피싱 조직에는 조직원들의 지위에 따른 지휘 또는 명령과 복종체계가 갖추어져 있는 점, ④ 이 사건 보이스피싱 조직은 총책, 중간관리자인 이사, 실장, 팀장 및 단순가입자인 상담원 등으로 그 지위가 나뉘어져 있고, 그 지위에 따라 각자 그 역할이 효율적으로 분담되어 있었던 점, ⑤ 비록 이 사건 보이스피싱 조직에 폭력범죄단체에서 볼 수 있는 강령이라고 볼 수 있는 명시적인 내부규정이 존재하지는 않으나, 범죄단체는 다양한 형태로 성립·존속할 수 있고 정형을 요하지 아니하므로 그 구성이나 가입에 있어 반드시 단체의 강령이 명확하게 존재하여야 하는 것은 아닌바, 이 사건 보이스피싱 조직의 경우 사기 범행을 목적으로 하는 조직으로서 그 사기 범행의 수행과 관련하여 각 상담원들의 근무시간과 근무장소가 구체적으로 정해져 있고, 각 상담원들은 각자의 역할에 따라 지시받은 범행을 지속적으로 수행해야 하며, 그 실적 등에 따라 보수를 지급받는 형태로 운영된 점 등에 비추어 그 구성원을 구속하는 내부적인 규율이 있었다고 보이고, 그와 같은 경제적 이익 추구를 기반으로 하여 구성원간에 통솔체제를 유지하고 있는 것으로 보이는 점, ⑥ 이 사건 보이스피싱 조직은 일시적으로 사기 범행을 저지르기 위해 구성된 것이 아니라 불특정 다수의 피해자들을 대상으로 하여 지속적으로 사기 범행을 수행하는 조직으로서 실제로 2013년말 조직되기 시작하여 2014년 여름 무렵부터 2015년 12월경까지 1년이 넘는 기간 동안 유지되는 등 시간적 계속성도 갖고 있었던 점, ⑦ 이 사건 보이스피싱 조직은 기소된 조직원들만 하더라도 78명에 이르는 등 단체라고 볼 수 있을 정도의 규모와 체제를 갖추고 있는 점, ⑧ 통상 보이스피싱 조직이 외국에 근거를 둔 경우가 많다고 하더라도 보이스피싱 사기범죄를 목적으로 한 범죄단체의 조직과 활동이 외국이 아닌 국내에서 이루어진다고 하여 이를 달리 볼 수는 없는 점, ⑨ 피고인 乙의 경우 다른 중간관리자들과 달리 실장, 팀장 등의 특별한 직함이 없었으나, 반면에 피고인 乙은 총책인 피고인 甲의 동거인으로서 자금을 관리하는 등의 역할을 분담한 사정 등에 비추어 피고인 乙에게 특별한 직함이 없었다는 사정만으로 이 사건 보이스피싱 조직이 통솔체제를 갖추지 않았다고 보기는 어려운 점, ⑩ 폭력범죄를 목적으로 단체를 조직하거나 그 단체에 가입하는 경우에 관하여는 폭력행위 등 처벌에 관한 법률에서 별도로 규율하고 있는바, 형법상 범죄단체의 범죄의 실행에 반드시 폭력적인 수단이 포함되어야 하는 것은 아닌 점 등을 보태어 보면, 이 사건 보이스피싱 조직은 보이스피싱이라는 사기범죄를 목적으로 구성된 다수인의 계속적인 결합체로서 총책인 피고인 甲을 중심으로 간부급 조직원들과 상담원들, 현금인출책 등으로 구성되어 내부의 위계질서가 유지되고 조직원의 역할 분담이 이루어지는 최소한의 통솔체계를 갖춘 형법상의 범죄단체에 해당한다고 본 원심의 판단은 정당하다.」

17 대판 2017. 10. 26, 2017도8600(범죄단체조직). 본 판결 평석은 하담미, "보이스피싱 조직의 범죄단체 의율에 관한 제문제 보이스피싱 조직의 범죄단체 의율에 관한 제문제", 형사법의 신동향 58, 대검찰청(2018), 332-367.
18 대판 1997. 10. 10, 97도1829(피고인 등이 A라는 단체를 결성하기로 하면서 행동강령을 정하여 두목격 수괴, 두목격 고문, 부두목격 간부, 참모, 행동대장격 간부, 행동대원으로 그들 사이의 각

조직은 단체에 해당한다.

### (2) 단체나 집단을 부정한 사례

#### (가) 어음 사기 범죄 관련

대법원은 "피고인 甲이 A B, C 등과 은행에 당좌계정을 개설하여 은행으로부터 어음용지를 교부받아 거액의 어음을 발행한 후 이를 부도시키는 방법등으로 타인의 재물을 편취하기로 모의한 뒤 위 범죄를 목적으로 'D'라는 상호로 사무실을 개설하여 전자제품 도매상을 경영하는 것처럼 위장하고 이어 A 이름으로 은행에 당좌계정을 개설하여 그 은행으로부터 다량의 어음용지를 교부받아 이를 확보하는 한편 그 과정에서 피고인 甲이 위 D의 실질적인 대표자로서 지급의 입출, 어음용지와 도장 등의 보관책임 등을 맡고 A, C는 대외적인 업무를 맡고 B는 감사로서의 임무를 수행하기로 한 사실은 인정되지만 위 인정사실만으로는 피고인 甲, A 등의 결합의 정도가 어음사기, 범행의 실행을 위한 예비나 공모의 범위를 넘어 어음사기를 목적으로 한 범죄단체로서의 단체내부의 질서를 유지하는 통솔체제를 갖춘 계속적인 결합체에 이른 것으로는 볼 수 없다."고 판시하여, 범죄단체조직을 부정하였다.[20]

17

---

임무분담을 정함과 아울러 단체구성원들 간의 위계질서를 대체로 나이 순서에 따른 서열로 확립하고, 또한 합숙소를 마련하여 단체생활을 함에 있어 합숙소 장롱 안에 쇠파이프 등 흉기를 보관하면서 조직에서 관리하는 유흥업소나 도박장 등지에서 싸움이 붙거나 문제가 발생하면 즉시 현장에 가서 위력을 과시하거나 폭력을 행사하는 소위 '기동타격대'의 역할을 할 수 있도록 하며, 조직원 양성을 위한 훈련을 실시하고 조직에서 이탈하려는 자들에 대하여는 보복을 감행하는 등으로 조직의 와해를 방지하고, 조직운영비 등 활동자금은 조직원들을 유흥업소의 영업부장 등의 직책으로 취직시켜 보호비를 징수하거나 아파트새시공사 등을 통하여 조달한 금품 등으로 충당하며, 또 위 A에서 이탈한 조직원들에 의하여 구성된 단체를 제압하기 위하여 2회에 걸쳐 회칼, 쇠파이프 등 흉기를 사용하여 폭력을 행사하였다면, 위 A는 폭력범죄 등을 목적으로 하는 계속적이고 조직 내의 통솔체계를 갖춘 결합체로서 폭력행위 등 처벌에 관한 법률 제4조 소정의 범죄단체에 해당한다고 본 사례).

19 대판 1997. 7. 11, 97도1097, 97감도34(폭력행위 등 처벌에 관한 법률 제4조 소정의 범죄단체를 인정한 사례). 「피고인들은 성남시 내 종합시장 부근에서 폭력적인 방법으로 이권을 차지하려는 목적으로 판시와 같이 수괴, 간부, 행동대원 등의 역할 분담을 정하여 속칭 'A'를 결성하고, 조직의 행동강령 등을 정하여 활동하고 있으므로, 이는 폭력범죄 등을 목적으로 하는 계속적이고도 조직 내의 통솔체계를 갖춘 결합체로서 폭력행위 등 처벌에 관한 법률 제4조 소정의 범죄단체에 해당한다.」

20 대판 1985. 10. 8, 85도1515.

(나) 그 밖의 사례

18      대법원은 ① 주주총회때마다 소위 총회꾼들이 회의의 진행을 교란하고 이면으로 집행부로부터 금품을 요구하는 사실이 있으므로 이들 총회꾼들을 제거하고, 주주총회를 원활하게 진행케 하기 위하여 투자협회를 만들어 일부 총회꾼들의 주주로서 권리행사를 방해하고, 그 사례조로 해당 회사로부터 금품을 수수한 경우,²¹ ② 피고인들이 각기 소매치기의 범죄를 목적으로 모여 그 실행행위를 분담하기로 약정을 한 경우,²² ③ 피고인이 4명과 한 것은 도박개장에 대한 범죄의 공모만을 한 경우,²³ ④ 일정한 장소에서 도착한 순서대로 승객을 태우고 회원이 아닌 운전자들이 자신들의 구역 내에서 영업을 못하게 한 경우,²⁴ ⑤ 사북 지역 출신의 청년들에 의하여 자생적으로 조직된 사북청년회라는 단체의 일부 회원들이 사북 지역에 내국인 카지노가 들어서면서 폭력 범행을 저지르거나 관여한 경우,²⁵ 그 조직은 단체로 보기 어렵다.

---

21 대판 1969. 8. 19, 69도935.
22 대판 1981. 11. 24, 81도2608.
23 대판 1977. 12. 27, 77도3463.
24 대판 1991. 12. 10, 91도2569(폭력행위 등 처벌에 관한 법률 제4조 소정의 범죄단체를 부정한 사례). 「C, D 등 7, 8명이 1987. 4.경 월미도 및 송도유원지 등에서 타인의 자가용 유상운송행위를 제지하고 자신들만이 배타적으로 운송행위를 하기 위하여 A라는 단체를 조직하고, 새로 가입하는 회원들로부터 금 100,000원 내지 금 300,000원의 가입금을 받아왔으며 현재는 피고인을 포함하여 18명이 그 회원으로 가입되어 있는 사실과, 위 A의 임원으로는 회장과 총무가 각 1인이 있어 회장은 월례회를 주관하고 회원들의 경조사 시 위 회를 대표하여 참석하고 총무는 회원들로부터 받은 입회비 및 월회비를 회원들 사이의 경조사, 월 1회의 회식비용, 회원들이 야기한 교통사고처리 비용으로 지출하는 것을 주된 업무로 하고 있는데 회장과 총무는 회원들이 서로 돌아가면서 맡고 있는 사실, 그리고 회원들이 자가용 유상운송수입으로 받은 금원은 회원들의 각자 수입으로 하고 회원들은 각기 그 소유 차량의 전후면에 E 마크를 붙이고 일정한 장소에서 도착한 순서대로 승객을 태우고 회원이 아닌 자들이 자신들의 구역내에서 영업을 하려고 할 경우에는 주변에 있는 회원들이 그들을 위협하여 쫓아내는 사실은 인정이 되나, 위 A의 회원들의 결합정도가 자가용 유상운송 및 협박 등을 목적으로 한 범죄단체로서 조직원 사이에 지휘, 명령, 복종체결을 갖춘 결합체를 이룬 것으로 인정하기 어렵고 회원들의 친목단체로서의 성격이 짙은 경우라고 보여진다는 이유로, 이 부분 공소사실에 대하여 무죄를 선고한 제1심판결을 유지한 것은 수긍할 수 있다.」
25 대판 2004. 7. 8, 2004도2009(사북청년회 자체가 폭력 범행을 목적으로 조직화된 것이 아니며, 위 범행을 저지른 일부 회원 외의 다른 회원들은 폭력 전과 없이 정상적인 생활을 하고 있었으며, 사북청년회 자체에서 위 폭력 범행을 지시하였거나 의도하였다고 보기 어렵다는 이유로 사북청년회가 폭력행위 등 처벌에 관한 법률에서 정한 범죄단체에 해당하지 않는다고 한 사례).

## 3. 조직하거나 가입

일반적으로 조직이란 특정다수인이 의사연락을 통하여 집합체를 구성하는 것을 말하는데,[26] 여기서는 범죄단체를 형성하는 것을 말한다.[27] 기존 범죄단체의 조직이 완전히 변경되어 기존의 단체와 동일성을 인정할 수 없는 경우에는 새롭게 단체를 조직하였다고 할 수 있다.[28] 다만, 범죄를 예비, 음모하거나 실행행위의 분담을 정하거나 그중 일부가 실행행위를 하였다는 사정만으로 조직에 이르렀다고 할 수 없다.[29]

가입은 이미 조직되어 있는 단체나 집단의 구성원이 되는 것을 말한다. 가입은 잠재적 의사나 편면적 의사표현만으로는 부족하고, 단체나 집단은 물론 가입한 사람 상호 간에 그 단체나 집단의 일원이 되는 것을 명시적 또는 묵시적으로 인식하거나 용인하는 수준에 이르러야 한다고 본다.

19

20

## 4. 구성원으로 활동

'구성원으로 활동'이라 함은 범죄를 목적으로 하는 단체 또는 집단의 일원으로 범죄의 실행이나 그 준비와 관련된 단체 또는 집단의 직·간접적 의사결정에 따르거나 단체 또는 집단의 존속과 유지를 지향하는 행위를 적극적으로 하는 것을 말한다.[30] 구성원으로서 '활동'에 해당하는지 여부는 그 행위가 행해진 일시, 장소, 그 내용, 행위가 이루어지게 된 동기, 경위, 목적, 의사결정자와 실행행위자 사이의 관계, 그 의사의 전달과정 등 구체적 사정을 종합하여 판단하여야 한다.[31]

'구성원으로서 활동'은 범죄를 목적으로 하는 단체 또는 집단의 의사에 부합하고,[32] 이들 단체 또는 집단의 활동과 직·간접적으로 관련되어야 하므로 이와 무관하게 단체나 집단 구성원 일부가 주관하는 사적 모임, 경조사에 참

21

22

---

26 배종대, §90/6; 임웅, 617.
27 오영근, 463.
28 대판 2000. 3. 24, 2000도102.
29 대판 1991. 1. 15, 90도2301.
30 박상기·전지연, 725; 신동운, 56; 오영근, 464.
31 박상기·전지연, 725; 오영근, 464.
32 이재상·장영민·강동범, §25/8.

석하거나 의례적 행사에 참여한 것만으로는 구성원으로 활동하였다고 단정할 수 없다.[33] 예를 들어, 간부급 조직원들이 개최한 회식에 참여하거나 다른 폭력조직 조직원의 행사에 참여하여 상부 조직원들이 도착할 때나 나갈 때 90도로 인사하는 이른바 병풍 역할을 하여 조직의 위세를 과시한 행위,[34] 상위 구성원들로부터 조직의 위계질서를 잘 지키라는 지시를 받으며 속칭 '줄빠따'를 맞고 입단속을 잘 하라는 지시를 받은 행위[35] 등은 구성원으로 활동한 것으로 볼 수 없다.

### 5. 주관적 구성요건

23     단체나 집단을 조직하거나 이에 가입하거나 그 구성원으로 활동함에 있어서는 그 단체나 집단이 범죄를 목적으로 한다는 것에 대한 인식이 있어야 한다.[36] 범죄와 무관한 집단이나 단체로 생각하였고, 그와 같이 믿은 데에 정당한 이유가 있다면 본죄의 책임을 묻기 어렵다.

24     다만 앞서 언급한 것처럼 막연히 범죄를 목적으로 한다는 미필적 인식만 있으면 충분하고, 구체적인 범죄나 그 법정형을 알아야 하는 것은 아니다. 단체나 집단을 조직한 뒤 범죄를 목적으로 하게 되었더라도 그 이후부터는 본죄의 성립에 영향이 없다. 그 구성원으로 활동을 시작한 뒤 비로소 범죄를 목적으로 하는 단체임을 알았다고 하더라도 마찬가지이다.

## Ⅳ. 기수시기

25     본죄는 단체나 집단을 조직, 가입하거나 활동을 하면 바로 기수가 된다.

26     본죄가 즉시범인지 계속범인지에 대해서는 다툼이 있다. 단체는 계속적 결합체이므로 계속범이라는 견해도 있다.[37] 그러나 계속범이라고 할 경우, 범죄단

---

33  오영근, 464.
34  대판 2010. 1. 28, 2009도9484.
35  대판 2009. 9. 10, 2008도10177. 본 판결 해설은 유헌종, "'범죄단체 구성원으로서의 활동'의 의미", 해설 82, 법원도서관(2010), 878-906.
36  이재상·장영민·강동범, §25/9.
37  김성돈, 563; 김신규, 형법각론 강의, 567; 김일수·서보학, 439; 박찬걸, 형법각론(2판), 634; 배종대, §90/7; 이형국·김혜경, 형법각론(2판), 560; 임웅, 617; 정성근·정준섭, 378; 정웅석·최창

체를 조직한 사람은 비록 그 단체에서 활동을 하지 않더라도 단체를 탈퇴하거나 단체가 해산되지 않는 한 범죄가 종료하지 않는다는 불합리한 점이 있다. 따라서 즉시범으로 보아야 할 것이다.[38] 판례도 같은 입장이다.[39] 본죄는 즉시범으로서 범죄단체나 집단을 조직하거나, 이에 가입하거나, 구성원으로 활동을 하면 범죄가 종료에 이르고 공소시효가 진행된다.[40] 목적의 달성 여부는 본죄 성립에 영향을 주지 않는다.[41]

## V. 죄수 및 다른 죄와의 관계

### 1. 죄 수

단체나 집단을 조직, 가입한 후 그 구성원으로 활동하는 경우 조직, 가입과　　27
활동은 포괄일죄이다.[42] 가입 후 활동을 하지 않았으면 가입죄만 성립한다.

---

호, 133; 최호진, 형법각론, 379; 홍영기, 형법(총론과 각론), §95/3.

38　김성천·김형준, 585; 신동운, 56; 오영근, 465.

39　대판 1997. 10. 10, 97도1829.

40　본죄를 계속범으로 볼 경우, 공소시효는 범죄단체의 해산 시나 단체로부터 탈퇴 시부터 기산하게 될 것이다.

41　임웅, 617.

42　대판 2015. 9. 10, 2015도7081. 「'폭력행위 등 처벌에 관한 법률' 제4조 제1항은 그 법에 규정된 범죄행위를 목적으로 하는 단체를 구성하거나 이에 가입하는 행위 또는 구성원으로 활동하는 행위를 처벌하도록 정하고 있는데, 이는 구체적인 범죄행위의 실행 여부를 불문하고 그 범죄행위에 대한 예비·음모의 성격이 있는 범죄단체의 생성 및 존속 자체를 막으려는 데 입법 취지가 있다. 또한 위 조항에서 말하는 범죄단체 구성원으로서의 활동이란 범죄단체의 내부 규율 및 통솔 체계에 따른 조직적·집단적 의사 결정에 기초하여 행하는 범죄단체의 존속·유지를 지향하는 적극적인 행위를 일컫는다. 그런데 범죄단체의 구성이나 가입은 범죄행위의 실행 여부와 관계없이 범죄단체 구성원으로서의 활동을 예정하는 것이고, 범죄단체 구성원으로서의 활동은 범죄단체의 구성이나 가입을 당연히 전제로 하는 것이므로, 양자는 모두 범죄단체의 생성 및 존속·유지를 도모하는, 범죄행위에 대한 일련의 예비·음모 과정에 해당한다는 점에서 그 범의의 단일성과 계속성을 인정할 수 있을 뿐만 아니라 피해법익도 다르지 않다. 따라서 범죄단체를 구성하거나 이에 가입한 자가 더 나아가 구성원으로 활동하는 경우 이는 포괄일죄의 관계에 있다고 봄이 타당하다. 한편 포괄일죄의 공소시효는 최종의 범죄행위가 종료한 때로부터 진행하고, 포괄일죄로 되는 개개의 범죄행위가 다른 종류인 죄의 확정판결 전후에 걸쳐 행하여진 때에는 그 죄는 두 죄로 분리되지 않고 확정판결 후인 최종 범죄행위 시점에 완성되는 것이다.」

〔김 영 기〕　　　　**345**

## 2. 다른 죄와의 관계

28　　단체나 집단을 조직한 뒤 나아가 구성원으로 활동하여 다른 범죄를 실행하였을 경우, ① 본죄가 예비음모적 성격의 행위라는 점을 고려하여 흡수된다는 견해도 있으나,[43] ② 본죄(조직과 활동은 포괄일죄)와 실행한 범죄의 실체적 경합범으로 처벌함이 타당하다.[44] 판례는 ②의 입장이다. 즉 보이스피싱 범죄단체와 관련하여, 판례는 보이스피싱 사기범죄단체를 조직하거나 이에 가입한 뒤 범죄단체의 구성원으로 사기범행을 저지른 행위는 법조경합관계로 목적한 사기죄만 성립하는 것이 아니고, 본죄와 사기죄는 별개의 범죄구성요건을 충족하고 보호법익도 달리 실체적 경합범관계에 있다는 취지로 판시하였다.[45]

# VI. 처　벌

29　　본죄에 해당하면 '목적한 범죄의 법정형'으로 처벌한다. 다만, 목적한 범죄의 법정형을 감경할 수 있다.[46] 형 감경 사유는 임의적인 것으로 법문상 특별히 규정되어 있지 않다. 그러나 그 감경 여부는 범죄의 실행에 나아가지 않았음에도 목적한 범죄로 처벌하는 것이 죄형균형원칙에 비춰 가혹한 것이 아닌지의 관점에서 검토하는 것이 바람직하다고 생각한다.

30　　목적한 범죄의 실행과 관련하여서는 공범과 교사범, 종범, 미수 등 총칙의 가중·감경에 관한 규정이 그대로 적용된다.

# VII. 특별법상의 범죄단체조직죄

31　　본죄 외에도 폭력행위등 처벌에 관한 법률 제4조(이에 대한 주해는 **각칙 5권 제25장 [특별법]** 부분 참조),[47] 국가보안법 제3조,[48] 성매매알선 등 행위의 처벌에 관

---

43 오영근, 465; 임웅, 618.
44 김성돈, 564; 김성천·김형준, 589; 김신규, 568.
45 대판 2017. 10. 26, 2017도8600.
46 주석형법 [각칙(1)](5판), 145(장윤석).
47 폭력행위 등 처벌에 관한 법률 제4조(단체 등의 구성·활동) ① 이 법에 규정된 범죄를 목적으로 하는 단체 또는 집단을 구성하거나 그러한 단체 또는 집단에 가입하거나 그 구성원으로 활동한

한 법률 제22조,[49] 국민보호와 공공안전을 위한 테러방지법 제17조[50] 등 특별법

---

사람은 다음 각 호의 구분에 따라 처벌한다.

  1. 수괴(首魁): 사형, 무기 또는 10년 이상의 징역

  2. 간부: 무기 또는 7년 이상의 징역

  3. 수괴·간부 외의 사람: 2년 이상의 유기징역

② 제1항의 단체 또는 집단을 구성하거나 그러한 단체 또는 집단에 가입한 사람이 단체 또는 집단의 위력을 과시하거나 단체 또는 집단의 존속·유지를 위하여 다음 각 호의 어느 하나에 해당하는 죄를 범하였을 때에는 그 죄에 대한 형의 장기(長期) 및 단기(短期)의 2분의 1까지 가중한다.

  1. 「형법」에 따른 죄 중 다음 각 목의 죄

    가. 「형법」 제8장 공무방해에 관한 죄 중 제136조(공무집행방해), 제141조(공용서류 등의 무효, 공용물의 파괴)의 죄

    나. 「형법」 제24장 살인의 죄 중 제250조제1항(살인), 제252조(촉탁, 승낙에 의한 살인 등), 제253조(위계 등에 의한 촉탁살인 등), 제255조(예비, 음모)의 죄

    다. 「형법」 제34장 신용, 업무와 경매에 관한 죄 중 제314조(업무방해), 제315조(경매, 입찰의 방해)의 죄

    라. 「형법」 제38장 절도와 강도의 죄 중 제333조(강도), 제334조(특수강도), 제335조(준강도), 제336조(인질강도), 제337조(강도상해, 치상), 제339조(강도강간), 제340조제1항(해상강도)·제2항(해상강도상해 또는 치상), 제341조(상습범), 제343조(예비, 음모)의 죄

  2. 제2조 또는 제3조의 죄(「형법」 각 해당 조항의 상습범, 특수범, 상습특수범을 포함한다)

③ 타인에게 제1항의 단체 또는 집단에 가입할 것을 강요하거나 권유한 사람은 2년 이상의 유기징역에 처한다.

④ 제1항의 단체 또는 집단을 구성하거나 그러한 단체 또는 집단에 가입하여 그 단체 또는 집단의 존속·유지를 위하여 금품을 모집한 사람은 3년 이상의 유기징역에 처한다.

48 국가보안법 제3조(반국가단체의 구성등) ① 반국가단체를 구성하거나 이에 가입한 자는 다음의 구별에 따라 처벌한다.

  1. 수괴의 임무에 종사한 자는 사형 또는 무기징역에 처한다.

  2. 간부 기타 지도적 임무에 종사한 자는 사형·무기 또는 5년 이상의 징역에 처한다.

  3. 그 이외의 자는 2년 이상의 유기징역에 처한다.

② 타인에게 반국가단체에 가입할 것을 권유한 자는 2년 이상의 유기징역에 처한다.

③ 제1항 및 제2항의 미수범은 처벌한다.

④ 제1항제1호 및 제2호의 죄를 범할 목적으로 예비 또는 음모한 자는 2년 이상의 유기징역에 처한다.

⑤ 제1항제3호의 죄를 범할 목적으로 예비 또는 음모한 자는 10년 이하의 징역에 처한다.

49 성매매알선 등 행위의 처벌에 관한 법률 제22조(범죄단체의 가중처벌) 제18조 또는 제19조에 규정된 범죄를 목적으로 단체 또는 집단을 구성하거나 그러한 단체 또는 집단에 가입한 사람은 「폭력행위 등 처벌에 관한 법률」 제4조의 예에 따라 처벌한다.

50 국민보호와 공공안전을 위한 테러방지법 제17조(테러단체 구성죄 등) ① 테러단체를 구성하거나 구성원으로 가입한 사람은 다음 각 호의 구분에 따라 처벌한다.

  1. 수괴(首魁)는 사형·무기 또는 10년 이상의 징역

  2. 테러를 기획 또는 지휘하는 등 중요한 역할을 맡은 사람은 무기 또는 7년 이상의 징역

  3. 타국의 외국인테러전투원으로 가입한 사람은 5년 이상의 징역

  4. 그 밖의 사람은 3년 이상의 징역

에 해당 범죄단체의 조직 등에 관한 처벌규정이 존재한다. 이들 범죄는 본죄의 구성요건과 차이가 있다. 특별법상 이와 같은 범죄와 본죄가 경합된 경우에는 당연히 특별법이 적용된다.[51]

〔김 영 기〕

---

② 테러자금임을 알면서도 자금을 조달·알선·보관하거나 그 취득 및 발생원인에 관한 사실을 가장하는 등 테러단체를 지원한 사람은 10년 이하의 징역 또는 1억원 이하의 벌금에 처한다.
③ 테러단체 가입을 지원하거나 타인에게 가입을 권유 또는 선동한 사람은 5년 이하의 징역에 처한다.
④ 제1항 및 제2항의 미수범은 처벌한다.
⑤ 제1항 및 제2항에서 정한 죄를 저지를 목적으로 예비 또는 음모한 사람은 3년 이하의 징역에 처한다.
⑥ 「형법」 등 국내법에 죄로 규정된 행위가 제2조의 테러에 해당하는 경우 해당 법률에서 정한 형에 따라 처벌한다.
제19조(세계주의) 제17조의 죄는 대한민국 영역 밖에서 저지른 외국인에게도 국내법을 적용한다.
51 신동운, 56.

## 제115조(소요)

**다중이 집합하여 폭행, 협박 또는 손괴의 행위를 한 자는 1년 이상 10년 이하의 징역이나 금고 또는 1천 500만원 이하의 벌금에 처한다.** 〈개정 1995. 12. 29.〉

# Ⅰ. 취 지

본죄(소요죄)는 다중이 집합하여 폭행, 협박 또는 손괴의 행위를 한 경우에 처벌하는 범죄이다. 총설에서 살펴본 대로 본죄가 국가적 법익을 보호하는 범죄인지 사회적 법익을 보호하는 범죄인지에 대해서는 다툼이 있지만, 국가적 법익에 관한 죄라고 할 것이다. 구체적으로 보호법익은 공공의 평온과 안녕이다.

보호의 정도에 대해서는, 침해범[1]이나 구체적 위험범이라는 견해[2]도 있으나, 추상적 위험범으로 봄이 타당하다.[3] 다중이 집합하여 폭행, 협박 또는 손괴의 행위를 하여야 하므로 필요적 공범이며, 공범들의 의사방향이 일치하는 집합범(집단범)이다.[4]

1

2

---

1 홍영기, 형법(총론과 각론), §95/4.
2 김신규, 형법각론 강의, 569; 배종대, 형법각론(13판), §91/1.
3 김성돈, 형법각론(8판), 564; 박상기·전지연, 형법(총론·각론 강의)(4판), 728; 손동권·김재윤, 새로운 형법각론, §30/10; 신동운, 형법각론(2판), 59; 오영근, 형법각론(7판), 466; 이재상·장영민·강동범, 형법각론(12판), §25/11; 임웅, 형법각론(10정판), 621; 정웅석·최창호, 형법각론, 134; 최호진, 형법각론, 675.
4 김성돈, 564; 오영근, 466; 원혜욱, 형법각론, 362; 홍영기, §95/4.

## II. 구성요건

3       본죄는 다중이 집합하여 폭행, 협박 또는 손괴의 행위를 할 때 성립한다.

### 1. 다중이 집합하여

4       본죄의 주체는 다중을 구성하는 개인이다(통설).[5] 다중은 조직적 결합이 없는 다수인의 집합체를 뜻하는 것으로, 단체나 집단과 달리 계속성이나 최소한의 통솔체계 등을 요하지 않는다. 따라서 주모자가 없어도 된다.[6] 다수인이 동시에 모이지 않아도 되고, 서로가 서로를 알 필요도 없으며, 다수인의 집합이 계획적이든 우발적이든 묻지 않는다. 다중을 구성하는 주체에 제한도 없다.[7] 다만, 다중이라고 할 수 있기 위해서는 어느 지역의 평온을 해할 수 있을 정도의 규모이어야[8] 한다.[9]

5       본죄는 다중이 집합한 상태에서 폭행, 협박 또는 손괴를 하면 성립한다. 다중이 모인 상태를 기화로 그 중 일부가 폭행, 협박 또는 손괴를 하면 충분하고, 다중 모두가 폭행, 협박 또는 손괴로 나아가지 않아도 된다.[10]

6       집합은 다수인이 같은 장소에 모여 집단을 이루는 것을 말한다.[11] 여기서 장소는 물리적 공간을 뜻하는 것으로 한 지점이 아니어도 된다. 집합하기 위해 공동의 목적이 있을 것을 요하지 않는다.[12]

---

5  김성돈, 565; 배종대, § 91/3; 오영근, 466; 이재상·장영민·강동범, § 25/13. 이에 대하여 다중, 즉 다수인의 집단(군집)이 주체라는 견해[이형국·김혜경, 형법각론(2판), 562]도 있다. 그러나 이 견해는 폭행 등 행위를 하지 않는 사람도 주체가 될 수 있다는 의미에 불과하므로(오영근, 466), 구분의 큰 의미는 없다(이형국·김혜경, 562).

6  最判 昭和 24(1949). 6. 16. 刑集 3·7·1070.

7  이재상·장영민·강동범, § 25/13.

8  大判 大正 2(1913). 10. 3. 刑錄 19·910.

9  박상기·전지연, 728; 신동운, 59; 오영근, 466; 이재상·장영민·강동범, § 25/14; 김정환, "소요죄의 제한적 해석의 논거", 형사법연구 28-1, 한국형사법학회(2016), 141; 신영호, "집시법 제5조 제1항 제2호 위반죄와 소요죄", 경찰학연구 19, 경찰대학(2009), 138.

10  김성천·김형준, 형법각론(6판), 590; 오영근, 466.

11  이재상·장영민·강동범, § 25/14.

12  이재상·장영민·강동범, § 25/15.

## 2. 폭행, 협박 또는 손괴

본죄에서 폭행은 최광의의 폭행, 협박은 광의의 협박을 뜻한다.[13] 폭행은
일체의 불법한 유형력의 행사로 사람이나 사람의 신체에 대한 것일 필요가 없
다. 협박도 해악의 고지 일체를 의미하며 그 정도를 묻지 않는다.[14] 손괴[15]는
타인의 재물의 가치효용을 해하는 일체의 행위로서, 그 정도와 행위의 태양을
묻지 않는다.

7

폭행이나 협박, 손괴는 통상 공격적이고 적극적인 형태로 나타날 것이다.[16] 다
만, 여기서의 폭행, 협박 또는 손괴는 한 지역의 평온을 해치는 정도의 것이어야[17]
한다.[18] 한 지역의 평온은 다중의 집합과 폭행 등이 결합하여 이루어지는 것이므
로 평온을 해치는 위험발생이 다중의 집합에 의한 것인지 폭행 등에 의한 것인지
는 크게 문제되지 않을 것이다. 어느 지역의 평온을 해칠 정도에 이르렀는지 여부
는 일반인의 객관적 시각에서 엄격히 따져야 한다.[19] 일본 판례는 "「한 지방」에 해
당하는가에 대하여는 단순히 폭행·협박이 행해진 지역의 크기(廣狹)나 거주자의

8

---

13 김일수·서보학, 새로쓴 형법각론(9판), 441; 신동운, 60; 이재상·장영민·강동범, §25/16; 임웅,
622.

14 오영근, 466.

15 일본형법 제106조(소란)는 "다중으로 집합하여 폭행 또는 협박한 자는 소란의 죄로 하고, 다음
구별에 따라 처단한다. 1. 수모자는 1년 이상 10년 이하의 징역 또는 금고에 처한다. 2. 타인을
지휘하거나 솔선하여 가세한 자는 6월 이상 7년 이하의 징역 또는 금고에 처한다. 3. 부화수행
한 자는 10만 엔 이하의 벌금에 처한다."고 규정하여, 폭행 또는 협박만을 구성요건적 행위로 규
정하고 있다.
　참고로 일본형법은 2022년 6월 17일 개정(법률 제67호)으로 징역형과 금고형이 '구금형'으로
단일화되어 형법전의 '징역', '구금', '징역 또는 구금'은 모두 '구금형'으로 개정되었으며, 부칙에
의하여 공포일로부터 3년 이내에 정령으로 정하는 날에 시행 예정이다. 그러나 현재 정령이 제
정되지 않아 시행일은 미정이므로, 본장에서 일본형법 조문을 인용할 때는 현행 조문의 '징역'
등의 용어를 그대로 사용한다.

16 논자에 따라서는 본죄에서 말하는 폭행이나 협박은 공격적, 적극적이어야 하며 소극적, 방어적인
것으로는 부족하다고 하나(오영근, 456; 임웅, 622) 본죄의 성립에 있어서 중요한 것은 그와 같은
폭행, 협박의 속성이 아니라 '그 정도가 한 지역의 평온을 해칠 수준인지' 여부라고 할 수 있다.

17 最判 昭和 35(1960). 12. 8. 刑集 14·13·1818.

18 박찬걸, 형법각론(2판), 641; 한상훈·안성조, 형법개론(3판), 607; 주석형법 〔각칙(1)〕(5판), 151
(장윤석).

19 예를 들어 집회 및 시위에 관한 법률은 집단적인 폭행, 협박, 손괴, 방화 등으로 공공의 안녕 질
서에 직접적인 위협을 끼칠 것이 명백한 집회 또는 시위를 금지하고 있는데(§5①(ii)), 그 정도
의 행위로 어느 지역의 평안을 해칠 위험이 있다고 단정하기는 어려우므로 동법 외에 쉽게 본죄
를 적용할 것은 아니다.

〔김 영 기〕

다과(多寡) 등과 같은 정적·고정적 요소만으로 이를 결정해야 하는 것은 아니고, 그 지역(그 곳에 있는 건물이나 여러 시설, 사무소 등도 포함한다.)이 사회생활에서 점하는 중요성이나 그 곳을 이용하는 일반시민의 움직임, 그 곳을 직역으로서 근무하는 사람들의 활동상황 등 동적, 기능적 요소도 종합하고, 나아가 해당 소동의 양상이 그 지역에 그치지 않고 그 주변지역의 인심에까지 불안, 동요를 가져오기에 충분한 정도의 것인지 여부의 관점에서도 함께 고찰하여야 한다."고 판시하고 있다.[20]

9        본죄는 '다중이 집합하여 폭행, 협박, 손괴를 하고 그로 인해 소요 즉, 한 지역의 평온을 해할 추상적 위험을 유발한 때'에 성립한다. 다중이 집합한 상태에서 그 일부가 폭행이나 협박, 손괴를 하였으나 소요의 정도에 이르지 못한 때에는 본죄는 성립하지 않고, 그 일부만 폭행죄, 협박죄, 손괴죄로 처벌될 수 있을 뿐이다.

## 3. 주관적 구성요건

10        본죄의 고의로는 소요에 대한 인식이 있어야 한다. 이러한 고의의 내용으로 다중의 합동력으로 폭행, 협박 또는 손괴한다는 의사, 즉 '공동의사'가 있어야 하는지가 문제된다. 이에 대해서는 공동의 의사는 소요의 인식의 내용에 불과하므로 필요가 없다고 부정하는 견해도 있으나,[21] 본죄의 성격상 스스로 위 행위를 하는 의사뿐 아니라 이에 가담하거나 다중으로 하여금 이를 하게 하는 의사도 포함된다는 점에서 공동의 의사가 필요하다고 할 것이다.[22]

11        일본 판례는 오래 전부터 공동의사가 필요하다는 입장에서,[23] "공동의사는 다중의 합동력에 의지하여 스스로 폭행 또는 협박을 할 의사 내지 다중으로 하여금 이를 하게 하는 의사와 그러한 폭행 또는 협박에 동의를 표하고 그 합동력에 가담하는 의사로 나누어지고, 집합한 다중이 전자의 의사를 가진 사람과 후자의 의사를 가진 사람으로 구성되어 있는 때는 그 다중의 공동의사가 있게 되

---

20 最決 昭和 59(1984). 12. 21. 刑集 38·12·3071. 동 판결은 교통의 일대 요충지인 국철 신쥬쿠 (新宿)역의 구내 및 그 주변을 '한 지방'으로 인정하였다.
21 박상기, 형법각론(8판), 458; 이정원·류석준, 형법각론, 507.
22 김신규, 571; 박찬걸, 641; 배종대, § 91/7; 손동권·김재윤, § 30/13; 오영근, 467; 이재상·장영민·강동범, § 25/18; 정성근·정준섭, 형법강의 각론(2판), 380; 한상훈·안성조, 607; 주석형법 [각칙(1)](5판), 155(장윤석).
23 大判 明治 43(1910). 4. 19. 刑錄 16·657.

는 것이다. 공동의사는 공모 내지 통모와 동의어는 아니다. 즉, 다중 전부 사이에서 의사의 연락 내지 상호 인식의 교환까지는 필요한 것이 아니다. 사전의 모의, 계획, 일정한 목적이 있을 필요도 없고, (중략) 공동의사는 다중 집합의 결과로 야기될 수 있는 다중의 합동력에 의한 폭행, 협박이라는 사태의 발생을 예견하면서 군이 소요행위에 가담하는 의사가 있으면 충분한 것으로서, 반드시 확정적으로 구체적인 개개의 폭행, 협박을 인식할 필요는 없다."고 판시하고 있다.[24] 나아가 "공동의사가 있다고 하기 위해서는 소요행위에 가담하는 의사는 확정적일 필요가 있지만 다중의 합동력에 의한 폭행, 협박이라는 사태의 발생에 관하여는 반드시 확정적인 인식까지 필요한 것은 아니며, 이를 예견하면 충분하고",[25] "같은 지역 내에서 구성을 달리하는 복수의 집단에 의하여 시간·장소를 달리하여 각각 폭행·협박을 행한 경우이더라도, 선행 집단에 의한 폭행·협박에 촉발, 자극되어 위 폭행·협박의 사실을 인식하고 인용하면서 이를 승인하는 형태로 그 집단에 의한 폭행·협박에 시간적, 장소적으로 근접하여 후행 집단에 의한 폭행·협박이 순차적으로 계속하여 행해진 때는, 각 집단에 의한 폭행·협박은 전체로서 동일한 공동의사에 의한 것이라고 할 것이다."라고[26] 판시하고 있다.

　　이러한 공동의사가 필요하다고 하면, 공동의사에 따라 개개인이 모여 폭행, 협박 또는 손괴를 하거나 이에 동의를 표하거나 그 합동력에 가담하는 행위가 어느 정도 이상 축적되면, 본죄가 성립한다고 할 것이다.[27] 그러나 다중과 무관하게 폭행, 협박 또는 손괴를 한 경우에는, 본죄가 아니라 폭행죄, 협박죄, 손괴죄의 죄책만 부담할 뿐이다.[28]

12

---

24　最判 昭和 35(1960). 12. 8. 刑集 14·13·1818.
25　最決 昭和 53(1978). 9. 4. 刑集 32·6·1077.
26　最決 昭和 59(1984). 12. 21. 刑集 38·12·3071.
27　西田 外, 注釈刑法(2), 166(小林憲太郎).
28　임웅, 622.

## Ⅲ. 기수시기 및 공범

### 1. 기수시기

13      본죄는 다중이 집합하여 폭행, 협박 또는 손괴를 한 때에 기수가 된다. 본죄는 미수범을 처벌하지 않는다.

### 2. 공 범

14      다중이 집합하여 그중 일부가 폭행, 협박, 손괴를 하였더라도 폭행, 협박, 손괴를 하지 않은 사람까지 모두 본죄의 정범으로 처벌된다. 다중의 구성원이 아닌 사람이 다중을 상대로 폭행, 협박, 손괴를 교사하거나 방조한 경우에는 본죄의 교사범, 방조범으로 처벌된다.[29] 본죄가 집합범이란 점을 감안할 때, 다중의 구성원이 아닌 사람은 본죄의 공동정범이 될 수 없다.[30]

## Ⅳ. 다른 죄와의 관계

### 1. 폭행죄·협박죄·손괴죄와의 관계

15      본죄가 성립하는 이상 폭행·협박·손괴는 본죄에 흡수되어 따로 성립하지 않는다.[31] 특수폭행죄(§ 261)·특수협박죄(§ 284) 및 특수손괴죄(§ 369)도 흡수된다는 것이 다수설이다.[32] 다수설의 입장은 폭행·협박·손괴가 본죄의 구성요건으로 되어 있는 점에 비추어 기본적으로 타당하다. 그러나 제369조 제2항의 특수손괴, 즉 특수공익건조물파괴죄(§ 369②, § 367)의 경우는 법정형이 1년 이상의 유기징역 또는 2천만 원 이하의 벌금으로 본죄보다 무거운 점에 비추어, 소요상황에서 이들 범죄를 범하였다면 두 죄는 상상적 경합관계라고 할 것이다.

---

29 오영근, 457; 이재상·장영민·강동범, § 25/20; 정웅석·최창호, 136.
30 김성천·김형준, 592; 이재상·장영민·강동범, § 25/20.
31 신동운, 61; 오영근, 468(흡수관계는 아니고 본죄의 일부이다).
32 박상기, 459; 오영근, 468; 이재상·장영민·강동범, § 25/22; 이정원·류석준, 508; 임웅, 623; 정성근·정준섭, 380.

## 2. 내란죄와의 관계

본죄가 더 진행되어 내란죄(§ 87)의 폭동에 이르게 되면 본죄는 내란죄에 흡      16
수된다.[33]

## 3. 폭행죄 · 협박죄 · 손괴죄 및 내란죄 이외의 죄와의 관계

다중이 집합하여 내란죄와 위 폭행 · 협박 · 손괴 이외의 다른 범죄를 저지른      17
경우에는, ① 본죄보다 법정형이 무거운 살인죄 · 방화죄 등은 본죄와 상상적 경
합관계에 있지만, 형이 가벼운 공무집행방해죄나 주거침입죄는 본죄가 당연히
예상하고 있는 범죄이므로 흡수된다는 견해[34]와 ② 어느 경우나 본죄와는 보호
법익을 달리하고 본죄가 당연히 예상한다고 할 수 없으므로 본죄와 상상적 경
합관계라는 견해,[35] ③ 기본적으로 위 ①의 입장을 지지하면서도 폭행 · 협박으
로 인한 공무집행방해죄는 흡수되지만 주거침입죄는 상상적 경합관계라는 견해[36]
등이 대립된다.

결국 서로 견해가 다른 것은 본죄보다 법정형이 가벼운 범죄 중에서 공무      18
집행방해죄나 주거침입죄가 본죄에 불가벌적인 수반행위로서 흡수되느냐, 아니
면 상상적 경합관계가 되느냐 하는 점이다. 이에 대하여 판례는 수십 명의 군중
과 함께 정치적 구호를 외치며 거리를 진행하는 등 다중이 집합하여 폭행, 협
박, 손괴행위를 한 것이라면 그 행위자체가 포고령 제10호가 금지한 정치목적의
시위를 한 것이라고 보아야 할 것이므로 본죄와 포고령위반되는 상상적 경합범
의 관계에 있다고 판시하여,[37] 위 ②의 견해인 것으로 보인다. 일본 판례도 "소
요죄의 성립요소인 폭행, 협박은 다른 범죄에 저촉되는 경우에는 소요죄가 성립
함과 동시에 다른 죄명에도 저촉된다."고 하면서 두 죄의 관계를 상상적 경합관
계라고 판시하여,[38] 일관되게 위 ②의 견해를 유지하고 있다.[39]

---

33 신동운, 61; 이형국 · 김혜경, 564.
34 김성돈, 531; 김일수 · 서보학, 444; 김신규, 572; 박찬걸, 642; 배종대, § 91/10; 임웅, 623
35 박상기, 459; 손동권 · 김재윤, § 30/15; 이재상 · 장영민 · 강동범, § 25/22; 이형국 · 김혜경, 564; 주
   석형법 [각칙(1)](5판), 158(장윤석).
36 오영근, 468; 한상훈 · 안성조, 608.
37 대판 1983. 6. 14, 83도424.
38 最判 昭和 35(1960). 12. 8. 刑集 14 · 13 · 1818(건조물침입).
39 大判 大正 8(1919). 5. 23. 刑錄 25 · 673(주거침입, 공갈, 살인); 大判 大正 11(1922). 12. 11. 刑

19 　　생각건대, 폭행·협박·손괴(공무집행방해죄 등)나 다중의 위력(특수주거침입죄 등)을 구성요건요소로 하는 범죄나 본죄에 수반될 것으로 예상되는 범죄일지라도 본죄와 이들 죄는 각각 상상적 경합관계로 보아야 할 것이다. 그러나 살인, 방화, 절도, 강간 등과 같이 폭행·협박·손괴와는 전혀 이질적인 다른 범죄를 저지른 경우에는, 본죄와 실체적 경합관계로 봄이 타당하다.

### 4. 국가보안법위반죄와의 관계

20 　　반국가단체의 구성원 또는 그 지령을 받은 자가 목적 수행을 위하여 본죄를 범한 경우에는 국가보안법 제4조 제1항 제3호가 특별규정으로 우선 적용된다(사형·무기 또는 10년 이상의 징역).

## V. 처 벌

21 　　1년 이상 10년 이하의 징역이나 금고 또는 1천 500만 원 이하의 벌금에 처한다.[40]

〔김 영 기〕

---

集 1·741(저택침입, 공무집행방해); 最判 昭和 28(1953). 5. 21 刑集 7·5·1053(주거침입, 살인미수, 상해).

40 일본형법은 내란죄와 마찬가지로 가담자의 지위에 따라 법정형을 구분하고 있는데(§ 106), 우리 구 형법도 마찬가지였다.

〔김 영 기〕

## 제116조(다중불해산)

폭행, 협박 또는 손괴의 행위를 할 목적으로 다중이 집합하여 그를 단속할 권한이
있는 공무원으로부터 3회 이상의 해산명령을 받고 해산하지 아니한 자는 2년 이
하의 징역이나 금고 또는 300만원 이하의 벌금에 처한다. 〈개정 1995. 12. 29.〉

# Ⅰ. 취 지

　　본죄(다중불해산죄)는 폭행, 협박 또는 손괴의 행위를 할 목적으로 다중이 집                1
합하여 그를 단속할 권한이 있는 공무원으로부터 3회 이상의 해산명령을 받고
도 해산하지 아니한 경우에 성립하는 범죄이다. 본죄의 보호법익은 공공의 평온
과 안전이고, 보호의 정도는 추상적 위험범이다.[1] 행위태양에 비춰 진정부작위
범이고,[2] 목적범이며, 그 위험성을 감안하여 소요죄에 이르기 전 상태를 전제로
해산명령 불응행위를 처벌하는 것이다.[3]

　　본죄에 대한 특별법으로 집회와 관련하여 집회 및 시위에 관한 법률(이하,              2
집시법이라 한다.)이 있다. 집회 및 시위와 관련한 집시법위반 사안에 대해서는 집
시법이 적용되며, 본죄는 적용되지 않는다.

---

1　김일수·서보학, 새로쓴 형법각론(9판), 444; 오영근, 형법각론(7판), 469; 정응석·최창호, 형법
　　각론, 137; 홍영기, 형법(총론과 각론), §95/6.
2　김성돈, 형법각론(8판), 567; 김신규, 형법각론 강의, 572; 박찬걸, 형법각론(2판), 642; 손동권·김
　　재윤, 새로운 형법각론, §30/16; 이재상·장영민·강동범, 형법각론(12판), §25/23; 이정원·류석
　　준, 형법각론, 509; 이형국·김혜경, 형법각론(2판), 564; 정성근·정준섭, 형법강의 각론(2판),
　　381; 최호진, 형법각론, 676; 한상훈·안성조, 형법개론(3판), 608.
3　박상기·전지연, 형법학(총론·각론 강의)(4판), 728; 오영근, 458; 임웅, 형법각론(10정판), 624.

〔김 영 기〕                                                  **357**

## II. 구성요건

3　　　본죄는 폭행, 협박, 손괴의 행위를 할 목적으로 다중이 집합하여 그를 단속할 권한이 있는 공무원으로부터 3회 이상 해산명령을 받고 해산하지 않을 때 성립한다.

### 1. 폭행, 협박, 손괴의 행위를 할 목적으로 다중이 집합

4　　　해산명령의 대상이자 본죄의 주체는 폭행, 협박, 손괴의 행위를 할 목적으로 집합한 다중의 구성원이다. '다중'이라고 할 수 있기 위해서는 1-2명으로는 안 되고, 본죄가 소요죄에 이르기 전 상태를 전제로 한다는 점을 감안할 때 어느 지역의 평온을 해할 정도의 규모는 되어야 한다. 다중 여부의 판단은 상대적이며, 일률적으로 결정할 것은 아니다. 공동목적이나 공동의사는 필요하지 않다.[4]

5　　　폭행, 협박, 손괴의 행위를 할 목적은 반드시 확정적이어야 하는 것은 아니고 미필적이어도 충분하다. 다른 목적과 결합되어 있어도 상관없다. '폭행, 협박, 손괴의 행위를 할 목적' 여부는 다중이 집합하게 된 동기, 경위, 방법, 태양, 구성원의 신분이나 경력 등을 종합해 판단하여야 할 것이다.

6　　　처음부터 폭행, 협박, 손괴의 행위를 할 목적으로 다중이 집합한 것이 아니더라도 집합 중 내지 집합 이후 폭행, 협박, 손괴의 행위를 할 목적이 생겼으면 본죄를 충족한다. 다만, 해산명령 이전에 그와 같은 목적이 있어야 함은 물론이다.[5]

### 2. 그를 단속할 권한이 있는 공무원

7　　　단속할 권한은 경찰관 직무집행법 제6조[6] 등 법령에 근거한 것이어야 한다.[7] 여기서 단속권한의 핵심은 해산명령권이다. 공무원의 신분 역시 국가공무원법,

---

4　신동운, 형법각론(2판), 62.

5　오영근, 469.

6　경찰관 직무집행법 제6조(범죄의 예방과 제지) 경찰관은 범죄행위가 목전(目前)에 행하여지려고 하고 있다고 인정될 때에는 이를 예방하기 위하여 관계인에게 필요한 경고를 하고, 그 행위로 인하여 사람의 생명·신체에 위해를 끼치거나 재산에 중대한 손해를 끼칠 우려가 있는 긴급한 경우에는 그 행위를 제지할 수 있다.

7　경찰관 직무집행법 제6조의 '범죄의 예방과 저지'에는 해산명령이 포함된다(임웅, 625).

　　　　　　　　　〔김 영 기〕

지방공무원법 등 법령에 의해 인정되는 사람이어야 한다. 단속권한만 있으면 되고, 공무원이 신분증이나 제복을 착용하고 있지 않아도 무방하다. 다만, 청원경찰은 여기서 말하는 단속권한이 있는 공무원에 해당한다고 하기 어렵다(청원경찰법 §3 참조).[8]

### 3. 3회 이상 해산명령을 받고 불응

해산명령은 적어도 3회 이상이어야 한다. 집시법과 관련한 판례[9] 중에는 "해산명령을 할 때에는 해산사유가 집시법 제20조 제1항 각 호 어느 사유에 해당하는지에 관하여 구체적으로 고지하여야 한다."고 판시한 것이 있는데, 본죄의 경우에는 그와 같은 해산사유가 명시되어 있지 않으므로 '폭행, 협박, 손괴의 목적으로 집합한 것'임을 고지하는 정도로 충분하다고 할 것이다.                                    8

3회 이상의 해산명령은 다중이 완전히 해산하기에 충분할 정도까지는 아니더라도 적어도 다중의 일부가 해산할 수 있을 정도의 시간적 간격을 두고 이루어져야 한다.[10] 4회째의 해산명령에 따라 해산하였다면 본죄는 성립하지 않는다.[11]                                    9

해산명령의 방식은 제한이 없으나 객관적으로 다중이 이를 인식하기에 충분한 수단이어야 한다. 집합한 다중의 구성원 모두가 해산명령이 있었음을 구체적으로 정확히 알아야 하는 것도 아니다. 적법한 해산명령이 있었다고 할 수 없는 경우에는 해산명령에 불응하여도 본죄는 성립하지 않는다.                                    10

'해산'은 다중이 흩어져 분산되는 것을 말한다. 3회 이상의 해산명령을 받고 해산하기에 충분한 시간이 지났음에도 해산하지 않으면 본죄는 기수에 이른다.[12] 해산으로 볼 수 있기 위해서는 다중으로부터 장소적으로 이탈하여야 하며, 다중과 함께 장소를 이전하거나 도주하거나 장소를 옮겼어도 다중의 집합상태가 계속 유지된 경우에는 해산이라고 할 수 없다.[13] 물론 다중으로부터 이탈하여 해산한 사람에 대해서는 본죄가 성립하지 않는다.                                    11

---

8 신동운, 63.
9 대판 2012. 2. 9, 2011도7193.
10 김성돈, 568; 오영근, 469-470.
11 손동권·김재윤, § 30/17; 신동운, 63; 임웅, 625; 정성근·정준섭, 382.
12 오영근, 470.
13 극단적으로, 해산명령을 받고 대부분 해산한 결과 1-2명이 남았을 뿐이라면 다중의 집합상태는 이미 해소된 것이므로 그 1-2명에 대해서도 본죄는 성립하지 않는다.

### 4. 주관적 구성요건요소

12    본죄는 목적범이다. 본죄가 성립하기 위해서는 폭행, 협박, 손괴의 행위를 할 목적과 3회 이상 해산명령이 있었다는 사실에 대한 최소한의 미필적 인식이 있어야 한다. 주위의 소란함 등으로 일부 구성원이 이를 잘 인식하지 못하였더라도 적법한 해산명령이 있었다면 본죄의 고의는 인정된다.

## III. 다른 죄와의 관계

### 1. 소요죄와의 관계

13    본죄를 범한 후 더 나아가 그 중 일부가 폭행, 협박, 손괴의 행위를 한 경우 실제 폭행, 협박, 손괴의 행위를 한 자는 물론 폭행, 협박, 손괴의 행위를 하지는 않았으나 이를 인식한 자까지 그 구성원 전부에 대해 소요죄(§ 115)가 성립하며, 본죄와 소요죄는 실체적 경합범 관계로 봄이 타당하다.[14] 본죄는 시간적으로 소요죄의 전 단계 범죄로 볼 수 있으나, 각 구성요건상 행위태양이 다르므로 본죄가 소요죄에 흡수된다고 볼 것은 아니다.

### 2. 집회 및 시위에 관한 법률상 해산명령불응죄와의 관계

14    집시법은 적법한 집회 및 시위를 보장하고 위법한 집회 및 시위로부터 국민을 보호함으로써 집회 및 시위의 권리보장과 공공의 안녕질서가 조화를 이루도록 하는 것을 목적으로 한다(§ 1). 폭행, 협박, 그 밖의 방법으로 평화적인 집회 및 시위를 방해하거나 질서를 문란하게 하여서는 안 되며(§ 3), 특정한 사람이나 단체가 집회나 시위에 참가하는 것을 막을 수 없다(§ 4). 헌법재판소의 결정에 따라 해산된 정당의 목적을 달성하기 위한 것이거나 집단적인 폭행, 협박, 손괴, 방화 등으로 공공의 안녕질서에 직접적인 위협을 끼칠 것이 명백한 집회, 시위 등은 금지되며(§ 5), 신고요건 등을 갖추지 못한 옥회집회나 시위도 금지된다(§§ 6-10). 국회의사당, 각급 법원이나 헌법재판소, 국무총리 공관, 국내 주재 외국의 외교기관이나 외교사절의 숙소 경계지점으로부터 100미터 이내 집회나

---

14 이와는 달리 본죄는 소요죄에 흡수된다는 견해로 있다(오영근, 470).

시위도 원칙적으로 금지되나, 각각 국회, 법원, 헌법재판소, 국무총리 공관, 외교기관이나 외교사절 숙소의 기능이나 안녕을 침해할 우려가 없는 때에는 그러하지 아니하다(§ 11).[15] 집회나 시위 주최자(§ 16), 질서유지인(§ 17), 참가자(§ 18)는 집시법이 각각 규정하고 있는 준수사항을 준수하여야 한다.

관할경찰서장은 집회나 시위가 집시법 규정에 반하는 경우 상당한 시간 이내에 자진해산할 것을 요청하고 이에 따르지 아니하면 해산을 명할 수 있다(§ 20①). 적법한 해산명령에 불응하면 6개월 이하의 징역 또는 50만 원 이하의 벌금·구류 또는 과료에 처한다(§ 24(v)).    **15**

집시법상 해산명령불응죄와 본죄의 구성요건은 서로 다른데, 통상 집시법상 해산명령불응죄로 처벌하는 경우 본죄는 적용되지 않는다.    **16**

## Ⅳ. 처 벌

2년 이하의 징역이나 금고 또는 300만 원 이하의 벌금에 처한다.    **17**

〔김 영 기〕

---

15 과거 국회 등 경계지점으로부터 100미터 이내 집회나 시위는 일률적으로 금지되었으나, 헌재 2018. 5. 31, 2013헌바322; 헌재 2018. 6. 28, 2015헌가28 각 불합치결정에 따라 2020년 6월 9일 위와 같이 개정되었다.

## 제117조(전시공수계약불이행죄)

① 전쟁, 천재 기타 사변에 있어서 국가 또는 공공단체와 체결한 식량 기타 생활필수품의 공급계약을 정당한 이유없이 이행하지 아니한 자는 3년 이하의 징역 또는 500만원 이하의 벌금에 처한다. 〈개정 1995. 12. 29.〉

② 전항의 계약이행을 방해한 자도 전항의 형과 같다.

③ 전 2항의 경우에는 그 소정의 벌금을 병과할 수 있다.

# Ⅰ. 취 지

1    본죄는 전쟁, 천재 기타 사변에 있어서 국가 또는 공공단체와 체결한 식량 기타 생활필수품의 공급계약을 정당한 이유 없이 이행하지 않거나(제1항)〔(전시·비상시)공수계약불이행죄〕(진정부작위범) 계약이행을 방해할(제2항)〔(전시·비상시)공수계약이행방해죄〕 때 성립한다.

2    국가위기상황에서 '국민과 국민의 생활 보호'라는 국가의 기능수행을 보장하기 위한 것이며, 추상적 위험범이다.[1] 전시군수계약불이행죄(§ 103)와 비교된다.

# Ⅱ. 구성요건

3    본죄는 전쟁, 천재 기타 사변이라는 상황과 국가 또는 공공단체와 체결한 식량 기타 생활필수품의 공급계약 불이행 및 이행방해 등을 그 구성요건으로 한다.

---

1 김성돈, 형법각론(8판), 569; 박찬걸, 형법각론(2판), 644; 오영근, 형법각론(5판), 460; 이형국·김혜경, 형법각론(2판), 566; 정성근·정준섭, 형법강의 각론(2판), 382; 정웅석·최창호, 형법각론, 39; 최호진, 형법각론, 677; 홍영기, 형법(총론과 각론), § 95/9.

〔김 영 기〕

## 1. 전쟁, 천재 기타 사변

여기서 '전쟁, 사변'은 일응 군형법상 '전시, 사변'의 정의규정을 토대로 그 4
개념을 생각해 볼 수 있다. 군형법 제2조는 '전시'란 상대국이나 교전단체에
대하여 선전포고나 대적행위를 한 때부터 그 상대국이나 교전단체와 휴전협정
이 성립된 때까지의 기간을(제6호), '사변'이란 전시에 준하는 동란 상태로서 전
국 또는 지역별로 계엄이 선포된 기간(제7호)을 말한다고 각 규정하고 있다.
그러므로 '전쟁'은 '상대국이나 교전단체에 대해 선전포고나 대적행위가 시작
된 상황'을, '사변'은 '전쟁은 아니나 내란, 소요 등 전시에 준할 만큼 사회적
불안이 초래된 상태'를 각각 의미한다고 할 수 있다. 다만, 군형법과 달리 본
죄의 사변은 계엄선포를 요건으로 하지 않는다. '천재'는 자연의 변화로 일어
난 재앙 상태를 뜻한다.

전쟁, 천재 기타 사변의 발생 유무는 관련 법령이나 사회 통념에 따라 결정 5
할 문제이다. 특히 천재 기타 사변은 어느 지역의 공공의 안녕과 질서를 해할
수준의 것이어야 하며 엄격히 판단할 필요가 있다.

## 2. 국가 또는 공공단체

국가 또는 공공단체는 국가, 지방자치단체와 공공기관 등 그 산하기관을 포 6
함한다. 공공단체 여부는 관계 법령에 근거하여 판단하여야 한다. 민간단체나
특수법인이라 하더라도 관련 법령에 의해 공공기관으로 지정된 경우에는 공공
단체로 보아야 할 것이다.

## 3. 식량 기타 생활필수품의 공급계약을 체결하고서도 정당한 이유 없이 불이행

식량 기타 생활필수품이란 사람의 의식주 기본생활에 직접 필요하거나 기 7
본생활의 유지를 위해 요구되는 물품을 말한다.[2]

본죄의 행위주체는 국가, 공공단체와 식량 기타 생활필수품의 공급계약을 8

---

2 논자에 따라서는 '생활필수품이 지나치게 모호하여 명확성의 원칙에 반한다'고 비판한다(오영근, 471).

체결한 사람이다. 따라서 신분범이라고 할 수 있다.[3] 계약의 체결 여부는 문서, 구두 어느 것이든 형식을 불문하나, 민사법 관점에서 계약 당사자들 사이에 의사의 합치가 있어야 한다. 그 대금의 지급 여하는 문제되지 않는다. 아직 의사의 합치 없이 협의 중인 단계에 불과하다면 계약이 체결되었다고 할 수 없다.

9    '정당한 이유' 여부는 불이행의 사유가 계약을 체결한 자의 지배영역에 속하는 지를 중심으로 판단하여야 할 것이다. 계약을 체결한 자가 계약 내용대로 이를 이행하려 하였으나 자신이 결정할 수 있는 사항 밖의 사유로 인해 계약을 이행하지 못하게 된 것이라면 정당한 이유가 있다고 보아야 한다. 계약을 불이행하여야 하며, 단순히 계약이 지체된 것만으로는 민사상 이행지체책임은 별론으로 하고 본죄는 성립하지 않는다. '정당한 이유'가 인정되는 경우에는 본죄의 구성요건해당성 자체가 부정된다.

## 4. 계약이행을 방해

10    계약을 불이행하는 것뿐 아니라 계약이행을 방해한 자도 마찬가지로 처벌된다. 계약불이행에 대한 공동정범, 교사범, 방조범 외에 계약이행의 방해라는 별도 구성요건을 정당한 이유 없는 계약불이행과 같게 보아 처벌하는 것이다.

11    계약이행의 방해 방법에는 아무런 제한이 없다. 생활필수품의 공급자에게 물리적인 방식으로 그 이행을 제지하든 심리적인 위해를 가하여 계약이행을 주저하게 하든지 상관이 없다.

12    계약의 이행을 방해한다는 것은 사실상 계약이행을 어렵게 하는 것을 말한다. 계약의 구체적인 내용을 알지 못하여도 상관없다. 다만, 단순히 '계약이행을 재고해보라'는 권유만으로는 계약이행의 방해가 있었다고 하기 어렵다. 그러나 그와 같은 권유도 지속적으로 반복되어 상대방으로 하여금 심리적으로 이행을 주저하게 만들었다면 본죄는 성립할 수 있다.

13    계약이행의 방해행위가 있으면 바로 기수에 이른다. 계약이행의 방해가 있으면 본죄는 성립하고, 그로 인해 실제로 계약이 불이행될 필요는 없다.

---

3 김성돈, 569; 김일수·서보학, 새로쓴 형법각론(9판), 446.

## Ⅲ. 처 벌

3년 이하의 징역 또는 500만 원 이하의 벌금에 처한다(제1항, 제2항).　　14

이 경우, 그 소정의 벌금을 병과할 수 있다(제3항).　　15

〔김 영 기〕

## 제118조(공무원자격의 사칭)

공무원의 자격을 사칭하여 그 직권을 행사한 자는 3년 이하의 징역 또는 700만원 이하의 벌금에 처한다. 〈개정 1995. 12. 29.〉

# Ⅰ. 취 지

1    본죄(공무원자격사칭죄)는 공무원의 자격을 사칭하여 직권을 행사함으로써 성립하는 범죄이다. 국가적 법익에 대한 죄로서 공무원에 의한 적법하고 정상적인 국가기능수행을 보호하기 위한 것이며, 추상적 위험범이다.[1]

# Ⅱ. 구성요건

2    본죄는 공무원의 자격을 사칭하여 그 직권을 행사한 때 성립한다.

## 1. 공무원의 자격 사칭

3    본죄의 행위주체에는 제한이 없다. 공무원도 권한 없이 다른 공무원의 자격을 사칭하면 본죄의 주체가 될 수 있다.[2]

4    '공무원의 자격을 사칭한다'라 함은 공무원이 아닌 사람이 공무원인 것처럼 거짓 행세하거나 권한 없는 공무원이 권한 있는 공무원인 것처럼 거짓 행세하는 일체의 행위를 말한다.[3] 방법상 제한은 없다.[4] 자기 자신과 무관하게 이미

---

1 김성돈, 형법각론(8판), 569; 김신규, 형법각론, 575; 박찬걸, 형법각론(2판), 644; 오영근, 형법각론(7판), 472; 이형국·김혜경, 형법각론(2판), 567; 정성근·정준섭, 형법강의 각론(2판), 383; 정웅석·최창호, 형법각론, 139.
2 박상기·전지연, 형법학(총론·각론 강의)(4판), 729.
3 신동운, 형법각론(2판), 65; 오영근, 472; 이재상·장영민·강동범, 형법각론(12판), § 25/30.

                  〔김 영 기〕

권한 있는 공무원인 것처럼 오해되어 있는 상태를 이용하는 것도 포함한다(이른바 부작위에 의한 사칭).[5]

　　여기서 공무원이란 국가직, 지방직, 임시직 공무원 등 일체를 말한다.[6] 사칭한 공무원의 자격, 명칭 등이 실제와 정확히 일치하지 않아도 본죄의 성립에 지장이 없다.　　5

　　공무원 자격 사칭의 판단기준은 일반인이다. 일반인으로 하여금 그와 같은 공무원 자격이 존재하고, 그 사람이 해당 공무원인 것으로 믿게 할 수 있을 정도면 충분하다.[7] 제복 착용 여부 등은 문제되지 않는다.　　6

　　공무원의 자격을 사칭하면 충분하고, 일반인이 그 관할이나 직무범위까지 알 수는 없으므로 이는 문제되지 않는다. 그러나 사칭한 공무원의 자격이 사실은 존재하지 않거나 법령상 또는 관행상 그 관할이나 직무범위를 벗어나는 경우에는, 그 직권을 행사하였다고 보기 어려우므로 본죄가 성립할 수 없다.[8]　　7

## 2. 직권의 행사

　　본죄가 성립하기 위해서는 사칭한 공무원의 권한에 속하는 사항을 행사하여야 한다. 직권의 행사 없이 단순히 공무원의 자격만 사칭하였다면, 이는 경범죄처벌법위반죄(§ 3①(vii)[9])에 해당할 뿐이다.　　8

　　'그 직권'은 법령상 사칭한 공무원의 권한에 속하는 사항은 물론, 관행적으로 해당 공무원의 권한에 속하는 것으로 인정되는 사항을 포함한다고 보아야 할 것이다. 당해 공무원의 권한에 명시적으로 속하는 사항은 물론, 통상 그 공무원이 수행해 오던 권한이라면 여기에 해당한다고 할 수 있다.　　9

　　직권 해당 여부는 법령이나 관행을 토대로 객관적으로 판단하여야 할 것이　　10

---

4　홍영기, 형법(총론과 각론), § 96/11.

5　김성돈, 570; 손동권·김재윤, 새로운 형법각론, § 30/20; 임웅, 622; 정웅석·최창호, 140.

6　대판 1973. 5. 22, 73도884.

7　신동운, 65; 오영근, 472.

8　오영근, 472.

9　경범죄 처벌법 제3조(경범죄의 종류) ① 다음 각 호의 어느 하나에 해당하는 사람은 10만원 이하의 벌금, 구류 또는 과료(科料)의 형으로 처벌한다.

　　7. (관명사칭 등) 국내외의 공직, 계급, 훈장, 학위 또는 그 밖에 법령에 따라 정하여진 명칭이나 칭호 등을 거짓으로 꾸며 대거나 자격이 없으면서 법령에 따라 정하여진 제복, 훈장, 기장 또는 기념장, 그 밖의 표장 또는 이와 비슷한 것을 사용한 사람

다. 공무원의 자격을 사칭하고 직권을 행사하였더라도 그것이 당해 공무원의 권한을 벗어나는 사항이라면 본죄는 성립하지 않는다.[10]

11      판례는 ① 전신전화관서의 관계관에게 청와대 민원비서관임을 사칭하여 시외 전화선로 고장수리를 하라고 말한 경우,[11] ② 중앙정보부 직원이 아닌 자가 동 직원임을 사칭하고 청와대에 파견된 감사실장인데 사무실에 대통령 사진의 액자가 파손된 채 방치되었다는 사실을 보고받고 나왔으니 자인서를 작성 제출하라고 말한 경우,[12] ③ 위임받은 채권을 용이하게 추심하는 방편으로 합동수사반원임을 사칭하고 협박한 경우,[13] 직권행사에 해당하지 아니하여 본죄가 성립하지 않는다고 판시하였다.

## III. 다른 죄와의 관계

### 1. 문서에 관한 죄와의 관계

12      공무원자격을 사칭하기 위하여 신분증을 위조하고 이를 행사하였다면, 본죄와 위조공문서행사죄는 상상적 경합이고,[14] 공문서위조죄는 본죄와 실체적경합의 관계에 있다[15]고 보아야 한다.

13      공무원자격을 사칭하기 위하여 진정한 공무원증을 행사한 경우, 공문서부정행사죄는 본죄에 흡수된다고 보는 견해[16]도 있으나, 두 죄는 상상적 경합범의 관계로 봄이 타당하다.

### 2. 사기죄·공갈죄와의 관계

14      공무원자격을 사칭하여 재물을 편취하거나 갈취하였다면, 본죄와 사기죄, 공갈죄의 상상적 경합범이 된다.[17]

---

10  이재상·장영민·강동범, § 25/31.
11  대판 1972. 12. 26, 72도2552.
12  대판 1977. 12. 13, 77도2750.
13  대판 1981. 9. 8, 81도1955.
14  김성돈, 570; 오영근, 473; 한상훈·안성조, 형법개론(3판), 610.
15  김성돈, 570.
16  오영근, 473.
17  신동운, 66; 이재상·장영민·강동범, § 25/31.

## IV. 처 벌

3년 이하의 징역 또는 500만 원 이하의 벌금에 처한다.                      15

〔김 영 기〕

# 제6장 폭발물에 관한 죄

## 〔총 설〕

## I. 의 의

본장의 죄는 폭발물을 사용하여 사람의 생명, 신체 또는 재산을 해하거나 그 [1]
밖에 공공의 안전을 문란하게 할 때 성립하는 범죄이다.[1] 본장은 폭발물사용
(§119), 폭발물사용의 예비·음모·선동(§120), 전시폭발물제조(§121) 등 3개 조문
으로 구성되어 있는데, 그 조문 구성은 아래 [표 1]과 같다.

**[표 1] 제6장 조문 구성**

| 조문 | | 제목 | 구성요건 | 죄명 | 공소시효 |
|---|---|---|---|---|---|
| §119 | ① | 폭발물 사용 | ⓐ 폭발물을 사용하여<br>ⓑ 사람의 생명, 신체, 재산을 해하거나 그 밖에 공공의 안전을 문란하게 함 | 폭발물사용 | 25년<br>(살해는<br>배제) |
| | ② | | 전쟁, 천재지변 그 밖의 사변에 있어서 ①의 죄를 지음 | (전시, 비상시)<br>폭발물사용 | |
| | ③ | | ①, ②의 미수 | (제1항, 제2항 각 죄명)<br>미수 | |
| §120 | ① | 예비, 음모, 선동 | ⓐ §119①, ②의 죄를 범할 목적으로<br>ⓑ 예비, 음모<br>(자수는 필요적 감면) | (§119①, ② 각 죄명)<br>(예비, 음모, 선동) | 10년 |

---

1 이재상·장영민·강동범, 형법각론(12판), §26/1.

| 조문 | 제목 | 구성요건 | 죄명 | 공소시효 |
|---|---|---|---|---|
| ② | | ⓐ §119①, ②의 죄를 범할 것을 선동 | | |
| §121 | 전시폭발물제조등 | ⓐ 전쟁, 사변에 있어서<br>ⓑ 정당한 이유 없이<br>ⓒ 폭발물을<br>ⓓ 제조, 수입, 수출, 수수, 소지 | (전시, 비상시)<br>폭발물(제조, 수입, 수출, 수수, 소지) | 10년 |

## II. 보호법익

2　　　본장의 죄의 보호법익에 관하여는 형법이 체계상 국가적 법익을 보호하는 범죄로 나열하고 있을 뿐 아니라 실질적으로도 헌법에서 위임된 법질서 일반을 보호하려는 것이므로 국가적 법익이라는 견해도 있다.[2] 그러나 폭발물 사용으로 인하여 발생할 수 있는 위험성(사회적 공공생활질서의 침해)을 고려한 사회적 법익에 대한 죄로 보는 것이 타당하다.[3]

3　　　보호법익이 보호받는 정도에 대해서는 ① 본장의 죄 전체를 구체적 위험범으로 보는 견해,[4] ② 폭발물사용죄(§119)는 침해범, 전시폭발물제조등죄(§121)는 추상적 위험범으로 보는 견해,[5] ③ '폭발물을 사용하여 사람의 생명, 신체, 재산을 해한 부분'은 침해범으로, '그 밖에 공공의 안전을 문란하게 한 부분'은 구체적 위험범으로 보는 견해[6] 등이 있다. 생각건대 ④ 폭발물사용죄의 경우에는 위 ③의 견해가 타당하지만, 전시폭발물제조등죄의 경우는 보호법익이 공공의 안전과 평온인 점에 비추어 추상적 위험범이라고 보아야 할 것이다.

〔김 영 기〕

---

2　신동운, 형법각론(2판), 67.

3　김성돈, 형법각론(8판), 571; 박상기·전지연, 형법학(총론·각론 강의)(4판), 730; 이재상·장영민·강동범, §26/2; 임웅, 형법각론(10정판), 630; 정웅석·최창호, 형법각론, 140; 원혜욱, 공공의 안전과 평온에 대한 죄 규정의 개정방안, 형사정책연구원(2009), 363.

4　김성돈, 571; 김성천·김형준, 형법각론(6판), 596; 김일수·서보학, 새로쓴 형법각론(9판), 449; 박상기·전지연, 730; 배종대, 형법각론(13판), §94/2; 손동권·김재윤, 새로운 형법각론, §31/1; 이재상·장영민·강동범, §26/4; 정성근·정준섭, 형법강의 각론(2판), 385; 정웅석·최창호, 141.

5　오영근, 형법각론(7판), 474.

6　임웅, 630-631.

## 제119조(폭발물사용)

① 폭발물을 사용하여 사람의 생명, 신체 또는 재산을 해하거나 그 밖에 공공의 안전을 문란하게 한 자는 사형, 무기 또는 7년 이상의 징역에 처한다.

② 전쟁, 천재지변 그 밖의 사변에 있어서 제1항의 죄를 지은 자는 사형이나 무기 징역에 처한다.

③ 제1항과 제2항의 미수범은 처벌한다.

〔전문개정 2020. 12. 8.〕

## 구 조문

**제119조(폭발물사용)** ① 폭발물을 사용하여 사람의 생명, 신체 또는 재산을 해하거나 <u>기타 공안을 문란한</u> 자는 사형, 무기 또는 7년 이상의 징역에 처한다.

② 전쟁, <u>천재 기타</u> 사변에 있어서 <u>전항의 죄를 범한 자는 사형 또는</u> 무기징역에 처한다.

③ <u>전2항의</u> 미수범은 처벌한다.

# Ⅰ. 취 지

본죄는 ① 폭발물을 사용하여 사람의 생명, 신체 또는 재산을 해하거나 그 밖에 공공의 안전을 문란하게 하거나(제1항)(폭발물사용죄), ② 전쟁, 천재지변 그 밖의 사변에 있어서 제1항의 죄를 지은(제2항)〔(전시·비상시)폭발물사용죄〕 경우에 성립하는 공공위험범죄로서,[1] 그 보호법익은 공공의 안전과 평온, 사람의 생명·신체·재산이다. 보호의 정도는 앞서 언급한 것처럼 '공공의 안전을 문란하게 한

1

부분'은 구체적 위험범인 반면, '사람의 생명·신체·재산을 해한 행위'는 침해범
으로 봄이 타당하다.[2]

## II. 구성요건

2     본죄는 폭발물을 사용하여 사람의 생명, 신체 또는 재산을 해하거나 그 밖
에 공공의 안전을 문란하게 한 때 성립한다. 전쟁, 천재지변 그 밖의 사변에 있
어서 위와 같은 죄를 범한 때에는 사형, 무기징역으로 처벌하며, 각각의 미수범
도 처벌대상이다.

### 1. 폭발물의 사용

3     폭발물이란 점화 등 일정한 자극을 가하면 고체액체 또는 가스 등의 급격
한 팽창에 의하여 폭발작용을 하는 물체를 말한다.[3] 예컨대, 다이나마이트·니
프로글리세린·아세틸렌가스 등 폭발물로 사용된 화약이 여기에 해당한다. 그러
나 본죄에서의 폭발물은 이러한 이·화학적 개념이 아니라 법률적 개념으로 파
악해야 한다. 즉, 폭발물은 '폭발작용의 위력이나 파편의 비산 등으로 사람의 생
명, 신체 또는 재산 및 공공의 안전이나 평온에 직접적이고 구체적인 위험을 초
래할 수 있는 정도의 강한 파괴력을 가지고 있는 물건'을 말한다.[4] 판례도 같은
입장에서 어떠한 물건이 폭발물에 해당하는지는 폭발작용 자체의 위력이 공안
을 문란하게 할 수 있는 정도로 고도의 폭발성능을 가지고 있는지에 따라 엄격
하게 판단하여야 한다고 판시한 바 있다.[5] 폭발이란 급격한 팽창에 의해 파괴력
을 갖는 화학적·물리적 과정을 말하는데,[6] 구체적 폭발 방식이나 화학적·기계
적 과정 등은 불문한다고 보는 것이 타당하다.

---

1 이재상·장영민·강동범, 형법각론(12판), §26/5.

2 임웅, 형법각론(10정판), 630-631.

3 이재상·장영민·강동범, §26/7.

4 김성돈, 형법각론(8판), 573; 박상기·전지연, 형법학(총론·각론 강의)(4판), 731; 이재상·장영
   민·강동범, §26/5; 임웅, 632.

5 대판 2012. 4. 26, 2011도17254. 본 판결 해설은 박진환, "형법 제119조 폭발물사용죄에서 '폭발
   물'의 의미 및 폭발물 판단 기준", 해설 92, 법원도서관(2012), 619-660.

6 이재상·장영민·강동범, §26/7.

폭발물은 제172조(폭발성물건파열)의 '폭발성 있는 물건', 제172조의2(가스·전기등 방류)의 '가스, 전기, 방사선 또는 방사성 물질'과 다른 개념이다. 폭발물과 폭발성물건의 구별에 대해서는, ① 자체 내에 폭발장치가 있는 것을 폭발물, 없는 것은 폭발성물건이라는 견해,[7] ② 폭발물은 폭파를 목적으로 제작되었고 그 목적을 달성하기에 적합한 물건, 폭발성물건은 폭파를 목적으로 제작된 것은 아니지만 폭발용으로 사용할 수도 있는 물건이라는 견해,[8] ③ 폭발물은 폭파를 목적으로 제작되었고 폭발작용의 위력이나 파편의 비산 등으로 사람의 생명, 신체, 재산 및 공공의 안전이나 평온에 직접적이고 구체적인 위험을 초래할 수 있는 정도의 강한 파괴력을 가진 물건, 폭발성물건은 폭파 목적으로 제작된 것은 아니지만 객관적 성질상 폭파의 결과를 낳을 수 있는 물건이나 폭파 목적으로 제작되었지만 폭발물 정도의 강한 파괴력이 없는 물건이라는 견해[9]가 있다. 위 ③의 견해가 타당하고, 판례도 같은 취지이다.[10]

'폭발작용'을 수반하여야 하므로 화염병은 폭발물로 보기 어렵다.[11] 판례도 '소주병이나, 위스키병에 휘발유와 모래를 넣어 이에 점화하는 물체'는 폭발물에 해당하지 않는다고 판시하였다.[12] 총기의 실탄 발사도 폭발물로 볼 수 없다.[13] 아울러 사람의 생명, 신체 또는 재산 및 공공의 안전이나 평온에 직접적이고 구

4

5

---

7 박상기, 형법각론(8판), 464.
8 김신규, 형법각론, 578; 이형국·김혜경, 형법각론(2판), 570; 임웅, 632; 최호진, 형법각론, 679.
9 주석형법 〔각칙(1)〕(5판), 178(장윤석); 박진환(주 5), 619 참조.
10 대판 2012. 4. 26, 2011도17254. 피고인이 자신이 제작한 폭발물(유리꽃병 내부에 휴대용 부탄 가스통을 넣고 그 사이에 두께 약 1cm 공간에 화약을 채운 후 배터리의 전원이 연결되면 발열체의 발열에 의하여 화약이 점화되는 구조로 된 제작물)을 배낭에 담아 고속버스터미널 등의 물품 보관함 안에 넣어 두고 폭발하게 함으로써 공안을 문란하게 하였다고 하여 폭발물사용으로 기소된 사안에서, 피고인이 제작한 물건의 구조, 그것이 설치된 장소 및 폭발 당시의 상황 등에 비추어, 위 물건은 폭발작용 자체에 의하여 공공의 안전을 문란하게 하거나 사람의 생명, 신체 또는 재산을 해할 정도의 성능이 없거나, 사람의 신체 또는 재산을 경미하게 손상시킬 수 있는 정도에 그쳐 사회의 안전과 평온에 직접적이고 구체적인 위험을 초래하여 공공의 안전을 문란하게 하기에는 현저히 부족한 정도의 파괴력과 위험성만을 가진 물건이므로 제172조 제1항에 규정된 '폭발성 있는 물건'에는 해당될 여지가 있으나 이를 제119조 제1항에 규정된 '폭발물'에 해당한다고 볼 수는 없는데도, 위 제작물이 폭발물에 해당한다고 보아 폭발물사용죄가 성립한다고 한 원심판결에 법리오해의 위법이 있다고 한 사례이다.
11 박상기·전지연, 731; 오영근, 형법각론(7판), 475. 화염병은 본죄가 아니라 화염병 사용 등의 처벌에 관한 법률 제3조의 적용대상이다.
12 대판 1968. 3. 5, 66도1056.
13 신동운, 형법각론(2판), 69.

체적인 위험을 초래할 수 있는 정도에 이르러야 하므로, 총알, 폭음탄, 폭죽 등 도 폭발물로 볼 수 없다. 반면, 시한폭탄이나 핵폭탄은 여기서 말하는 폭발물에 해당한다고 보아야 할 것이다.[14]

6     '사용'은 폭발물을 그 용법에 따라 폭발시키는 것을 말한다.[15] 폭발작용을 활용하는 방법에는 아무런 제한이 없다. 수동, 자동, 투하와 같은 어떤 방식이 든 상관없다.

## 2. 사람의 생명, 신체 또는 재산을 해하거나 그 밖에 공공의 안전을 문란 하게 한 자

7     폭발물의 사용으로 인해 사람의 생명, 신체 또는 재산을 해하여야 한다. 재 산은 재물을 의미한다.[16] 폭발물의 사용과 결과 발생 사이에 인과관계가 인정되 어야 한다. 구성요건상으로도 '폭발물을 사용하여 사람의 생명, 신체 또는 재산 을 해하거나 공안을 문란'하여야 본죄가 성립하고, 단지 사람의 생명 또는 신체 또는 재산에 대한 위험이 발생한 것만으로는 부족하다.[17]

8     '그 밖에 공공의 안전을 문란하게 한'의 의미는 폭발물의 사용으로 인해 어 느 지역의 공공의 안녕과 질서를 침해한 것을 말한다.[18] 폭발물의 사용으로 사 람의 생명, 신체 또는 재산이 피해를 입지 않았더라도 그로 인해 공공의 안전을 침해하였다면 본죄가 성립한다는 점에서 '그 밖에 공공의 안전을 문란하게 한' 이란 구성요건은 의미가 있다. 다만, 폭발물이 사용되었다면 특별한 사정이 없 는 한 그 자체로 공공의 안전을 문란하게 하였다고 볼 수 있다.[19]

---

14 시한폭탄은 폭발물이지만 핵폭탄은 핵분열과 융합에 의해 발생하는 것으로 본죄의 폭발물로 보기 어렵다는 견해도 있으나[김성돈, 573; 이재상·장영민·강동범, § 26/7; 정성근·정준섭, 형법강의 각론(2판), 385], 핵폭탄도 핵분열과 융합 과정을 거쳐 사람의 생명, 신체 또는 재산을 해하고 공 안을 문란하기에 충분한 파괴력을 가지고 있으므로 본죄의 폭발물에 해당한다고 본다(김일수·서 보학, 449; 오영근, 475; 이정원·류석준, 형법각론, 514; 임웅, 632).

15 오영근, 475.

16 이재상·장영민·강동범, § 26/7.

17 오영근, 476.

18 이재상·장영민·강동범, § 26/7.

19 앞서 언급한 것처럼 '사람의 생명, 신체 또는 재산을 해하거나 공안을 문란하게 할 정도의 파괴 력'을 갖지 못한 물건은 본죄의 폭발물로 볼 수 없어 이와 같은 경우에는 본죄 자체를 논하기 어렵다.

〔김 영 기〕

## 3. 전쟁, 천재지변 그 밖의 사변

전쟁, 천재지변 그 밖의 사변에 있어서 제1항의 폭발물사용죄를 범한 사람   9
은 가중처벌한다(제2항). '전쟁, 천재지변 그 밖의 사변'의 의미는 **제117조(전시공
수계약불이행죄)**에서 살펴본 '전쟁, 천재 기타 사변'의 의미와 같다.[20]

## 4. 실행의 착수 및 기수시기

### (1) 실행의 착수시기

본조에 해당하는 범죄의 미수범은 처벌된다(제3항). 폭발물을 준비한 것만으   10
로는 예비, 음모 단계에 불과하고, 구체적으로 폭발물을 그 용법에 따라 폭발시
키기 위한 행위를 시작한 때, 즉 폭발물을 사용한 때에 실행의 착수가 있다고
할 것이다.[21] 폭발물 설치를 위한 장소를 물색한 것만으로는 부족하고, 나아가
폭발물 설치를 시작하였다면 실행에 착수하였다고 볼 수 있다.

### (2) 기수시기

폭발물 사용으로 사람의 생명, 신체 또는 재산을 침해하거나, 폭발물이 사   11
용되어 일정 지역의 공공의 안전이 문란하게 될 구체적 위험이 있는 때에 기수
가 된다.[22] 미수범으로 상정할 수 있는 사례로는, 폭발물을 설치하였으나 오작
동 등으로 폭발이 되지 않은 경우, 폭발물 설치에 착수하였으나 폭발 전에 발각
된 경우, 폭발물을 사용하였으나 사람의 생명, 신체 또는 재산을 해하지 못하거
나 공공의 안전을 문란하게 할 수 있을 정도의 구체적 위험이 발생하지 않은 경
우 등을 들 수 있다.

---

20 본조는 2020년 12월 8일 알기 쉬운 법령 개정작업에 따라 종전의 '기타 공안을 문란한'이 '그 밖
   에 공공의 안전을 문란하게 한'으로, '천재 기타'가 '천재지변 그 밖의'로, '전항의 죄를 범한 자는
   사형 또는'이 '제1항의 죄를 지은 자는 사형이나'로, '전2항의'가 '제1항과 제2항'으로 개정되었다.
   그러나 같은 '전쟁, 천재 기타 사변'이라는 용어를 구성요건으로 하고 있는 제117조는 개정되지
   않은 채 그대로이다.
21 박찬걸, 648; 오영근, 466; 임웅, 632.
22 박찬걸, 648; 임웅, 633-634.

## Ⅲ. 주관적 구성요건 및 위법성

### 1. 주관적 구성요건

12      본죄가 성립하기 위해서는 폭발물을 사용한다는 점, 그로 인해 사람의 생명, 신체, 재산을 해하거나 공공의 안전을 문란하게 한다는 점에 대한 고의가 있어야 한다. 폭발물을 사용하더라도 사람의 생명, 신체, 또는 재산을 해하거나 공공의 안전을 문란하게 할 의도가 없다면 본죄는 성립하지 않는다. 예컨대 폭발물 사용에 대한 고의는 있지만 사람의 생명, 신체 또는 재산을 해할 의도가 없는 경우에는 본죄가 성립하지 않고,[23] 만일 과실로 이와 같은 결과를 초래하였다면 폭발성물건파열치사상죄(§172②)를 검토하여야 한다.[24]

13      본죄의 고의는 미필적 인식으로 충분하다.[25] 고의는 폭발물 사용의 동기, 폭발물의 파괴력, 폭발물 설치장소, 범행 시간대 등으로 입증이 가능할 것이다.

### 2. 위법성

14      폭발물을 사용하더라도 공장이나 작업장 또는 연구소에서 안전규칙을 준수한 때에는 위법성이 조각된다. 그러나 피해자의 동의는 위법성을 조각하지 않는다.[26]

---

23 대판 1969. 7. 8, 69도832. 「피해자들이 근무하는 8갱의 광부들이 버린 큰돌덩어리를 치우기 위하여 피고인은 다이나마이트를 폭파하였고, 단지 그 폭파 당시에 발파경고를 소홀하게 한듯 한 사정도 엿보이며, 발파심지의 길이를 짧게 한 것은 심지를 절약하기 위한 목적이었을 뿐이라고 하여 피해자들의 신체를 해한다는 피고인의 범의 있었음을 인정하지 아니하는 취의의 판단을 하면서 1심 판결 인정사실을 인용한 후 형법 제119조 제1항을 적용하였다. 그러나 형법 제119조를 적용하려면 사람의 생명, 신체 또는 재산을 해하거나 기타 공안을 문란한다는 고의 있어야 한다고 해석되는 것임에도 불구하고, 위에서 설명한 바와 같이 원판결은 피고인이 본건 다이나마이트 폭파시 피해자들의 신체를 해한다는 고의가 있었음을 인정하지 아니하면서 형법 제119조를 적용하였음은 법령적용에 위법이 있는 것이라 할 것으로서 이에 관한 상고논지는 이유 있고, 다른 논점에 대한 판단을 기다릴 것 없이 원판결은 파기를 면치 못할 것이다.」

24 임웅, 634.

25 오영근, 476.

26 김신규, 형법각론, 579; 배종대, §96/5; 이재상·장영민·강동범, §26/10.

# Ⅳ. 공 범

본죄는 구성요건상 수인이 가담하여 저질러지기 쉽다. 본죄에 대해서도 형 15
법총칙상 공동정범, 교사범, 방조범의 규정이 그대로 적용된다.

# V. 죄수 및 다른 죄와의 관계

## 1. 죄 수

한 번의 기회에 수개의 폭발물을 사용하더라도 원칙적으로 하나의 본죄가 16
성립한다. 다만 그로 인해 다수의 생명, 신체를 해하거나 재산을 해한 경우 수
개의 본죄가 성립하며, 그 관계에 대하여 그 결과는 구체적 위험에 해당하므로
본죄만 성립한다는 견해[27]도 있으나 상상적 경합범으로 보아야 한다.[28]

폭발물이 시간적 간격을 두고 순차적으로 폭발한 경우에는 범의의 단일성 17
여부를 따져야 한다. 범의의 단일성이 인정된다면 원칙적으로 하나의 본죄가 성
립하고, 그 결과 수인의 생명, 신체 또는 재산을 해치는 결과가 발생하였다면
수개의 본죄가 성립하며, 그 관계는 상상적 경합범으로 볼 것이다. 그러나 범의
의 단일성이 인정되지 않는다면 수개의 본죄가 성립하고, 그 관계는 실체적 경
합범으로 보아야 한다.

## 2. 다른 죄와의 관계

### (1) 방화죄와의 관계

고의를 가지고 폭발물을 파열시켜 현주건조물을 소훼시킨 경우, 본죄와 현주 18
건조물방화죄(§164①)와는 상상적 경합이 된다는 견해,[29] 법정형이 보다 무거운 본
죄만 성립한다는 견해(법조경합 중 보충관계)[30]가 대립하나, 후자로 봄이 타당하다.

평시에 고의를 가지고 폭발물을 파열시켜 현주건조물을 소훼시키고 사람을 19

---

27 박찬걸, 648; 이형국·김혜경, 571; 정성근·정준섭, 386.
28 김신규, 579.
29 김일수·서보학, 450; 박상기, 466.
30 김성돈, 574; 임웅, 634.

상해나 사망에 이르게 한 경우에도, 마찬가지로 본죄보다 법정형이 가벼운 현주
건조물방화치상죄(§ 164②)는 물론 법정형이 같은 현주건조물방화치사죄(§ 164②)
와의 상상적 경합이 아니라 본죄만 성립한다고 할 것이다.

20    본죄의 구성요건에 포섭되지 않은 다른 결과가 발생한 경우라면, 상상적 경
합으로 보아야 한다.

### (2) 국가보안법위반죄와의 관계

21    반국가단체의 구성원 또는 그 지령을 받은 자가 목적 수행을 위한 행위 중
폭발물을 사용하면 국가보안법이 우선 적용된다(§ 4①(iii)).[31]

## Ⅵ. 처 벌

22    기본범죄인 폭발물사용죄는 사형, 무기 또는 7년 이상의 징역에 처한다(제1항).

23    전쟁, 천재지변 그 밖의 사변에 있어서 폭발물사용죄를 범한 사람에 대해서
는 형이 가중되어 사형 또는 무기징역에 처한다(제2항).

24    어느 경우에나 미수범은 처벌한다(제3항).

〔김 영 기〕

---

[31] 국가보안법 제4조(목적수행) ① 반국가단체의 구성원 또는 그 지령을 받은 자가 그 목적수행을
위한 행위를 한 때에는 다음의 구별에 따라 처벌한다.
  3. 형법 제115조·제119조제1항·제147조·제148조·제164조 내지 제169조·제177조 내지 제
  180조·제192조 내지 제195조·제207조·제208조·제210조·제250조제1항·제252조·제253
  조·제333조 내지 제337조·제339조 또는 제340조제1항 및 제2항에 규정된 행위를 한 때에
  는 사형·무기 또는 10년 이상의 징역에 처한다.

〔김 영 기〕

## 제120조(예비, 음모, 선동)

① 전조 제1항, 제2항의 죄를 범할 목적으로 예비 또는 음모한 자는 2년 이상의 유기징역에 처한다. 단, 그 목적한 죄의 실행에 이르기 전에 자수한 때에는 그 형을 감경 또는 면제한다.

② 전조 제1항, 제2항의 죄를 범할 것을 선동한 자도 전항의 형과 같다.

# Ⅰ. 취　지

본조는 제119조 제1항 및 제2항의 폭발물사용죄(미수범 제외)의 예비·음모 **1**
(제1항)〔폭발물사용예비·음모죄 및 (전시·비상시)폭발물사용예비·음모죄〕와 선동행위(제2
항)〔폭발물사용선동죄 및 (전시·비상시)폭발물사용선동죄〕를 처벌하는 규정이다〔이하, 폭
발물사용(예비·음모·선동)죄로 약칭한다.〕. 제28조는 범죄의 음모 또는 예비행위가
실행에 착수에 이르지 아니한 때에는 법률에 특별한 규정이 없는 한 처벌하지
아니한다고 규정하고 있는데, 본조는 폭발물사용의 파괴력이 큰 점을 고려하여
이를 처벌하는 특별규정이다(제1항).

본조 제2항은 폭발물사용죄(미수범 제외)의 선동행위를 처벌하는 규정이다. **2**
폭발물의 사용으로 인한 공공의 안전과 평온, 사람의 생명 및 신체, 재산이라는
법익을 사전에 확고하게 보호하기 위하여 위 범죄를 유발할 위험성이 높은 조
장행위를 별도의 독립된 범죄로 규율하기 위하여 둔 규정이다.

## Ⅱ. 폭발물사용예비·음모죄(제1항)

예비, 음모는 제119조(폭발물사용)와 관련하여, 그 실행의 착수에 이르지는 않 **3**
았으나 물적·인적으로 폭발물사용죄를 준비하는 것을 말한다. 구체적으로 2인

〔김 영 기〕　　　　　　　**381**

이상이 폭발물사용죄를 상의하여 기획하면 음모이고, 폭발물을 검색하거나 폭발장소를 물색하면 예비에 해당한다. 논리적으로는 음모에서 예비로 발전하나 이를 구별할 실익은 없다.

4 　　예비와 음모의 방법에는 제한이 없다. 예비와 음모가 각각 일시에 이루어지지 않고 단계적으로 이루어져도 무방하다. 다만, 예비행위 중 제121조에 해당하는 행위에 대해서는 제121조가 적용된다.

5 　　폭발물사용죄의 범의가 내심의 단계에만 머물러있는 상태라면 예비, 음모 어느 것에도 해당하지 않으므로, 본죄의 예비, 음모라고 하기 위해서는 실행의 착수로 보기는 어렵다고 할지라도 적어도 제119조의 범의가 구체적으로 드러나야 한다.

6 　　예비, 음모가 성립하기 위해서는 제119조 제1항, 제2항의 죄를 범할 목적이 있어야 한다. 목적은 미필적이어도 무방하고, 다른 목적이 결합되어 있어도 범죄성립에 지장이 없다.


## III. 폭발물사용선동죄(제2항)

7 　　선동은 불특정 또는 다수인으로 하여금 폭발물사용죄를 범하도록 정신적으로 영향을 주는 일체의 행위를 말한다. '사주, 권유, 설득' 등 선동의 방법에는 제한이 없다.

8 　　선동은 언뜻 교사와 비슷하다. 다만 교사는 특정인을 대상으로 하고, 정범이 폭발물사용죄에 착수하여야 성립하지만, 선동은 특정인을 대상으로 하지 않고, 선동 그 자체로 처벌대상이며, 피선동자가 선동에 영향을 받지 않거나 선동에 영향을 받기는 하였으나 끝내 폭발물사용죄의 실행에 나아가지 않아도 성립한다.[1] 만약 피선동자가 폭발물사용행위에 나선다면, 선동죄가 아니라 폭발물사용죄의 교사범으로 처벌하여야 한다.

9 　　피선동자가 거부할 수 없는 어떤 심리적 강제수단을 사용하여 폭발물사용죄(§ 119①, ②)를 범하게 하였다면, 본죄의 선동이 아니라 피선동자를 도구로 사

---

1 오영근, 형법각론(7판), 476.

용한 폭발물사용죄의 간접정범이나 형법상 강요죄(제324조)의 성립 여부를 검토
하여야 할 것이다.

선동의 경우에는 예비, 음모와 달리 제119조 제1항, 제2항의 죄를 범할 목     10
적을 요구하지 않는다. 제119조 제1항, 제2항의 죄를 범할 것을 선동하면 본죄
는 성립한다.


## Ⅳ. 자수한 경우 형 감경 또는 면제

본죄의 예비, 음모에 해당하는 경우에도 정범이 폭발물사용죄의 실행에 착     11
수하기 전에 예비, 음모자가 자수한 때에는 필요적으로 그 형을 감경 또는 면제
한다(제1항 단서). 정범의 실행 착수 전에 예비, 음모자가 자수를 함으로써 범죄
실행을 방지하도록 한 경우 법률상 감면을 함으로써 범죄실행을 예방하기 위한
조항으로 볼 수 있다. 예비, 음모자가 자수를 하였으나 이와 무관하게 정범이
폭발물사용죄의 실행에 착수한 때에는 형감면 규정이 적용되지 않는다.

본조 제2항은 선동한 자도 전항(제1항)의 형과 같다고 규정하면서도 전항 단     12
서에 규정한 자수특례의 적용에 대해서는 언급이 없다. 이에 대하여 폭발물사용
선동은 폭발물사용예비·음모보다 앞선 단계의 행위를 예정하고 있으므로 '물론
해석'에 입각하여 예비·음모에 대한 자수특례규정이 선동에도 적용된다는 견해
도 있다.[2] 그러나 명문의 규정이 없으므로 이와 같이 해석할 수는 없다.


## V. 처 벌

2년 이상의 유기징역에 처한다.                                        13


〔김 영 기〕

---

2 내란선동죄(§90②)에 대하여 신동운, 형법각론(2판), 20.

## 제121조(전시폭발물제조 등)

전쟁 또는 사변에 있어서 정당한 이유없이 폭발물을 제조, 수입, 수출, 수수 또는 소지한 자는 10년 이하의 징역에 처한다.

# Ⅰ. 취 지

1    본죄[(전시·비상시)폭발물(제조·수입·수출·수수·소지)죄]는 제119조 제2항 전시·비상시폭발물사용죄의 예비범죄로서의 성격을 갖는다. 다만, 폭발물사용죄의 위험성이 크기 때문에 별도 구성요건으로 처벌하는 것이다.[1]

2    본죄의 보호법익은 공공의 평온과 안전이고, 보호의 정도는 추상적 위험범이다.[2]

# Ⅱ. 구성요건

3    전쟁 또는 사변에 있어서 정당한 이유없이 폭발물을 제조, 수입, 수출, 수수 또는 소지한 때에 성립한다.

## 1. 전쟁 또는 사변, 폭발물

4    전쟁이나 사변, 폭발물의 개념은 **제119조(폭발물 사용)** 부분에서 설명한 것과 같다. 본죄가 성립하기 위해서는 '전쟁 또는 사변'이라는 상황이 필요하며, 여기서 '전쟁이나 사변'은 국내 상황과 관련된 것이어야 한다. 전쟁이나 사변과

---

1 김일수·서보학, 새로쓴 형법각론(9판), 452; 배종대, 형법각론(13판), § 96/4; 오영근, 형법총론 (7판), 477; 이재상·장영민·강동범, 형법각론(12판), § 26/13; 임웅, 형법각론(10정판), 636.
2 오영근, 477.

같은 국가 위기상황에서 정당한 이유 없이 폭발물을 제조, 수입, 수출, 수수, 소지함으로써 그 위험을 가중시키는 행위를 처벌하는 규정이라고 보아야 하기 때문이다.

## 2. 제조, 수입, 수출, 수수, 소지

제조는 폭발물을 만드는 것을, 수입은 폭발물을 국외에서 국내로 반입하는 것을, 수출은 폭발물을 국내에서 국외로 반출하는 것을 말한다. 수수는 폭발물을 주고받는 것을 말하며, 소지는 폭발물을 자기 지배 아래에 두는 것을 뜻한다.[3]            5

본죄에서 '제조'라고 할 수 있기 위해서는 사실상 폭발물로서 인정될 수 있는 물건을 만들어야 한다. 폭발물로서 위력이 없는 것이라면 본죄의 제조로 볼 수 없다.            6

수입이나 수출은 대가 유무를 불문한다. 그 개수도 묻지 않는다. 다만 본죄에서 전쟁, 사변은 국내 상황을 의미하므로, 국내의 전쟁, 사변 상황과 관련 없이 단순히 전쟁이나 사변 중인 외국으로부터 폭발물을 수입하거나 그와 같은 외국에 폭발물을 수출하는 것은 본죄에 해당하지 않는다고 할 것이다. 수입, 수출, 수수는 대가지급 여부를 불문한다. 무상이어도 상관없다.            7

소지는 자기가 지배할 수 있는 범위나 영역 내에 두면 충분하고, 반드시 자기의 점유 아래에 놓아두지 않아도 무방하다. 제3자가 보관하여도 소지자의 지배범위 내라고 할 수 있으면 소지에 해당한다.            8

## 3. 정당한 이유 없이

'정당한 이유 없이'란 법률의 규정에 의하지 아니하거나 국가기관의 허가가 없음을 의미한다(통설).[4] '정당한 이유' 여부는 그와 같은 폭발물을 제조, 수입, 수출하거나 소지할 수 있는 적법한 권한 또는 국가나 지방자치단체의 적법한 위임 여부에 따라 판단하여야 한다. 그러한 권한이나 위임이 없다면 정당한 이            9

---

3 오영근, 477.
4 김성돈, 형법각론(8판), 575; 손동권·김재윤, 새로운 형법각론, § 31/8; 이재상·장영민·강동범, § 26/13; 정성근·정준섭, 형법강의 각론(2판), 387. 이에 대하여 그와 같은 경우에도 정당한 이유가 있는 경우가 있다고 해야 한다는 견해도 있다(오영근, 477).

유도 없다고 보아야 한다.

## Ⅲ. 죄 수

10　　단일한 범의를 가지고 폭발물을 제조하여 수출하거나 수수, 소지하면 그 전체를 일죄로 보아야 한다.[5] 단일한 범의를 가지고 폭발물을 수입하거나 수수, 소지하더라도 일죄에 해당한다. 수개의 폭발물을 제조, 수입, 수출, 수수, 소지하더라도 일죄이다. 그러나 수개의 폭발물 제조, 수입, 수출, 수수, 소지행위가 있었고 범의의 단일성이 인정되지 않는다면 수개의 죄가 성립하고, 그 관계는 실체적 경합범으로 봄이 타당하다.

## Ⅳ. 처 벌

11　　10년 이하의 징역에 처한다.

〔김 영 기〕

---

5 신동운, 형법각론(2판), 71.

# [부록] 제4권(각칙 1) 조문 구성

## I. 제1장 내란의 죄

| 조 문 | | 제 목 | 구성요건 | 죄 명 | 공소시효 |
|---|---|---|---|---|---|
| §87 | | 내란 | ⓐ 대한민국 영토의 전부 또는 일부에서 국가권력을 배제하거나 국헌을 문란하게 할 목적으로<br>ⓑ 폭동을 일으킴 | | 배제 |
| | (i) | | 우두머리 | 내란수괴[1] | |
| | (ii) | | 모의에 참여, 지휘, 그 밖의 중요한 임무에 종사, 살상·파괴·약탈행위를 실행 | 내란(모의참여, 중요임무종사, 실행) | |
| | (iii) | | 부화수행하거나 단순히 폭동에 관여 | 내란부화수행 | |
| §88 | | 내란목적의 살인 | ⓐ 대한민국 영토의 전부 또는 일부에서 국가권력을 배제하거나 국헌을 문란하게 할 목적으로<br>ⓑ 사람을<br>ⓒ 살해 | 내란목적살인 | 배제 |
| §89 | | 미수범 | §87, §88의 미수 | (§87, §88 각 죄명) 미수 | 배제 |
| §90 | ① | 예비, 음모, 선동, 선전 | ⓐ §87, §88의 죄를 범할 목적으로<br>ⓑ 예비, 음모<br>(자수는 필요적 감면) | (내란, 내란목적살인) (예비, 음모, 선동, 선전) | 배제 |
| | ② | | §87, §88의 죄를 범할 것을 선동, 선전 | | |
| §91 | | 국헌문란의 정의 | | | |

---

1 2020년 12월 8일 제87조 제1호의 '수괴'가 '우두머리'로 개정되었으나, 대검찰청의 공소장 및 불기소장에 기재할 죄명에 관한 예규(개정 대검예규 제1264호, 2022. 1. 27.)에 따른 죄명은 여전히 내란수괴죄이다.

## II. 제2장 외환의 죄

| 조  문 | | 제  목 | 구성요건 | 죄  명 | 공소시효 |
|---|---|---|---|---|---|
| §92 | | 외환유치 | ⓐ 외국과 통모하여 대한민국에 전단을 열거나<br>ⓑ 외국인과 통모하여 대한민국에 항적 | 외환(유치, 항적) | 배제 |
| §93 | | 여적 | ⓐ 적국과 합세하여 대한민국에<br>ⓑ 여적 | 여적 | 배제 |
| §94 | ① | 모병이적 | ⓐ 적국을 위하여<br>ⓑ 모병 | 모병이적 | 배제 |
| | ② | | 모병에 응함 | 응병이적 | 배제 |
| §95 | ① | 시설제공이적 | ⓐ 군대, 요새, 진영 또는 군용선박 항공기, 장소, 설비, 건조물을<br>ⓑ 적국에 제공 | 군용시설제공이적 | 배제 |
| | ② | | ⓐ 병기, 탄약, 군용에 제공하는 물건을<br>ⓑ 적국에 제공 | 군용물건제공이적 | 배제 |
| §96 | | 시설파괴이적 | ⓐ 적국을 위하여<br>ⓑ 군용시설 물건을<br>ⓒ 파괴, 사용할 수 없게 함 | 군용시설파괴이적 | 배제 |
| §97 | | 물건제공이적 | ⓐ 군용에 공하지 않는 병기 탄약, 전투용에 공할 수 있는 물건<br>ⓑ 적국에 제공 | 물건제공이적 | 배제 |
| §98 | ① | 간첩 | ⓐ 적국을 위하여<br>ⓑ 간첩, 방조 | 간첩, 간첩방조 | 배제 |
| | ② | | ⓐ 군사상 기밀을<br>ⓑ 누설 | 군사상기밀누설 | 배제 |
| §99 | | 일반이적 | ⓐ 대한민국의 군사상 이익을 해하거나<br>ⓑ 적국에 군사상 이익 제공 | 일반이적 | 배제 |
| §100 | | 미수범 | §92 내지 §99의 미수 | (§92 내지 §99의 각 죄명) 미수 | 배제 |
| §101 | ① | 예비, 음모, 선동, 선전 | ⓐ §92 내지 §99의 죄를 범할 목적으로<br>ⓑ 예비, 음모<br>(자수는 필요적 감면) | (§92 내지 §99 각 죄명) 예비, 음모, 선동, 선전 | 배제 |
| | ② | | §92 내지 §99의 죄를 선동, 선전 | | |
| §102 | | 준적국 | | | |
| §103 | ① | 전시군수계약 불이행 | ⓐ 전쟁, 사변에 있어서<br>ⓑ 정부에 대한 군수품, 군용공작물 계약 불이행 | 군수계약불이행 | 배제 |
| | ② | | ⓐ 전쟁, 사변에 있어서<br>ⓑ 계약이행 방해 | 군수계약이행방해 | 배제 |

## Ⅲ. 제3장 국기에 관한 죄

| 조 문 | 제 목 | 구성요건 | 죄 명 | 공소시효 |
|---|---|---|---|---|
| § 105 | 국기, 국장의 모독 | ⓐ 대한민국을 모욕할 목적으로<br>ⓑ 국기·국장을<br>ⓒ 손상, 제거, 오욕 | (국기, 국장)모독 | 7년 |
| § 106 | 국기, 국장의 비방 | ⓐ 대한민국을 모욕할 목적으로<br>ⓑ 국기·국장을<br>ⓒ 비방 | (국기, 국장)비방 | 5년 |

## Ⅳ. 제4장 국교에 관한 죄

| 조 문 | | 제 목 | 구성요건 | | 죄 명 | 공소시효 |
|---|---|---|---|---|---|---|
| § 107 | ① | 외국원수에<br>대한 폭행 등 | ⓐ 대한민국<br>체재<br>외국원수를 | ⓑ 폭행, 협박 | 외국원수(폭행, 협박) | 7년 |
| | ② | | | ⓑ 모욕, 명예<br>훼손 | 외국원수<br>(모욕, 명예훼손) | |
| § 108 | ① | 외국사절에<br>대한 폭행 등 | ⓐ 대한민국에<br>파견된<br>외교사절을 | ⓑ 폭행, 협박 | 외교사절(폭행, 협박) | 7년 |
| | ② | | | ⓑ 모욕, 명예<br>훼손 | 외교사절<br>(모욕, 명예훼손) | 5년 |
| § 109 | | 외국의 국기,<br>국장의 모독 | ⓐ 외국을 모욕할 목적으로<br>ⓑ 그 나라 공용 국기·국장을<br>ⓒ 손상, 제거, 오욕 | | 외국(국기, 국장)모독 | 5년 |
| § 111 | ① | 외국에 대한<br>사전 | ⓐ 외국에 대하여<br>ⓑ 사전 | | 외국에대한사전 | 10년 |
| | ② | | ①의 미수 | | (제1항 죄명)미수 | |
| | ③ | | ⓐ ①의 죄를 범할 목적으로<br>ⓑ 예비, 음모 | | (제1항 죄명)<br>예비, 음모 | 5년 |
| § 112 | | 중립명령위반 | ⓐ 외국간 교전에 있어서<br>ⓑ 중립에 관한 명령에 위반 | | 중립명령위반 | 5년 |
| § 113 | ① | 외교상기밀의<br>누설 | ⓐ 외교상 비밀을<br>ⓑ 누설 | | 외교상기밀누설 | 7년 |
| | ② | | ⓐ 누설할 목적으로<br>ⓑ 외교상 비밀을<br>ⓒ 탐지, 수집 | | 외교상기밀(탐지, 수집) | |

## V. 제5장 공안을 해하는 죄

| 조문 | | 제목 | 구성요건 | 죄명 | 공소시효 |
|---|---|---|---|---|---|
| §114 | | 범죄단체 등의 조직 | ⓐ 사형, 무기, 장기 4년 이상 징역에 해당하는 범죄 목적으로<br>ⓑ 단체·집단 조직, 가입 또는 구성원으로 활동 | 범죄단체<br>(조직, 가입, 활동) | 개별 판단<br>(목적한 죄) |
| §115 | | 소요 | ⓐ 다중이 집합하여<br>ⓑ 폭행, 협박, 손괴 | 소요 | 10년 |
| §116 | | 다중불해산 | ⓐ 폭행·협박·손괴의 행위를 할 목적으로<br>ⓑ 다중이 집합하여<br>ⓒ 단속권한이 있는 공무원으로부터<br>ⓓ 3회 이상 해산명령을 받고도 불응 | 다중불해산 | 5년 |
| §117 | ① | 전시공수계약불이행 | ⓐ 전쟁, 천재, 기타 사변에 있어서<br>ⓑ 국가 또는 공공단체와 체결한 식량 기타 생활필수품 공급계약을<br>ⓒ 정당한 이유 없이<br>ⓓ 불이행 | (전시, 비상시)<br>공수계약불이행 | 5년 |
| | ② | | ①의 계약이행을 방해 | (전시, 비상시)<br>공수계약이행방해 | |
| | ③ | | 벌금 병과(임의적) | | |
| §118 | | 공무원자격의 사칭 | ⓐ 공무원의 자격을 사칭하여<br>ⓑ 그 직권을 행사 | 공무원자격사칭 | 5년 |

# VI. 제6장 폭발물에 관한 죄

| 조문 | | 제목 | 구성요건 | 죄명 | 공소시효 |
|---|---|---|---|---|---|
| §119 | ① | 폭발물 사용 | ⓐ 폭발물을 사용하여<br>ⓑ 사람의 생명, 신체, 재산을 해하거나 그 밖에 공공의 안전을 문란하게 함 | 폭발물사용 | 25년<br>(살해는 배제) |
| | ② | | 전쟁, 천재지변 그 밖의 사변에 있어서 ①의 죄를 지음 | (전시, 비상시)<br>폭발물사용 | |
| | ③ | | ①, ②의 미수 | (제1항, 제2항 각 죄명)<br>미수 | |
| §120 | ① | 예비, 음모, 선동 | ⓐ §119①, ②의 죄를 범할 목적으로<br>ⓑ 예비, 음모<br>(자수는 필요적 감면) | (§119①, ② 각 죄명)<br>(예비, 음모, 선동) | 10년 |
| | ② | | ⓐ §119①, ②의 죄를 범할 것을 선동 | | |
| §121 | | 전시폭발물제조 등 | ⓐ 전쟁, 사변에 있어서<br>ⓑ 정당한 이유 없이<br>ⓒ 폭발물을<br>ⓓ 제조, 수입, 수출, 수수, 소지 | (전시, 비상시)<br>폭발물(제조, 수입, 수출, 수수, 소지) | 10년 |

# 사항색인

(용어 옆의 §과 고딕 글자는 용어가 소재한 조문(또는 총설)의 위치를, 옆의 명조 숫자는 방주번호를 나타낸다. 예컨대, [총]은 '제2편 [총설]'을, [1-총]은 '제1장 [총설]'을 나타낸다)

# 판례색인

( 판례 옆의 §과 고딕 글자는 판례가 소재한 조문(또는 총설)의 위치를, 옆의 명조 숫자는 )
방주번호를 나타낸다. 예컨대, [총]은 '제2편 [총설]'을, [1-총]은 '제1장 [총설]'을 나타낸다 )

**[고등법원]**

형법주해 IV – 각칙(1)

| | |
|---|---|
| 초판발행 | 2023년 1월 15일 |
| 편집대표 | 조균석 |
| 펴낸이 | 안종만 · 안상준 |
| 편 집 | 이승현 |
| 기획/마케팅 | 조성호 |
| 표지디자인 | 이영경 |
| 제 작 | 고철민 · 조영환 |
| 펴낸곳 | (주)**박영사** |
| | 서울특별시 금천구 가산디지털2로 53, 210호(가산동, 한라시그마밸리) |
| | 등록 1959. 3. 11. 제300-1959-1호(倫) |
| 전 화 | 02)733-6771 |
| f a x | 02)736-4818 |
| e-mail | pys@pybook.co.kr |
| homepage | www.pybook.co.kr |
| ISBN | 979-11-303-4107-1  94360 |
| | 979-11-303-4106-4  94360(세트) |

\* 파본은 구입하신 곳에서 교환해 드립니다. 본서의 무단복제행위를 금합니다.
\* 저자와 협의하여 인지첩부를 생략합니다.

정 가     41,000원

# 형법주해 [전 12권]